数据法学

张　敏◆主编

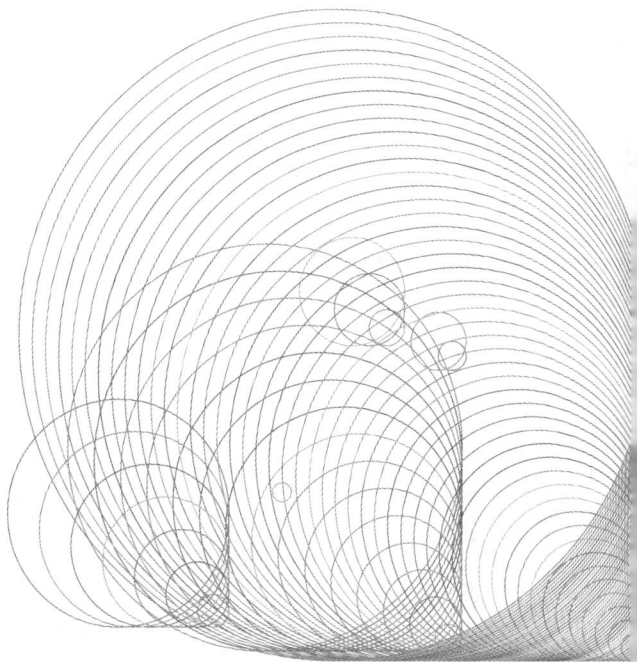

中国政法大学出版社

2023·北京

图书在版编目（ＣＩＰ）数据

数据法学/张敏主编. —北京：中国政法大学出版社，2023.1（2024.9重印）

ISBN 978-7-5764-0810-2

Ⅰ.①数… 　Ⅱ.①张… 　Ⅲ.①计算机网络－数据管理－法规－研究－中国 　Ⅳ.①D922.174

中国国家版本馆CIP数据核字(2023)第017922号

书　名	数据法学	
	SHUJU FAXUE	
出版者	中国政法大学出版社	
地　址	北京市海淀区西土城路 25 号	
邮　箱	fadapress@163.com	
网　址	http://www.cuplpress.com (网络实名：中国政法大学出版社)	
电　话	010-58908466(第七编辑部) 010-58908334(邮购部)	
承　印	固安华明印业有限公司	
开　本	720mm×960mm 　1/16	
印　张	20	
字　数	345 千字	
版　次	2023 年 1 月第 1 版	
印　次	2024 年 9 月第 2 次印刷	
定　价	68.00 元	

编委会

主　编　张　敏

副主编　郑佳宁　栾　群　张光君

　　　　　张继红　倪　楠　韩文蕾

编委会（按照章节顺序）

　　　　　栾　群　张　敏　宋丁博男

　　　　　郑佳宁　刘　斌　张光君

　　　　　倪　楠　韩文蕾　国瀚文

　　　　　陈吉栋　张继红

党的二十大报告提出的明确着力点之一就是加快发展数字经济，而数字经济的高质量发展离不开法治轨道，如何科学有效地保障数据安全，把稳把牢监管方向盘，以法治护航数字经济行稳致远，须先明晰数据法治的基本特征与发展态势。基于这一客观要求，我们组织了本领域具有研究特色和优势的学者队伍，针对数据的性质、数据法概述、数据治理现状、数据法律关系、数据的流程、数据交易、数据的竞争与垄断、个人信息的侵权保护、个人数据跨境流动监管及国际协调方面进行深入分析，阐释数据法治的重点问题与未来研究动向，力图为我国数据治理的建设和发展作出一定的努力和贡献。本书付梓之际，党的二十届二中全会通过了《党和国家机构改革方案》，将组建国家数据局负责协调推进数据基础制度建设，统筹数据资源整合共享和开发利用，统筹推进数字中国、数字经济、数字社会规划和建设等。这是我国数字领域建设发展的新机遇，同时也对数据安全、数据治理提出了更高的要求。

一是回应数字时代的法治发展。国务院《"十四五"数字经济发展规划》指出，数字经济成为继农业经济、工业经济之后的主要经济形态，发展数字经济是国家的重要战略部署，2035 年我国数字经济将迈向繁荣成熟期，形成统一公平、竞争有序、成熟完备的数字经济现代市场体系。面对新时代数字经济的高速发展和数据法律人才培养的重大需求，推动法学教育的数字化程度、加强培养学生的数字素养成为国际组织和世界各国教育改革的重要趋势。2023 年 2 月 26 日中共中央办公厅、国务院办公厅印发了《关于加强新时代法学教育和法学理论研究的意见》，法学教育和法学理论研究承担着为法治中国建设培养高素质法治人才、提供科学理论支撑的光荣使命。在这一背景下，作为创新驱动的核心要素，数字人才成为下一阶段中国经济全面数字化转型的第一资源和核心驱动力。本书的编撰就旨在回应这一时代要求，提炼数据法学基础理论、厘清数据法学底层逻辑，阐释数据法学实践问题。

二是推进新兴学科交叉领域研究。学科交叉融合的快速发展已经成为科技创新和理论创造的重要源泉，为深入贯彻落实习近平总书记关于哲学社会科学工作的重要论述精神，亟待推动高校哲学社会科学的高质量发展。2021 年 10 月 18 日，习近平总书记在中共中央政治局第三十四次集体学习时强调："要完善数字经济治理体系，健全法律法规和政策制度，完善体制机制，提高我国数字经济治理体系和治理能力现代化水平。"数字时代引发的社会变革需要法律制度的同步跟进。数字法学学科将会有效应对新发展带来的新问题和新挑战，需要加强数字法学研究，积极推进法治理论创新，构建数字法学学科，助力数字社会的法律法规体系建设，塑造数字社会的法治秩序，以法治护航数字经济的发展。

三是促进数字法治人才培养。高等学校是法治人才培养的第一阵地，是贯彻习近平法治思想的重要阵地，是习近平法治思想研究阐释的重要力量。数字法学人才的高质量培养，是以数据技术为代表的新一轮科技革命和产业革命加速推进、迭代升级的时代需要，是融入数字时代、建设数字中国、营造开放健康安全数字生态的有益尝试。本书将为数据法学学科建设，创新法学研究范式和科研组织形式，积极服务国家数字化发展战略，着力解决数据运用在经济发展、社会治理和政府管理等领域产生的法律问题，探索中国特色哲学社会科学实验室的建设之路，为有效回应数字时代和重大法学理论、法治实践问题提供人才支撑和智力保障。

本书体系设置科学，内容注重数字治理的生成逻辑，基于我国的实际情况，借鉴国际经验，对于数据与法治融合的落地意义重大，具有很高的理论意义和应用推广价值。撰写团队成员均为近年来法学界较为活跃，在数据法学领域成果丰厚、颇有影响的学者，撰写体系和内容也反映了法学界的最新动态和专业水准。本书由主编拟定大纲，经集体讨论后，团队成员按分工撰写。各章撰写分工如下：

栾群，中国电子信息产业发展研究院副研究员，工业和信息化法律服务中心主任，负责第一章"信息技术、数据及其应用"、第二章"全球数据治理主要模式与制度"部分的撰写工作，并担任本书副主编；

张敏，西北工业大学公共政策与管理学院教授，陕西省法学会人工智能与大数据法学研究会会长，陕西省科技安全风险防控软科学研究基地主任，陕西省网络安全法治教育基地主任，负责第三章"数据法概述"、第五章"数据法律关系"、第九章"数据交易"以及附录"数据法学基本概念"部分的撰写工作，并担任本书主编；

宋丁博男，西北工业大学公共政策与管理学院法学系副主任、助理教授，负责第三章"数据法概述"部分的撰写工作；

郑佳宁，中国政法大学民商经济法学院教授、博士生导师，商法研究所副所长，负责第四章"数据的法律特征"部分的撰写工作，并担任本书副主编；

刘斌，中国政法大学民商经济法学院副教授，商法研究所副所长，负责第四章"数据的法律特征"部分的撰写工作；

张光君，西南政法大学人工智能法学院副院长，副教授，负责第六章"数据收集"部分的撰写工作，并担任本书副主编；

倪楠，西北政法大学经济法学院院长、教授、博士生导师，负责第七章"数据存储"部分的撰写工作，并担任本书副主编；

韩文蕾，西北工业大学公共政策与管理学院副教授，负责第八章"数据开放与共享"部分的撰写工作，并担任本书副主编；

国瀚文，西北政法大学民商法学院讲师，数字法学研究院研究员，负责第十章"数据的竞争与垄断"部分的撰写工作；

陈吉栋，同济大学法学院副教授，负责第十一章"个人信息的侵权保护"部分的撰写工作；

张继红，上海政法学院教授，上海全球安全治理研究院全球化法律问题研究所所长，负责第十二章"个人数据跨境流动监管及国际协调"部分的撰写工作，并担任本书副主编。

本书自2018年初萌意愿，至2023年付梓，撰写团队的学者们同心共力，历时五载，三易其稿，终有所成。在此，感谢撰写团队所有学者的勤勉努力，感谢我可爱的学生们郭思辰、武珂、李倩、杨红霞、杨柳楠、施佳贝、郭宇畅、刘政豪、张鑫、武博洋、胡蕾欣、仙路扎德等同学在收集资料、整理校对等方面的辛勤付出，也感谢学界同人长期以来的鼓励支持！

由于本书主要涉及新理念、新业态、新模式下的法学领域和实践问题，其中诸多理论、制度与体制等均在探索、创新之中，加之撰写团队水平有限，因此，本书不足之处敬请学界同人批评指正和不吝赐教。

张　敏
于古都西安
2023 年 3 月花起时

CONTENTS ■■■ ■
目 录 ■■■■■

第一章
信息技术、数据及其应用

第一节　信息技术及数据概论

在社会经济领域，经济基础决定法律的本质和基本特征，经济基础的发展变化决定了法律的发展变化，而法律的重要作用是确认经济关系，规范经济行为，维护经济秩序，服务经济活动。法律脱胎于经济和社会，经济决定于技术和产业。数据法学是现代社会基于信息技术应用产生的法学学科，学习数据法学课程，必然要求学生了解数据技术、数据应用和数据产业方面的基本知识，才能更好地去学习、领会数据法学的法理阐述。

一、信息技术

（一）信息技术的定义

"信息"这一概念包含了两个重要的层次。其一是本体论信息，任何事物的本体论信息，就是该事物所呈现的运动状态及其变化方式；其二是认识论信息，任何认识主体关于某事物的信息，是认识主体所表述的该事物的运动状态及其变化方式。[1]本体论信息的定义从纯客观角度出发导出，而认识论信息的定义则从主观见之于客观的角度导出。按照本体论的定义，在互联网技术出现以前，海量的个人信息就伴随着人类的生产生活而存在。如自然人的姓名、性别、年龄、肖像等。由于该类信息几乎都因人类活动而产生，因此往往可以归到某一具体的人格权之中加以保护。

但是，"认识论"层面上的信息包含了"主体认知"这一限制条件。信息

---

〔1〕　钟义信．信息科学原理［M］．北京：北京邮电大学出版社，2013：17.

科学的发展使得计算机具有了归纳处理的功能,一些具有时代特色的个人信息大量产生,例如浏览历史,用户关注、交易信息、cookies 痕迹等。这些信息被网络运营商大量分析采集,便于其进行精准推送,成为吸引流量、争抢用户的资本。此类信息具有人身属性与财产价值,却在法律上缺乏相应定位,我们将作为本文研究对象的"信息"限缩为存在于网络空间中的,反映事物运动状态及其变化方式的内容。

简而言之,信息技术是关于信息的技术。什么是信息呢?控制论的创始人,被誉为"信息时代之父"的诺伯特·维纳认为,"信息就是信息,不是物质,也不是能量"。有学者把世间万物分为物质、能量、生命和信息,把"信息"与其他三者相提并论,提出"信息就是由载体与/或外壳承载并表达的一切客观存在的含义"。想知道什么是信息,就要知道什么不是信息。一切客观存在本身不是信息;物理或生命的过程/或度量本身不是信息;"量子信息"一词不是用来指物质构成要素,而是指量子的状态测量,量子状态用作通信或信息处理新型载体的,也不是信息。信息是那些存在于广泛物理空间的以光、声、电磁波辐射、散布的信息;存在于生命体的遗传信息,生命体神经系统感知、传输、存储、处理的信息;人类社会及其他生物体的生存发展状态信息,人及其他智能生物体的语言或准语言;人类或其他信息处理系统收集并记录下来的信息;人类或其他信息处理系统(从图书馆到互联网)不同层次加工整理存储的信息,科学、技术、文化等知识信息,娱乐、衣食住行等生活信息。[1]

信息技术(Information Technology,通常简称"IT"),从概念上来说有广义、狭义之分。广义的信息技术,是指能充分利用与扩展人类信息器官功能的各种方法、工具与技能。信息技术由来已久,自远古社会以来,人类就一直在通过各种方式存储、检索、使用和交换信息。有学者指出,信息技术就是用于解决输入、处理、输出和通信问题的主要技术。其认为,根据所采用的存储和处理技术,信息技术的发展可区分为四个阶段:机械前阶段(公元前 3000 年至公元 1450 年)、机械阶段(公元 1450 年至公元 1840 年)、机电阶段(公元 1840 年至公元 1940 年)和电子阶段(公元 1940 年至今)。[2]狭义的信息技术,是指利用计算机、网络、广播电视等各种硬件设备及软件工具与科学方

---

〔1〕 参见杨学山. 论信息 [M]. 北京:中国工信出版集团、电子工业出版社,2016:2-6.

〔2〕 See Butler, Jeremy G. , A History of Information Technology and Systems, University of Arizona [Z/OL]. 2020-02-03. https://tcf. ua. edu/AZ/ITHistoryOutline. htm.

法，对文图声像各种信息进行获取、加工、存储、传输与使用的技术。现代意义上的"信息技术"一词最早出现于 1958 年《哈佛商业评论》，也是狭义的信息技术。作者提出了信息技术的三个组成部分，"新技术还没有一个单独的名称。我们将其称为信息技术。它由几个相关部分组成：一是用于快速处理大量信息的技术，例如高速计算机（the high-speed computer）[1]；二是统计和数学方法在决策问题的应用，例如数学编程等技术和运筹学等方法论；三是目前尚待解决的内容，包括通过计算机程序模拟高阶思维"。[2]虽然随着技术的进一步发展，信息技术的概念发生了变化，但基本属于该定义的延续和发展。因此，本书中所涉及的内容主要是指现代意义上的信息技术，即电子信息技术。

国际标准化组织（ISO）定义"信息技术"为，针对信息的采集、描述、处理、保护、运输、交流、表示、管理、组织、储存和补救而采用的系统和工具的规范、设计及其开发。美国信息技术协会（ITAA）定义"信息技术"为，以计算机为基础之信息系统的研究、设计、开发、实现、维护或应用。[3]当然，随着技术进步和技术经济学的学科发展，技术不仅包含自然技术，还包括社会技术。所以，也可以认为，信息技术既包括信息劳动者的技能、信息劳动的工具、信息劳动的对象，也包括管理制度、方法体系、解决方案、系统集成和服务体系等。

专 栏

信息技术（IT）与信息通信技术（ICT）

与信息技术（IT）相对应的还有另一个概念——信息通信技术（Information and Communication Technology，通常简称"ICT"）。ICT 原本是另一种表达 IT 的方式，但是随着移动互联网的发展，电信领域（Telecommunication）出现了网络化趋势。相对应的，信息技术与电信技术逐渐融合发展，形成了一个新的技术领域，即信息通信技术。信息通信技术并未形成统一定义，而且在当前技术快速

---

〔1〕 高速计算机，即当前使用的 PC 等计算机，其对应的是类似于埃尼阿克等早期的体积大、计算能力相对较低的计算机。

〔2〕 Leavitt, Harold J.; Whisler, Thomas L. (1958), "Management in the 1980s", Harvard Business Review [Z/OL]. 2020-02-03. https://hbr.org/1958/11/management-in-the-1980s.

〔3〕 See Proctor, K. Scott, Optimizing and Assessing Information Technology: Improving Business Project Execution, John Wiley & Sons, 2011.

迭代的背景下，其概念还会不断变化。特别是随着云计算和 5G 技术的发展，信息技术与电信技术的融合将进一步深化。但总体来看，信息通信技术被普遍认为是信息技术与电信技术的融合体，并且在一定程度上与"信息技术"的概念互相替代出现。换而言之，当前 IT 与 ICT 的界限模糊，在一定程度上出现了概念泛化和混同使用，主要是指计算机、电信、统一通信[1]（Unified Communication）等技术的集成。

（二）信息技术的分类

按表现形态的不同，信息技术可分为物化技术（硬技术）与非物化技术（软技术）。前者指各种信息设备及其功能，如显微镜、电脑等；后者指有关信息获取与处理的各种知识、方法与技能，如语言文字技术、数据统计分析技术、规划决策技术、计算机软件技术等。

按工作流程中基本环节的不同，信息技术可分为信息获取技术、传递技术、存储技术、加工技术及标准化技术。其中，信息获取技术，包括信息的搜索、感知、接收、过滤等，如显微镜、卫星、温度计、钟表、Internet 搜索器中的技术等。信息传递技术，是指跨越空间共享信息的技术，可分为不同类型，如单向传递与双向传递技术，单通道传递、多通道传递与广播传递技术。信息存储技术，是指跨越时间保存信息的技术，如印刷、照相、录音、录像等。信息加工技术，是对信息进行描述、分类、排序、转换、压缩、扩充、创新等处理的技术。信息加工技术的发展已有两次突破：从人脑信息加工到使用机械设备（如算盘、标尺等）进行信息加工，再发展为使用电子计算机与网络进行信息加工。信息标准化技术，是指使信息的获取、传递、存储、加工各环节有机衔接，以提高信息交换共享能力的技术，如信息管理标准、字符编码标准、语言文字的规范化等。

按技术的功能层次不同，可将信息技术体系分为基础、支撑、主体、应用四个层次。（1）基础层次的信息技术，如新材料技术、新能源技术；（2）支撑层次的信息技术，如机械技术、电子技术、激光技术、生物技术、空间技术等；（3）主体层次的信息技术，如感测技术、通信技术、计算机技术、控制

---

〔1〕 统一通信，是指融合使用计算机技术与传统电信技术，以实现跨平台和技术的信息交换、使用等功能。

技术；（4）应用层次的信息技术，如文化教育、商业贸易、工农业生产、社会管理中用以提高效率和效益的各种自动化、智能化、信息化应用软件与设备。[1]另外，在日常语境中，人们按使用的信息设备不同，把信息技术分为电话技术、电报技术、广播技术、电视技术、复印技术、缩微技术、卫星技术、计算机技术、网络技术等。也有人从信息的传播模式出发，将信息技术分为传者信息处理技术、信息通道技术、受者信息处理技术、信息抗干扰技术等。

当然，从历史真实看，社会发展从来不是某项单一技术发挥作用，而是由各种相关技术互相渗透、影响和融合共同促进。信息技术也并非仅凭单一技术就能对社会形成重大影响，而是以某一类信息技术为基础的系统性技术群共同发挥作用，才能产生改变部分社会关系的重大效果。由此，便产生了信息系统（Information System）的概念，狭义视角下的信息系统是由计算机硬件、网络和通信设备、计算机软件、信息资源、信息用户等组成的，以处理信息流为目的的一体化系统；广义视角下的信息系统要加入人的因素和管理的因素，即包含了信息管理制度的人机一体化系统。

二、数据

（一）技术层面数据的概念

从技术层面讲，一般认为，广义的数据（Data）是事实或观察的结果，是对客观事物的逻辑归纳，是用于表示客观事物的未经加工的原始素材。作为记录现实世界客观事物的物理符号，主要以数值、文字、声音或图像等形式表现。数据可以是连续的值，比如声音、图像，称为模拟数据；也可以是离散的，如符号、文字，称为数字数据。狭义的数据主要是从计算机科学角度，指所有能输入计算机并被计算机程序处理的符号的总称，[2]是计算机处理的对象。当然，数据本身代表的信息是多样的，需要结合语义才能清晰表达。也可以理解为数据本身不能完全表达其内容，需要经过解释，数据和关于数据的解释是不可分的。如"80"是一个数据，可以是一个同学某门课的成绩，也可以是某人兜里剩下的钱数（元、万元），还可以是某个团队的人数等。

按表现形式，数据可分为数字数据与模拟数据。数字数据在某个区间内是

---

〔1〕 参见韩红强，王志鹏. 信息技术服务分类与定义研究 [J]. 信息技术与标准化，2013（4）：28-31.

〔2〕 参见汤羽，林迪，范爱华. 大数据分析与计算 [M]. 北京：清华大学出版社，2018：2.

离散的值，如各种统计或量测数据；模拟数据是由连续函数组成，指在某个区间连续变化的物理量，又可以分为图形数据（如点、线、面）、符号数据、文字数据和图像数据等，如声音的大小和温度的变化等。

按数字化方式，数据可分为矢量数据、格网数据等。矢量数据是指计算机中以矢量结构存贮的内部数据，其中点数据可直接用坐标值描述，线数据可用间隔顺序坐标链来描述，面状数据可用边界线多边形来描述。格网数据是指计算机中以栅格结构存贮的内部数据，是扫描式数字化仪的直接产物，适用于屏幕显示和行式打印输出。格网数据与矢量数据相比，其软件设计较简单，缺点是数据存储量大，需占用更多存储单元。

从我国现有规范性文件的规定来看，信息这个概念一般在强调主体可识别性的情境下使用，而数据这个概念一般在强调数据安全与控制的层面上使用，但既有研究经常混用数据和信息这两个概念。[1]从词源上看，"信息"（Information）一词源于15世纪的拉丁语"Informare"，由动词"告知"（To Inform）衍生而来，有形成想法（To Give Form to, To Shape or to Form）的含义。[2]信息在本质上是反映客观世界及其变化规律的信号与消息。在法律上，则是指固定于一定载体之上的，对事物的现象和本质认识的表达。当提到"信息"一词时，一般是在内容层面上说的。[3]而数据本身是没有意义的，只有经过解释和理解才有意义。[4]通过梳理既有立法和学术研究，可以发现，当涉及信息或数据中包含的人格利益保护时，往往倾向于使用信息或者个人信息的概念；当关注于数据治理和数据经济价值的流转时，数据概念更受青睐。[5]

信息与数据具有天然的共生性和一致性，二者是一体两面的关系。电子数据是信息的数字化形式，通常与电子信息具有共同的意义。信息通过数据形式生成、传输和储存，控制数据即掌握了相关信息，在此意义上数据和信息具有

〔1〕 张平. 大数据时代个人信息保护的立法选择 [J]. 北京大学学报（哲学社会科学版），2017（3）：143-151.

〔2〕 See Mark Burgin, Theory of Information: Fundamentality. Diversity and Unification, World Scientific Publishing Co. Pte. Ltd. 2010, p. 2.

〔3〕 谢远扬. 信息论视角下个人信息的价值——兼对隐私权保护模式的检讨 [J]. 清华法学，2015（3）：94-110.

〔4〕 杨旭，汤海京，丁刚毅. 数据科学导论 [M]. 北京：北京理工大学出版社，2017：11.

〔5〕 余佳楠. 个人信息作为企业资产——企业并购中的个人信息保护与经营者利益平衡 [J]. 环球法律评论，2020（1）：99-112.

天然的共生性和一致性。[1]数据和信息是同一事物的两个方面，构成工具和本体的关系，即信息是数据的内容，数据是信息的形式。数据属于信息传递的工具，是物理性的；而信息则以其内容为价值所在，可通过数据这个媒介来传输，是具有经济价值和象征含义的文本和信号，是内容性的。[2]由于信息必须通过数据这个载体才能存在和传递，因此无法将二者加以分离而抽象地讨论其中之一的权利。[3]

（二）数据的单位

在计算科学里，数据就是指狭义的数据，是被计算机程序处理的对象。也就是说，不论我们如何认识和定义数据，必须给计算机输入能够被认识和处理的数据才是有意义的。计算科学的基本数据单位是字节（byte）：8 个二进制位为一个字节（B），这是最常用的单位。计算机存储单位一般用 B，KB，MB，GB，TB，PB，EB，ZB，YB，BB 来表示，它们之间的关系是：

1B（Byte 字节）= 8bit

1KB（Kilo byte 千字节）= 1024B（其中 1024 = 2^{10}）

1MB（Mega byte 兆字节　简称"兆"）= 1024KB

1GB（Giga byte 吉字节　又称"千兆"）= 1024MB

1TB（Tera byte 万亿字节　太字节）= 1024GB

1PB（Peta byte 千万亿字节　拍字节）= 1024TB

1EB（Exa byte 百亿亿字节　艾字节）= 1024PB

1ZB（Zetta byte 十万亿亿字节　泽字节）= 1024EB

1YB（Yotta byte 一亿亿亿字节　尧字节）= 1024ZB

1BB（Bronto byte 一千亿亿亿字节）= 1024YB

需要说明，BB 也不是最大的单位，后面还有 NB（Nona byte）、DB（Dogga byte）、CB（Corydon byte）等更大的单位，相继都是按照如上所列 1024 的关系进行换算，包括 BB 在内，这些大量级的数据单位目前是用不上的。常用的数据单位是 MB、GB、TB，大小比较直观，也比较容易理解。那些比较大的单位，如 BB，究竟是什么概念呢？假设全世界有 100 个硬盘厂家，

---

〔1〕 梅夏英.数据的法律属性及其民法定位［J］.中国社会科学，2016（9）：164-183+209.

〔2〕 梅夏英.虚拟财产的范畴界定和民法保护模式［J］.华东政法大学学报，2017（5）：42-50.

〔3〕 包晓丽.数据共享的风险与应对——以网络借贷平台为例［J］.上海政法学院学报，2021（5）：122-136.

每个厂家要生产 10 万亿个 1TB 的硬盘，所有硬盘的总容量才能达到 1BB。日常工作生活中，根据存储行业的"行规"以及为了日常交易表述的方便，市场上销售的硬盘并不是按照 1024 换算的，而是按 1000 换算，所以 1G 的硬盘往往不是 1024MB，而是大约 1000MB。

（三）数据的编码

提高数据处理效率是计算机等信息技术产品发明的直接目的。在生活中，我们通常使用计算机处理数值、文字、声音等内容，但机器与人类不同，其不能自主地识别数据，因此需要通过一定规则使机器"认识"数据。当前，计算机只能识别表示为 0 和 1 的二进制形式。因此，该过程的实质是将人类能够理解的数据转化成机器能够认识的二进制形式，从而使机器从事人类指定的活动。

> **专 栏**
>
> **二进制**
>
> 二进制（binary）在数学和数字电路中指以 2 为基数的计数系统，以 2 为基数代表系统是二进位制的。这一系统中，通常用两个不同的符号 0（代表零）和 1（代表一）来表示。数字电子电路中，逻辑门直接采用了二进制，因此现代的计算机和依赖计算机的设备里都用到二进制。每个数字称为一个比特（二进制位）或比特（Bit，Binary digit 的缩写）

其中，机器可识别的形式就是数据的表现形式，转化的过程就是编码。数字可以直接被编码为二进制形式，例如十进制的数字 10 可以被直接编码为二进制中的 1010，但负数、小数等不同类型的数字具有不同的编码方式。而对文本编码需要先以特定规则将文本转化为数字，然后再由整数编码为二进制形式。针对不同的文本字符，如英文、中文、特殊符号等，具有不同的编码体系。当前常见的文本编码规则有 BCD 码、ASCII 码、Unicode 等。而对音频、视频、图像等数据进行编码，需要将声音、图像等模拟信号转化为以二进制数字形式表示的信号，即各种类型的数字信号。

专　栏

数字数据与模拟数据

在计算机中，数据可以分为数字数据和模拟数据两大类。数字数据是离散的值，如文本和整数等；模拟数据是在某个区间内连续变化的值，如声音、视频和温度等。信号是数据的电、磁、光形式的编码。数字数据和模拟数据一般采用数字信号和模拟信号来表示。模拟信号通常由传感器对客观事物进行采集获得。模拟信号转化为数字信号的基本步骤是采样、量化和编码。

（四）数据的集合

数据的集合就是指数据库。数据库，可以简单理解为电子化的文件柜。数据库是以一定方式储存在一起、能与多个用户共享、具有尽可能小的冗余度、与应用程序彼此独立的数据集合，用户可以对文件中的数据进行新增、查询、更新、删除等操作。[1]当前的数据量日益巨大，发生的信息泄露案件动辄百万条、上亿条数据，如果海量数据无序排列，将对数据使用造成根本性障碍。以网络数据为例，不完全列举如下：（1）网络中存在的文档、图片、视频、音频、软件等文件，以及文件里的汉字、数字、字母等；（2）电子邮件、即时通信等产生、传输的信息；（3）用户使用服务的注册信息、认证信息、日志信息、通信记录等；（4）海量网页、博客、微博客、贴吧、微信朋友圈、讨论区等发布的信息。此时，就需要一个按数据结构来存储和管理数据的计算机管理系统，即数据库。

数据库的概念实际包括两层意思：一是一个由数据构成的库，是存放数据的仓库，是一个实体；二是这个仓库是有技术含量的，存放数据时包含着一定的技术和方法，更适合组织数据、维护数据、控制数据和利用数据。20世纪90年代，数据库研究的两大方向是推理数据库（Deductive Database）以及面向对象数据库（Object-oriented Database），其中前者是数据库与人工智能的结合，后者是数据库与面向对象编程思想的结合。但进入21世纪之后，数据库和互联网进行了结合，也就是半结构化数据（XML数据库）。[2]

---

〔1〕　参见王珊，萨师煊. 数据库系统概论：第5版［M］. 北京：高等教育出版社，2014：4.

〔2〕　参见张慧芳.“不安分”的数据“提炼师”［Z/OL］. 第一财经，2020-04-29. https://www.yicai. com/news/100100298. html.

（五）数据的结构

为了方便管理和使用数据，需要给数据分类。通常，为了准确地描述一个客观事物，也需要用到多种数据。例如，描述一个犯罪嫌疑人，可能需要姓名、性别、年龄等客观属性，而每一种客观属性背后都蕴含着一类或多类数据。为了提高数据的使用效率和科学性，在进行数据管理和处理前，通常会根据数据的描述内容、结构、结果等特点，将数据划分为不同类型，然后再根据不同的数据类型选择管理方法和技术。其中，根据数据是否具备明显的结构特征，可以将数据划分为结构化数据和非结构化数据。[1]结构化数据是指目的明确、具有较明显的组织和结构特征的数据，可以使用关系型数据库表示和存储。结构化数据通常表现为一组二维形式的数据集，本质上是"先有结构，后有数据"。[2]非结构化数据是指无明显目的，缺乏固定结构特征，或内部无一致特征的数据，其本质是结构化数据以外的所有数据。日常生活中的大部分数据都是非结构化数据。

表1-1 结构化数据：犯罪嫌疑人信息

编号	姓名	性别	年龄
1	张三	男	30
2	李四	女	30

简单来说，结构化数据就是被分类整理后的数据，典型如企业 ERP、医疗 HIS 系统的数据库。这些数据只有先实现了结构化才能使用，更好满足存储需求、备份需求、共享需求和容灾需求。所以，结构化数据是由二维表结构来逻辑表达和实现的数据，严格地遵循数据格式与长度规范，主要通过关系型数据库进行存储和管理。但生活中我们遇到的大量文本、图片、声音、视频、超媒体等都属于非结构化数据，它们的数据结构不规则或不完整，没有预定义的数据模型，不方便用数据库二维逻辑表来表现，而且这些数据记录的字节重复或不重复并没有规律。非结构化数据库的字段长度是变化的，并且每个字段的子

---

[1] 也有学者认为数据应划分为结构化数据、半结构化数据和非结构化数据，认为"存在弱化的结构化数据形式，其不符合关系型数据模型要求，但仍有明确的数据大纲"，但该划分对理解数据类型并无实质影响。

[2] 参见张尧学，胡春明.大数据导论：第2版［M］.北京：机械工业出版社，2021：5.

字段也可以构成数据库。除了结构化数据和非结构化数据，实践中的情况往往是复杂多样的，还存在半结构化数据。如要形成一个员工情况的结构化数据库，工号、姓名、性别、出生日期等数据一般是固定不变的，很容易形成结构化数据，但是如个人成就、人物评价、历史地位等不太能形成结构化数据。所以，可以将半结构化数据理解为结构化数据的一种形式，它并不符合关系型数据库或其他数据表的形式关联起来的数据模型结构，但包含相关标记，用来分隔语义元素以及对记录和字段进行分层，因此也被称为自描述结构。

三、大数据

简单来说，数据量达到一定程度就出现了大数据。大数据的概念也是随着信息技术的发展逐步形成的。随着 1940 年代计算机的发明和使用，逐渐形成了 IT 行业，"大数据"作为 IT 行业的术语早就存在，并经过了概念的演变历程。在 20 世纪 80 年代，称为超大数据集（Very Large Data Bases，VLDB）；但是到了 20 世纪 90 年代的时候，又有了海量数据（Massive Data）的说法；进入 21 世纪后，才有了大数据（Big Data）这一名词。随着技术的进步，数据量实际上应该是越来越大的，但是关于数据概念，前面的形容词似乎越来越小。这是一个有意思的学术现象，但也说明随着技术的发展和认识的加深，概念也在越来越聚焦。

（一）大数据的概念

大数据技术并非一项单一的技术，而是技术的组合。随着社交媒体的不断宣传，"大数据"的概念已经逐渐泛化，已经由技术范畴扩展到了社会生活的方方面面，即使非专业的公众，也早已耳熟能详。但是，大部分人并不了解其具体概念和范畴，甚至有的人会认为大数据是一项专门的技术。实际上，大数据技术包含硬件、软件等一系列技术的综合应用。

维基百科（Wikipedia）将大数据定义为，规模庞大、结构复杂，难以通过现有商业工具和技术在可容忍的时间内获取、管理和处理的数据集。麦肯锡全球研究机构（McKinsey Global Institute）给出的大数据定义，综合了"现有技术无法处理"和"数据特征"，认为大数据是指大小超过经典数据库软件工具收集、存储、管理和分析能力的数据集，这一定义是站在经典数据库处理能力的基础上看待大数据的。美国国家标准技术研究院（NIST）将大数据表述为，规模巨大、种类繁多、增长速度快、变化多样，且需要一个可扩展体系结构来有效存储、处理和分析的数据集。IBM 作为 IT 行业的翘楚，强调了大数据的数量（Volume）、多样性（Variety）、速度（Velocity）和真实性（Veracity）等方面，后来也将数据价值（Value）吸收进来，成为大数据的"5V 特性"。IBM 总结的大数据的 5V 特性，被业界认可并广泛引用，至今仍为业界所津津乐道。

国务院 2015 年印发的《促进大数据发展行动纲要》提出，大数据是以容量大、类型多、存取速度快、应用价值高为主要特征的数据集合，正快速发展为对数量巨大、来源分散、格式多样的数据进行采集、存储和关联分析，从中发现新知识、创造新价值、提升新能力的新一代信息技术和服务业态。大数据成为推动经济转型发展的新动力，成为重塑国家竞争优势的新机遇，成为提升政府治理能力的新途径。

（二）大数据的技术特征

关于大数据技术特征的描述还可以有很多，如客观性，即数据及其处理技术是客观存在的；媒介性，即从技术角度看数据是信息的载体，其本身是电子信号，价值来源于所承载的信息等内容；广泛性，即特别是随着大数据相关技术的发展，"一切皆可数据化"的理念受到普遍认可；微观性，即以电子形式存在；集合性，即不会出现单一的数据，往往都是或大或小的数据集合等。

目前通常认为大数据具有 5V 技术特征，即 Volume（大量性）、Velocity（高速性）、Variety（多样性）、Value（低价值密度性）、Veracity（真实性）。

第一，Volume（大量性）。大数据的第一个特征是大量性，即就数据计算和存储能力而言，存在数量巨大的数据。一般认为 PB 级别的数据量就可以称为大数据。实际上，数据量级是随着计算和存储能力有所变化的。20 世纪 90 年代 MB 还是数据的常用单位，进入 2000 年后 GB 就成了常用单位，现在 TB 逐渐普及，之后可能会很快使用更大的数据单位。

第二，Velocity（高速性）。大数据的第二个特征是高速性，数据要反映现实，描述的事物是频繁变化、时刻变化的，大数据必须时刻、持续、快速地更新，才能更好地反映现实和事物的细节变化。因此数据生成、采集、存储、处理等数据技术，就必须考虑时效性的问题，实现实时的数据处理。如，自动驾驶之所以一定要等待 5G 的突破才能实现，是因为自动驾驶要求有能力配套巨量数据高速性的通信技术，否则就无法实时反映路况和驾驶状况。

第三，Variety（多样性）。大数据的第三个特征是多样性，多样性是指数据的种类多，首先，面对一个场景时，大数据集既包括结构化数据，又包括半结构化数据和非结构化数据。其次，即使是同一类的数据，可能其结构模式也是复杂多样的。如，城市交通数据既包括车辆信息、道路信息、驾驶人信息等结构化数据，又包括各类文档信息的半结构化数据，还包括各类摄像头拍摄的信息等非结构化数据。数据多样性导致数据异构性，这就是数据技术专业化的来源。

第四，Value（低价值密度性）。大数据的第四个特征是低价值密度性，更准确的表达实际上是大数据的价值巨大但价值密度较低特性。大数据蕴含的价值，包括商业价值、社会价值、人文价值、历史价值等当然是巨大的。但由于数量巨大未及区分，大数据中也蕴含了大量的"无用数据"，甚至存在有用的数据湮没在大量的无用数据之中的情况，导致了大数据的低价值密度性。因此，如何评价一堆数据的价值密度，如何针对要解决的问题快速地定位、有针对性地挖掘到有价值的数据，成为大数据的核心技术之一。

第五，Veracity（真实性）。大数据的第五个特征是真实性。真实性是对数据质量的要求，大数据既然要反映现实，必然要求真实准确地反映现实。海量的数据中无用数据占量很大，更不利的是海量的数据中还存在各种错误、虚假、有误差的数据，这类数据被称为"数据噪声"，它已经不仅仅是无用数据的问题，而是有害于大数据的问题。因此，从技术角度讲，如何筛选数据确保真实性，也是大数据的核心技术之一。

大数据技术体现的主要是对非结构化数据的利用。非结构化数据的利用是大数据价值挖掘的难点和重点。结构化数据、半结构化数据和非结构化数据三类的区别，在于数据的表示是否存在预先定义好的数据模型，即存在明确的表达数据含义的构成单元及其相互关系。但是非结构化数据中，不存在明确的单元和相互关系，或者说缺乏统一的结构限制。这样，非结构化的数据表述就可能会存在歧义或存在多样性表达同一个意思。除了技术上的原因，之所以强调大数据技术体现的主要是对非结构化数据的利用，还因为非结构化数据占据数据的比例最大。非结构化数据包含了文本、图像、声音、影视、超媒体等典型信息，据预测，非结构化数据将占据所有各种数据的70%甚至80%以上。我们常常见到的如页面信息提取技术、语义处理技术、文本建模技术、隐私保护技术甚至结构化处理技术等，都是针对非结构化数据而言的。

第二节　数据应用

随着新一代信息技术的迅猛发展，以超大规模数据处理为基础进行分析和决策的大数据时代已经到来。新一代信息技术正在与各行各业深入交融，数据的应用也已进入快速发展阶段，本书选择了工业、医疗、教育、金融四个领域，简单介绍数据在上述领域的应用。

一、工业领域的数据应用

工业大数据分析是利用统计学分析技术、机器学习技术、信号处理技术等技术手段，结合业务知识对工业过程中产生的数据进行处理、计算、分析并提取其中有价值的信息、规律的过程。《工业和信息化部关于工业大数据发展的指导意见》（工信部信发〔2020〕67 号）指出，工业大数据是工业领域产品和服务全生命周期数据的总称，包括工业企业在研发设计、生产制造、经营管理、运维服务等环节中生成和使用的数据，以及工业互联网平台中的数据等。工业数据涉及整个工业领域，围绕典型智能制造模式，从客户需求到销售、订单、计划、研发、设计、工艺、制造、采购、供应、库存、发货和交付、售后服务、运维、报废或回收再制造等，包括整个产品全生命周期各个环节所产生的各类数据。[1]工业数据的主要来源可分为以下三类：第一类是生产经营相关业务数据，第二类是设备物联数据，第三类是外部数据。如果从工业发展的全过程来看，工业大数据产生于工业的全产品周期的各个环节，主要包括市场需求、采购库存、研发设计、制造、检验试验、交付营销、售后保障等。

表1-2　工业数据的类型及产生环节

产生环节	数据类型
市场需求	市场需求分析、行业发展数据、竞争对手数据
采购库存	供应商数据、采购计划管理、库存优化管理
研发设计	研发需求方案、设计数据、设计版本跟踪、设计变更会议纪要、方案论证建议、研发周期控制数据

---

〔1〕参见郑树泉，宗宇伟，董文生，丁志刚. 工业大数据架构与应用［M］. 上海：上海科学技术出版社，2017：18.

续表

产生环节	数据类型
制造	制造过程监控、实施传感数据、机床运行数据、环境数据、人员数据、制造工艺更改数据、工艺数据、设备参数、装配数据、物料数据、制造资源数据
检验试验	产品检验数据、性能试验数据、实验方案与结果、达标要求
交付营销	营销方案数据、市场响应情况、产品交付周期、付款回款数据、客户数据
售后保障	产品使用性能跟踪、产品维修与维护、使用环境与性能分析、售后快捷服务、产品问题处理记录

正是在工业大数据的基础上，工业互联网和智能制造才有了可能。而且，从工业互联网和智能制造本身的目标来看，正是经过数据流动进而实现自动解决控制和业务问题，才为工业互联网和智能制造的目标实现打通了路径。在工业领域存在各种工业运作系统，如 MES（制造执行系统）、ERP（企业资源规划）、PLM（产品生命周期管理系统）、SCM（供应链管理系统）、CRM（客户管理系统）等，这些系统本身沉淀了很多研发数据、生产数据、供应链数据和客户数据等。对于企业而言，这些数据已经成为企业的核心资产。随着物联网和工业互联网的搭建，镶嵌其中的智能设备记录的装备运行状态，来自外部的、对工业产生直接影响的气候、环境、灾害、市场等变化数据，也是工业数据的重要来源。工业数据不仅存在于企业内部，而且广泛存在于产业链以及外部。工业数据也存在着结构化数据、半结构化数据和非结构化数据，也符合5V 特征，同时也反映工业逻辑，具有"多模态、强关联、高通量"特征。

总之，工业大数据是新工业革命的基础动力，是提升制造智能化水平、推动工业升级的基本要素，也是推动工业特别是制造业转型升级的重要内容。工业大数据是制造业实现从要素驱动向创新驱动转型的关键要素和重要手段，也是实现企业从制造向服务转型的关键支撑技术。通过工业大数据才能最有效实现对用户和市场竞争的跟踪和应对，提高企业产品和服务的竞争力。

为推动工业领域数据的应用，我国出台了一系列文件。2010 年《国务院关于加快培育和发展战略性新兴产业的决定》提出发展新一代信息技术产业。加快建设宽带、泛在、融合、安全的信息网络基础设施，推动新一代移动通信、下一代互联网核心设备和智能终端的研发及产业化，加快推进三网融合，促进物联网、云计算的研发和示范应用。着力发展集成电路、新型显示、高端软件、高端服务器等核心基础产业。提升软件服务、网络增值服务等信息服务能力,加快重要基础设施智能化改造。大力发展数字虚拟等技术,促进文化创意产业发展。发展高端装备制造产业。重点发展以干支线飞机和通用飞机为主的航空装备,做大做强航空产业。积极推进空间基础设施建设,促进卫星及其应用产业发展。依托客运专线和城市轨道交通等重点工程建设,大力发展轨道交通装备。面向海洋资源开发,大力发展海洋工程装备。强化基础配套能力,积极发展以数字化、柔性化及系统集成技术为核心的智能制造装备。

2016年《"十三五"国家战略性新兴产业发展规划》提出,未来5年到10年,是全球新一轮科技革命和产业变革从蓄势待发到群体迸发的关键时期。信息革命进程持续快速演进,物联网、云计算、大数据、人工智能等技术广泛渗透于经济社会各个领域,信息经济繁荣程度成为国家实力的重要标志。增材制造(3D打印)、机器人与智能制造、超材料与纳米材料等领域技术不断取得重大突破,推动传统工业体系分化变革,将重塑制造业国际分工格局。基因组学及其关联技术迅猛发展,精准医学、生物合成、工业化育种等新模式加快演进推广,生物新经济有望引领人类生产生活迈入新天地。应对全球气候变化助推绿色低碳发展大潮,清洁生产技术应用规模持续拓展,新能源革命正在改变现有国际资源能源版图。数字技术与文化创意、设计服务深度融合,数字创意产业逐渐成为促进优质产品和服务有效供给的智力密集型产业,创意经济作为一种新的发展模式正在兴起。创新驱动的新兴产业逐渐成为推动全球经济复苏和增长的主要动力,引发国际分工和国际贸易格局重构,全球创新经济发展进入新时代。

2017年《国务院关于深化"互联网+先进制造业"发展工业互联网的指导意见》提出要建立健全法规制度。完善工业互联网规则体系,明确工业互联网网络的基础设施地位,建立涵盖工业互联网网络安全、平台责任、数据保护等的法规体系。细化工业互联网网络安全制度,制定工业互联网关键信息基础设施和数据保护相关规则,构建工业互联网网络安全态势感知预警、网络安全事件通报和应急处置等机制。建立工业互联网数据规范化管理和使用机制,明确产品全生命周期各环节数据收集、传输、处理规则,探索建立数据流通规范。加快新兴应用领域法规制度建设,推动开展人机交互、智能产品等新兴领域信息保护、数据流通、政府数据公开、安全责任等相关研究,完善相关制度。

2021年《中华人民共和国国民经济和社会发展第十四个五年规划和2035年远景目标纲要》提出,打造数字经济新优势,充分发挥海量数据和丰富应用场景优势，促进数字技术与实体经济深度融合，赋能传统产业转型升级，催生新产业新业态新模式，壮大经济发展新引擎。推进产业数字化转型，实施"上云用数赋智"行动，推动数据赋能全产业链协同转型。在重点行业和区域建设若干国际水准的工业互联网平台和数字化转型促进中心，深化研发设计、生产制造、经营管理、市场服务等环节的数字化应用，培育发展个性定制、柔性制造等新模式，加快产业园区数字化改造。

二、医疗领域的数据应用

医疗大数据，是在健康管理和医疗行为过程中产生的与健康和医疗有关的数据。除 5V 特征之外，医疗数据还具有冗余性、隐私性和不完整性等特点。冗余性是指，医疗数据每天都会有新数据产生，同一个人在不同的医疗机构和健康管理过程中也会产生重复甚至无用的数据。隐私性是指，个人身体和健康状况具有一定的私密性特征，通常不愿意被他人知悉。不完整性是指，由于医疗活动不是全身、全周期和全时间段的，可能只是产生片段式的数据。

医疗信息化是医疗数据产生及其应用的重要基础。在医疗卫生活动中，数据无时无刻不在产生，纸面上的医疗信息和统计无法满足信息技术的处理需求。在传统模式下，治病救人是医疗体系关注的重点，对信息记录的关注少，是名副其实的"数据烟囱"（又称数据孤岛，是指一个信息系统不能与其他相关信息系统之间进行互操作或者协调工作的状态）。但实际上，从服务出生的妇幼保健院，到注射疫苗的防疫站，再到日常生活中的社区卫生中心、医院和药店等，都在实时产生大量数据。除了数据量的原因，在没有标准的情况下，不同的地区、医院、医生记录的方式都会不同。自 2018 年，我国出台了一系列医疗信息化政策文件，在数据标准、电子病历分级管理、分级诊疗制度建设、医保对接在线支付等方面，从不同角度丰富和健全了医疗数据库，为加强医疗数据应用奠定了基础。

当前，医疗大数据的应用表现出诸多技术融合的特点。随着大数据、深度学习等新一代信息技术的突破，推动了以数据密集、知识密集、脑力劳动密集为特征的医疗卫生变革，正在对传统医疗暂时无法克服的技术难关发起冲击。这不仅帮助传统医疗逐步突破资源的约束和公平困境，也为医疗技术攻关提供了解决路径。其中，人工智能对医药领域的影响最为明显。智能诊疗，即将人工智能和大数据技术应用于诊疗和检测中，让计算机"学习"专家医生的医疗知识进行自动化检测，以辅助医生作出判断，给出诊断和治疗方案。随着医疗数据的不断积累，以及机器学习对于医疗大数据分析功能的不断提升，智能诊疗在医疗诊疗中发挥的作用越来越大。

医疗数据的采集和应用场景正逐渐从室内延伸至室外。在传统医疗卫生领域，从检查诊断到科研制药等场景主要是位于室内封闭环境，这也是获得数据的主要场景。但随着移动互联网、可穿戴设备和传感器等技术的进步，可穿戴检测终端逐渐被市场接受，如 iwatch、小米手环、智能运动衣等产品在近年来成为创新热点。随着此类产品、市场和专业机构数据共享的成熟，医疗数据的采集和应用场景将得到极大扩充。所以，隐私保护、脱敏处理等加强对医疗大数据库的安全保护成为该领域的重中之重，而数据的结构化水平和数据质量成为进一步提升医疗大数据应用的关键。[1]

为加强健康医疗大数据保障体系建设，我国出台了一系列文件。2016 年《国务院办公厅关于促进和规范健康医疗大数据应用发展的指导意见》提出要加强健康医疗大数据保障体系建设。（1）加强法规和标准体系建设。制定完善健康医疗大数据应用发展的法律法规，强化居民健康信息服务规范管理，明确信息使用权限，切实保护相关各方合法权益。完善数据开放共享支撑服务体系，建立"分级授权、分类应用、权责一致"的管理制度。规范健康医疗大数据应用领域的准入标准，建立大数据应用诚信机制和退出机制，严格规范大数据开发、挖掘、应用行为。建立统一的疾病诊断编码、临床医学术语、检查检验规范、药品应用编码、信息数据接口和传输协议等相关标准，促进健康医疗大数据产品、服务流程标准化。（2）推进网络可信体系建设。强化健康医疗数字身份管理，建设全国统一标识的医疗卫生人员和医疗卫生机构可信医学数字身份、电子实名认证、数据访问控制信息系统，积极推进电子签名应用，逐步建立服务管理留痕可溯、诊疗数据安全运行、多方协作参与的健康医疗管理新模式。（3）加强健康医疗数据安全保障。加快健康医疗数据安全体系建设，建立数据安全管理责任制度，制定标识赋码、科学分类、风险分级、安全审查规则。制定人口健康信息安全规划，强化国家、区域人口健康信息工程技术能力，注重内容安全和技术安全，确保国家关键信息基础设施和核心系统自主可控稳定安全。开展大数据平台及服务商的可靠性、可控性和安全性评测以及应用的安全性评测和风险评估，建立安全防护、系统互联共享、公民隐私保

〔1〕 刘文韬，王仁佐 . 医疗大数据建设现状及其应用发展对策研究〔J〕. 中国发展，2018（3）：80-83.

护等软件评价和安全审查制度。加强大数据安全监测和预警，建立安全信息通报和应急处置联动机制，建立健全"互联网+健康医疗"服务安全工作机制，完善风险隐患化解和应对工作措施，加强对涉及国家利益、公共安全、患者隐私、商业秘密等重要信息的保护，加强医学院、科研机构等方面的安全防范。

2021 年《中华人民共和国国民经济和社会发展第十四个五年规划和 2035 年远景目标纲要》提出，营造规范有序的政策环境，构建与数字经济发展相适应的政策法规体系，探索建立无人驾驶、在线医疗、金融科技、智能配送等监管框架，完善相关法律法规和伦理审查规则。完善突发公共卫生事件监测预警处置机制，加强实验室检测网络建设，健全医疗救治、科技支撑、物资保障体系，提高应对突发公共卫生事件能力。加强公共数据开放共享，扩大基础公共信息数据安全有序开放，探索将公共数据服务纳入公共服务体系，构建统一的国家公共数据开放平台和开发利用端口，优先推动企业登记监管、卫生、交通、气象等高价值数据集向社会开放。

三、教育领域的数据应用

2020 年以来的新冠疫情，促使在线医疗、在线办公和在线教育等行业提速发展。在线教育利用信息技术，特别是大数据技术，可以实现个性化学习定制，碎片化学习时间安排，还能充分利用音频、视频、图片等信息资源。教育信息化不仅指教育内容的信息化，还有教育管理的信息化，大大提高了管理效率。国务院 2017 年发布的《新一代人工智能发展规划》指出，"利用智能技术加快推动人才培养模式、教学方法改革，构建包含智能学习、交互式学习的新型教育体系。开展智能校园建设，推动人工智能在教学、管理、资源建设等全流程应用"。大数据与教育的融合已经成为未来教育行业发展的必然趋势，会深刻改变人们的学习模式和教育行业的发展。

传统教育中教与学主体之间的信息互动是非常有限的，信息化初期也仅限于考试结果等基础数据。但是教育大数据，使得考试结果、考试题目（形成了各类考题库）甚至考试本身，都可以在线并轻易获得，更不必说教师资料、教学资料（PPT、讲义）、学生简历、学术资源（如知网）、线上习题、各种图片、音频、视频等资料都可以唾手可得。有了这些数据源，就可以产生各种各样的教育场景。通过对各种多源异构数据的挖掘处理，一方面可以实现个性化教学改革、针对性练习、碎片化时间利用等，另一方面可以进行新内容创制（图片、音频、视频、动画、动图等），同时使得不同知识融合和学习提升成为可能。在传统教育中，教学内容和效果极大受限于教师自身的知识体系，但是在教育大数据条件下，如知识图谱、练习网络等技术加持下，各种知识间的连接、对应，各种有针对性、精准性的相似、递进关系的练习成为常态，将极大地提高学习效果。

产生和应用教育大数据的典型场景，主要是信息化校园、在线题库和智能辅导系统等。如 2016 年，在美国佐治亚理工学院交互计算学院，同学们惊奇地发现担任他们网络课程的助教 Jill Waston——一直以来跟同学们进行邮件交流——竟然是一个人工智能程序。这个程序通过各种智能系统，可以解答学生提出的普通常见问题，并对学生进行评估。而随着信息技术在教育领域应用的推广和成熟，特别是教育资源的规模越来越大、数据越来越多，大规模开放式网络课程（MOOC，简称慕课）成为在线教育的新模式，得到迅速发展。慕课模式是"互联网+"教育的产物，国内比较著名的如网易公开课，国外的如TED 公开课等。在慕课平台上的数据，大多是多源异构的，有课程视频、习题文本等。为了达到更好的学习效果，很多在线教育平台对语言、文本、图片、视频等多源异构数据进行联合建模，以更好地进行学生行为模式挖掘、上课与练习关联等数据应用。通过在线教育平台，智能系统代替老师可以进一步进行学生的认知诊断、知识跟踪、相似题判定、学习活跃度预测等。总之，传统学习是一个极端个人化的活动，但在教育大数据背景下，动态教育大数据的采集和使用，使得个人专业学习、精准学习成为现实，作业标签、水平诊断更加有针对性，平台能够帮助学生更好地搭建学科知识图谱，精准找出元知识缺失并推荐个性化学习资源，让学习更专业，让爱学习的人更快成长。

为促进在线教育健康发展，我国出台了一系列文件。2015 年《国务院关于积极推进"互联网+"行动的指导意见》提出，探索新型教育服务供给方式。鼓励互联网企业与社会教育机构根据市场需求开发数字教育资源，提供网络化教育服务。鼓励学校利用数字教育资源及教育服务平台，逐步探索网络化教育新模式，扩大优质教育资源覆盖面，促进教育公平。鼓励学校通过与互联网企业合作等方式，对接线上线下教育资源，探索基础教育、职业教育等教育公共服务提供新方式。推动开展学历教育在线课程资源共享，推广大规模在线开放课程等网络学习模式，探索建立网络学习学分认定与学分转换等制度，加快推动高等教育服务模式变革。

2019 年教育部等 11 个部门《关于促进在线教育健康发展的指导意见》提出，到 2020 年，在线教育的基础设施建设水平大幅提升，互联网、大数据、人工智能等现代信息技术在教育领域的应用更加广泛，资源和服务更加丰富，在线教育模式更加完善。具体来讲，（1）要满足多样化教育需求。鼓励社会力量举办在线教育机构，开发在线教育资源，提供优质教育服务。支持互联网企业与在线教育机构深度合作，综合运用大数据分析、云计算等手段，充分挖掘新兴教育需求，大力发展智能化、交互式在线教育模式，增强在线教育体验感。针对退役军人、新型职业农民、农民工等不同群体的教育需求，研发课程包、课件包和资源包，建设一批通识课程、五分钟课程、全媒体数字教材课程、"三农"特色课程等专项共建共享课程，提高教育供给精准度。（2）要创新管理服务方式。利用现代信息技术手段推动对在线教育机构的大数据比对分析，通过信息监测、在线识别、源头追溯等方式，识别行业风险和违法违规线索，实现以网管网。强化对在线教育机构的实时监测和风险预警，建立在线教育机构和从业人员信用记录，完善身份认证、双向评价、信用管理机制，维护良好教育秩序。（3）要加强部门协同监管。适应在线教育跨领域、跨区域的特点，加强监管部门协同和区域协同，充分发挥民办教育工作、职业教育工作、"互联网+"行动、网络市场监管、消费者权益保护等部际联席会议机制作用，提高监管效能。借助全国一体化在线政务服务平台、国家数据共享交换平台、全国信用信息共享平台、国家企业信用信息公示系统，加大对在线教育机构基本信息和各类许可信息的归集力度，加强部门间数据共享，形成管理合力。

2021年《中华人民共和国国民经济和社会发展第十四个五年规划和2035年远景目标纲要》提出，适应数字技术全面融入社会交往和日常生活新趋势，促进公共服务和社会运行方式创新，构筑全民畅享的数字生活。提供智慧便捷的公共服务。聚焦教育、医疗、养老、抚幼、就业、文体、助残等重点领域，推动数字化服务普惠应用，持续提升群众获得感。推进学校、医院、养老院等公共服务机构资源数字化，加大开放共享和应用力度。推进线上线下公共服务共同发展、深度融合，积极发展在线课堂、互联网医院、智慧图书馆等，支持高水平公共服务机构对接基层、边远和欠发达地区，扩大优质公共服务资源辐射覆盖范围。深化教育改革。发挥在线教育优势，完善终身学习体系，建设学习型社会。推进高水平大学开放教育资源，完善注册学习和弹性学习制度，畅通不同类型学习成果的互认和转换渠道。

四、金融领域的数据应用

金融是数据高密度产出领域，数据对金融以及金融对数据都具有互相不可替代的作用。2015 年《国务院关于积极推进"互联网+"行动的指导意见》提出了"互联网+"普惠金融的行动计划，要求促进互联网金融健康发展，全面提升互联网金融服务能力和普惠水平，鼓励互联网与银行、证券、保险、基金的融合创新，为大众提供丰富、安全、便捷的金融产品和服务，更好地满足不同层次实体经济的投融资需求，培育一批具有行业影响力的互联网金融创新型企业。贵州作为我国大数据应用先行者，建设了国家大数据（贵州）综合试验区，2017 年贵州省大数据管理局等 6 家单位出台了《关于金融支持贵州省大数据产业发展的指导意见》，提出推动大数据产业融资规模持续增长，大数据产业贷款增速高于全省各项贷款平均增速；逐步建立起与贵州省大数据产业发展地位相匹配的金融服务体系；推动贵州大数据产业金融服务模式成为具有区域影响力的品牌。

数据是重要资产的观念，也已经在各行业特别是在金融行业成为共识。随着金融业务的载体与社交媒体、电子商务的融合越来越紧密，仅对原有 15% 的结构化数据进行分析已经不能满足发展的需求，急需借助大数据战略打破数据边界，囊括 85% 的大数据分析，来构建更为全面的企业运营全景视图。[1]中国人民银行 2017 年发布《中国金融业信息技术"十三五"发展规划》明确提出，引导金融机构大数据技术和应用创新，探索金融与政府、医疗、教育、财税等领域的数据共享模式，提升金融公共服务能力。探索并制定包含银行、证券、保险、信托、租赁、基金、电商、互联网金融等行业在内的数据共享和交易模式。建立数据共享激励机制，促进数据互联共享。鼓励和引导金融机构结合自身实际，开展大数据应用创新，助力自身业务发展和管理模式创新。

金融机构数据获取的方式主要有，第一，在自有系统中沉淀数据，第二，在网上采集数据，第三，从第三方购买数据。近年来，各大金融机构纷纷加快建设快速交付、高扩展、低运维成本的金融云系统，在积极满足金融机构对信息安全、监管合规、数据隔离和中立性等要求的同时，客观上迎合并极大促进了金融大数据的发展。同时，实时计算分析能力是金融大数据应用的首要关注

---

〔1〕 赛迪顾问股份有限公司. 中国大数据重点行业应用市场研究白皮书［EB/OL］. 2013-07-03. https://wenku. so. com/d/398b3db47eed50f7cf8442bea74bfbd1.

点，金融精准营销、实时风控、交易预警和反欺诈等业务都需要实时计算的支撑。从大数据行业和金融行业的发展现状以及趋势看，金融业务创新越来越依赖于大数据应用和分析能力。[1]大数据在银行业中的应用主要有信贷风险评估和供应链金融，在证券行业中的应用主要有股市行情预测、股价预测、智能投顾等，在保险行业中的应用主要有骗保识别和风险定价，在支付清算行业中的应用主要有交易欺诈识别，在互联网金融行业中的应用主要有精准营销、黑产防范、消费信贷等。

金融大数据应用需求潜力很大，需要可扩展性开放架构做支撑，大数据必然要求金融企业 IT 基础设施更易于数据的整合与集中、扩展与伸缩，管理与维护，同时还必须具备良好的可靠性、可控性、安全性。高频金融交易的主要特点是实时性要求高和数据规模大。以证券交易所为例，每小时都有上亿条逐笔成交数据。大数据在加强风险管控、精细化管理、业务创新等业务转型中将会起到越来越重要的作用。另外，小额信贷也是另一个大数据应用领域，阿里巴巴、腾讯等互联网巨头都与银行建立起相关合作，利用自己的电商平台积累的数据在此领域发力，以使贷款到账时间短，坏账率低。这种金融服务的背后，正是大数据技术的精准支撑。

为发展和规范金融领域的数据应用，我国出台了一系列文件。2017 年《中国金融业信息技术"十三五"发展规划》在第一章回顾了"十二五"期间我国在金融信息基础设施等方面取得的一系列丰硕成果。(1) 互联网金融快速发展。大数据、移动互联等新技术与金融业务加速融合，第三方支付、网络借贷、众筹等互联网金融业态异军突起。各主要金融机构积极顺应发展趋势，制定了互联网金融整体发展策略，在电商、互联网融资、互联网保险等领域加速布局。(2) 金融信息技术监管体系和协调机制进一步优化。人民银行、银监会、证监会、保监会、外汇局均已设立专门信息技术监管和服务部门，组织架构进一步完善。建立了银行业数据中心协同运维工作机制，保障了银行业重要系统的业务连续性。全国金融标准化技术委员会及其分委会组织架构、工作制度和协调机制持续完善，金融标准化统筹规划能力增强。成立中国金融学会金融信息化专业委员会，搭建了金融信息技术研究交流平台。(3) 金融机构信息技术治理和资源配置持续优化。各主要金融机构逐步建立了与自身运营模式相适应、职责清晰的信息技术治理架构。各金融机构信息化委员会履职力度

---

[1]　中国支付清算协会：《大数据在金融领域的典型应用研究报告》，2018 年 3 月。(暂无官方链接)

逐步加大，银行业金融机构首席信息官数量稳步增长；队伍建设不断加强，人员规模、人员结构、专业能力以及综合素质等明显改善；资金投入稳步加大。

2019 年《金融科技（Fin Tech）发展规划（2019—2021 年）》明确提出了未来三年金融科技工作的重点任务。（1）强化金融科技合理应用，以重点突破带动全局发展，规范关键共性技术的选型、能力建设、应用场景和安全管控，探索新兴技术在金融领域安全应用，加快扭转关键核心技术和产品受制于人的局面，全面提升金融科技应用水平，将金融科技打造成为金融高质量发展的"新引擎"。（2）赋能金融服务提质增效，合理运用金融科技手段丰富服务渠道、完善产品供给、降低服务成本、优化融资服务，提升金融服务质量与效率，使金融科技创新成果更好地惠及百姓民生，推动实体经济健康可持续发展。（3）增强金融风险技防能力，正确处理安全与发展的关系，运用金融科技提升跨市场、跨业态、跨区域金融风险的识别、预警和处置能力，加强网络安全风险管控和金融信息保护，做好新技术应用风险防范，坚决守住不发生系统性金融风险的底线。（4）加大金融审慎监管力度，加强金融科技审慎监管，建立健全监管基本规则体系，加大监管基本规则拟订、监测分析和评估工作力度，运用现代科技手段适时动态监管线上线下、国际国内的资金流向流量，探索金融科技创新管理机制，服务金融业综合统计，增强金融监管的专业性、统一性和穿透性。（5）夯实金融科技基础支撑。持续完善金融科技产业生态，优化产业治理体系，从技术攻关、法规建设、信用服务、标准规范、消费者保护等方面有力支撑金融科技健康有序发展。

2021 年《中华人民共和国国民经济和社会发展第十四个五年规划和 2035 年远景目标纲要》提出，稳妥发展金融科技，加快金融机构数字化转型。强化监管科技运用和金融创新风险评估，探索建立创新产品纠偏和暂停机制。同时提出建立公共信用信息和金融信息的共享整合机制。

第三节　数据安全

数据安全问题早于计算机的广泛应用，实际上，存在信息传递就会存在数据安全问题。从发展阶段看，数据安全问题可分为通信安全、计算机安全、网络安全和数据安全几个大的阶段。根据国际数据公司（IDC）发布的《数据时代 2025》白皮书，2025 年全球数据总量将达到 163ZB（1630 亿 TB），意味着全世界平均每个人都要产生至少 20TB 的数据。大数据时代下，以防护用户、系统免受攻击为特征的传统信息安全已无法包含目前丰富、虚拟场景下所面临的数据安全问题。同时在日益庞大的数据体量的背景下，为使数据在流动过程中实现价值最大化，对数据价值的挖掘将更加深入，而大数据已经对经济运行机制、社会生活方式和国家治理能力产生了深刻影响。但是由于个人或企业数据专业知识欠缺和数据地下产业链侵蚀，数据安全已经成为非常严重的全球化问题，所以必须从"大安全"的视角认识和解决大数据安全问题。数据安全防护是发挥数据价值的基础，因此需要设立数据安全标准、加强数据安全管理，重构以数据为中心、适应数据动态跨界流动的安全防护体系。

一、数据安全的含义

根据我国《数据安全法》[1]规定，数据安全是指通过采取必要措施，确保数据处于有效保护和合法利用的状态，以及具备保障持续安全状态的能力。一般情况下，数据安全根据安全的内容不同，包含两个层面：一是指数据本身的安全，即采用现代保密技术如密码学算法等对数据进行保护，二是指数据防护的安全，即用现代信息存储手段对数据进行防护。前者重内容，后者重形式。关于个人数据安全，多为防止个人信息，尤其是个人隐私被非法获取、非法滥用。关于平台数据，是指将收集到的各种类型数据汇集起来存储于平台中，因而被称为平台数据，其多以公有云或者私有云的虚拟场景来表现，随着大数据平台在经济社会发展中扮演的角色越来越重要，平台数据安全成为大数据与实体经济融合领域安全的重要影响因素，为保证数据的完整性、保密性、可用性，平台数据安全包括了防攻击、防泄露、防误用等要素。大数据时代下的数据安全，是为了防护数据价值挖掘过程中所面临的威胁，维护国家安全、公共利益、公民和组织的合法权益，关注数据在收集、存储、使用、共享、开放、交易等生命周期中面临的安全问题。

二、数据安全标准

数据安全贯穿数据的整个生命周期，因此需要制定相应的标准才能更好地服务于数据安全，同时数据安全标准作为大数据安全保障的重要抓手，起着重要作用。

---

〔1〕　为表述方便，本书中涉及的我国法律法规直接使用简称，省去"中华人民共和国"字样，例如《中华人民共和国数据安全法》简称为《数据安全法》，全书统一，不再说明。

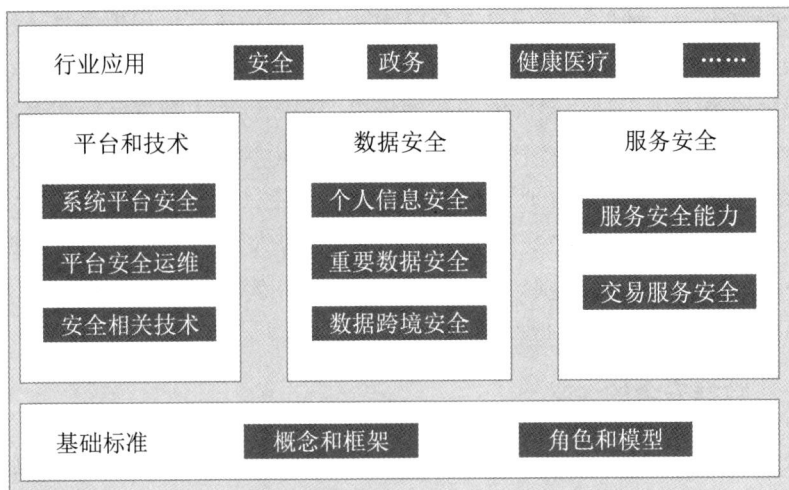

图1-1　大数据安全标准体系框架

资料来源：全国信息安全标准化委员会《大数据安全标准化白皮书》。

（一）基础类标准

基础类标准作为数据安全标准的基础内容，主要为整个大数据安全标准体系提供概念、框架、角色、模型等基础标准，明确大数据生态中各类安全角色及相关的安全活动或功能定义，为其他类别标准的制定奠定基础。

（二）平台和技术类标准

平台和技术类标准主要针对大数据服务所依托的大数据基础平台、业务应用平台及其安全防护技术、平台安全运维及平台管理方面的规范，包括系统平台安全、平台安全运维和安全相关技术三个部分。系统平台安全主要涉及基础设施、网络系统、数据采集、数据存储、数据处理等多层次的安全技术防护。平台安全运维主要涉及大数据系统运行维护过程中的风险管理、系统测评等技术和管理类标准。安全相关技术主要涉及分布式安全计算、安全存储、数据溯源、密钥服务、细粒度审计等安全防护技术。

（三）数据安全类标准

数据安全类标准主要包括个人信息、重要数据、数据跨境安全等安全管理与技术标准，覆盖数据生命周期的数据安全，包括分类分级、去标识化、数据跨境、风险评估等内容。个人信息安全包括对个人信息的收集、存储、使用、共享、开放、传输等事项，应当遵循特定的原则进行规制，比如国家市场监督管理总局、国家标准化管理委员会发布的《信息安全技术　个人信息规范》对个人信息的整个生命周期均进行了规范。重要数据安全主要包括涉及国家安全、商业秘密、公民权益的数据在使用处理过程中按照既定的标准进行规范；数据跨境安全则更多地关注到数据在跨境时面临的风险，为数据跨境主体提供指南或者指导。

（四）服务安全类标准

服务安全类标准主要是针对开展大数据服务过程中的活动、角色与职责、系统和应用服务等要素提出相应的服务安全类标准，包括安全要求、实施指南及评估方法；针对数据交易、开放共享等应用场景，提出交易服务安全类标准，包括大数据交易服务安全要求、实施指南及评估方法。

（五）行业应用类标准

行业应用类标准主要是对涉及国家安全、国计民生、公共利益的关键信息基础设施的安全防护，形成面向重要行业和领域的大数据安全指南，指导相关的大数据安全规划、建设和运营工作。通过制定行业数据标准，提高国家对该部门的监管效率，帮助行业内部形成更加细致有效的标准体系。

三、数据安全管理

（一）技术防护

从数据安全技术的角度看，数据安全技术不同于传统的安全保障措施，因为数据发生、收集的多样性、普遍性和无感性，让基于边界划分思维的传统安全保障措施归于无效。而千千万万的数据源和分布式节点之间，以及大数据相关组件之间的海量、多样的数据交换和传输，对于数据安全保障措施提出了新的要求。同时，数据融合、共享、多样场景使用的趋势和需求，同安全合规相对封闭的管理要求也存在着似乎"不可调和"的冲突。根据涉及主体的不同，安全技术等级也应当有相应的不同，如最高等级当然是涉及国家利益、公共安全、军工科研生产等的数据，这一等级是要求绝对安全的；次一等级是涉及行业和企业商业秘密、经营安全的数据，这一等级要求保障数据机密性、完整性、可用性和不可篡改性；第三等级是涉及用户个人和隐私的数据，但由于量大面广，涉及的人员众多，往往会造成较大的社会影响。随着市场对大数据安全需求的增加，Hadoop（分布式计算和存储的框架）开源社区已经增加了身份认证、访问控制、数据加密等安全机制，目前看商业化 Hadoop 平台的集中化安全管理、细粒度访问控制等安全组件，已具备相对完善的数据安全保障能力。

（二）法律治理

从安全管理规范角度看，《数据安全法》作为数据领域的基础性法律，是我国国家安全领域的一部重要法律，为数据安全的规制奠定了基调。第一，从总体国家安全观的角度进行统筹。2014 年 4 月 15 日，习近平总书记在主持召开中央国家安全委员会第一次会议时指出，坚持总体国家安全观，走出一条中国特色国家安全道路。这是我国首次提出总体国家安全观，也是首次系统提出了包括"信息安全"在内的"11 种安全"。数据作为国家基础性战略资源，没有数据安全就没有国家安全，因此《数据安全法》明确提出了维护数据安全应当贯彻总体国家安全观，加强国家数据安全工作的统筹协调，并确立了数据分类分级管理、数据安全审查、数据安全风险评估、监测预警和应急处置、数据出口审查等基本制度。第二，提高对个人信息安全的关注。在数字经济对个人带来巨大便利的同时，复杂的数据处理活动以及某些数据处理机构对数据安全维护的不重视也增加了个人信息"暴露于众"的安全风险，而个人信息相对于其他数据种类来讲，更具有隐私性、私密性等人身属性；个人信息安全一旦受到威胁，将严重危害到广大群众的合法权益，甚至对国家安全造成影响。《数据安全法》明确了相关主体应当依法依规开展数据活动，建立健全数据安全管理制度，加强风险监测和及时处置数据安全事件等义务和责任，通过严格规范数据处理活动，切实加强数据安全保护，让广大人民群众在数字化发展中获得更多幸福感、安全感。第三，成为促进数字经济健康发展的重要举措。随着网络强国、数字中国、智慧社会建设的不断推进，以数据为关键要素的数字经济蓬勃发展。《数据安全法》提出了数字经济安全与发展并重的发展原则；从国家实施大数据战略、制定数字经济发展规划、推动公共服务智能化、建设数据安全标准体系、规范数据安全交易、加强数据安全技术研究、加强数据安全检测评估认证、注重人才培养等方面为数字经济发展提供法治保障；并要求在数据处理活动中，尤其是对重要数据的处理，更加注重对数据安全的保护义务，并从社会公德和伦理、风险评估报告、风险监测、数据出境管理等方面明确了保护义务的具体内容。

四、数据安全保障体系

明确了数据安全的定义范围、防护标准以及安全管理，接下来则需要构建覆盖数据生命全周期的保障体系，对数据"边处理，边防护"，保证大数据的保密性、完整性、可用性、可追溯性，实现"可管、可控、可信"。在保障"进不来、看不懂、改不了、拿不走、赖不掉"的网络信息安全防护的基础上，实现"谁在取、从哪取、放在哪、谁在管、谁在挖、挖给谁、谁在用"的数据整合追踪。

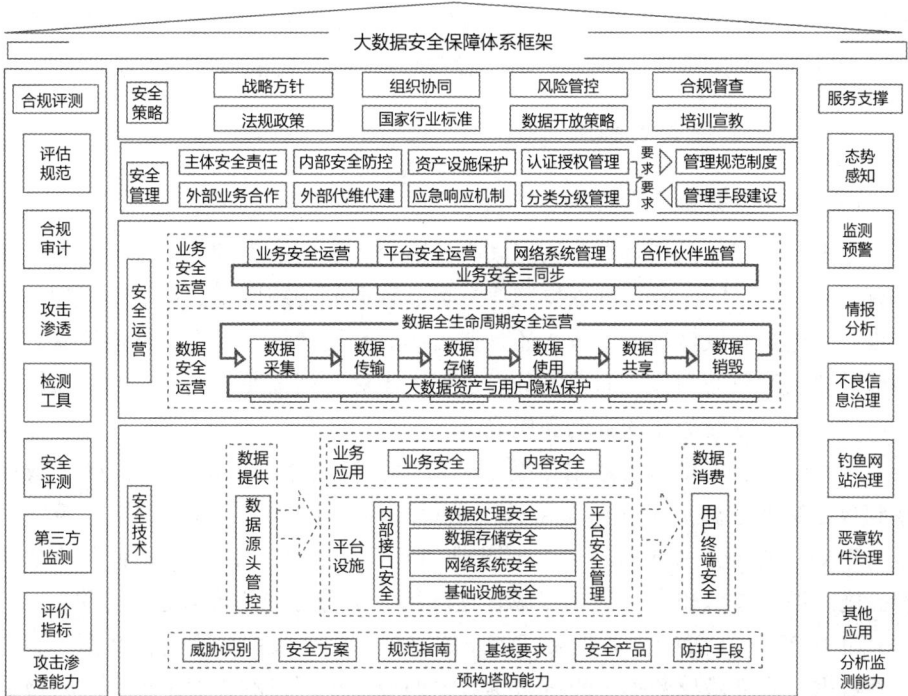

图1-2　中国移动大数据安全保障体系框架

资料来源：全国信息安全标准化委员会《大数据安全标准化白皮书》。

总体而言，对于大数据安全保障体系的建设工作，要从事先预防、事中检测、事后分析三个方面展开。事先预防是解决数据安全问题的重中之重，将安全问题排除在发生以前是解决该问题最彻底的办法，主要包括：一是顶层设计，遵循国家数据安全的总体要求，结合法律法规、政策文件、行业规则等，制定安全策略，以作为指导工作开展的根本要求；二是管理体系，明确内部管理体系、角色分工，涉及数据处理时严格按照权限内容进行；三是运营体系，建立数据全生命全周期的安全运营制度，防范数据处理过程中出现的安全问题，同时结合业务开展情况防范过程中出现的问题；四是技术支撑，以上预防体系均需要相应的安全技术作为支撑予以设计，相应的技术支持帮助识别、解决数据管理、平台管理、业务管理等存在的安全问题。事中检测则关系到合规检测，持续优化安全评估能力，通过安全评测、第三方监测、攻击渗透等手段对各个节点面临的数据安全问题进行检测。事后分析则是最后的复盘阶段，针对实际遇到的数据安全问题，与顶层设计目标相互对应，不断提升、调整、优化能力，形成"目标—检测"之间的良性转化提高；同时对应用场景存在的数据安全问题进行研究、寻找共性、提高认识，为解决新型数据安全问题提供新思路。[1]

五、数据安全管理制度

（一）分类分级保护制度

数据分类制度是指将数据按照某一标准分成不同的类别，按照业务属性将具有同一性质、同一特征的数据归为一类。数据分类制度是数据安全管理的第一步，无论是对数据进行编排，还是在后续的数据使用中，将数据进行有效分类都是数据治理的前提。而数据分类也相当于对数据按照不同的子类、属性进行横向分割，方便数据的查询和提取。

数据分级制度是指将数据根据敏感程度、对数据采取的防护程度、数据遭到攻击篡改泄露后造成的后果的严重程度等标准进行定级。数据分级制度是数据安全管理最关键的一步，对数据进行分级后就可以采取不同程度的防护措施。浙江省杭州市《数据资源管理　第3部分：政务数据分级分类》（DB 3301/T 0322.3—2020），根据敏感程度的定级标准将数据分为公开数据、一般敏感数据、高度敏感数据、极度敏感数据四级，按照影响程度定级标准将数据分为无、轻微、中等、严重四级等。《数据安全法》提出了国家核心数据、重要数据的分类，第21条规定了国家建立数据分类分级保护制度，对数据实行分类分级保护，对关系国家安全、国民经济命脉、重要民生、重大公共利益等属于国家核心的数据实行更加严格的管理制度。

---

　　〔1〕参见孙莹.给《数据安全管理办法》的几点建议〔N/OL〕.新京报，2019-06-09. https://www.sohu.com/a/319431879_ 114988.

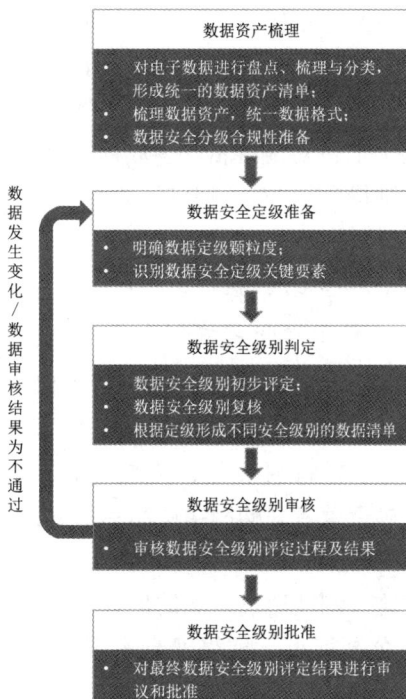

图1-3 数据安全定级工作流程

资料来源：《金融数据安全 数据安全分级指南》（JRT 0197—2020）。

对数据进行分类分级是进行数据治理的前提，也是数据安全管理制度的首要制度，是在数据收集后与处理前必备的一道重要步骤。数据在通过分类和分级的划分之后，被"网格化"规范，对于提高数据使用效率，满足合规要求，提高监管效力都有重要的作用。

与分类分级制度密不可分的是网络安全等级保护制度，其首先在《网络安全法》中确立下来，而后在《数据安全法》中进一步明确了在网络安全等级保护制度的基础上，建立健全安全管理制度。可以说分类分级制度是网络安全等级保护制度的进一步细化和明确，做到了制度上的衔接。

（二）预警与应急处置机制

《数据安全法》第22条与第23条规定了国家要建立数据安全风险评估、报告、信息共享、监测预警机制以及应急处置机制。数据在经过分类分级之后被赋予了不同的风险安全等级，级别越高、敏感程度越大的数据需要进行更加严格的风险评估，形成的评估报告级别更高，在信息共享上需要更高的权限和更小的共享范围，同样在监测预警上采取更高要求、更加严格的监测手段，在可能出现的数据泄露、篡改等应急事件上需要更加迅速、响应部门层级更高的应对措施。相反，当数据的级别、敏感程度不高时，在相应的预警和处置机制上，以及权限和响应层级上也对应降低。《数据安全法》第 29 条规定了预警与应急处置机制的具体举措，第 30 条规定了重要数据的处理者应当按照规定对其数据处理活动定期开展风险评估，并向有关主管部门报送风险评估报告，还规定了风险评估报告应当包括的内容。

（三）安全审查制度与出口管制机制

关于数据的安全审查制度，在我国大致经历了以下历程。2015 年《国家安全法》首次提出安全审查制度，并且点明对影响或者可能影响国家安全的网络信息技术产品和服务要进行国家安全审查；2020 年《网络安全审查办法》提出对关键信息基础设施运营者采购网络产品和服务，影响或者可能影响国家安全的，要进行网络安全审查；2021 年《数据安全法》公布，明确提出建立数据安全审查制度，将这一制度通过条文的形式正式确定下来；紧接着国家互联网信息办公室向社会公开征求《网络安全审查办法》修订意见，在征求意见稿中，增加了"掌握超过 100 万用户个人信息的运营者赴国外上市，必须向网络安全审查办公室申报网络安全审查"的规定。随着国家对数据安全问题的重视，数据安全审查制度逐渐清晰，并最终确立下来，并且在数据安全愈加紧迫的环境下，国家的安全审查将更加严格。

随着数字经济的快速发展，数据出境、数据跨境传输必然是大势所趋，在保证数据安全、国家安全的前提下，必须采取出口管制措施，保证数据的有序传输、出境。《数据安全法》第 25 条规定国家对与维护国家安全和利益、履行国际义务相关的属于管制物项的数据依法实施出口管制。第 31 条规定关键信息基础设施的运营者在我国境内收集和产生的重要数据出境安全管理，适用《网络安全法》。2022 年 7 月，我国公布了《数据出境安全评估办法》，对数据出境作出了全面的规定。

特别是，2022 年 12 月，被业界称为"数据 20 条"的《中共中央、国务院关于构建数据基础制度更好发挥数据要素作用的意见》发布，提出要建立四方面的数据基础制度，即数据产权制度、数据要素流通和交易制度、数据要素收益分配制度、数据要素治理制度，强调构建数据安全合规有序跨境流通机制、压实企业的数据治理责任等。

第二章
全球数据治理主要模式与制度

第一节　全球数据治理概况

1992年，28位国际知名人士发起成立了联合国全球治理委员会（Commission on Global Governance），该委员会在1995年的报告中阐述了"治理"（Governance）的概念，认为"治理"是公共或私人的个体与组织处理其公共事务的多种方式的总和。近年来，全球数字技术飞速发展，传统经济和社会发展迅速被网络化、数字化映射，数据治理（Data Governance，DG）也成为当前增长最快的学科之一。当前的数据治理实践主要以欧盟、美国和中国为代表，以2018年5月开始实施的欧盟《通用数据保护条例》为肇始，全球数据治理进入一个新的阶段。

本书认为，欧盟《通用数据保护条例》的重要意义主要在于两个方面，第一个重要意义在于统一市场与保护权利的平衡。欧洲一直是国际政治经济的重要参与者，并且有着独特的政治、经济、文化传统。1993年，欧洲共同体达成的《马斯特里赫特条约》正式生效，欧盟成立，这是欧洲在统一市场努力方向上最显著的成就。但从实质性上看，统一市场的目标才刚刚开始——进行顶层设计并且使制度落地才能真正实现统一市场的目标。[1]面对新经济市场的全面数字化，欧盟《通用数据保护条例》成为统一数字市场最有利的工具箱。《通用数据保护条例》将欧洲个人信息保护法律管辖范围延伸至所有处理欧盟居民信息的境外企业，一方面当然意在加强个人信息保护，另一方面更

---

〔1〕　参见胡宝刚．欧洲共同体内部统一大市场的基本目标及影响［J］．安徽大学学报（哲学社会科学版），1994（4）：57-59．

意在维护欧洲的统一市场。同时,《通用数据保护条例》对于数据权利保护的力度是空前的,如没有充分的权利人的同意处理数据或违反了隐私保护要求的企业,将会被欧盟处以高达年度全球营业额的 4% 或 2000 万欧元罚款,且以二者中数字较高的为准 [第 58 (2) 条和第 83 (6) 条]。在《通用数据保护条例》生效后不久,意大利竞争管理局 (ICA) 调查发现,Facebook 在用户注册时并没有明确告知用户他们的信息将被用于商业目的,因此以侵犯隐私对 Facebook 处以 1130 万美元的罚款。[1]

欧盟《通用数据保护条例》的第二个重要意义在于数据权利的创设与创新。保护当事人权利,最直接的表现就是加大对侵权行为的处罚力度,但也许更加激进的是创设新的权利类型和内容。该条例之所以广受关注,很大程度上是因为它迎合了经济数字化的趋势,在法律制度上创设了新型权利和权利内容,开数字立法先河而成为必然被模仿者。该条例赋予了数据主体知情权(或通知权)、同意权、访问权、更正权、被遗忘权、可携带权(持续控制权)、反对权(限制处理权)、拒绝权、自动化自决权等广泛的数据权利,即把相关的机器决策和云端服务也纳入管辖范围,充分表现了数据主体的意志自由。[2]同时,还从企业强化法定义务的角度加以补漏和巩固,明确了数据控制者和处理者应尽到采取合法、公平和透明的技术和组织措施保护数据权益的法定义务,以及履行对监管部门及数据保护认证组织的法定义务。实际上,我国学者也敏锐地注意到了个人数据的民事权利问题,并从个人和企业两个维度上提出民法保护的设想。[3]与欧盟《通用数据保护条例》不同的是,我国数据立法在前期积累、权利体系甚至立法技术及数据观念上都与其有较大差异,但这并不影响《通用数据保护条例》的启示性。

有学者总结了全球数据治理的特点,认为当前全球的数据治理是“在矛盾中前行,在混沌中探索”,数据治理面临着三对主要矛盾:一是限制与促进的矛盾(Opt-in 与 Opt-out),二是保护与流动的矛盾(数据本地化问题),三是域内与域外的矛盾(域外管辖的问题)。从数据治理的制度设计来看,目前

---

[1] 参见 https://en.agcm.it/en/media/press-releases/2018/12/Facebook-fined-10-million-Euros-by-the-ICA-for-unfair-commercial-practices-for-using-its-subscribers%E2%80%99-data-for-commercial-purposes,最后访问时间为 2021 年 10 月 16 日。

[2] 吴沈括. 欧盟《一般数据保护条例》(GDPR) 与中国应对 [J]. 信息安全与通信保密,2018 (6):13-16.

[3] 程啸. 论大数据时代的个人数据权利 [J]. 中国社会科学,2018 (3):102-122+207-208.

比较明显有三个有望达成一致的研究热点：一是数据权属规则，二是数据跨境框架（GDPR/CBPR/安全评估），三是公私合作范式。着眼于全球化发展趋势和数据治理本身的需要，数据治理有三个明显的趋势：一是双边及多边国际协调（欧盟、加拿大、美国、英国、印度、联合国、欧洲委员会等），二是主客观保护机制并行（权利人主观控制权，例如同意权+监管机构的客观保护），三是软法规范的全面兴起（伦理、指引、标准等）。[1]

第二节　中国的数据治理制度

一、顶层设计与地方实践

（一）早期信息化促进立法

2012 年 11 月 8 日，党的十八大报告提出，坚持走中国特色新型工业化、信息化、城镇化、农业现代化道路（"新四化"），建设下一代信息基础设施，发展现代信息技术产业体系，健全信息安全保障体系，推进信息网络技术广泛运用。2015 年 7 月 1 日，国务院印发《国务院关于积极推进"互联网+"行动的指导意见》（国发〔2015〕40 号）；2015 年 8 月 31 日，国务院印发《促进大数据发展行动纲要》（国发〔2015〕50 号）。此三部文件虽然不是法律，但具有国家顶层设计的意义，在此指引下，各省市地方就拉开了数据立法的序幕。实际上自 2008 年国际金融危机以来，数字经济成为储备和开发新动能的重要领域和策源地，每年全国两会上关于数据立法的提案日益增多，各省市地方着手先行先试地方立法。

表 2-1　地方早期信息化促进立法范例

立法范例	发布时间	内容结构
《广东省信息化促进条例》（现行有效）	2014 年 5 月 29 日	第一章　总则 第二章　信息化规划与建设 第三章　信息资源开发利用 第四章　信息技术推广应用 第五章　信息产业发展

〔1〕　参见吴沈括．数据治理的全球态势及其应对〔Z/OL〕．2019-11-29. http://www. sino-manager. com/109088. html.

立法范例	发布时间	内容结构
		第六章　信息安全保障和监管 第七章　法律责任 第八章　附则
《浙江省信息化促进条例》（已修改）	2010 年 7 月 30 日	第一章　总则 第二章　信息化规划与建设管理 第三章　信息产业发展 第四章　信息技术推广应用 第五章　信息资源开发利用 第六章　信息安全保障 第七章　法律责任 第八章　附则
《山东省信息化促进条例》（已修改）	2007 年 11 月 23 日	第一章　总则 第二章　信息化发展规划 第三章　信息产业促进 第四章　信息工程建设 第五章　信息技术推广应用 第六章　信息资源开发利用 第七章　信息安全保障 第八章　法律责任 第九章　附则
《北京市信息化促进条例》（已失效）	2007 年 9 月 14 日	第一章　总则 第二章　信息化工程建设 第三章　信息资源开发利用 第四章　信息技术推广应用 第五章　信息安全保障 第六章　监督管理 第七章　法律责任 第八章　附则

（二）各省市地方数据立法

在现实的产业基础和发展压力下，地方都深切感受到当前改革进入了"深水区"和"攻坚期"，在整体性全局性制度突破尚待时日之际，中央对地方局部的突破也是有所期待的。一方面，《立法法》对中央和地方的立法权作出规范，对中央的专属立法事项作出列举性规定，对地方的立法事项作出原则性规定。另一方面，中央对地方立法鼓励在特定领域和事项上的先行先试。在此背景下，近年来贵州等地立法机关在国家支持下，充分行使地方立法权，对大数据促进和管理法规进行了有益有效的探索，为各类主体共同营造良好的大数据产业发展环境、构建新型数据交易等活动规则、激活释放数据价值作出了尝试和示范。2016 年 1 月 15 日，贵州省第十二届人民代表大会常务委员会第二十次会议通过《贵州省大数据发展应用促进条例》，此为全国首部大数据领域的地方性法规；2018 年 12 月 14 日，天津市第十七届人民代表大会常务委员会第七次会议通过《天津市促进大数据发展应用条例》；2019 年 8 月 1 日，贵州省第十三届人民代表大会常务委员会第十一次会议通过《贵州省大数据安全保障条例》；2019 年 8 月 29 日，上海市人民政府令第 21 号公布《上海市公共数据开放暂行办法》；2019 年 9 月 27 日，海南省第六届人民代表大会常务委员会第十四次会议通过《海南省大数据开发应用条例》。综览国家文件和地方立法，从国家信息化和大数据产业规划、地方性信息化立法实践基础上而生的地方性数据立法，演进路径非常明显，之前的信息化基础为当前数据立法提供了宝贵素材和立法经验。

2019 年 8 月，中共中央、国务院发布了《中共中央、国务院关于支持深圳建设中国特色社会主义先行示范区的意见》，明确鼓励深圳特区："用足用好经济特区立法权，在遵循宪法和法律、行政法规基本原则前提下，允许深圳立足改革创新实践需要，根据授权对法律、行政法规、地方性法规作变通规定。"2019 年 10 月推出的《优化营商环境条例》第 55 条明确规定："政府及其有关部门应当按照鼓励创新的原则，对新技术、新产业、新业态、新模式等实行包容审慎监管，针对其性质、特点分类制定和实行相应的监管规则和标准，留足发展空间，同时确保质量和安全，不得简单化予以禁止或者不予监管。"在政策更加开放的背景下，深圳的数据立法也应运而生。2021 年 7 月 6 日，深圳市发布了《深圳经济特区数据条例》，并于 2022 年 1 月 1 日起正式实施。作为国内数据领域首部基础性、综合性的立法，该条例相较于之前地方立法进行了诸多前瞻性的立法探索，比如率先提出"数据权益"、赋予自然人数据人格权益和数据主体财产权益，规范数据处理、强化对个人信息的保护，推动公共数据共享开放、提高政府的治理能力，培育数据要素市场、加快建设数字经济，提升数据安全管理、加强数据安全监督。深圳特区的数据立法代表着我国地方数据立法进入了新阶段，为其他地区提供了强有力的示范。

我国地方数据立法体现出了明显的特征：第一，地方数据立法实践，多是在国家顶层设计和省区市大数据产业规划或指导意见的基础上，所以有浓郁的产业政策因素。以全国领先的贵州省数据立法为例，不论是《贵州省大数据发展应用促进条例》，还是《贵州省大数据安全保障条例》，都离不开《贵州省人民政府关于加快大数据产业发展应用若干政策的意见》《贵州省大数据产业发展应用规划纲要（2014—2020年）》等产业政策基础。第二，地方性立法都立足于地方经济发展需求，所以多以产业促进法为基本定位。不论是贵州，还是紧密跟进的天津、上海、海南等地的数据立法，侧重开发应用、发展应用、共享应用等成为共同特点。第三，我国地方性数据立法不触及"数据主体权利"的问题。各地立法表述多是"应当遵守法律、法规的规定，不得危害国家安全、公共安全，不得侵犯个人合法权益"的原则性表述，而至于"合法权益"究竟是哪些权利，如果被侵犯有什么法律后果和后续救济，则并不涉及。

表 2-2　我国地方数据立法汇总

类型	名称
地方性法规	2016 年《贵州省大数据发展应用促进条例》
	2019 年《贵州省大数据安全保障条例》
	2020 年《贵州省政府数据共享开放条例》
	2021 年《贵阳市政府数据共享开放条例》
	2021 年《贵阳市健康医疗大数据应用发展条例》
	2021 年《贵阳市大数据安全管理条例》
	2018 年《天津市促进大数据发展应用条例》
	2019 年《海南省大数据开发应用条例》
	2020 年《吉林省促进大数据发展应用条例》
	2020 年《山西省大数据发展应用促进条例》
	2020 年《沈阳市政务数据资源共享开放条例》
	2020 年《浙江省数字经济促进条例》
	2021 年《安徽省大数据发展条例》
	2021 年《深圳经济特区数据条例》
	2017 年《宁夏回族自治区大数据产业发展促进条例（草案）》
	2021 年《广东省数字经济促进条例》
	2022 年《北京市数字经济促进条例》

续表

类型	名称
地方政府规章	2017 年《陕西省政务信息资源共享管理办法》
	2018 年《陕西省科学数据管理实施细则》
	2017 年《陕西省教育数据管理办法》
	2017 年《湖南省地理空间数据管理办法》
	2018 年《江西省地理信息数据管理办法》
	2020 年《辽宁省政务数据资源共享管理办法》
	2019 年《南京市政务数据管理暂行办法》
	2016 年《福建省政务数据管理办法》
	2020 年《宁波市公共数据安全管理暂行规定》
	2021 年《贵阳市政府数据共享开放考核暂行办法》
	2021 年《贵阳市政府数据共享开放实施办法》
	2020 年《贵阳市政府数据资源管理办法》
	2019 年《海南省大数据管理局管理暂行办法》
	2020 年《山东省电子政务和政务数据管理办法》
	2020 年《山东省健康医疗大数据管理办法》
	2020 年《济南市公共数据管理办法》
	2019 年《山西省政务数据资产管理试行办法》
	2021 年《山西省政务数据管理与应用办法》
	2019 年《上海市公共数据开放暂行办法》
	2018 年《上海市公共数据和一网通办管理办法》
	2017 年《浙江省公共数据和电子政务管理办法》
	2020 年《浙江省公共数据开放与安全管理暂行办法》
	2018 年《宁夏回族自治区政务数据资源共享管理办法》
	2021 年《安徽省政务数据资源管理办法》
	2019 年《重庆市政务数据资源管理暂行办法》

续表

类型	名称
地方政府规章	2020 年《无锡市公共数据管理办法》
	2018 年《成都市公共数据管理应用规定》
	2020 年《中山市政务数据管理办法》
	2018 年《陕西省科学数据管理实施细则》
	2021 年《湖北省政务数据资源应用与管理办法》
	2020 年《天津市数据交易管理暂行办法（征求意见稿）》
	2018 年《巢湖市政务数据资源共享开放管理暂行办法》
	2020 年《东莞市政务数据资源共享管理办法（试行）》
	2019 年《广东省政务数据资源共享管理办法（试行）》
	2019 年《福州市政务数据资源管理办法》
	2019 年《福州市公共数据开放管理暂行办法》
	2019 年《福州市政务数据资源共享开放考核暂行办法》
	2020 年《广西政务数据资源调度管理办法》

二、国家标准规范

为推动数据治理，我国发布了一系列国家标准，从整体要求到具体操作的规范，更加贴近了行业实践，增加了数据治理的可操作性，同时也为数据行业合规发展提供了明确清晰的标准。

表 2-3　我国数据治理国家主要标准汇总

名称
2017 年《信息安全技术　个人信息安全规范》（2020 年修订）（中华人民共和国国家市场监督管理总局、中国国家标准化管理委员会联合发布）
2019 年《信息技术　数据交易服务平台　交易数据描述》（中华人民共和国国家市场监督管理总局、中国国家标准化管理委员会联合发布）
2018 年《信息技术　安全技术　信息安全风险管理》（中华人民共和国国家质量监督检验检疫总局、中国国家标准化管理委员会联合发布）

续表

名称
2017 年《信息安全技术　大数据服务安全能力要求》（中华人民共和国国家质量监督检验检疫总局、中国国家标准化管理委员会联合发布）
2018 年《信息技术　大数据　术语》（中华人民共和国国家质量监督检验检疫总局、中国国家标准化管理委员会联合发布）
2020 年《信息安全技术　大数据安全管理指南》（中华人民共和国国家市场监督管理总局、中国国家标准化管理委员会联合发布）
2020 年《信息安全技术　个人信息去标识化指南》（中华人民共和国国家市场监督管理总局、中国国家标准化管理委员会联合发布）
2013 年《信息安全技术　公共及商用服务信息系统个人信息保护指南》（中华人民共和国国家市场监督管理总局、中国国家标准化管理委员会联合发布）
2019 年《信息安全技术　网络安全等级保护基本要求》（中华人民共和国国家市场监督管理总局、中国国家标准化管理委员会联合发布）
2020 年《网络安全标准实践指南—移动互联网应用程序（App）收集使用个人信息自评估指南》（全国信息安全标准化技术委员会发布）
2020 年《信息技术　数据交易服务平台　通用功能要求》（中华人民共和国国家市场监督管理总局、中国国家标准化管理委员会联合发布）
2020 年《网络安全标准实践指南—移动互联网应用程序（App）个人信息安全防范指引（征求意见稿）》（全国信息安全标准化技术委员会发布）
2019 年《互联网个人信息安全保护指南》（中华人民共和国公安部发布）
2020 年《个人金融信息保护技术规范》（中国人民银行发布）

三、《民法典》《数据安全法》和《个人信息保护法》

2020 年 5 月 28 日，第十三届全国人民代表大会第三次会议审议通过了《民法典》，自 2021 年 1 月 1 日起施行。《民法典》共 7 编、1260 条，各编依次为总则、物权、合同、人格权、婚姻家庭、继承、侵权责任以及附则。其中，《民法典》在分则人格权编第六章"隐私权和个人信息保护"中对个人信息保护作出了专门的规定，包括第 1032 条至第 1039 条，明确了个人信息的定义、处理个人信息的原则、个人信息主体权利、个人信息处理者的义务和免责事由，以及国家机关、法定机构和相关工作人员依法承担的保密义务等方面，构建了科学、合理的个人信息民法保护体系。《民法典》在对传统人格权保护的基础上，有针对性地对网络时代公民隐私权作出了新规定，尤其是加大了对个人信息保护的力度。

2018 年 9 月《十三届全国人大常委会立法规划》将个人信息保护法、数据安全法等涉及网络安全的立法列入规划，2020 年 6 月 28 日，《数据安全法（草案）》在第十三届全国人民代表大会常务委员会第二十次会议审议，2020 年 7 月 3 日，《数据安全法（草案）》在中国人大网公布并公开征求意见，2021 年 6 月 10 日，第十三届全国人民代表大会常务委员会第二十九次会议通过，并于 2021 年 9 月 1 日起施行。《数据安全法》是我国数据治理领域的基础性法律，共 7 章 55 条，各章名称：第一章总则，第二章数据安全与发展，第三章数据安全制度，第四章数据安全保护义务，第五章政务数据安全与开放，第六章法律责任，第七章附则。《数据安全法》回应了现实需要，关注与《民法典》《网络安全法》等法律制度的衔接，对数据、数据处理、数据安全等核心概念进行了界定；贯彻落实了总体国家安全观，坚持安全与发展并重，聚焦数据安全领域的风险隐患，加强国家数据安全工作的统筹协调；确立了数据分类分级管理，数据安全审查，数据安全风险评估、监测预警和应急处置、数据出口审查等基本制度；明确了相关主体依法依规开展数据活动，建立健全数据安全管理制度，加强风险监测和及时处置数据安全事件等义务和责任，通过严格规范数据处理活动，切实加强数据安全保护；在规范数据活动的同时，对支持促进数据安全与发展的措施、推进政务数据开放利用等作出相应规定。

2020 年 10 月 13 日第十三届全国人民代表大会常务委员会第二十二次会议对《个人信息保护法（草案）》进行了初次审议，历经多次征求意见和修订内容，2021 年 8 月 20 日《个人信息保护法》经第十三届全国人民代表大会常务委员会第三十次会议审议通过，自 2021 年 11 月 1 日起正式施行，这标志着我国个人信息保护立法体系进入新的阶段。《个人信息保护法》共 8 章 74 条，分别为总则、个人信息处理规则、个人信息跨境提供的规则、个人在个人信息处理活动中的权利、个人信息处理者的义务、履行个人信息保护职责的部门、法律责任和附则。《个人信息保护法》构建了完整的个人信息保护框架，其规定涵盖了个人信息的范围以及个人信息从收集、存储到使用、加工、传输、提供、公开、删除等所有处理过程；明确赋予了个人对其信息控制的相关权利，并确认与个人权利相对应的个人信息处理者的义务及法律责任；对个人信息出境问题、个人信息保护的部门职责、相关法律责任进行了规定。《个人信息保护法》的出台为个人信息权益保护、信息处理者的义务以及主管机关的职权范围提供了全面的、体系化的法律依据，构建起个人信息安全的防护网。

第三节　美国的数据治理制度

美国联邦层面有大约 20 个针对特定行业的隐私或数据安全法，在其 50 个州和地区中有数百种此类法律，仅加利福尼亚州就有超过 25 项州隐私和数据安全法。此外，受联邦贸易委员会（Federal Trade Commission）监管的众多公司，如果从事不公平或欺骗性的商业行为，都将受到追究。美国联邦贸易委员会要求企业必须实施合理的最低限度的数据安全措施，遵守隐私政策承诺以及在处理和披露个人信息方面尊重用户的选择。

一、美国关于个人信息的定义

美国的个人信息保护更多地强调商业利益之间的平衡，解决个人信息与商业利益之间的矛盾。美国众多关于个人信息的部门法律往往都是规制特定的工业领域，针对的个人信息范畴也就相对狭窄。美国各个部门法对于个人信息保护规定分散，总结起来主要有三种独立的模式：一是"同义反复"（synonymous repetition）模式；二是"非公开个人信息"（non-public personal information）模式；三是"列举"（enumeration）模式。

第一种"同义反复"模式，是指美国的法律只是将个人信息定义为能够识别个人的信息。例如 1988 年，美国国会通过《录像带隐私保护法案》，将个人可识别信息（personally identifiable information）定义为能够识别他人的信息。1998 年美国国会通过的《儿童在线隐私保护法》中，就将个人信息（personal information）定义为能够识别他人的网上信息。

第二种"非公开个人信息"模式，即不再遵循正面定义什么是个人信息，而是关注哪些信息是可以面向公众的，可被公众获取的纯统计数据。除此之外的信息都是不能公开的。这类代表是 1984 年美国国会通过的《有线通讯政策法案》第六部分杂项条文中的规定。

第三种"列举"模式，即列举特殊类型的信息。一般而言，列举个人信息的种类会使法律具有更加明确的指导性，不会产生任何的模糊性。例如美国《儿童在线隐私保护法》在对个人信息进行"同义反复"的定义之后，又给出了 7 个列举，包括姓氏与名字、家庭住址、电子邮箱地址、电话号码、社会保险号码、任何其他能够物理或者网上接触特定个人的识别符号以及于互联网上的儿童处收集到的可与识别符号结合识别出该儿童或者其父母的信息。

二、美国的数据保护机构

美国联邦贸易委员会对大多数商业机构具有管辖权，并有权在特定领域（例如电话销售、商业电子邮件和儿童隐私）出台和执行隐私法规。其有权针对低于规定最低限度的数据安全措施以及披露不充分的信息收集行为采取执法行动。州检察长（State Attorney General）通常具有类似的权限，并会采取一些执法行动，特别是在数据安全漏洞等方面。此外，广泛的行业监管机构，特别是医疗、金融服务、通信和保险行业的监管机构，有权发布和执行隐私相关的法规。

三、美国数据治理的具体制度

（一）关于数据收集、处理与传输

美国的隐私法与自我监管原则（Self-regulatory principles）通常要求信息收集的预先通知，并提供选择退出（Opt-out）其个人信息被使用与披露的机制。选择加入（Opt-in）规则适用于涉及美国法律规定为个人敏感信息的特殊情况，例如医疗信息、信用报告、学生数据、从13岁以下儿童在线收集的个人信息、视频观看选择、精确的地理位置数据和电信使用信息。对于公司从事重大不同用途或披露在隐私政策中未披露的个人信息的行为，美国联邦贸易委员会将其解释为"未获得同意"的"欺骗性商业行为"。

美国各个州的法律都对收集和使用个人信息提出了广泛的特殊要求，尤其是在员工隐私领域。例如，许多州都制定了员工社交媒体隐私法（employee social media privacy law），并且在2014年和2015年制定了一系列不同的教育隐私法。

美国还针对营销传播制定了相关法律法规，包括电话营销、短信营销、传真营销和电子邮件营销。前三种营销方式还经常作为集体诉讼中重大法定损害赔偿的场景。

在信息传输方面，除存储某些政府信息外，美国没有信息传输的地理限制。美国宪法的商业条款中的"休眠贸易条款"（Dormant Commercial Clause）可能禁止美国各州施加数据传输限制，此外美国其他联邦法律也没有此类州际的数据传输限制，在数据治理领域也秉持国内统一市场原则。

（二）关于泄露通知（Breach Notification）

安全漏洞通知在全美 47 个州、华盛顿特区以及美国其他大多数领土（包括波多黎各、关岛和美属维尔京群岛）发生效力，任何涉及居民个人的敏感信息都要求通知州居民，例如社保号、信用卡信息等的系统泄露事件。此外有一些州开始将医疗信息、健康保险号码、生物特征数据和登录凭据（即用户名和密码）等纳入敏感信息范围。通常，较大规模的系统泄露事件的通知必须提供给征信机构，在少数州，还应提供给州检察长和/或其他州官员。联邦法律要求凡是涉及医疗健康、金融机构、电信服务部门以及政府机构的信息泄露事件，必须启动泄露通知。

（三）关于数据管理执法

违规行为的惩处通常由联邦贸易委员会、州总检察长或相关行业的监管机构执行，通常为民事处罚。此外，一些关于隐私保护的法律（例如信用报告隐私法律、电子通信隐私法律、视频隐私法律、通话记录法律、有线通信隐私法律）通过提起集体诉讼，以赔偿重大的法定损失和支付律师费。被告还可能因在保护个人信息（如信用卡数据）方面的疏忽而被起诉，并要求其赔偿实际损失。

（四）关于电子消费与电话市场

美国法律广泛地规范了营销传播，包括电子邮件、短信营销、电话营销和传真营销。在电子邮件方面，美国的反垃圾邮件法，即《控制非自愿色情和促销攻击法案》（CAN-SPAM），是一项联邦法律，其对所有商业电子邮件都应用了标签和退出要求。[1] 该法案通常允许公司向任何收件人发送商业电子邮件，前提是收件人没有选择拒绝接收此类电子邮件。该电子邮件标识了发件人及其联系信息，并且该电子邮件包含有关收件人如何使用的说明，确保收件人可以选择不接收日后的商业电子邮件。不仅美国联邦贸易委员会和州总检察长，电信服务提供商和公司电子邮件系统都可以起诉违规者。此外，故意伪造商业电子邮件消息的来源也属于违反联邦法律。在短信方面，向个人发送文本消息需要明确的同意；而对于营销信息，则需要明确的书面同意。相关法律还规定了同意书的形式。短信信息是一个重大集体诉讼风险领域，任何文本消息

---

〔1〕 See Galen A. Grimes. Compliance with the CAN-SPAM act of 2003 〔J〕. Communications of the Acm, 2007（2）: 56-62.

（营销或信息性）都需要仔细检查以严格遵守法律要求。

一般而言，联邦法律适用于大多数电话营销，而州的电话营销法律则适用于打入或来自该特定州内的电话营销。结果导致大多数电话营销受联邦法律以及一个或多个州的法律管辖。电话营销规则因州而异，并且涉及电话营销的许多不同方面。例如，联邦和州规则解决了通话时间限制，黑名单记录，在通话期间的强制性信息披露，在通话期间签订销售合同，执行合同或收取付款的要求，限制使用自动拨号器和预先录制的消息以及保持记录的要求。许多州还要求电话推销员注册或获得许可才能进行电话推销。

呼叫者通常必须针对联邦和多个州的"禁止呼叫"登记簿清理其呼叫清单，因为除非有特殊的豁免，否则禁止对"禁止呼叫"登记簿中列出的号码进行电话推销。例如，国家禁止通话规则（以及一些州规则）免除了对过去18个月内从代表其销售电话的公司购买产品的现有业务客户的营销限制。使用自动拨号器发送预先记录的消息通常需要收件人的明确选择同意。

（五）关于网络隐私政策

1. 浏览器缓存（Cookies）

目前没有专门的联邦法律来规范浏览器缓存、Web 信标、本地共享对象（Flash LSO）和其他类似跟踪机制的使用。但是，美国《儿童在线隐私保护法》（COPPA）适用于从以儿童为导向的网站以及第三方广告网络或插件自动收集（例如通过缓存）的未满 13 岁儿童的个人信息。

此外，未公开的对客户活动的在线跟踪会带来集体诉讼风险。浏览器缓存的使用和类似的跟踪机制应在网站隐私政策中明确且完全公开。此外，对于允许行为广告符合数字广告联盟（Digital Advertising Alliance）行为准则的网站来说，这是一种最佳实践。其中包括显示一个方框，用户可以拒绝广告而选择退出（Opt-out）。根据加利福尼亚州的法律，任何在一段时间内跨多个网站跟踪有关消费者个人身份信息的公司，都必须在其隐私权政策中披露其是否采用任何"请勿追踪"方法或向用户提供选择退出（Opt-out）此类追踪的方式；但是，法律没有规定公司必须向消费者提供"请勿追踪"选项。该法律还要求网站运营商在其隐私权政策中披露任何第三方是否可以在其网站上以及跨其他第三方网站收集有关消费者的个人身份信息，并禁止对某些产品和服务（包括酒精饮料、烟草、枪支、某些膳食补剂、防止紫外线晒黑、文身、淫秽物品等）做广告。

2. 位置信息

位置的应用程序和服务的隐私要求不断变化引起了广泛的关注和辩论。联邦通信委员会的法规要求电信运营商需对位置信息的收集和披露作出规定。此外，任何针对 13 岁以下儿童的定位服务，或实际知道其正在收集 13 岁以下儿童定位信息的定位服务，都必须遵守《儿童在线隐私保护法》的要求，包括在大多数情况下获得事先可验证的父母同意。联邦贸易委员会和加利福尼亚州总检察长办公室都发布了针对移动应用程序和移动应用程序平台的最佳做法建议，并且加利福尼亚州总检察长已与主要应用程序平台达成协议，在其中他们承诺提示移动应用程序发布隐私政策。此外，由商务部领导的多方利益相关者谈判正在制定移动应用程序隐私行为守则。

第四节　德国的数据治理制度

德国数据保护的主要法律依据是德国《联邦数据保护法》（BDSG），该法实施了欧洲数据保护指令（Directive 95/46/EC）。此外，德国每个州都有自己的数据保护法。原则上，各州的数据保护法旨在保护个人数据免于各州公共部门的处理和使用，而德国《联邦数据保护法》则旨在保护个人数据免于联邦公共机构和私人机构的处理和使用。执法是通过德国各州的数据保护部门进行的。[1] 欧盟《通用数据保护条例》自 2018 年 5 月生效之后，已完全取代德国《联邦数据保护法》和欧洲数据保护指令。

一、德国关于个人信息的定义

德国《联邦数据保护法》将个人数据定义为关于个人已识别或可识别自然人（数据主体）的客观情况的信息。包括个人敏感数据的定义，在《联邦数据保护法》下，个人数据的敏感或特殊类别是有关种族、政治见解、宗教或哲学信仰、工会会员、健康或性生活的信息。

二、德国的数据保护机构及其运作

德国每个州都有一个数据保护局，负责执行数据保护法律，并有资格在相关州建立数据控制者（controller）。与大多数欧洲数据保护制度不同，德国数

---

〔1〕 任文倩. 德国《联邦数据保护法》介绍［J］. 网络法律评论，2016（1）：60-69.

据保护法不需要自动数据处理的注册。另外，即使德国《联邦数据保护法》要求提示通知，这种提示通知也是例外，而不是一般规则。如果数据管理者任命了数据保护官（DPO），则免除通知要求，这对于所有具有一定规模的公司都是强制性的（如果有 9 名以上的人员定期参与自动化处理，则该义务适用处理个人数据）。[1]有关敏感数据的自动处理操作需要由数据控制者的内部数据保护官事先检查。

与个人数据的自动处理相关的部署超过 9 个人的数据控制者有义务任命数据保护官。数据保护官可以是在数据保护领域具有足够知识的员工或外部顾问。数据保护官不一定是德国公民，但应具备德国数据保护法的必要专业知识。数据保护专员尤其应监视数据处理程序的正确使用，并采取适当的步骤，使从事个人信息处理工作的人员熟悉数据保护的规定。就个人敏感数据而言，除非当事人同意，否则在指定的数据保护专员开始处理（事先检查）之前，应对此类个人数据进行检查。如有疑问，数据保护专员应与主管部门联络。

违反任命数据保护专员的法定义务可能导致最高 50 000 欧元的罚款。但是，罚款应高于通过侵权获得的经济利益。因此，根据具体情况，罚款最终可能会高于 50 000 欧元。

三、德国数据治理的具体制度

（一）关于数据收集、处理与转移

仅在德国《联邦数据保护法》或任何其他法律条款明确允许或数据主体事先明确同意的情况下，才允许收集、处理和使用个人信息。根据德国《联邦数据保护法》第 28 条，在满足以下条件的情况下，应允许收集、处理或使用个人数据以实现自己的商业目的：（1）需要与信息主体建立、履行或终止法律义务；（2）需维护信息控制者的合法利益，并且没有理由假定信息主体在排除处理或使用的可能性方面具有压倒一切的合法利益；（3）通常而言个人数据是可以访问的，抑或控制者默认允许发布这些信息；除非数据主体有明确的、能够推翻前述许可的合法利益。仅在以下情况下才能处理敏感的个人数据：（1）当信息主体在身体上或者法律上没有能力表示同意，且有必要保护信息主体的切身利益；（2）所涉及的数据显然已由数据主体公开；（3）没有理

---

[1] 肖冬梅，成思雯. 欧盟数据保护官制度研究 [J]. 图书情报工作，2019（2）：144-152.

由假定数据主体在排除收集、处理或使用的可能性方面具有压倒一切的合法利益；（4）有必要进行科学研究，而执行研究项目的科学利益远大于数据主体在排除收集、处理和使用可能性方面的利益，而研究目的无法以任何其他方式实现或需要不成比例的代价。而为与就业有关的目的处理员工数据受另一条规定〔德国《联邦数据保护法》第 32 条〕约束，根据该规定，仅在建立、执行和终止雇用合同的决定中才允许收集、处理和使用员工数据。[1]

　　依靠以上任何一个条件，在个人不知情的情况下收集个人数据时，数据控制者必须向个人提供"公平处理相关的信息"（fair processing information），这包括数据控制者的身份，处理的目的以及在这种情况下确保处理公平所需的任何其他信息。

　　关于个人数据转移给第三方，在欧洲经济区（EEA）内的转移必须与在欧洲经济区以外的任何其他国家及地区的转移区别开来：（1）由于欧洲法律统一了数据保护法，因此将个人数据转移到欧洲经济区内的第三方时，如同在德国境内一样；如果德国《联邦数据保护法》或任何其他法律明确允许，或当事人事先明确同意。（2）只要满足以下条件，就可以将个人数据传输到欧洲经济区（跨境）以外的国家/地区：无论个人数据是否跨境传输，都需要有这样的法律依据，即在未经同意的情况下，德国《联邦数据保护法》或任何其他法律规定必须明确允许；数据接收者必须确保足够的数据保护措施水平。欧盟委员会认为安道尔、瑞士、加拿大、阿根廷、根西岛、马恩岛、法罗群岛、以色列、新西兰、泽西岛和乌拉圭作为数据接收者提供了足够水平的数据保护措施（截至 2017 年 1 月 12 日）。如果数据接收者位于美国，则应遵守美国商务部的隐私盾（Privacy Shield）框架。此外，可以通过订立具有约束力的公司规则（仅在数据接收者为集团公司的情况下适用）或通过根据《欧盟示范条款》（EU Model Clauses）订立数据处理协议来实现有关个人数据保护的充分保障。

　　德国数据保护部门已经确认，具有约束力的公司规则和《欧盟示范条款》仍然是确保美国接收者获得足够水平的数据保护的有效手段，是否需要发出通知取决于跨境转移的法律依据。

　　尽管基于具有约束力的公司规则的信息转移总是需要部门的参与，但是基

---

〔1〕　刘金瑞. 德国联邦数据保护法 2017 年版译本及历次修改简介［J］. 中德法学论坛, 2017（2）：339-388.

于美国—欧盟隐私保护框架或《欧盟示范条款》的转移却不需要。各种负责机构对这种转让有不同的处理方式。但是，大多数权威机构都不需要通知。

（二）关于数据安全与泄露通知

数据控制者必须采取适当的技术和措施，以防止未经授权或非法的数据处理，以及防止意外丢失或破坏个人数据。所采取的措施必须确保是与上述未经授权、非法处理、意外丢失或破坏个人数据所造成的损害相适应的安全级别，并且必须符合数据的性质。

2015 年 7 月 25 日生效的德国《网络信息安全法案》（IT Security Act），德国《电信媒体法案》（German Telemedia Act）中增加了新规定。根据德国电信服务提供商的说法，网站运营商必须通过技术和组织安排确保没有未经授权的使用其技术设施的访问。

德国《联邦数据保护法》规定了泄露通知义务。在以下情况下应履行泄露通知义务：（1）当个人敏感数据、受专业保密的个人数据、与刑事犯罪或行政违法有关的个人数据、与银行或信用卡账户有关的个人数据，以及某些电信和网络数据被滥用或丢失，并且被未经授权的第三方获取。（2）关于电信和网络数据，存在严重干扰个人利益的情况。数据控制者有义务告知监管机构和有关个人。

（三）关于数据管理执法

违反德国数据保护法的行为将被处以最高每次 300 000 欧元的罚款。如果是故意的行为，或者是为了牟取经济利益的犯罪行为，则可处 2 年以下有期徒刑或罚款，视违法行为的严重程度而定。

过去，德国数据保护部门对于数据保护法的执行比较懈怠，即很少有正式的起诉程序，罚款也很低。但是，近年来执法呈现更严格的趋势，尤其是涉及丢失、泄露或滥用个人数据的几项数据保护丑闻。

第五节　日本的数据治理制度

日本《个人信息保护法》（The Act on the Protection of Personal Information）规范日本的个人信息保护，而个人信息保护委员会（Personal Information Protection Commission）是日本中央政府机构，负责管理隐私保护等问题。日本《个人信息保护法》于 2005 年施行，2015 年进行了大幅度修订，修正案已于

2017 年 5 月 30 日生效。[1]

一、日本关于个人信息的定义

根据日本相关法律，个人信息是关于在世人员的信息，可以通过信息中包含的姓名、出生日期或其他描述来识别特定的人。个人信息包括使人们能够轻松参考其他信息来识别特定个人的信息。根据日本个人信息保护委员会发布的指南，"易于参考其他信息"（easy reference to other information）是指业务运营商可以通过正常业务过程中采用的方法参考其他信息。如果业务运营商需要向另一业务运营商查询以获得"其他信息"，并且该业务运营商很难这样做，则这种情况将不被视为"易于参考其他信息"。

个人信息包括任何"个人识别码"（personal identifier code）。个人识别码主要是指日本内阁根据《个人信息保护法》发布行政命令指定的某些类型的数据，主要包括可以识别特定个人的生物识别数据，或以唯一分配给该个人的特定代码形式的数据，如护照号、驾驶证号。

在日本法上，"敏感信息"包括个人的种族、信仰、社会地位、病史、犯罪记录，以及可能导致该人受到歧视的任何其他信息。获取敏感信息通常需要信息主体的明示同意。此外，选择退出（Opt-out）选项不适用于个人敏感信息向第三方传输，基本上需要事先获得数据主体同意才能将个人敏感信息传输给第三方。

在日本，"匿名信息"是指关于个人的任何信息、所有个人信息（可以识别特定个人的信息，包括任何敏感信息）都已从该信息中删除，并且通过采取指定的适当措施无法恢复这些已删除的个人信息。如上所述，个人信息包括个人识别码，因此在将信息视为匿名之前也必须将其删除。如果业务运营商已对信息进行充分的匿名处理，则可以在未征得信息主体同意的情况下，对匿名的信息进行使用处理。此外，在将匿名信息披露给第三方之前，业务运营商必须在其隐私权政策中公开声明包含在匿名信息中的信息项，例如性别、出生年份和购买记录，以及共享匿名信息的手段。

二、日本的数据保护机构

日本个人信息保护委员会是日本的数据保护机构，其任务是解释和执行日

---

〔1〕 谢青. 日本的个人信息保护法制及启示 [J]. 政治与法律, 2006（6）: 152-157.

本《个人信息保护法》。日本个人信息保护委员会提供关于处理个人信息、离岸转移、确认和记录要求的一般规则，这些规则在向第三方提供个人信息以及创建和处理匿名信息时具有中立性和独立性。但是，日本个人信息保护委员会仅有权执行审核并发出停止和终止命令，无权处以行政罚款。

三、日本数据治理的具体制度

（一）关于数据使用目的及公开公告

在处理个人信息时，经营者必须尽可能详细地说明使用个人信息的目的。一旦业务经营者指定了使用目的，就不得对上述目的进行任何更改，因为这些更改被认为超出了与原使用目的有关的范围。此外，在处理个人信息时，未经个人事先同意，经营者不得处理超出使用目的所必需范围的信息。换句话说，信息的使用必须与规定的使用目的一致。

当收集个人信息时，必须使信息主体知悉使用目的，并且可以通过公开声明（例如在商业运营商的网站上发布）来告知使用目的。当通过书面合同或其他文件（包括以电子或磁性格式制作的记录，或任何其他肉眼无法识别的方法）获得个人信息时，业务经营者必须在使用前明确声明信息采集使用的目的。经营者必须以合理和适当的方式"公开宣布"或"明示"使用目的。根据日本个人信息保护委员会发布的指南，网站公开宣布所收集信息的使用目的应当是在网站首页上单击即可访问，以便信息主体在提交个人信息之前可以轻松找到使用目的。

（二）关于数据转移、共享、跨境流动

当前，除非获得个人的事先同意，否则不得将个人数据（即存储在数据库中的个人信息）透露给第三方。除非处理个人信息的业务运营商采用选择退出（Opt-out）方式，并提前告知信息主体数据转移方式，或将个人数据的处理委托第三方服务提供商。

即使在集团公司内部披露个人数据也被视为向第三方披露个人数据，并且必须获得信息主体的同意，除非它满足共同使用的要求。日本个人信息保护委员会还允许使用选择退出（Opt-out）方法，根据该方法，经营者可以默认将个人信息透露给第三方，除非个人选择不允许经营者这样做。日本《个人信息保护法》要求业务运营商优先向日本个人信息保护委员会、公众以及信息主体披露以下与选择退出（Opt-out）有关的项目：（1）使用目的包括向第三

方提供此类信息以及此类提供方法；（2）提供给第三方的个人数据的性质；（3）将个人数据提供给第三方的方法；（4）应信息主体的要求而停止向第三方提供此类信息；（5）个人向公司提交选择退出（Opt-out）请求的方法。

日本《个人信息保护法》没有提供任何在共享个人数据之前如何最好地征得个人同意的示例，通常应尽可能获得书面同意。在获得同意时，应谨慎地向信息主体披露第三方的身份、个人信息的内容以及第三方将如何使用所提供的个人信息。

日本个人信息保护委员会发布的指南提供了以下示例，作为从信息主体获得同意的适当方法：（1）收到信息主体口头或书面同意的确认；（2）收到信息主体同意的电子邮件；（3）信息主体对与同意有关的确认框的检查；（4）信息主体在网站上点击有关同意的按钮。

如果要共同使用"个人信息"，则在共同使用之前，处理个人信息的业务运营商可以通知以下信息主体或发布以下数据：（1）个人数据将被共同使用的事实；（2）要被披露的个人数据项；（3）共同使用者的范围；（4）使用个人数据的目的；（5）负责管理个人数据的业务运营商的名称。

关于数据跨境转移（cross-border transfer），根据日本《个人信息保护法》，除对第三方转让的一般要求外，向外国第三方转移信息还需要事先指定接收国的信息主体的同意，除非根据日本《个人信息保护法》的执行规则将该国列入白名单，或者接收个人数据的第三方已建立了隐私保护的类似适当标准（similarly adequate standards）。根据日本《个人信息保护法》的执行规则，"类似适当标准"是指业务运营商处理个人数据的做法至少符合日本《个人信息保护法》下保护个人数据的要求，或者业务运营商已获得认可。根据离岸转移准则，亚太经济合作组织（APEC）的跨境隐私规则（Cross-Border Privacy Rules，CBPR）体系是可接受的国际框架之一。到目前为止，日本个人信息保护委员会尚未根据规则指定白名单国家，但其指出他们的目标是到2018年初将欧盟国家指定为白名单国家。

（三）关于数据安全与泄露通知

日本《个人信息保护法》要求业务运营商防止泄露个人数据，但没有规定必须采取的特定步骤。日本个人信息保护委员会指南建议业务运营商应采取建议步骤，以确保个人数据的安全。这些必要和适当的措施通常包括"系统安全控制措施"（Systematic Security Control Measures）、"人类安全控制措施"

(Human Security Control Measures)、"物理安全措施"（Physical Security Measures）和"技术安全控制措施"（Technical Security Control Measures）。[1]

日本个人信息保护委员会指南通常包含针对每个安全控制措施的实体必须遵循的几个特定步骤或示例，例如制定与安全措施有关的内部指南，与有权访问个人信息的员工签订保密协议，保护机器设备和开发框架以应对泄露事件。

关于泄露通知，从法律上讲没有必要向日本个人信息保护委员会报告数据泄露事件或通知相关信息主体。但是，指南建议发出此通知，这是日本报告数据泄露事件的市场标准做法。否则，一旦发现违规行为，可能会对日本相关品牌的形象和声誉产生巨大的负面影响。此外，指南建议公司进行必要的调查并采取任何必要的预防措施，公开违规的性质以及纠正问题的步骤，并主动向信息主体发送信息泄露通知。

如果事实情况表明已披露的个人信息在被任何第三方查看之前已被立即收集或未实际披露数据（例如公司已对数据进行加密或以其他方式保护了个人信息的情况），以至于对拥有这些数据的第三方来说它们已经变得无用了，则无需通知日本个人信息保护委员会或任何其他相关机构。

（四）关于数据管理执法

如果发现任何可能违反日本《个人信息保护法》的行为，则日本个人信息保护委员可能会要求处理个人信息的业务运营商提交报告，进行现场检查，并要求业务运营商采取补救措施。如果经营者未提交报告和材料或报告虚假信息，将被处以最高 300 000 日元的罚款。如果经营者未遵循日本个人信息保护委员会的指令，将被处以最高 6 个月的监禁或 300 000 日元的罚款。未经授权而披露个人信息，将不利于披露方或任何第三方，最高可被处以监禁 1 年或罚款 500 000 日元。

其中，日本《特定商业交易法》（Act on Specified Commercial Transactions）和日本《管制特定电子邮件的传输法》（即日本《反垃圾邮件法》）规范了未经请求的电子商业通信的传送。根据侧重于互联网订购服务的日本《特定商业交易法》，禁止卖方向消费者发送电子邮件或传真广告，除非他们事先提供了请求或同意，即选择加入（Opt-in）。在向消费者发送电子邮件或传真广告的最后发送日期之后，卖方还必须保留显示消费者同意接收电子邮件或传真广

---

〔1〕 方禹. 日本个人信息保护法（2017）解读〔J〕. 中国信息安全, 2019（5）：81-83.

告的记录，其中电子邮件广告保留时间为 3 年，传真广告保留时间为 1 年。如果卖方违反了有关电子邮件广告的义务，则该卖方可能会面临最高 1 000 000 日元的罚款。

根据日本《反垃圾邮件法》，有关发送电子邮件广告的规定如下：（1）发件人必须保留记录，证明有请求或同意接收电子邮件，至少要在卖方向收件人发送电子邮件的最后日期之后的 1 个月内；（2）发送任何电子邮件以宣传自己或他人业务的营利性实体或从事商业活动的个人，必须获得请求或同意以接收来自预期收件人的电子邮件，除非收件人属于某些例外情况；（3）电子邮件必须包含发件人的电子邮件地址或统一资源定位系统（URL），以便收件人可以向该发件人发送退出通知，并且发件人不得将电子邮件发送到随机生成的电子邮件地址，以期向大量收件人发送电子邮件。

如果发件人违反了上述要求，相关部门可以命令发件人改善电子邮件分发的方式。如果发件人违反了相关部门的命令，将被处以最高 1 年的监禁或最高 1 000 000 日元的罚款。此外，如果企业高管或员工具有上述任何违法行为，则企业将受到最高 30 000 000 日元的罚款。如果发件人违反了部长关于保留义务的命令，发件人将可能面临最高 1 000 000 日元的罚款。此外，如果该实体的高级管理人员或雇员具有上述违规行为，则该实体将受到最高 1 000 000 日元的罚款。

（五）关于网络隐私政策

日本没有专门针对浏览器缓存的法律。但是，如果通过浏览器缓存获得的信息可以与其他易于参考的信息（例如会员注册）一起识别某个人并且被利用（例如用于营销目的），则必须披露通过使用浏览器缓存获得信息的使用目的。

第六节　澳大利亚的数据治理制度

2016 年 9 月，澳大利亚被国际标准化组织（ISO）任命牵头制定 ISO/TC307 区块链和分布式账本技术标准，以此为标志，澳大利亚也成为全球数据治理的一支重要力量。目前，澳大利亚的数据隐私保护由联邦法律和州地区法律共同组成。1988 年澳大利亚《联邦隐私法》及澳大利亚隐私原则（Australian Privacy Principles）适用于年营业额至少为 300 万澳元的私营部门实体以及所有英联邦政府和澳大利亚首都领地政府机构（Australian Capital Territory Government Agencies）。根据澳大利亚《联邦隐私法》，隐私专员（Privacy Commis-sioner）有权进行调查，包括自己的动议调查（motion investigation），确保遵守澳大利亚《联邦隐私法》，并对严重违法行为或屡次违反未实施补救措施的行为进行民事处罚。

澳大利亚各州和领地（西澳大利亚州和南澳大利亚州除外）每个州都有自己的数据保护法规，适用于州政府机构。这些法律法规是：（1）2014 年《信息隐私法》（Information Privacy Act 2014）（澳大利亚首都领地）；（2）2002 年《信息隐私法》（Information Privacy Act 2002）（北领地）；（3）1998 年《隐私和个人信息保护法》（Privacy and Personal Information Protection Act 1998）（新南威尔士州）；（4）2009 年《信息隐私法》（Information Privacy Act 2009）（昆士兰州）；（5）2004 年《个人信息保护法》（Personal Information Protection Act 2004）（塔斯马尼亚州）；（6）2014 年《隐私和数据保护法》（Privacy and Data Protection Act 2014）（维多利亚州）。2017 年，州和联邦法律已作修订，越来越重视未成年人网络信息的保护。新南威尔士州检察长于 2016 年 11 月表示，新南威尔士州政府意在于 2017 年制定法律，该法律将为某些严重干扰个人隐私的行为规定个人民事诉讼权。在澳大利亚，私营部门实体被称为"组织"（organization），根据澳大利亚《联邦隐私法》以及澳大利亚隐私原则，组织可以是个人、法人、合伙企业以及其他非法人协会或信托。

一、澳大利亚关于个人信息的定义

个人信息是指有关已识别的个人或可合理识别个人的信息，无论该信息是否真实。

个人敏感信息包括种族或民族血统，政治见解，政治协会成员信息，宗教信仰或从属关系，哲学信仰，专业或行业协会的会员资格，工会会员，性取向或性行为，犯罪记录，有关个人的健康信息，有关个人的遗传信息，用于自动生物特征识别或验证或生物特征模板的生物特征信息。

二、澳大利亚的数据保护机构及其运作

澳大利亚信息专员办公室下设的隐私专员是负责监督澳大利亚《联邦隐私法》遵守情况的国家数据保护监管机构。

隐私专员负责执行澳大利亚《联邦隐私法》，如果某项行为可能会干扰个人隐私，并且有关主体已经对该行为提出投诉，则隐私专员将进行调查。通

常，隐私专员倾向于投诉人与相关组织之间的调解结果。重要的是，如果隐私专员对尚未通过调解解决的投诉进行调查，则必须确保该调查的结果可被公开获取。

隐私专员还可以主动（即未提出投诉的情况）调查任何"对个人隐私的干扰"，并且可以采取以下补救措施：在调查投诉之后，隐私专员可以驳回投诉或在投诉得到证实后，声明个人或组织纠正其行为或赔偿投诉人遭受的任何损失。此外，隐私专员可对严重干预个人隐私的行为人提出最高 36 万澳元的罚款，对公司提出最高 180 万澳元的罚款，并由法院执行。

三、澳大利亚数据治理的具体制度

（一）关于数据收集、处理与转移

除非某个组织由于其业务职能或活动的合理需求，否则不得收集个人信息。根据澳大利亚《联邦隐私法》，组织还必须采取合理的措施，以确保收集的个人信息准确。在收集个人信息的过程中，组织必须采取合理的步骤使个人知悉组织的身份以及联系方式，收集（或使用）有关个人的信息的目的，它可能向谁提供个人信息，收集个人信息的相关法律法规规定，个人如何访问组织的隐私政策以寻求更正其个人信息，如何就违反澳大利亚隐私原则的行为提出投诉和组织将如何处理此类投诉，以及该组织是否有可能向海外收件人披露其个人信息。

对于组织而言，在收集个人信息和遵守澳大利亚《联邦隐私法》方面，最大的问题是未能意识到上述概述的强制性通知义务也适用于他们通过第三方收集的任何个人信息，换言之，从第三方收集到个人信息时，便会产生通知义务。与欧洲相反，澳大利亚隐私法并未区分"数据处理方"和"数据控制方"。

除非满足以下一项或多项条件，否则组织不得使用或披露有关个人的信息：（1）个人信息的收集是出于或者间接出于此类披露的主要目的（对于敏感信息，则是直接与之相关），个人会合理地期望组织至少出于次要目的使用或披露该信息。（2）个人明确的同意。（3）信息不是敏感信息，并且披露是用于直接营销。此外，此种情况下寻求个人的同意是不切实际的，并且（除其他事项外）告知个人他们可以选择退出（Opt-out）。（4）存在"允许的一般情况"（permitted general situation），例如该实体有理由怀疑已从事与该实体职能有关的非法活动，或对个人或公众的健康和安全构成严重威胁。（5）法

律要求或执法机构授权的。

在出于直接营销目的而使用和披露的情况下，还要求组织确保每种直接营销传播都提供一种简单的方法，使个人可以通过该简单方法选择退出（Opt-out）接收直接营销通信。

在处理"敏感信息"方面，澳大利亚《联邦隐私法》还规定了其他保护措施，通常规定除非满足某些特定要求，否则组织不得收集个人的敏感信息，包括：（1）个人已同意收集，并且敏感信息的收集对于实体的一项或多项功能或活动是合理必要的；（2）法律或法院命令要求或授权；（3）存在"允许的一般情况"，例如需要使用该信息来确立或捍卫法律或公平的要求；（4）该实体是执法机构，而收集对于该实体的职能或活动是合理必要的；（5）该实体是一个非营利组织，其信息与该组织的活动有关，并且仅与该组织的成员有关（或与该组织的活动有定期联系的个人）。

组织必须根据个人的请求，允许该个人访问有关的信息（以及纠正不准确、过时或无关信息的），除非有特殊情况允许组织限制给予访问的程度（以及执行校正的程度），这些包括紧急情况，特定的业务要务和执法或其他公共利益。组织还必须向个人提供不标识自己身份或使用化名的选项。

关于数据转移，除非适用澳大利亚《联邦隐私法》中的某些豁免条款，否则个人信息只能披露给已采取合理步骤以确保不违反与澳大利亚《联邦隐私法》相关的隐私原则的澳大利亚以外的组织。进行信息披露和转移的实体通常应对该海外接收者的所有行为承担责任，如果该行为是由澳大利亚的披露组织施行的，则违反澳大利亚隐私原则。但是，也须考虑以下特殊情况：（1）该组织合理地认为，信息的接收者受到法律的约束。该法律或约束机制提供了至少与澳大利亚《联邦隐私法》基本相似的保护水平。不能仅依赖合同条款要求海外实体遵守澳大利亚隐私原则以避免将来的责任。（2）个人同意数据转移。但是，根据澳大利亚《联邦隐私法》，组织必须在获得同意之前明确告知个人，如果他同意在海外披露信息，则组织将无需采取合理步骤来确保海外收件人未违反澳大利亚隐私原则。（3）适用"允许的一般情况"，或（4）该披露是法律或法院命令所要求或授权的。

（二）关于泄露通知

澳大利亚当前没有规定向受影响的个人或澳大利亚信息专员办公室报告数据泄露的违规行为。但是，自2018年2月22日起，凡澳大利亚《联邦隐私法》规定的澳大利亚隐私原则的相关企业，必须遵守强制性数据泄露通知制度下的要求。

关于泄露通知，之前有关主体没有义务向受影响的个人或澳大利亚信息专员办公室报告泄露事件。但是，自 2018 年 2 月 22 日起，澳大利亚《联邦隐私法》规定凡有义务遵守澳大利亚隐私原则的实体必须遵守强制性数据泄露通知要求。

强制性数据泄露通知包括与以下方面有关的数据泄露：（1）个人信息；（2）信用报告信息；（3）信用资格信息；（4）税务文件编号信息。总而言之，该制度要求组织将"数据泄露"通知给澳大利亚信息专员办公室和受影响的个人。当有关个人信息、信用报告信息、信用资格信息或税务文件编号信息满足以下条件时，就会发生"数据泄露"报告：（1）满足以下两个条件，一是未经授权访问或未经授权披露信息的，二是访问或披露可能会对他人造成严重损害的。（2）在以下情况下信息丢失：一是可能会发生未经授权访问或未经授权披露信息的情况，二是倘若发生未经授权的访问或未经授权的访问披露，访问或披露可能会对与该信息有关的任何个人造成严重伤害的。

尽管法律没有定义"严重"损害，但澳大利亚信息专员办公室已发布有关组织如何解释和评估严重损害的指南。该指南还规定组织有义务评估其是否（出于合理的理由）发生了数据泄露的可能性以及发生之后产生的负面影响。澳大利亚信息专员办公室已发布指南，指示组织必须在任何可疑数据泄露后30 天内进行此类评估。关于数据泄露通知受影响的个人和澳大利亚信息专员办公室的要求有多种例外情况，包括在进行与执法有关的活动或隐私委员会作出书面声明的情况。

（三）关于数据管理执法

隐私专员负责执行澳大利亚《联邦隐私法》。如果一项行为可能会干扰个人隐私，并且已对该行为提出投诉，则隐私专员将进行调查。通常，隐私专员更倾向于在投诉人和相关组织之间进行调解。如果隐私专员对尚未解决的投诉进行调查，则必须确保该调查的结果会被公开在澳大利亚信息专员办公室网站上。

隐私专员还可以主动（即未提出投诉的情况）调查任何干扰个人隐私的行为（即应用程序的任何违法行为）。在调查了投诉之后，隐私专员可以驳回投诉或在发现投诉得到证实后，声明个人或组织纠正其行为或赔偿其遭受的任何损失。此外，隐私专员可能会针对个人严重或反复干涉他人隐私的行为，处以最高 36 万澳元的罚款，对公司处以最高 180 万澳元的罚款。

电子营销的发送受澳大利亚《反垃圾邮件法》（SPAM Act 2003）规制，并由澳大利亚传播与媒体管理局（Australian Communications and Media Authority）强制执行。根据澳大利亚《反垃圾邮件法》，未经收件人的选择加入（Opt-in）同意，不得发送商业电子消息。另外，每条电子消息（收件人已经同意接收）必须包含取消订阅功能，以使收件人能够退出接收未来的电子营销。如果不遵守澳大利亚《反垃圾邮件法》，会面临严重后果，屡犯者每天将面临高达 110 万澳元的罚款。[1]

（四）关于网络隐私政策

澳大利亚没有专门针对网络隐私、定位和交通数据的收集以及使用浏览器缓存的法律或法规。如果浏览器缓存或其他类似技术收集了用户的个人信息，则组织必须在收集、使用、披露和存储此类个人信息方面遵守澳大利亚《联邦隐私法》。应用程序开发人员还必须确保收集客户的个人信息符合澳大利亚《联邦隐私法》。

---

〔1〕 参见石倩，张蕊. 澳大利亚垃圾邮件治理现状〔J〕. 北京邮电大学学报（社会科学版），2010（1）：51-55.

第三章
数据法概述

第一节　数据法的调整对象

一、概述

从总体来看，法学研究有三大目的。一是伦理目的，即为了发现或探究法律的一般规则和原则，为公正安排社会关系及解决社会纷争找到合理的交往模式或法律框架；二是科学目的，即法学研究追求的是发现法律规律，认识法律的本来面目；三是政治目的，即法学研究是为了给统治者的统治出谋划策，或者相反——证明、揭露法律的毛病，从而在政治上否定它。一般说来，法学研究的三大目的不同程度地存在于法学家所追求的目的之中。[1]每一个部门法都是完整的体系系统，既要对法进行历时性研究——考察研究法的产生、发展及其规律，又要对法进行共时性研究，比较研究各种不同的法律制度，分析它们的性质、特点以及相互关系；既要研究法的内在方面，即法的内部联系和调整机制等，又要研究法的外部方面，即法与其他社会现象的联系、区别及相互作用；既要研究法律规范、法律体系的内容和结构以及法律关系、法律责任的要素，又要研究法的实际效力、效果、作用和价值。[2]而对整个体系的全方位研究都离不开调整对象这一基本要素的确定，而对调整对象的确定决定了该部门法所具有的公法或私法属性，或者二者兼具。

数据法是法学教学和研究的热点和前沿问题，但目前，数据法并未形成统一的定义。有学者提出，大数据法是调整大数据生成、存储、使用与监管等过

---

〔1〕　张文显. 法理学：第四版 [M]. 北京：高等教育出版社，2011：6.
〔2〕　吴汉东. 法学通论：第七版 [M]. 北京：北京大学出版社，2018：9.

程中发生的社会关系的法律规范总称，具体包括数据采集关系、分析关系、传播关系、存储关系、交易关系、使用关系、共享关系与监管关系。[1]本书认为，数据法是调整因数据的收集、存储、加工、使用、提供、交易和公开等数据活动产生的社会关系的法律规范的总称，数据法的调整对象是因数据活动产生的各种社会关系，包括在数据活动过程中产生的人身关系、财产关系和数据管理关系。其中对人身关系和财产关系的调整属于私法规范的内容，对数据管理关系的调整属于公法规范的内容。

欧盟《通用数据保护条例》中数据活动主体包括数据主体（data subject）、数据控制者（data controller）和数据处理者（data processor），也包括接收者（recipient）和第三方（third party）。欧盟《通用数据保护条例》中的数据主体是指个人数据所包含的信息所识别或者指向的自然人，个人数据实际上就是我国法律中规定的个人信息。数据控制者是指能单独或联合决定数据的处理目的和方式的自然人、法人、公共机构、行政机关或其他非法人组织。数据处理者是指为控制者处理数据的自然人、法人、公共机构、行政机关或其他非法人组织。[2]

我国《数据安全法》第3条第2款规定了"数据处理，包括数据的收集、存储、使用、加工、传输、提供、公开等"，这里的数据处理活动涵盖了数据活动的各个环节，其他条款使用的"数据处理者"也是指广义的数据处理者，包括欧盟《通用数据保护条例》中的数据控制者、数据处理者、接收者和第三方。本书以数据法律关系主体权利义务的不同为标准，将数据活动主体分为数据主体、数据处理主体、数据监管主体。数据主体即欧盟《通用数据保护条例》定义的个人数据所包含的信息所识别或者指向的自然人。数据处理主体包括欧盟《通用数据保护条例》中的数据控制者、数据处理者以及接收者和第三方。数据监管主体是指履行数据安全监管职责的有关主管部门。

二、数据法调整的人身关系

民法通说认为，人身关系是指与人身不可分离、以人身利益为内容、不直接体现财产利益的社会关系，包括人格关系和身份关系。[3]数据法调整的人身关系分为数据法调整的人格关系和数据法调整的身份关系，前者以人格利益

---

〔1〕 李爱君. 国家《大数据法》立法体系建构［A］//李爱君. 金融创新法律评论：2016年第1辑·总第1辑. 北京：法律出版社，2016：11.

〔2〕 欧盟《通用数据保护条例》第4条。

〔3〕 申卫星. 民法学：第二版［M］. 北京：北京大学出版社，2017：4.

为内容，后者与身份利益相关联。数据法关于数据人身关系保护的规定实际上是民法关于人身关系保护的规定的特别法，数据法在遵循民法基本原则的前提下，就数据活动过程中形成的数据人身关系进行特别法的调整，给予数据权利主体更加周延的保护。在保护方式上，数据法所采取的保护方式并不限于传统的民事责任方式，而是在民事责任之外，兼采行政责任和刑事责任方式。在数据人身关系受到侵害时，数据法一般采用传统的赔偿损失等民事责任方式予以保护，情节特别严重的，根据相关法律规定追究行政责任或者刑事责任。

（一）数据人身关系的内容

1. 数据活动与主体人格利益

民法上的人格关系是指基于人格利益而产生的社会关系，人格利益包括生命、健康、姓名、肖像、名誉等方面的利益。[1]数据主体的人格利益是数据主体基于个人信息产生的利益，具象化为数据主体知情权、访问权、更正权、删除权（被遗忘权）、限制处理权、数据可携带权、反对权。[2]

作为数据处理者，无论是自然人，还是法人和非法人组织，与个人信息之间并无关联性和识别性，因此不具有数据人格利益。

数据主体的数据人身权的权能，包括控制权、利用权、有限转让权、人身利益处分权四项。控制权是指数据主体以自己的意志对其个人数据控制的权利，主要包括知情权、访问权、更正权。利用权是指数据主体以自己的意志利用其个人数据从事各种活动以满足自身需要的权利，主要包括数据可携带权。有限转让权是指数据主体对其个人数据的利用可以适当转让他人的权利，主要包括通过授权同意的方式允许数据处理者收集使用其个人数据。人身利益处分权是指数据主体对其个人数据自由支配的权利，主要是指删除权（被遗忘权）。

2. 数据活动不涉及身份利益

数据活动会否与主体"身份利益"相关联？首先应当明确，此处所言"身份利益"中的"身份"是指法律意义上的"身份"，而非事实意义上的"身份"。民法通说认为身份关系是以特定的身份利益为内容的社会关系，身份权

---

〔1〕　魏振瀛.民法：第七版［M］.北京：北京大学出版社、高等教育出版社，2017：10.

〔2〕　田广兰.大数据时代的数据主体权利及其决问题——以欧盟《一般数据保护条例》为分析对象［J］.中国人民大学学报，2020（6）：131-141.参见欧盟《一般数据保护条例》第7条知情权、第15条数据访问权、第16条数据更正权、第17条删除权（被遗忘权）、第18条限制处理、第20条数据携带权、第21条反对权的相关规定。

是民事主体基于特定身份而享有的一种民事权利，具体而言，是民事主体因一定的资格、地位或者从事某种活动而发生的、为维护民事主体特定身份而必须的人身权。[1]数据主体的数据活动是普通民事主体均可从事的活动，与其他民事主体相比，并不需要具有特定资格、地位，也不需要因从事上述活动而赋予其特定的资格和地位，因此，数据活动中数据主体并不具有特定的身份利益。

（二）数据人身关系的特征

1. 数据人身关系是平等主体之间的法律关系

数据人身关系是民事法律关系，是平等主体之间的法律关系。数据人身关系中的数据主体、数据处理者均是地位平等的民事主体，各主体之间不存在隶属关系，不存在一方凌驾、超越其他主体的情形。数据主体对其数据人身权各项权能的行使，涉及数据处理者时，仍然是基于平等地位基础上的通知、授权同意的行为方式。

2. 数据主体的人身关系具有非财产性、专属性、固有性的特征

数据主体的人身关系具有非财产性、专属性、固有性的特征。数据主体的人身关系的非财产性是指此种数据主体的人格关系并不直接体现财产利益，不以财产为客体，也不以财产为内容；专属性是指数据主体的人格权是专属于自然人个人的，法人、其他组织不具有数据主体的人格权，另外，数据主体的人格权只能由其自身享有，不能自行转让、抛弃或者由他人继承；固有性是指数据主体人格利益是基于数据主体的自然人出生即享有的，是不能基于任何原因被剥夺的。

三、数据法调整的财产关系

（一）数据的财产属性

对法律意义上的"财产"内涵，学者们有不同的表述。有学者认为民法意义上的财产，有广义与狭义之分，狭义的财产指具有金钱价值的权利的总和，此外也包括没有形成财产权利但具有金钱价值的利益；广义的财产则指财产权利和财产义务（债务）的总和。[2]有学者认为财产主要是对物的权利，

---

[1] 魏振瀛. 民法：第七版 [M]. 北京：北京大学出版社、高等教育出版社，2017：10.
[2] 魏振瀛. 民法：第七版 [M]. 北京：北京大学出版社、高等教育出版社，2017：9.

这里的物，指的是作为主体的对象化而存在的可支配的具有经济效用的东西，具有可支配性、经济效用性和稀缺性。[1]有学者认为财产是指对人具有经济价值的一切事物，需要具备以下条件：具有经济价值；不属于自然人的人格；人力能够支配。[2]以上观点在"财产"概念厘定上存在争议，但从中不难得出定义一物为"财产"，该物应至少具备如下几个要素：一是具有金钱价值或称经济效用；二是可以为人所支配；三是具有稀缺性。

在数据是否属于财产的问题上，实务界早在部分案件中就确定了数据的财产权益，[3]学界对于数据财产属性上也一致认同。如齐爱民、盘佳提出将数据权分为个人数据权和数据财产权，定义数据财产权为"权利人直接支配特定的数据财产并排除他人干涉的权利，它是大数据时代诞生的一种新类型的财产权形态。其权能包括数据财产权人对自己的数据财产享有的占有、使用、收益、处分的权利"。[4]李爱君从数据权利具有经济价值、权利可以转移和以财产为客体方面分析，总结数据具有财产权属性。[5]冯晓青认为数据的财产性利益反映了数据的财产属性。[6]王玉林、高富平在对学界存在的数据财产权客体说、数据资产说和数据知识产权客体说进行分析的基础上总结出数据具有财产属性是毋庸置疑的。[7]

2020年《中共中央、国务院关于构建更加完善的要素市场化配置体制机制的意见》中分类提出了土地、劳动力、资本、技术、数据五个要素领域改革的方向，将数据作为一种新型生产要素更是对数据所蕴含的经济价值的肯定。同时，数据可以为人所支配并具有稀缺性，具备了财产属性的特征。

（二）数据财产关系的内容

财产关系，是以财产为内容的社会关系，根据分类标准的不同，可以分为

〔1〕　龙卫球. 民法总论：第二版［M］. 北京：中国法制出版社，2011：20.

〔2〕　陈甦. 民法总则评注（下）［M］. 北京：法律出版社，2017：17.

〔3〕　杭州中院发布杭州法院司法保障数字经济十大案例之一：淘宝（中国）软件有限公司诉安徽美景信息科技有限公司不正当竞争纠纷案［EB/OL］. 2021-09-30. http://www. pkulaw. cn/case/PFnl_a6bdb3332ec0adc48a30 9735c67b3a7a0ffda40a7626a801bdfb. html.

〔4〕　齐爱民，盘佳. 数据权、数据主权的确立与大数据保护的基本原则［J］. 苏州大学学报（哲学社会科学版）. 2015（1）：64-70+191.

〔5〕　李爱君. 数据权利属性与法律特征［J］. 东方法学，2018（3）：64-74.

〔6〕　冯晓青. 数据财产化及其法律规制的理论阐释与构建［J］. 政法论丛，2021（4）：81-97.

〔7〕　王玉林，高富平. 大数据的财产属性研究［J］. 图书与情报，2016（1）：29-35+43.

有形财产关系和无形财产关系，也可以区分为财产归属关系和财产流转关系。[1]

1. 数据法调整的财产关系属于无形财产关系

有形财产关系和无形财产关系区分的标准是处于该社会关系中的财产是属于有形财产还是无形财产。有形财产是指客观财产中，财产客体为具有客观物质形态的财产，在民法上也称之为"有体物"。[2]学理上认为广义的数据是指任何对信息的记录和表达，包括传统的以文字为符号、以纸张为介质的信息记录；狭义的数据是指以0或1的二进制代码（比特）形式储存和传输的电子数据。[3]数据的本质是信息，其常通过电子形式表现出来，数据的收集、存储、加工、使用、提供、交易和公开等数据活动也是通过计算机网络进行，数据是没有客观物质形态的，在财产分类上属于无形财产，以数据为内容的社会关系属于无形财产关系。

2. 数据法调整的财产关系包括数据财产流转关系和数据财产归属关系

数据法调整的财产关系分为数据财产流转关系和数据财产归属关系。数据财产流转关系是指数据由一方向另一方转移而发生的关系，通常表现为转入、许可使用等形式。所谓"数据流转"是指数据收集、存储、加工、使用、提供、交易和公开等的数据活动。数据财产流转关系即数据在收集、存储、加工、使用、提供、交易和公开等数据活动中由一方主体向另一方主体转移而发生的关系。数据财产流转关系的特殊性在于"数据具有占有主体的非唯一性、价值的相对性、数据与服务的不可分割性的特点，与我国民法上的有体物本质不同，因而数据交易亦无法完全按照买卖合同的方式予以规范"。[4]

数据财产归属关系是指数据所有和支配关系。[5]数据流转过程是动态的，数据归属状态则是静态的。数据财产关系具有复杂性，其中数据财产归属关系具有复杂性的原因在于根据不同的分类标准，数据类型诸多，而不同种类的数据在性质上存在差异，性质差异要求根据不同的数据性质认定数据归属，在此过程中注重对多方主体利益的平衡。"按照数据来源划分，可以分为原始数据

〔1〕 马俊驹，余延满. 民法原论 [M]. 北京：法律出版社，2010：5.
〔2〕 刘少军. 法财产基本类型与本质属性 [J]. 政法论坛，2006（1）：160-170.
〔3〕 张玉屏. 个人数据产权归属的经济分析 [J]. 江西财经大学学报，2021（2）：130-139.
〔4〕 王森. 数字经济发展的法律规制——研讨会专家观点综述 [J]. 中国流通经济，2020（12）：114-124.
〔5〕 魏振瀛. 民法：第七版 [M]. 北京：北京大学出版社、高等教育出版社，2017：9.

和数据产品。其中原始数据是指未经加工的电子或其他形式的数据；数据产品是指对原始数据加工后形成的电子信息产品，包括对个人信息匿名化加工后形成的数据产品，对原始数据进行汇集、分类、分析、研究等加工后形成的数据产品。"[1]原始数据归属于原始数据主体，数据产品则因数据处理者投入的劳动，可以归属于数据处理者。

四、数据法调整的管理关系

（一）数据管理关系的主体和内容

数据法调整的管理关系是在数据管理过程中产生的社会关系。数据管理是指数据管理机关计划、组织、协调和控制数据的收集、存储、加工、使用、提供、交易和公开等数据活动，使其发展符合组织目标的过程。立足于数据市场秩序和数据安全的两个基本点，数据管理遵循适度监管、权责统一、系统管理和功能管理的原则。

数据管理属于行政监管，数据管理关系是行政管理关系的一种。行政管理关系是指行政主体在行使行政职权过程中与行政相对人发生的各种关系。[2]数据管理关系是数据管理机关在行使数据监管职权过程中与数据主体和数据处理者等主体之间发生的各种关系。在数据管理关系中，居于监管者一方的是数据管理机关。数据管理机关是指在数据管理过程中居于管理地位，能够以自己名义行使数据管理职权，作出影响数据主体和数据处理者等被监管者的权利和义务的管理行为，并能由其自身对外承担相应的法律责任的行政机关和法律、法规授权的数据管理组织。居于被管理一方的是数据主体和数据处理者等对数据享有既定经济利益或者期待利益的主体，以对企业数据交易过程进行的管理为例，企业就是数据管理关系中的被监管一方。

在数据管理关系中，作为监管者一方的数据管理机关具有以下特征：其一，能够依法行使数据管理职权。数据管理职权具有公权力性质且在性质上与行政权类似，一般的私权利主体如个人等无权行使数据管理职权，立法机关、司法机关因其不具有行政权也不能行使数据管理职权。其二，能够以自己的名义行使数据管理职权。数据管理机关因其职权性质的特殊性，需要保持中立，

---

〔1〕　王森.数字经济发展的法律规制——研讨会专家观点综述［J］.中国流通经济，2020（12）：114-124.

〔2〕　姜明安.行政法与行政诉讼法：第四版［M］.北京：北京大学出版社，2011：5.

具有独立的法律地位，能够以自己的名义行使数据管理职权。其三，能够对外独立承担数据管理行为产生的责任。这也是数据管理机关独立性的体现，数据管理机关的内部机构和个人虽然能够对外履行具体的数据管理职权，但是这种因履行职权所产生的法律责任并不由内部机构和个人承担，而是由数据管理机关对外独立承担。

（二）数据管理关系的特征

数据管理关系是不平等主体之间的法律关系。在数据管理关系中，作为被监管一方的数据主体和数据处理者具有以下特征：其一，数据主体和数据处理者的数据活动是被管理的对象。数据主体和数据处理者的数据活动涉及政府及公共数据、企业数据以及个人数据，政府及公共数据包含的敏感信息一旦被滥用将成为影响社会稳定的安全隐患；企业数据包含的敏感信息如果被滥用将带来商业利益的冲突及纠纷；个人数据囊括了个人敏感信息以及各种行为的细节记录，被非法使用将成为侵犯个人隐私、私人财产甚至危及人身安全的隐患。这些数据在采集、传输、存储、挖掘、分析、处理、交互、服务各环节都可能出现数据安全问题。[1]因此需要对数据主体和数据处理者的数据活动进行管理，防范安全隐私风险的发生。其二，在数据管理关系中被监管一方的权利和义务受到数据管理机关管理行为的影响。这种影响可能是直接的，也可能是间接的，但是无论是直接影响还是间接影响，在数据管理过程中被监管方的权益都会受到数据管理机关管理行为的实质影响。其三，数据管理关系中的被监管方，既可以是个人，包括中国公民、外国人和无国籍人，也可以是组织，包括法人、非法人组织，还包括处于被管理地位的国家行政机关和其他国家机关。

数据管理关系与数据人身关系、数据财产关系相比较，不同之处在于数据管理关系主体法律地位不平等。数据管理关系本质上是行政管理关系，数据管理关系中的数据管理机关是行政机关，数据主体和数据处理者是行政相对人，双方当事人居于不平等的地位，作为监管方的数据监管机关在数据管理关系中居于主导地位，作为被监管方的数据主体和数据处理者则居于从属地位。

---

[1] 李爱君. 国家《大数据法》立法体系建构［A］//李爱君. 金融创新法律评论：2016年第1辑·总第1辑. 北京：法律出版社，2016：24-33+2.

第二节　数据法的基本原则

数字经济的蓬勃发展使得"数据权利"受到普遍关注，数据权益也突破传统的法律关系在司法实践中占据了一席之地，同时也为法律治理带来了新问题。围绕"数据权利"产生的法律关系急切需要新的法律法规进行指引与规制，纷至沓来的纠纷也对法律调整机制提出了更高的要求，因此，确立数据法的基本价值导向就显得尤为重要。

"法律是秩序与正义的综合体，它旨在创设一种正义的社会秩序。"[1]数据法区别于其他部门法的特点在于，数据权利作为一种"新兴权利"，具有复杂性与多元化的特征。一是保护法益上的复杂性。数据权利所保护的法益是人格性法益与财产性法益的复杂结合。数据上所承载的人格性法益，是自然人人格尊严、隐私权、姓名权、肖像权、名誉权和荣誉权等人格特征映射在数据上的利益；数据上所承载的财产性法益，是科技发展和社会化大生产过程中，数据的集成化、产业化、商业化应用所衍生的财产法益。二是数据权利主体的多元化。数据活动主体包括数据主体、数据处理者、数据监管机构等，广泛的主体范围使得数据权利法律关系多样而复杂。三是数据权利客体的多元化。虽统称为数据，但不同数据主体下的数据客体并不相同，如个人数据权利的客体为个人数据，数据财产权的客体则是原始数据经过充分匿名化后的数据集合。四是数据权利法律关系的复杂性。不同数据主体之间既有横向社会关系，亦有纵向社会关系，如信息业者在正常生产经营活动中经过个人授权而收集个人数据，体现数据权利主体之间平等的横向社会关系；政府或国家可以强制收集数据或者监督企业收集数据，这体现了数据受制于国家职权的纵向社会关系。因此数据法律关系受私法、公法的共同调整，在对其进行法律规制时，应兼顾安全原则、效益原则、公平原则。

一、安全原则

（一）法的安全价值的一般理论

安全是法律的基本价值，体现着法律的内在实质性，其价值取向在于保护

---

[1]　博登海默.法理学：法律哲学与法律方法［M］.邓正来，译.北京：中国政法大学出版社.1998：330.

重大、首要的需求和利益。在早期法律思想家，如霍布斯和边沁的法哲学思想，都强调在法律的价值位阶上安全优先于自由和平等，是法律实现其目的的最为关键的任务。霍布斯认为，保护生命、财产和契约的安全，构成了法律有序化的最为重要的任务；自由和平等则应当服从这一崇高的政治活动的目标，"人的安全乃是至高无上的法律"。边沁也以同样的方法将安全宣称为通过法律的社会控制的"主要而且的确是首要的目的"，在他的主张中自由和平等则被分配到法律价值中的从属地位。墨西哥法哲学家雷加森斯·西克斯亦持此观点，认为如果法律秩序不表现为一种安全的秩序，那么它根本就不能算是法律。[1]

"安全"一词在现代汉语中的释义为"没有危险；不受威胁；不出事故"。[2]从广义上也可扩展为"安定、稳定、受到保护、得到保障"。在法学语境中，学者们对于"安全"有着不同的理解。有学者认为，安全是指通过法律力求实现的、社会系统基于其要素的合理结构而形成的安定状态，以及主体对这种状态的主观体验、认知和评价。[3]有学者将法的安全看作当社会秩序下的生活安全被破坏或有被破坏的危险时，法律对其救济的可能性。[4]有学者认为，安全价值是指法律在调整和平衡错综复杂的利益关系时，为了实现人的安全利益，法律及其他规范必须阻止外部危险因素的破坏和干扰，同时尽可能地发挥救济和帮助之效能。[5]

在"法的安全"的分类上，法国法学家 René Demoque 首先提出将其区分为"静态安全"和"动态安全"。我国台湾地区学者郑玉波进而将这一对概念解释为："前者乃对于吾人本来享有之利益，法律上加以保护，不使他人任意夺取，俾得安全之谓，此种安全之保护，系着眼于利益之享有，故亦称'享有的安全'或'所有的安全'……后者乃吾人依自己之活动，取得新利益时，法律上对于该项取得行为加以保护，不使其归于无效，俾得安全之谓，此种安全之保护，系着眼于利益之取得，故亦称'交易的安全'。"[6]通俗解释来说，静态安全指的是保护法律主体本身所自然享有的权利，使其权利不受外界侵

---

〔1〕 博登海默.法理学：法律哲学与法律方法 [M].邓正来，译.北京：中国政法大学出版社.1998：125.

〔2〕 中国社会科学院语言研究所词典编辑室.现代汉语词典 [M].北京：商务印书馆，2005：7.

〔3〕 安东.论法律的安全价值 [J].法学评论，2012（3）.

〔4〕 丁南，贺丹青.民商法交易安全论 [J].深圳大学学报（人文社会科学版），2013（6）：64-70.

〔5〕 张洪波.以安全为中心的法律价值冲突及关系架构 [J].南京社会科学，2014（9）：89-95.

〔6〕 郑玉波等.现代民法基本问题 [M].台北：汉林出版社，1981：1.

犯；动态安全指的是在法律主体通过自身行为获取新的权利时，不使其行为与新的权利被法律认定为无效。

（二）数据法中的安全原则

数据法中的安全原则主要强调通过法律机制来保障数据在其具备或产生法律效力的各环节中的真实性、安全性和保密性，以免数据面临遗失、非法接触、损毁、被利用、内容更改或泄露的风险，确保数据的安全使用。确立安全原则的目的不仅在于给予数据充分有效的保护，同时亦能促进数据资源的开发、流通和利用，从而实现二者利益之间的合理平衡。[1]我国《数据安全法》第3条第3款规定："数据安全，是指通过采取必要措施，确保数据处于有效保护和合法利用的状态，以及具备保障持续安全状态的能力。""法的安全"分为静态安全与动态安全的方法与数据法律关系的核心相契合，数据权属法律关系强调归属利益，属于静态安全；流转中的数据法律关系注重交易利益，属于动态安全。由此可见，安全的价值理念以静态安全和动态安全这两种形态贯穿于数据法律关系的始终，缺一不可。

1. 数据的静态安全

静态安全是法的安全的根基，以保护静态利益，即归属利益为目的，它决定着利益在不同主体间分配的静止结构、状态、形式和格局。[2]数据法律关系涉及数据主体、数据处理者、数据监管机构等多个主体，数据的安全原则要求各个主体在其保存、处理数据过程中保证数据本身及权属的安全性与有效性，确保数据以合法合规的形态进入动态的流通环节。

第一，数据权属安全。数据权属安全主要是指数据的权利主体明确，无论是原始数据还是加工后形成的数据产品都应有明确的权利主体。数据活动涵盖收集、存储、加工、使用、提供、交易和公开等各类数据活动，但从数据产生的收集环节开始，按照收集主体的不同可将数据分为原始数据和数据产品。原始数据相关主体主要是个人和其他收集者，其他收集者包括数据处理者、数据监管机构，其中个人信息部分的数据权属主体应是个人，与个人信息部分无关的数据权属主体应是其他收集者。对原始数据进行匿名化或通过其他方式去除个人信息后形成的数据产品，其权属主体应是实施主体，即无论是个人还是数

---

〔1〕齐爱民，盘佳. 大数据安全法律保障机制研究［J］. 重庆邮电大学学报（社会科学版），2015（3）24-29+38.

〔2〕丁南，贺丹青. 民商法交易安全论［J］. 深圳大学学报（人文社会科学版），2013（6）：64-70.

据处理者、数据监管机构在完成数据加工后都可以成为数据产品的权属主体。

第二，数据内容安全。由于数据本身具有体量大、多样化、来源广等特点，数据内容也关乎着国家安全、公共安全与个人隐私安全的方方面面，因此数据内容的安全是确立安全原则的重要防线，也是最应当保障的实质安全。数据内容安全是指数据不存在影响国家安全、公共安全与个人信息安全的内容，为保障数据内容安全，可通过数据分类分级的方式建立不同的数据安全管理制度。关系国家安全的数据属于国家核心数据，对于影响或可能影响国家安全的数据，通过建立数据安全审查制度进行国家安全审查。对于影响或可能影响公共安全的数据，如对国民经济命脉、重要民生、重大公共利益等国家核心数据，实行更加严格的管理制度，其他影响或可能影响公共安全的数据作为重要数据进行管理。对于影响或可能影响个人信息安全的数据，按照个人信息予以保护。

第三，数据质量安全。数据质量是影响数据价值最主要的因素，保护数据质量安全是进一步实现动态安全的基础。数据质量安全是指数据的真实性、准确性、一致性和完整性。实现数据质量安全需要在数据收集、整理、分析、集成、传输、储存等多个环节严格把控，关键在于建立客观中立的评估机构和完整统一的质量标准体系。实践中，提供原始数据的个人、企业、公共机构，对于数据并未进行细致的甄别分析，数据的真实性、客观性等均无法保证，"脏数据"无处不在，当数据进入动态的交易环节时，无法满足需求方对于数据的需求，易造成不可避免的交易风险。[1]要制定数据质量标准，以保证数据的品质和准确性、内容完整可信并及时更新，可持续再用，防止低质量数据出现并进入流通环节侵害相关主体权利、扰乱市场秩序。

2. 数据的动态安全

导致新的静态利益关系形成的流转过程及其有效性就是动态安全。法律应先确定哪些静态利益是应当受保护的，继而当这些利益在当事人之间流转时，才具有对该流转行为以及新的取得人进行保护的必要。数据的流转是指数据主体的变动，即数据从原数据主体的控制下进入其他主体的控制之下，或者进入原数据主体和其他主体的共同控制之下。数据的动态安全是指数据流转过程中，数据的静态安全利益不受影响，保证数据流转过程的有效性。

第一，数据流转过程中数据的静态安全。在静态上不会获得法律保护的利

---

[1] 张敏. 交易安全视域下我国大数据交易的法律监管 [J]. 情报杂志, 2017 (2): 127-133.

益，也不会有与之相关的流转的法律的动态安全。数据活动中，数据的开放、共享、提供、交易都会造成数据主体的变动，数据的开放是指向社会或不特定人群开放，数据共享是在一定范围内形成原数据主体和其他主体的共同控制的情形，数据提供和交易都会造成控制主体变更为其他主体或者由原数据主体和其他主体的共同控制。在这些过程中，数据的权属安全、内容安全、质量安全等静态安全利益不受影响，是数据的动态安全的首要体现。

第二，数据流转过程的有效性。这是指数据流转过程中的行为合法有效，不会认定为无效并产生无效的法律后果。数据流转活动应当遵从法律的规定，数据主体具有法律主体资格，具有相关数据权益，按照法律规定指引其行为，数据流转行为才能合法有效，才不会产生无效的法律后果。数据流转过程的有效性最重要的体现是数据交易安全，数据在数据主体、数据处理者、数据监管机构等各个主体之间动态的流转、交易并形成新的数据法律关系的事实，成为从动态安全角度保障数据安全的着眼点。交易安全是商事活动中法律追求的终极价值目标。作为终极价值目标，交易安全贯穿于数据法律监管的全过程，体现为法律监管的原则。[1]

二、效益原则

（一）法的效益原则的一般理论

效益，释义为"效果与利益"，其原本是经济学上的一个概念，将其作为法律的价值取向源于20世纪60年代经济分析法学的出现。作为法经济学的代表人物，波斯纳曾言，社会的法律运行、资源配置的进化过程就是以交易成本最低为原则，不断地重新配置权利、调整权利结构和变革实施程序的过程。"任何法律，只要其涉及资源的使用，而事实恰恰如此，无不打上经济合理性的烙印……判决必须依最有效率的利用资源这一原则进行。"[2]

国内法学界对于"法律效率"的概念有着不同的理解。一是法律效率是"法律作用于社会生活所产生的实际结果同颁布该法律时所要达到的社会目的

---

〔1〕 张敏. 交易安全视域下我国大数据交易的法律监管 [J]. 情报杂志，2017（2）：127-133.

〔2〕 理查德·A. 波斯纳. 法律的经济分析 [M]. 蒋兆康，译. 北京：中国大百科全书出版社，2003.

之间的比"。[1]二是法律效率是"人们期望通过法律而实现的社会目标与法律调整的现实结果之间的对比关系",其公式是"法律效率=法律的社会目标÷法律作用的结果"。[2]三是经济法律效率是指采用某种法律的新增效益与该法律所花费成本之间的比率,它反映经济法律制定实施的量与其带来的收益量之间的对比关系(技术性的投入产出关系)。其公式是"经济法律效率=经济法律效益÷经济法律成本"。[3]四是按照经济分析法学派的观点,法律的效率是一种制度文化,"所谓制度效率即指整个制度的安排是否促进生产效率"。[4]

法律效益的范畴比法律效率的范围更广,除对个体效率衡量外,还涉及社会整体效率的评价。有学者对效益所涵盖的社会整体属性进行了概括:"法律的社会效益,即指法律通过其实行而实现自己的社会目的或社会功能及程度。"此处所说的效益的内容不仅仅限于效率,不仅仅是社会投入产出之比,还包括了对个人利益的保护和尊重。

"效益优先,兼顾公平"的理念广泛存在于商事立法中,效益原则亦成为商法学的基本原则。商主体从事商行为是以达成交易进而取得经济利益为最终目的,所以商法的价值及规则的设置应当以保障商事主体能在健全的市场秩序下取得有效的、最大化的利益为核心,而这一目标的实现,既取决于商事交易的简便和迅捷,也取决于交易成本的降低和利润率的提高。[5]为了满足商法的这一目的,商事交易效益原则又进一步细分为保护盈利原则、交易简便原则、交易迅捷原则。

(二)数据法中的效益原则

随着新兴科技日新月异地发展,数据不断海量聚集,其背后所蕴含的巨大商业价值也越来越为人们所重视,数据应用渗透到各行各业中,数据日益成为重要的企业资产和核心竞争力。数据资源通过交易流通,能释放更大的价值,提升生产效率,推进产业创新。在数字经济时代,通过市场化的手段来促进数

---

〔1〕 北京大学法律系法学理论教研室中国经济体制改革研究所法律室.法律社会学[M].太原:山西人民出版社.1988.293.

〔2〕 胡卫星.论法律的效率[J].中国法学,1992(3):99-104.

〔3〕 周林彬.法律经济学论纲:中国经济法律构成和运行的经济分析[M].北京:北京大学出版社.1998:374.

〔4〕 强世功.法理学视野中的公平与效率[J].中国法学,1994(4):45-53.

〔5〕 冯静.商法基本原则的选择与司法适用——以效益原则为视角[D].华东政法大学博士学位论文,2015.

据流通已成为一种趋势，也是实现数据商业价值的具体途径。因此，数据法也应遵循传统商法的价值观念，将"效益"确立为基本原则，在强调数据安全的同时兼顾数字经济的发展，通过效益原则为数据经济赋能。

1. 数据自由流通中的效益

自由是法律在商事交易中期望实现的重要价值目标之一，契约自由、交易自由都是自由的价值目标在立法中的体现。数据自由流通是数字经济发展的前提和基础，数据作为现代社会生产过程中的基本要素，其自由流通是相关产业赖以维系的根基，随着数据的应用进一步深入日常生活中的方方面面，数据自由流通也成了社会赖以维系的基础。

数据自由流通的方式就是通过数据交易的方式在市场主体之间流通。在数据交易中，市场主体可以根据自身的需要，自主选择交易的相对方，自主决定需要交易的数据的范围、数量、种类、品质、规格等内容，法律应该确保数据作为独立的客体能够在市场上自由流通，而不对数据流通给予不必要的限制。[1]

此外，随着全球经济一体化进程的加快，社会经济发展越来越趋向于依靠物资、人员和数据在全球范围内的自由流通，实际上，由于信息技术发展水平的不平衡，导致数据的获取和使用出现了严重的地区差异，这种差异阻碍了数据在全球范围的自由共享，因此也应倡导数据的跨境流通。数据跨境流通能够产生新的资源，在世界经济中迸发出新的生机与活力。目前世界各国普遍采纳了数据跨境自由流通和合理限制原则，即采取一切适当措施确保数据跨国流通的自由，并在此基础上，对跨国流通进行合理的法律限制。

2. 数据应用中的效益

数据的应用是全行业、全领域的，虽然以零售、医疗、保险、交通、教育、金融等领域为先锋，但是随着互联网技术的发展，它也逐渐渗透应用到了包括农业、制造业在内的所有产业或行业中，同时也应用于科研、公共管理、社会治理等所有领域，成为覆盖全社会的新资源、新动能和新资产。曾有人将数据视为"21世纪的石油"，数据资产已成为不可或缺的生产资料，也是国家重要的战略资源。在大数据时代，数据的广泛应用对于推进政府科学决策、实现社会精准治理、提升公众服务质量、加快数据产业发展以及智慧城市建设具

---

〔1〕 齐爱民，盘佳. 数据权、数据主权的确立与大数据保护的原则［J］. 苏州大学学报（哲学社会科学版），2015（1）：64-70+191.

有非常重要的作用。数据的应用价值也将带来巨大的效益，因此在对数据应用进行法律规制时更应该注重效益的价值导向。

三、公平原则

（一）法的公平价值的一般理论

古今中外，公平皆是法律研究者与实践者孜孜以求的目标，是法律价值最外在的体现。公平原则在各国的法律发展中都占有十分重要的地位，人们往往把公平看作是法律的同义语，法院也被称为"公平之宫"。[1]有学者认为公平就是分配正义。[2]也有的学者提出"公平的含义也就是平等"。[3]

古往今来，在法律哲学思想史上，关于公平的含义及内容，唯亚里士多德和罗尔斯关于公平的论述最为翔实与完备。亚里士多德从不同的角度对公平予以定义及分类。根据表现形式的不同，将公平分为普遍的公平和特殊的公平。普遍的公平是指所有社会成员的行为都须符合道德和法律，与至善为同义语。特殊的公平则有分配的公平和矫正的公平，或称分配正义和矫正正义。所谓分配正义，是指比例上的平等。矫正正义，主要是"依据算学比例"而"在破坏合同而产生的不当利益和他人所受损失之间的中道"。亚里士多德还从具体内容的不同，将公平分为绝对的公平和相对的公平。绝对的公平，是一种不受时空限制，自然法意义上纯粹的、理性的公平。而相对的公平，是人定法上的公平。由于人定法时常发生变动，因而这种公平是相对的。亚里士多德将公平视作"百德之总"，将公平（绝对的公平）与自然法这种被人们孜孜以求的法则相联系，将绝对的公平作为一种至上的价值追求。这对后世，尤其是西方的社会学、法哲学乃至人文社会科学的各个领域的研究与学说发展都产生了深刻而久远的影响。[4]

进入 20 世纪以来，工业革命在带来社会进步的同时，也引发了诸多社会问题，其中最主要的就是社会财富的分配问题。美国学者罗尔斯在其论述中，

---

[1] 彼得·斯坦，约翰·香德. 西方社会的法律价值 [M]. 王献平，译. 北京：中国人民公安大学出版社，1990：74.

[2] 博登海默. 法理学：法律哲学与法律方法 [M]. 邓正来，译. 北京：中国政法大学出版社，1998：209.

[3] 何怀宏. 契约伦理与社会正义：罗尔斯正义论中的历史与理性 [M]. 北京：中国人民大学出版社，1993：120.

[4] 谷春德，史丹彪. 西方法律思想史 [M]. 北京：中国人民大学出版社，2017.

将公平视作正义的可替代语，因此公平同样登上了法律价值序列的王座。罗尔斯认为，正义是社会制度的首要价值。某些制度和法律，不管它们多么高效，但若不符合正义，也须加以改造或废除。因为社会中的人群不仅具有利益的一致性，更具有利益的冲突性，这就需要在一系列原则指导下，在不同的决定利益分配的社会安排之间进行选择，从而达成恰当的分配契约。而这所需要的就是社会正义的原则，其提供了一种在社会基本制度中分配权利和义务的办法，确定了社会合作的利益与负担的适当分配。[1]罗尔斯提出了两个有关正义的原则：一是基本自由优先，或称权利至上；二是带有强烈平等主义倾向的差别原则。

如今，当学者们在法学语境下谈论公平时，其具有以下几种不同的含义：其一是指法律面前人人平等，这是一种竞争规则的平等。其二是指机会均等，即在法律面前人人平等的基础上，机会为人人开放。由于自然和历史原因形成人与人占有资源上的不平等，因此机会均等还意味着通过国家干预为每个人提供资源，让他们享受同等的机会。其三是分配公平，即分配正义。在机会均等的条件下，每个人获得与自己投入有效资源相称的收益。其四是结果平等，是指人们在最终消费上的平等，也意味着国家通过对收入的再分配向每个人提供等量的报酬。在这四种公平中，法律面前人人平等是其他公平的前提和条件，而机会均等使得人们在自由竞争的公平条件下取得与自己有效投入相称的收益，从而实现分配正义。[2]

（二）数据法中的公平原则

公平原则最初在民法等调整私主体之间法律关系的法中成为基本价值，我国《民法典》就规定，民事主体从事民事活动，应当遵循公平原则，合理确定各方的权利和义务。随着国民权利义务观念与法治意识的不断增强，法学研究与教育水平的提升，立法技术的不断发展，越来越多的部门法也突出强调公平的价值导向，如行政法学的合法行政、合理行政、信赖保护、高效等四大原则也蕴含着公平的价值观念。数据法由于其主体的广泛性与多元性：数据主体、数据处理者、数据监管机构等，且各主体在法律关系中的地位也不尽相同，因此应将公平原则作为法律调整的价值导向。

数据法中的公平原则要求数据产生、流通各环节中所有的参与者具有平等的法律地位，各自的合法权益都能得到保护。由于数据法律关系受私法、公法

---

〔1〕　约翰·罗尔斯.正义论［M］.何怀宏等，译.北京：中国社会科学出版社，2009：2-3.

〔2〕　强世功.法理学视野中的公平与效率［J］.中国法学，1994（4）：45-53.

的共同调整，因此，在数据的法律治理中，应通过公平原则平衡公法和私法的调整边界，平衡公权力主体与私权利主体的利益分配。

1. 数据权属分配公平

实现数据保护与利用的平衡，必须清晰数据权属，数据究竟归属于数据主体、数据处理者还是国家？数据活动既涉及数据主体，又涉及数据收集、存储、使用、加工、传输、提供、公开等相关主体，这也是数据权属分配复杂的原因。

不同的数据承载的权利、权利主体、归属原则不完全相同。学界、实务界对数据权利多有讨论，目前尚未形成定论。但普遍认为，确定数据权利的核心问题在于厘清数据相关主体的各自权能及边界，在判定数据权属时，应将公平原则作为主要的标准，需要对数据属性以及各方在处理数据过程中付出的劳动给予综合认定。数据权属的合理安排，必须体现为既创造价值，同时又不给社会增加外部性风险的结果，其合理的判定结果也实现了公平的价值。在公平原则的指导下判定数据权属，可以有效厘清数据相关主体的权利边界，有利于激励数据相关主体更多地生产数据，积累数据资源，激励数据处理者更好地挖掘数据价值，建立良性循环，使数据资源更好地服务社会，创造更高的价值。

2. 数据市场准入公平

数据蕴藏的巨大价值及其市场属性容易驱使经营者进行市场集中和利用市场支配地位对市场准入产生障碍。学者索科尔等提出，在允许数据流通之后，企业会在收集到大量数据之后形成数据垄断，破坏正常的市场经营秩序，阻碍数据行业创新发展。如果垄断企业凭借数据市场支配地位实现数据寻租，控制数据资源并攫取额外利益，可能会极大地损害消费者权益。[1]在实践中，往往是占有数据并能实施准入数据、利用工具和算法分析数据的企业掌握了竞争优势，并排斥弱势企业。例如，在美国联邦贸易委员会对 Google 与 DoubleClick 收购案进行反垄断调查时，美国联邦贸易委员会委员 Pamela Jones Harbour 便认为，Google 与 DoubleClick 的合并是两家公司产品和服务以及用户数据的合并，尤其合并后 Google 能够垄断数据，因此应特别审查数据合并对竞争者及用户的影响，并建议应该在未来类似案例中界定一个推定的、由数据组成的相关产

〔1〕 石丹. 大数据时代数据权属及其保护路径研究 [J]. 西安交通大学学报（社会科学版），2018（3）：78-85.

品市场——数据市场。[1]

数据垄断是数据市场准入的主要障碍，提高了潜在市场进入者的准入壁垒，严重影响了市场有效竞争，违背了公平原则，妨碍了数据市场的自由竞争。反对数据垄断，即反对通过自身的地位优势、技术优势有意地控制和阻碍数据的自由流动，包括对数据的自由流动的各个环节进行垄断，对数据的自由流动造成实质性的障碍。反对数据垄断，实现数据的自由流动，实现数据市场准入公平是落实公平价值精神的重要环节。

3. 数据交易公平

公平交易乃市场行为的基本准则之一，数据交易也应以交易公平为基本准则。数据交易公平首先是指数据交易主体处于平等地位，其次是指数据交易各方权利义务对等，不存在显失公平的情形。数据交易模式中，除双方直接交易之外，更多的情况是双方通过作为中介的数据交易平台进行，相对于交易双方，数据交易平台在数据控制情况、与双方的联系方面明显存在着优势，数据交易公平应注意关注数据平台与交易双方地位平等、数据平台与交易双方权利义务的对等，数据交易平台不得利用服务协议和交易规则对数据交易平台内各方主体的交易进行不合理限制，致力于反欺诈、反胁迫、反乘人之危、反显失公平等数据交易行为的法律规制。

---

〔1〕 尤建新. 大数据时代呼唤数据质量治理〔J〕. 上海质量, 2019（10）：20-23.

第四章
数据的法律特征

我国《民法典》第 127 条规定，法律对数据、网络虚拟财产的保护有规定的，依照其规定。尽管该条文通过指引性规定明确了数据的新型财产权利地位，给数据和虚拟网络财产的立法保护指明了道路，但数据的法律概念和具体规则仍然有待建构。而《民法典》第 111 条另行规定了个人信息的保护，同时《个人信息保护法》已经公布，我国法律上对数据形成了独特的保护机制。从法律适用而言，法律概念是法律规范建构和法律解释的基础，直接决定规范适用的外延范畴。什么是法律意义上的数据？这是一个有待界定的前置问题。不同国家的法律对数据概念的界定方式不同，由此导致了对数据不同的保护范围和保护强度。在本章中，将首先对数据的概念进行界定，并在此基础上厘清数据的法律特征。

第一节 数据的概念

一、描述层面的数据概念

一般的数据概念是指电子计算机加工处理的对象。早期的计算机主要用于科学计算，故加工的对象主要是表示数值的数字。现代计算机的应用越来越广，能加工处理的对象包括数字、文字、字母、符号、文件、图像等。其对应的英文词语 Data，意指计算机所存储的信息（Information）。[1]国际标准化组织（ISO）将数据定义为"信息的一种形式化方式的体现，该种体现背后的含义可被再展示出来，且该种体现适于沟通、展示含义或处理"。[2]然而，当具

---

〔1〕 The Oxford Advanced Learner's Dictionary.

〔2〕 Information technology-Vocabulary, http://www.iso.org/obp, last visited on June 18, 2022.

体到个案场景中，法律术语的使用则甚为混乱。比如，"个人信息""个人数据""非个人信息""敏感信息""数据信息""原始数据""原始数据信息""衍生数据""数据产品""电子数据""隐私信息"等术语交互适用，其内涵与外延均非常模糊，甚至在现行立法中也屡见不鲜。[1]

　　由于数据内涵的不确定性，借助数据的外延进行界定就成了可供选择的替代路径。从数据的外延来看，数据包括以下来源：（1）传统信息系统产生的数据，比如商务过程中的数据；（2）环境状态的数据，即由传感器收集产生的数据；（3）社会行为的数据，比如人类在社交媒体上的行为所产生的数据；（4）3D 打印等物理式实体数据。[2]美国法学家劳伦斯·莱斯格将信息分为三个层面：物理层（包括计算机和网线）、代码层（主要指互联网协议以及基于此协议运行的软件）以及内容层（即在互联网上传输的信息内容）。[3]基于此，我国亦有学者将数据分为物理层（储存介质层）、符号层（数据文件层，称数据文件）、内容层（信息内容层，称数据信息），其中内容层的信息涉及权利保护问题，与单纯的数据文件不同。[4]有学者将数据分为数据内容和数据载体，并进一步在内容层面进行划分，分为专有数据和共有数据。[5]故而数据的外延界定亦存在诸多争议。

　　从上述界定可见，在界定数据概念的过程中，一定程度上依赖于信息概念，这导致了数据概念与信息概念的模糊。比如，有学者使用"金融数据"一词来贯穿美国金融机构识别、金融交易识别、金融产品识别等方面的法律规范体系。[6]有学者指出，数据是指能够通过设备自动处理、记录的信息，可以是数字、文字、图像，也可以是计算机代码。[7]在不少对个人数据权利进行研究的著述中，讨论自然人对个人数据的民事权利，也就是在讨论自然人对于数据形式呈现的个人信息的民事权利或者包含了个人信息的数据的权利问

---

〔1〕彭诚信，向秦."信息"与"数据"的私法界定［J］.河南社会科学，2019（11）：25-37.

〔2〕涂子沛.数据之巅：大数据革命，历史、现实与未来［M］.北京：中信出版社，2014：281.

〔3〕劳伦斯·莱斯格.思想的未来：网络时代公共知识领域的警世喻言［M］.李旭，译.北京：中信出版社，2004：23.

〔4〕纪海龙.数据的私法定位与保护［J］.法学研究，2018（6）：72-91.

〔5〕陈小江.数据权利初探［N］.法制日报，2015-7-11（6）.

〔6〕王达.美国金融数据体系改革的背景、进展及影响［J］.亚太经济，2015（3）：68-73.

〔7〕王忠.大数据时代个人数据隐私规制［M］.北京：社会科学文献出版社，2014：6.

题。[1]这种交互使用不仅存在于理论研究层面，也存在于各个国家或地区的立法层面。1981 年通过的欧洲《有关个人数据自动化处理的个人保护公约》、1998 年修订的英国《数据保护法》、欧盟《通用数据保护条例》、我国 2021 年 6 月通过的《数据安全法》等都使用了"数据"一词。前述概念的交互使用均基于数据与信息的相互关系，掌握了数据即掌握了信息，在很多语境下二者具有一致性。

由于数据概念与信息概念存在诸多差异，理论上对是否应该区分信息和数据也存在争议。法学界对数据和信息的关系认知包括以下几种：第一种观点认为，信息与数据等同，即不区分信息和数据，认为信息是数据的内容，数据是信息的形式，不能将数据与信息加以分离而抽象地讨论数据上的权利；第二种观点认为，信息与数据相对应，需要区分信息与数据，信息指的是具有内容含义的知识，而数据则是信息的体现形式，二者价值取向不同，应区分进行权利建构；第三种观点认为，信息范围大于数据，此种观点多将数据限于在计算机及网络上流通的在二进制的基础上以 0 和 1 的组合而表现出来的比特形式，区别于日常生活中的其他载体数据；第四种观点认为，信息范围小于数据，即信息是数据经过加工处理后得到的另一种形式的数据，而数据则是对客观事物的记载，包括数值数据和非数值数据。[2]由上述分歧可见，学者的实质分歧在于对信息和数据的基本概念尚缺乏共识，并未在同一层面展开探讨，故而应当在一般意义层面分析信息和数据的词义内涵。

本书认为，无论是数据还是信息，都存在自然语言上的概念和法律语言上的概念，在诸多情况下二者的含义并不一致。语言是人类思维的载体，选择更为贴近语言习惯的语词能够有效降低讨论者的思维负担。易言之，应当选取在语义上与自然语言偏离较小的法律术语，此为法律语言使用的第一项基础。概念本身所承载的内涵是丰富的，但在法律语境之下，其规范性的因素被保留，而非规范性的因素则被剥离出去，后者无法成为规范体系的构成要素。故而，从自然语言向法律语言的转向，实际上还存在一个剥离和提取的过程，此为法律语言使用的第二项基础。从自然语言生成法律语言的过程中，其语义内涵需要重新界定和诠释。

―――――――――

〔1〕 程啸. 论大数据时代的个人数据权利 [J]. 中国社会科学, 2018 (3)：102-122+207-208. 郭瑜. 个人数据保护法研究 [M]. 北京：北京大学出版社, 2012：127-128.

〔2〕 彭诚信, 向秦. "信息"与"数据"的私法界定 [J]. 河南社会科学, 2019 (11)：25-37.

从自然语言的角度，传统意义上的数据和信息是存在差异的。在信息论中，著名的 DIKW 链式理论（数据—信息—知识—智慧，英文为 Data-Information-Knowledge-Wisdom，DIKW）即对数据和信息进行了区分。早在 20 世纪末，包括 Gene Bellinger，Durval Castro，Nancy Dixon，Michael Marquardt 等在内的国外学者即在此领域展开研究。以 Michael Marquardt 的研究为例，其将数据界定为包括文本、事实、有意义的图像，以及未经解释的数字编码；将信息界定为有前后文联系、有意义的数据。[1] 从这个角度而言，数据是反映客观事物运动状态的信号通过感觉器官或观测仪器感知，形成了文本、数字、事实或图像等形式，是最原始的记录，未被加工解释，反映了客观事物的某种运动状态，除此之外没有其他意义，与其他数据之间也没有建立联系。[2] 信息则是对数据进行加工处理，使数据之间建立联系，形成回答某个特定问题的文本，以及被解释具有某种意义的数字、事实、图像等形式的信息。[3] 故而，数据与信息的初始关系在于，数据为信息提供了意义和价值的基础，而信息则建立在数据的基础之上，二者存在不同的侧重面向：数据重在提供反映事实的客观情形，信息则是具有意义的产物。

在此基础上，信息和数据还可能存在相反的或者递进的结构进化现象。Ilkka Tuomi 指出，当知识被语法、语义等结构描述后成为信息，信息被详细定义的数据结构规范后成为数据，那么数据、信息、知识之间将存在以下转换过程：数据→信息→知识→新数据→新信息→新知识。[4] 在这种模型下，所谓的新数据实际上已经不再是原来的初始数据范畴，而是化身为知识基础之上的新事物。尽管如此，这仍然难以改变前述 DIKW 模型下的数据与信息关系，只不过是数据中的人为因素被强化而已。

故而，从自然语言的角度，数据概念与信息概念的区别并不在于载体，而在于其属性差异。虽然数据概念偏重于通过计算机等媒介，但除数据媒介外，信息还存在石头、纸张等传统物理载体形式，不过这种认知实际上是限缩了数据的外延范畴，是法学领域对数据概念的目的性改造而非本源反映。二者的实质区别可能有以下两项：其一，数据是原始的事实记录，信息是意义化的加工

---

〔1〕　迈克尔 J. 马奎特. 创建学习型组织 5 要素 [M]. 邱昭良，译. 北京：机械工业出版社，2003：8.

〔2〕　荆宁宁，程俊瑜. 数据、信息、知识与智慧 [J]. 情报科学，2005（12）：1786-1790.

〔3〕　荆宁宁，程俊瑜. 数据、信息、知识与智慧 [J]. 情报科学，2005（12）：1786-1790.

〔4〕　汪应洛，李勖. 知识的转移特性研究 [J]. 系统工程理论与实践，2002（10）：8-11.

产物；其二，数据同时具备信息本体和信息媒介的双重属性，而信息仅具备用于表示数据意义和内容的本体含义。[1]故而，对信息的保护并不能取代对数据的保护，二者的权利救济并非在同一维度。

二、数据概念的法律争议

（一）数据概念的理论争议

如上所述，作为自然语言的数据概念内涵广泛，就其法律概念，需要在价值基础上进行意义改造和界定。首先面临的问题即数据是不是一项法律概念，这一问题并非毫无分歧，相反，此中存在激烈的理论争议。有学者认为，数据不是法律意义上的独立财产，理由如下：其一，数据缺乏民事客体须有的确定性或特定性要求，天然具有流通和分享的特性，无法为民事主体所独占和控制；其二，数据无法脱离载体而单独存在，决定了民事主体无法直接控制数据，不应当将数据作为信息权的客体看待；其三，数据并非民法意义上的无体物，其价值在于实际控制，而无体物的价值在于稀缺；其四，数据作为客体，与民法客体的实体权利表彰功能不相契合。除前述非客体性之外，数据还具有非财产性，其不具有独立的经济价值，过分强调数据的财产性会忽视信息层面的交易性和人格权保护的理论冲突，并导致过分商业化的恶果，且数据依赖于操作主体的控制而实现自身利益。[2]这种通过个人信息施加数据保护的方式，略不合时宜。单纯地强调网络平台、网络服务者的义务和责任，无法反映数据关系背后的复杂利益状况，与数据经济的时间需求相冲突。

由于单边的数据保护策略无法适应现代社会发展，数据财产化的理论应运而生。20世纪60年代末，美国学者Alan Westin即提出了将数据视为财产的观点。[3]由于早期的电子化数据不具有普遍的重要价值，该论点并未得到普遍重视。2000年，Lawrance Lessig教授在其著述中系统论述了在数据之上构建财产权的价值动因，通过将数据予以财产化，可以强化数据本身的经济驱动功能，并突破传统法律保护框架之下因隐私保护而导致的数据收集、使用、流通受限的困境。Lawrance Lessig教授进一步认为，应当赋予用户以数据所有权，

〔1〕 郑彦宁，化柏林.数据、信息、知识与情报转化关系的探讨［J］.情报理论与实践，2011（7）：1-4.
〔2〕 参见梅夏英.数据的法律属性及其民法定位［J］.中国社会科学，2016（9）：164-183+209.
〔3〕 See Alan Westin, Privacy and Freedom, New York：Atheneum, 1967：7.

这样更加符合法律经济学上的效率分析，用户也就可以与数据使用者进行议价谈判，满足个人的隐私需求，并且预防损害发生。[1]在数据财产化的基础上，有学者对数据财产权的归属提出了不同的看法。有学者提出，数据经济双向动态，且以数据从业者为主要驱动装置的结构性质，要求数据新型财产权构造也应当呈现出双向动态和以数据从业者为重心驱动的结构特点。[2]但此种争议的前提系承认数据的财产属性，并非否认数据的权利客体适格性。

我国也有不少学者主张，数据符合民事权利客体所要求的独立性和财产性，是现代民法中一类新型的民事权利客体，理由在于：其一，信息是数据的内容，数据是信息的形式，无法将数据和信息加以分离而抽象地讨论数据上的权利，如果明确了数据和信息是统一的不可分割的整体，那么数据的客体性和财产性即无争议；其二，数据虽然要受到代码规则的控制，但其能否成为民事权利客体，关键不在于数据的自身特性，而在于法律有无必要将其作为民事权利客体。数据作为民事权利客体既能保护个人的民事权益，又能促进数据的流通和利用，应当将其作为民事权利客体。[3]

将数据界定为权利客体之后的实质问题在于，其权利究竟归属于何主体？在所有人和控制人的权利划分上，非此即彼的方式难以平衡双方的利益。[4]目前主要包括两种观点：一种观点认为，数据交易容易导致个人信息泄露等信息安全问题，若从法律上承认产生数据的自然人、法人和其他组织对数据信息享有绝对的所有权，可以对网络运营商等数据控制者的数据利用、开发、交易等行为予以制约；另一种观点则认为，利用与开发数据的主体如网络运营商、企业等对数据信息享有所有权，该观点认为数据控制者所拥有的数据信息是个体在其开发的网络平台进行活动产生的，应当视为运营过程中产生的数据，其当然对数据享有所有权，并因此可以自由地对数据进行处分，反之，产生原始数据信息的个体，不能对数据控制者处分数据信息的一系列行为主张权利。[5]这种争议背后有着强烈的价值判断差异，究竟采取保护原始数据主体

〔1〕 Paul M. Schwartz. Beyond Lessig's Code for Internet Privacy: Cyberspace Filters, Privacy Control and Fair Information Practices, https://papers. ssrn. com/sol3/papers. cfm? abstract_ id = 254849, last visited on June 18, 2022.

〔2〕 参见龙卫球. 数据新型财产权构建及其体系研究 [J]. 政法论坛, 2017 (4)：63-77.

〔3〕 参见程啸. 论大数据时代的个人数据权利 [J]. 中国社会科学, 2018 (3)：102-122+207-208.

〔4〕 郑佳宁. 数字经济时代数据财产私法规制体系的构塑 [J]. 学术研究, 2021 (6)：73.

〔5〕 方印，魏维. 数据信息权利的物权法保护研究 [J]. 西部法学评论, 2018 (3)：23-33.

的立场抑或数据企业的立场差异巨大。

(二) 数据概念的实践争议

从我国的司法实践来看，法律争议依然存在，这种争议不仅体现在法律术语的混乱上，还体现为数据的法律属性和保护路径存在差异。从术语层面，"个人信息""个人数据""非个人信息""敏感信息""数据信息""原始数据""原始数据信息""衍生数据""数据产品""电子数据""隐私信息"等术语交互适用，已如前述。从法律属性与保护路径来看，有法院通过隐私权、名誉权、一般人格权等不同途径予以保护。[1]比如，我国法院审理的首例虚拟财产案件，法院判令网络游戏公司恢复原状，其实质意义在于确认游戏数据属于法律意义上的物。[2]

在数据权利的归属争议上，由于目前我国立法对数据权利归属并无规定，法院裁判亦有很强的主观性。在广为关注的美景公司与淘宝公司案中，大数据产品的权利归属问题成了争议焦点。[3]在该案中，涉案数据产品的数据内容是淘宝公司在收集网络用户浏览、搜索、收藏、加购、交易等行为痕迹信息所产生的巨量原始数据基础上，通过特定算法深度分析过滤、提炼整合而成的，以趋势图、排行榜、占比图等图形呈现的指数型、统计型、预测型衍生数据。美景公司系"咕咕互助平台"的运营商，其以提供远程登录已订购涉案数据产品用户电脑技术服务的方式，招揽、组织、帮助他人获取涉案数据产品中的数据内容，从中牟利。淘宝公司认为，其对数据产品中的原始数据与衍生数据享有财产权，被诉行为恶意破坏其商业模式，构成不正当竞争。遂诉至法院，请求判令美景公司立即停止涉案不正当竞争行为，赔偿其经济损失及合理费用500万元。

本案一审法院杭州铁路运输法院经审理认为，单个网上行为痕迹信息的经济价值十分有限，在无法律规定或合同特别约定的情况下，网络用户对此尚无独立的财产权或财产性权益可言。网络原始数据的内容未脱离原网络用户信息范围，故网络运营者对于此类数据应受制于网络用户对其所提供的用户的信息的控制，不能享有独立的权利，网络运营者只能依其与网络用户的约定享有对网络原始数据的使用权。但网络数据产品不同于网络原始数据，数据内容经过

---

〔1〕 彭诚信，向秦. "信息"与"数据"的私法界定 [J]. 河南社会科学，2019 (11)：25-37.

〔2〕 北京市第二中级人民法院 (2004) 二中民终字第 02877 号民事判决书。

〔3〕 杭州市中级人民法院 (2018) 浙 01 民终 7312 号判决书。

网络运营者大量的智力劳动成果投入，通过深度开发与系统整合，最终呈现给消费者的是与网络用户信息、网络原始数据无直接对应关系的独立的衍生数据，可以为运营者所实际控制和使用，并带来经济利益。网络运营者对于其开发的数据产品享有独立的财产性权益。美景公司未经授权同时也未付出新的劳动创造，直接将涉案数据产品作为自己获取商业利益的工具，明显有悖公认的商业道德，如不加禁止将挫伤数据产品开发者的创造积极性，阻碍数据产业的发展，进而影响到广大消费者福祉。被诉行为实质性替代了涉案数据产品，破坏了淘宝公司的商业模式与竞争优势，已构成不正当竞争。根据美景公司公布的相关统计数据估算，其在本案中的侵权获利已超过200万元。综上，法院判决美景公司立即停止涉案不正当竞争行为并赔偿淘宝公司经济损失（含合理费用）200万元。上诉后，二审法院杭州市中级人民法院维持了原判。经由该判决，法院实际承认了数据产品的财产权属性，即数据概念存在成为法律概念的价值自足性。

随着数据的财产价值凸显，商业往来的商业数据之争愈加频繁。比如，2017年，顺丰速递突然宣布关闭对菜鸟网络的数据接口，停止给所有淘宝平台上的包裹回传物流信息。顺丰速递表示，之所以关闭数据接口是因菜鸟网络先切断了丰巢的信息接口，至此一场快递物流业的数据大战拉开序幕。在顺丰速递关闭数据接口后，淘宝上顺丰包裹的物流详情均已无法正常回传，商家不能确定买家是否收货，买家也查看不到商品的物流信息，其主要争议即为双方数据的归属与共享问题，这一问题亟待法律予以规范。[1]

（三）规范数据概念的价值动因

前述数据是否为法律概念以及数据概念界定的争议，实际上体现了论者对数据所持有的价值判断差异。从当前社会关系所处的背景来看，已经从工业经济时代进入信息经济和网络经济时代，法律的关注重点已经从消极防御的权利维护转向数据财产的积极使用。随着记录和处理方式的自动化，各类数据呈现爆炸式的增长。除个人信息的正常保护之外，数据的巨大经济潜力也日渐呈现。故而，在数据的价值认知层面，我们不应当停留在固有的权利保护层面，应当转向对其积极利用，促进社会经济发展层面。事实上，我们无法否定数字化时代的存在，也无法阻止数字化时代的前进，就像无法对抗大自然的力量一

---

〔1〕孟涛.基于"丰鸟数据之争"的数据财产的法律属性与保护路径［J］.大连理工大学学报（社会科学版），2019（2）：77.

样。[1]

有学者指出，数据资源正和土地、劳动力、资本等生产要素一样，成为促进全球经济增长和各国社会发展的基本要素。[2]从法律上来看，将数据界定为财产的重要价值在于，其可以最大化地保护无形财产，使其获得包括物权法、知识产权法、合同法、侵权责任法在内的多项的全方位保护，包括确认其私权财产性质以及提供一般性的保护框架。[3]事实上，法学界对数据加以保护并无重大分歧，存在分歧的系法律技术层面的保护规范设置。

三、数据的类型与法律属性差异

由于数据类型庞杂，内涵丰富，不同类型的数据需要不同程度的规范与保护。根据不同的分类标准，可以将数据分为不同的类型。

（一）电子数据和非电子数据

根据数据的存在方式，可以将数据分为电子数据和非电子数据。电子数据是指以电子方式存在的数据，包括网络数据和其他电子数据。如我国《网络安全法》第 76 条第 4 项规定，"网络数据，是指通过网络收集、存储、传输、处理和产生的各种电子数据"。非电子数据，是指以电子数据以外的其他方式存在的数据，如书面方式。

（二）原始数据和衍生数据

根据数据的来源和加工方式不同，可以将数据分为原始数据和衍生数据，也有学者称之为基础数据与增值数据。[4]原始数据是指未经加工的电子或其他形式的数据；衍生数据也被称为数据产品，是指对原始数据加工后形成的电子信息产品，包括对个人信息匿名化加工后形成的数据产品，对原始数据进行汇集、分类、分析、研究等加工后形成的数据产品。[5]

（三）核心数据、重要数据和一般数据

按照数据的重要性标准，可以将数据分为核心数据、重要数据和一般数

---

〔1〕 尼葛洛庞帝. 数字化生存 [M]. 胡泳, 范海燕, 译. 海南: 海南出版社, 1996: 208.

〔2〕 吴晓灵. 个人数据保护的制度安排 [J]. 中国金融, 2017 (11): 11-13.

〔3〕 王利明. 中华人民共和国民法总则详解 [M]. 北京: 中国法制出版社. 2017: 546.

〔4〕 丁道勤. 基础数据与增值数据的二元划分 [J]. 财经法学, 2017 (2): 5.

〔5〕 王森. 数字经济发展的法律规制——研讨会专家观点综述 [J]. 中国流通经济, 2020 (12): 114-124.

据。按照我国《数据安全法》第 21 条第 2 款的规定，核心数据是指关系国家安全、国民经济命脉、重要民生、重大公共利益等的数据。对于核心数据实行更加严格的管理制度。按照《数据出境安全评估办法》第 19 条的规定，重要数据是指一旦遭到篡改、破坏、泄露或者非法获取、非法利用等，可能危害国家安全、经济运行、社会稳定、公共健康和安全等的数据。核心数据和重要数据之外的其他数据，属于一般数据。

（四）人身性数据与财产性数据

按照数据权利的内容不同，可以将数据分为人身性数据和财产性数据。人身性数据是指数据主体在互联网或网络社交平台等数字环境下进行行为时所产生或生成的不可与人身相分离的非财产性数据，具有人身专有性。财产性数据是指数据主体在互联网或网络社交平台等数字环境下进行行为时所具有的直接体现为财产性利益的数据，一般不具有人身专有性。[1]

四、法律层面的数据概念

（一）其他国家及地区数据概念的发展

数据保护制度肇始于 20 世纪 70 年代，最早起源于个人数据保护领域。时值第三代计算机兴起，中小规模的集成电路为基础的运算机制可以实现每秒几十万次至几百万次的运算，由此引发了个人数据泄露的担忧。1973 年，瑞典制定了《数据法》，确立了数据准确原则、正当目的原则和有限留存原则等数据使用原则。1974 年，美国制定了《隐私法》，对政府机构收集、使用个人信息的行为进行规范，为美国公民提供访问和修改自身个人信息的权利，明确未经公民同意不得泄露与公民相关的个人信息，该法后来成为经济合作与发展组织（OECD）制定《隐私保护与个人数据跨境流通指南》的基础，几乎成为全球个人信息保护的基本准则。1977 年，联邦德国通过了《联邦个人数据保护法》，针对公共领域和私人领域的数据处理行为进行了不同的规定，设定了区分保护、分类规范的立法结构。截至 2019 年，世界上约有 58% 的国家制定了个人数据保护法或隐私法，约 10% 的国家正在制定的过程中，约 21% 的国家尚没有相应立法。[2]由于法律规范上的差异，上述国家对数据概念的界定方

---

〔1〕　方印，魏维. 数据信息权利的物权法保护研究［J］. 西部法学评论，2018（3）：23-33.

〔2〕　高富平，王苑. 论个人数据保护制度的源流——域外立法的历史分析和启示［J］. 河南社会科学，2019（11）：38-49.

式和范围存在不同之处。

英国是世界上对数据最早施加保护的国家之一，1984 年通过了英国《数据保护法》，奠定了数据保护的基本框架。根据该法，个人数据是指任何可以被用以识别活人之数据，包括但不限于姓名、地址、电子邮箱等。根据 1998 年修订的英国《数据保护法》，数据包括：（a）出于特定目的指令由各种自动处理设备处理的信息；（b）出于通过前述设备进行处理的目的而存储的信息；（c）被作为相关文件编排系统或者处于将其作为相关文件编排系统之一部分的信息；（d）不符合（a）（b）（c）项定义但是形成第 68 条所规定的可访问记录的信息；（e）公共当局持有的被记录信息并且不符合前述（a）至（d）项规定的数据。[1]根据前述界定，计算机上处理的信息抑或意图通过计算机进行处理的信息都属于数据范畴，比如记录在纸质形式上但将输入计算机的信息。其中，（c）项实际上突破了自动处理设备的范畴，将非自动处理的信息也纳入数据的概念范畴。2000 年通过的英国《信息自由法》进一步扩充了数据的定义，纳入（e）项公共当局持有的信息中，如果公共当局试图公开此类信息，其必须考虑是否违反英国《数据保护法》的要求，但其也被豁免了绝大多数的数据保护义务。尽管前述法律对数据的范畴进行了规定，但在实务中仍然存在争议。比如，在 2003 年的 Durant v. Financial Services Authority 案中，法院认为，并非所有通过姓名或其他标准能检索到的信息都是个人数据。[2]

早在 1981 年，欧洲议会就通过了有关个人数据保护的《保护自动化处理个人数据公约》，这是世界上首个有约束力的有关规范数据使用、保护个人隐私、促进数据交流的国际公约。为了统一各成员方法律，建立统一的数据规制规则，欧洲议会和欧盟理事会于 1995 年通过了《关于涉及个人数据处理的个人保护以及此类数据自由流动的指令》，要求各成员方制定各自的数据保护法，并且包括该指令的全部内容。根据该指令，个人数据系指"与一个身份已被识别或可被识别的自然人相关的任何信息"。[3]2002 年 7 月 12 日，欧洲

〔1〕 Data means information which－（a）is being processed by means of equipment operating automatically in response to instructions given for that purpose，（b）is recorded with the intention that it should be processed by means of such equipment，（c）is recorded as part of a relevant filing system or with the intention that it should form part of a relevant filing system，（d）does not fall within paragraph（a），（b）or（c）but forms part of an accessible record as defined by section 68，or（e）is recorded information held by a public authority and does not fall within any of paragraphs（a）to（d）.

〔2〕 See Durant v. Financial Services Authority［2003］EWCA Civ 1746，Court of Appeal.

〔3〕《关于涉及个人数据处理的个人保护以及此类数据自由流动的指令》第 2 条。

议会和欧盟理事会通过了《关于电子通信领域个人数据处理和隐私保护的指令》，用以解决电子通信领域的个人数据问题。2006 年 3 月 15 日，欧洲议会和欧盟理事会通过了《关于存留因提供公用电子通信服务或者公共通信网络而产生或处理的数据及修订第 2002/58/EC 号指令的第 2006/24/EC 号指令》，该指令将通讯企业所需要保留的数据进行了规定，包括呼入和呼出的电话号码、通话时长、IP 地址、网络登入和登录时间以及电子邮件的活动细节等内容。2016 年 4 月，欧盟《通用数据保护条例》通过，该条例的通过具有划时代的意义，其意味着之前通过"指令"对信息加以保护的历史宣告终结，开始逐渐进入欧盟统一立法的层面。在此之前，除了《关于建立欧洲网络与信息安全局的第 460/2004 号条例》中略有涉及信息安全保护问题，绝大多数的信息保护规范都是以指令的方式出现的。根据欧盟委员会对个人数据的界定，其意指与个人相关的任何信息，无论其是否与个人的隐私、职业或者公共生活相关。个人数据可能包括但不限于姓名、照片、电子邮件地址、银行账户、社交网站上的状态、医疗信息、计算机的 IP 地址，等等。尽管欧盟《通用数据保护条例》规定了非常严格的责任，但其仅适用于个人数据保护，而不扩及至个人数据以外的其他数据。从欧盟对个人数据的界定思路来看，其对个人数据的定义是尽可能宽泛，尽量将一切与个人有关的数据都包括在内，以强化对个人的保护。[1]

在美国法上，采用扩充隐私权的概念来保护个人数据，并没有对数据进行统一的定义。由于美国联邦和各州制定了各种隐私保护法律，以及判例上的扩充，隐私权的保护范畴日渐扩大。为了应对个人数据的处理、保存、传播和运用日趋电子化的问题，美国国会陆续通过了一些关于调查个人征信资料以及政府电子化处理个人资料、个人通信资料、个人教育资料和个人财务资料的隐私权保护法案。[2]就其内容而言，这些法案主要是为了保障个人信息而制定的，因此可以视为一种个人信息隐私权。[3]在美国法上，隐私权实际上发挥着大陆法国家一般人格权的作用。[4]美国法上通常采用的"个人可识别信息"，比欧盟的个人数据概念范围要小，通常包括姓名、社会保障号码、驾驶证号或者

〔1〕 郭瑜. 个人数据保护法研究［M］. 北京：北京大学出版社，2012：118.

〔2〕 高圣平. 比较法视野下人格权的发展：以美国隐私权为例［J］. 法商研究，2012（1）：32-37.

〔3〕 高圣平. 比较法视野下人格权的发展：以美国隐私权为例［J］. 法商研究，2012（1）：32-37.

〔4〕 王利明. 人格权法研究［M］. 北京：中国人民大学出版社，2012：513.

州身份证号、金融账号、信用卡号等。[1]

在日本法上，日本《个人信息保护法》分别规定了三类信息：个人信息（personal information）、个人数据（personal data）和持有个人数据（held personal data）。个人信息的范围非常广泛，包括与一个活着的人相关的，使其与其他人相区别的所有信息，包括他的姓名、出生日期、邮政和电子邮件地址、工作职位、照片、雇用信息、电话簿中或公开发表的杂志中或人事名单的信息等。对于单独不能区别特定个人，但与其他信息相联系就能区别出特定个人的信息也包括在内。个人数据是指存储在数据库中的个人信息，而数据库被定义为可以被计算机检索的信息集合，或信息结构使其易于被检索。持有个人数据是处理个人信息的企业有权利披露、修改、增加、删除、停止使用或提供的个人数据。[2]

加拿大《个人信息保护和电子文件法》中规定的个人信息是指关于可识别的个人的信息，但不包括一个机构雇员的姓名、职务、商业地址或电话号码。[3]

（二）我国法上数据概念的界定

从界定路径上来看，数据概念的界定可以采用以下方式：其一，概括式界定，即对数据的特征与属性进行归纳总结，契合这些特征和属性的信息均可纳入数据的范畴。该种界定方式的缺陷在于数据的内涵难以系统把握，过于宽松的界定无法框定其范畴，过于严格的界定可能导致其迟滞于社会发展实践。其二，列举式界定，即对数据的外延进行列举，明确梳理各项数据的类型。这种方式无法反映新型数据外延的规范需求，无法应对新型的数据类型。其三，综合式界定，即同时使用概括式和列举式的界定方式，既对数据的概念进行归纳总结，同时也对数据进行类别列举。该种方式可以相对地避免前述界定方式存在的争议，同时实现概念的确定性与适应性。

我国《民法典》第 127 条提及了数据的法律保护，但并未对其概念予以界定。《数据安全法》和《个人信息保护法》分别界定了数据和个人信息的概念。《数据安全法》第 3 条对数据的定义是"任何以电子或者其他方式对信息的记录"。根据这一概念，数据既包括电子形式的数据，也包括非电子形式的

---

〔1〕 郭瑜. 个人数据保护法研究 [M]. 北京：北京大学出版社，2012：119.

〔2〕 郭瑜. 个人数据保护法研究 [M]. 北京：北京大学出版社，2012：122.

〔3〕 郭瑜. 个人数据保护法研究 [M]. 北京：北京大学出版社，2012：122.

数据，如书面形式的数据。另外，《数据安全法》提及了政务数据概念，但并未对政务数据进行界定。我国一些地方立法对政务数据、社会数据和公共数据进行了界定，如《天津市促进大数据发展应用条例》第55条第2项至第3项规定，政务数据是指政务部门在履行职责过程中制作或者获取的，以一定形式记录、保存的文件、资料、图表和数据等各类信息资源。社会数据是指政务部门以外的其他组织、单位或者个人开展活动产生、获取或者积累的各类信息资源。《浙江省公共数据条例》第3条第1款规定，公共数据是指本省国家机关、法律法规规章授权的具有管理公共事务职能的组织以及供水、供电、供气、公共交通等公共服务运营单位（以下统称公共管理和服务机构），在依法履行职责或者提供公共服务过程中收集、产生的数据。

对于个人信息，《民法典》第1034条第2款采用了综合式模式，即"概括+列举"的定义模式，"个人信息是以电子或者其他方式记录的能够单独或者与其他信息结合识别特定自然人的各种信息，包括自然人的姓名、出生日期、身份证件号码、生物识别信息、住址、电话号码、电子邮箱、健康信息、行踪信息等"。《个人信息保护法》第4条第1款采用概括模式对个人信息的概念进行了界定，"个人信息是以电子或者其他方式记录的与已识别或者可识别的自然人有关的各种信息，不包括匿名化处理后的信息"。《个人信息保护法》第28条第1款还明确了"敏感个人信息"的概念，"敏感个人信息是一旦泄露或者非法使用，容易导致自然人的人格尊严受到侵害或者人身、财产安全受到危害的个人信息，包括生物识别、宗教信仰、特定身份、医疗健康、金融账户、行踪轨迹等信息，以及不满十四周岁未成年人的个人信息"。

我国香港地区的《个人资料（私隐）条例》对个人资料（personal data）的界定为：（a）直接或间接与一名在世的个人有关的；（b）从该资料直接或间接地确定有关的个人的身份是切实可行的；及（c）该资料的存在形式令予以查阅及处理均是切实可行的。[1]

第二节　数据的法律特征

数据作为新型的民事权利客体，既具备传统权利客体的特征，也具有部分新特征。通常认为，民法上的物系指除人之身体外，凡能为人力所支配，具有

---

〔1〕　参见我国香港地区《个人资料（私隐）条例》。

独立性，能满足人类社会生活需要的有体物和自然力。[1]数据显然非人身之组成部分，通过占有存储空间，数据亦的确呈现为某种形态的物理存在，与物具有类似性，同时也有差异。对于数据的财产属性，有学者进行了不同的权利归位，包括邻接权客体说、财产权客体说、数字资产说等。[2]我们认为，相较于传统财产权利，数据作为新型民事权利客体，具有无体性、可支配性、非独占性和价值性等法律特征。

一、无体性

与有体物相比，数据为无体性的存在。根据《民法典》第127条的规定，数据和虚拟财产并列，可见立法者将二者视为具有同质的无体特征。正如有学者指出，虚拟财产以电子数据的形式存在，而电子数据的存在又根据自然规律的电磁原理，主要以硬盘的磁道面凹凸来表示其二进制的0和1，所有的电子数据都是以符合二进制规则形式存在的。与民法上的有体物相比，数据为无体性的存在，但其电磁存在的方式的确在物理上是客观的。虽然数据不具备通常的可见形态，对其处理需要借助电子手段或其他方式，但这并不影响其客观存在。这种无体性与作为精神创造物的知识产权不同，后者并不具备物理上的形态，是人类的精神创造。[3]事实上，有体物与无体物的区分还受社会意识特别是科学技术认知的影响。随着认知能力的提高，在罗马法上被认为属于无体物的电、热、光、声、能等被纳入有体物的范畴，只是在物理性上不为人肉眼可见而已。[4]数据亦属于此类，其虽然不能被肉眼感知，但其依托物理载体，仍然具有其存在的物理形态。

二、可支配性

与民事权利的其他客体一样，数据具有可支配性，意指民事主体可以通过技术手段对之加以支配和控制。数据虽然表现为二进制代码，但其需要占据一定的存储空间，通过技术手段，数据能够为人力所控制与支配。

对于数据的支配，既包括事实层面的支配，比如开发、修改等，也包括法

---

[1] 王泽鉴. 民法物权 [M]. 北京：北京大学出版社，2010：42.
[2] 王玉林，高富平. 大数据的财产属性研究 [J]. 图书与情报，2016（1）：29-31.
[3] 纪海龙. 数据的私法定位与保护 [J]. 法学研究，2018（6）：72-91.
[4] 王利明. 民法总则研究 [M]. 北京：中国人民大学出版社，2008：405.

律层面的支配，包括各种处分行为。从权能上来看，包括占有、使用、收益、处分等层面。从占有层面，数据的占有权能是指数据财产权人对于数据的实际占有和控制，但需要通过电子化手段方能实现。从使用层面，不但包括权利人的自我使用，也包括权利人设定独占许可、排他许可、通用许可等多种使用方式。从收益上而言，数据财产权的权利人可以利用数据获得孳息，或者转让获取对价。从处分权能的角度来看，数据财产权的权利人可以进行事实上的处分和法律上的处分，前者包括删除、销毁等，后者则包括转让和设定担保等。当然，前述权利的行使不得损害自然人的隐私权、个人信息权等固有人格权利。

三、非独占性

数据具有非独占性，即多主体可以在多地点同时使用，这一点与知识产权具有相似性。故而，基于此，有学者主张采用知识产权路径保护数据。但是，数据与知识产权客体仍然存在诸多差异：其一，分散的数据不具有创新性，而知识产权法体系中，创新性是普遍的要素，数据无法满足知识产权法的创新要求；其二，知识产权的核心系让权利人垄断商业化利用，同时推动信息公开，并高度依赖许可制度，如果沿用知识产权保护制度，将极大阻碍数据信息的开发利用，知识产权领域的企业法律战争，或许又在数据领域重燃战火。[1]对于符合商业秘密等构成标准的数据，亦可产生权利保护途径多元竞合的问题，但这并不意味着应当建立知识产权一元化保护的策略。当然，通过部分技术手段在一定范围内可以实现对数据文件的独占，例如通过技术手段组织他人读取数据文件，但这种效果系技术手段的限制，而非数据本身的属性使然。

四、价值性

数据具有价值性，通过利用数据，可以产生相应的使用价值和交易价值，这种价值是支撑数据财产化的价值基础。虽然数据不同于以往民法中的物，但也是一种物质存在形式，客观上能满足人们的生产生活需要，具有使用价值和价值，是人们用数据手段在互联网上形成的将客观财产予以优化扩展的结果，凝集着人的高智力劳动。[2]不同种类的数据之间存在价值差异，通常而言，个人数据的价值性较低甚至没有，数据产品的价值性较高。正如 Joseph

---

[1] 方印，魏维 . 数据信息权利的物权法保护研究 [J]. 西部法学评论，2018（3）：23-33.
[2] 刘士国 . 大数据背景下民法典编纂应规定的条款 [J]. 法治研究，2016（6）：3-9.

W. Jerome 所言，普通人恐怕永远无法真正地靠出售个人数据赚钱，一条个人信息连一分钱都卖不了，除非被收集后与其他来自相近社会经济类别的个人资料汇总在一起加以利用，否则普通人的个人数据并不值钱，真正蕴含巨大价值的是企业收集的海量数据。[1]从数据的结构来看，不同结构的数据也存在价值差异，只有5%的数字数据是结构化的且能适用于传统数据库，如果不接受混乱，剩下95%的非结构化数据都无法被利用，比如网页和视频资源，这并不影响作为整体概念的数据存在价值。[2]

在大数据时代，对于诸多创新企业而言，数据是其创新的基础、营销的资源，乃至于其核心竞争力之所在。正如哈耶克所指出，产品的稀缺包括两种：一种是天然的稀缺，一种是规则或制度所制造的稀缺。[3]数据的价值一方面是基于其自身的效用，另一方面也高度依赖于法律制度的权利设定。基于数据的价值和功能，企业可以将其作为经营资产并从中盈利。与此同时，数据的价值实现也需要在法律上予以权利保护，方能定分止争，维持或提升数据的经济价值。如果在数据领域缺乏外部干预和政府监管，"丛林法则"将对数据领域产生破坏性的影响。

〔1〕 See Joseph W. Jerome, Buying and Selling Privacy: Big Data's Different Burdens and Benefits, Sandford Law Review, vol. 66, no. 47, p. 52.

〔2〕 维克托·迈尔—舍恩伯格，肯尼斯·库克耶. 大数据时代 [M]. 盛杨燕，周涛，译. 浙江：浙江人民出版社，2013：64.

〔3〕 弗里德里希·奥古斯特·冯·哈耶克. 致命的自负 [M]. 冯克利等，译. 北京：中国社会科学出版社，2000：36.

第五章
数据法律关系

数据法律关系，是指法律在调整数据活动过程中所形成的权利义务关系。数据法律关系是基于数据活动而形成的社会关系，既包括平等主体之间的数据人身关系和数据财产关系，也包括不平等主体之间的数据管理关系。

第一节　数据法律关系的主体

数据法律关系的主体，是指参加数据法律关系，享有权利和承担义务的自然人、法人或其他非法人组织。本书以数据法律关系主体权利义务的不同为标准，将数据法律关系主体分为数据主体、数据处理主体、数据监管主体。

一、数据主体

数据主体是指个人数据所包含的信息所识别或者指向的自然人。自然人自出生起成为民事权利主体，享有民事权利能力，也即自出生起成为数据权利主体，享有数据相关的权利。按照自然人民事行为能力的划分，分为完全民事行为能力、限制民事行为能力和无民事行为能力，数据主体的行为能力也可以分为完全民事行为能力数据权利主体、限制民事行为能力数据权利主体和无民事行为能力数据权利主体。完全民事行为能力数据权利主体具有完全民事行为能力，能够完全认识和判断自己行为的后果，因此能够对自己行为的后果承担法律责任，并享有完全的数据主体权利；无民事行为能力数据权利主体由其法定代理人代理其实施与数据相关的民事法律行为；限制民事行为能力数据权利主体只能进行与其行为能力相适应的数据活动，除此之外，其他与数据相关的民事法律行为由其法定代理人代理行使。对欠缺完全民事行为能力数据权利主体设计了特殊保护制度，如美国《儿童在线隐私保护法》中规定"以儿童等未成年人为受众目标的网络平台，在收集 13 岁以下儿童的个人信息之前，必须征得父母同意"。[1]欧盟《通用数据保护条例》第 8 条中关于信息社会服务适用于儿童同意的条件等特殊的规定，都体现了对欠缺完全民事行为能力数据权利主体的特殊保护以及对其数据权利的相应限制。[2]我国的法律法规制度也有类似规定，《个人信息保护法》中将不满 14 周岁的未成年人个人信息定性为敏感信息；同时规定了个人信息处理者处理不满 14 周岁未成年人个人信息的，应当取得未成年人的父母或者其他监护人的同意。个人信息处理者处理不满 14 周岁未成年人个人信息的，应当制定专门的个人信息处理规则。全国信息安全标准化技术委员会《信息安全技术　个人信息安全规范》（GB/T 35273—2020）中关于"个人信息保护政策模板"中，关于儿童个人信息的处理方式是，"如果没有父母或监护人的同意，儿童不应创建自己的个人信息主体账户。对于经父母同意而收集儿童个人信息的情况，我们只会在受到法律允许、父母或监护人明确同意或者保护儿童所必要的情况下使用或公开披露此信息"。相对于无民事行为能力人、限制民事行为能力人的个人信息保护，我国更关注于对未成年人的保护，加大对未成年人个人信息的保护力度。

综上，任何一个自然人自出生之日起即享有数据主体资格，有权成为数据主体，但是根据其民事行为能力，作为数据主体参与数据活动时，行使数据主体权利的能力可能受到相应的限制。

二、数据处理主体

本书中的数据处理主体是指进行数据处理活动的各类主体，包括数据的收集主体、存储主体、使用主体、加工主体、传输主体、提供主体、公开主体。在主体类别上，数据处理主体也包括组织和个人。数据处理主体的组织包括法人或非法人组织、国家机关、事业单位、社会团体、合伙企业等各类法人或非法人组织，都可以成为数据处理主体。数据活动中，数据处理各个环节的主体都可以成为数据处理主体，包括数据的收集主体、存储主体、使用主体、加工主体、传输主体、提供主体、公开主体。

除上述组织之外，在组织中因履行职务而进行数据收集、存储、使用、加

---

〔1〕 吴沈括，黄伟庆．美国《儿童在线隐私保护法》的适用与商业合规［J］．中国信息安全，2019（10）：66-69.

〔2〕 参见罗莉莎．论欧盟《一般数据保护条例》中处理儿童个人数据的同意规则［D］．华东政法大学硕士学位论文，2019.

工、传输、提供、公开活动的个人也可以成为数据处理主体。组织之外的其他个人，如果从事涉及数据收集、存储、使用、加工、传输、提供、公开活动，同样可以成为数据处理主体。个人作为数据处理主体，应当承担相应的数据安全责任。

三、数据监管主体

数据监管主体，是指对数据活动进行监督管理的主体，是履行相应的监督管理职责的政府部门，包括行政机关和法律法规授权的组织。

欧盟《通用数据保护条例》第六章以"独立监管机构"为标题，分为两节对监管机构进行了全面的规定。第一节独立地位，规定了监管机构、独立性、监管机构成员的一般规则、监管机构的设立规则；第二节权限、任务和权力，规定了监管领导机构的权限、任务、权力、活动报告。第58条规定的监管机构的权力主要是调查权和纠正权，其中调查权包括：（a）命令控制者和处理者，以及若适用，命令控制者和处理者的代表提供监管机构执行任务所需的任何信息；（b）以数据保护审计的方式开展调查；（c）对根据本条例第42条发布的认证进行审核；（d）通知控制者或处理者对本条例的违反；（e）从控制者和处理者获得所有个人数据的访问途径以及执行任务所必要的信息；（f）根据欧盟或成员方程序法的规定，获得控制者和处理者的任何资产的访问途径，包括任何数据处理设备和处理方法。纠正权包括：（a）向将要进行的处理操作可能违反本条例规定的控制者或处理者发布警示；（b）向处理操作已经违反本条例规定的控制者或处理者发布惩戒；（c）命令控制者或处理者满足数据主体根据本条例的规定提出行使权利的请求；（d）命令控制者或处理者使得处理操作符合本条例的规定，若适用，应以规定的方式并在规定期限内进行；（e）命令控制者将个人数据泄露告知数据主体；（f）对处理施加暂时性、确定性的限制，包括禁令；（g）根据本条例第16条、第17条及第18条的规定，命令对个人数据进行更改、删除或限制处理，根据第17条第2款及第19条的规定将上述行为告知个人数据向其披露的接收者；（h）依据本条例第42条、第43条的规定撤销认证或命令认证机构撤销已发布的认证，或在认证机构不符合或不再符合认证要求的情况下命令认证机构不再出具认证；（i）根据具体情况，除本款所述的措施外，或作为对本段所述措施的替代，依据本条例第83条的规定实施行政罚款；（j）命令暂停向第三国或国际组织接收者的数据流动。

我国《数据安全法》采用了"有关主管部门"一词，并没有具体的管理部门的名称。《个人信息保护法》在第六章履行个人信息保护职责的部门中明确了具体的管理部门、职责以及有权采取的措施。第 60 条规定了国家网信部门负责统筹协调个人信息保护工作和相关监督管理工作。国务院有关部门和县级以上地方人民政府有关部门，统称为履行个人信息保护职责的部门，在各自职责范围内负责个人信息保护和监督管理工作。该法第 61 条规定："履行个人信息保护职责的部门履行下列个人信息保护职责：（一）开展个人信息保护宣传教育，指导、监督个人信息处理者开展个人信息保护工作；（二）接受、处理与个人信息保护有关的投诉、举报；（三）组织对应用程序等个人信息保护情况进行测评，并公布测评结果；（四）调查、处理违法个人信息处理活动；（五）法律、行政法规规定的其他职责。"第 63 条第 1 款规定，履行个人信息保护职责的部门履行个人信息保护职责，可以采取下列措施："（一）询问有关当事人，调查与个人信息处理活动有关的情况；（二）查阅、复制当事人与个人信息处理活动有关的合同、记录、账簿以及其他有关资料；（三）实施现场检查，对涉嫌违法的个人信息处理活动进行调查；（四）检查与个人信息处理活动有关的设备、物品；对有证据证明是用于违法个人信息处理活动的设备、物品，向本部门主要负责人书面报告并经批准，可以查封或者扣押。"

第二节　数据法律关系的客体

法律关系的客体是指法律关系的权利义务所指向的对象。数据法律关系的客体是数据法律关系主体的权利和义务所指向的对象，主要包括数据和数据行为。

一、数据

有学者提出了数据是知识产权的客体的观点。作为客体的智力成果是指人们在数据采集、分析、传播、存储、交易、使用、共享和监督等智力活动中所创造的财富，包括专利权、商标权和著作权等知识产权。智力成果原权利人对自己创作的符合著作权、专利权、商标权等保护要件的智力成果享有知识产权，并不以作品、专利文件和商标等成为大数据的组成部分而受到影响，但是符合法律规定的合理使用、法定许可使用和强制许可使用等将对智力成果原权利人的权利产生一定程度的限制。[1]

---

〔1〕　王玉林，钟敏. 数据原权利人的权利与限制〔J〕. 情报理论与实践，2017（1）：36-40.

数据本身的无形性、可复制传播和可重复利用等性质，使其客观上与知识产权有很多联系，有些数据本身就属于知识产权的客体，比如在网络上发表的作品，系著作权保护的对象；以数据形式表现的某项专利的核心技术指标，系专利权的客体，知识产权权利人对其享有权利。有些原始数据虽然不是知识产权客体，但是经相关主体利用技术开发或智力创造后转化为新的分析数据，具备了一定的独创性，成为知识产品，数据加工或开发者对其享有知识产权，如汇编后的数据库等。[1]

此外，杨立新教授指出，能够建立知识产权保护的数据应当是衍生数据，衍生数据的性质属于智力成果。智力成果是指人们通过智力劳动创造的精神财富或精神产品。通常认为，智力成果有以下特征：一是创造性，即以前未曾出现过的智力劳动成果，具有创新和突破的特点；二是非物质性，智力成果是一种非物质化的知识形态的劳动产品，人们对其占有不是具体实在的控制，而是表现为认识和利用；三是公开性，权利主体在对其智力成果取得专有权或者专用权前，应将该成果向社会公开，只有包含商业秘密的智力成果除外。衍生数据具有这样的特征：第一，原生数据不具有创造性，只具有记录性；但在记录了原生数据之后，对其加工、计算、聚合，使其脱离了原生数据，创造成为新的、具有使用价值的衍生数据，包含了智力创造。第二，无论是衍生数据还是原生数据，都具有非物质性，都不具有客观的外在物理形态，但是原生数据没有创造，因而不具有产品的性质，而衍生数据是非物质化的知识形态的劳动产品，属于智力成果。第三，从表面上看，衍生数据不具有公开性，也就是在取得权利之前不能予以公布周知，但正是如此，这种智力成果才与商业秘密相似，具有有限的公开性。故衍生数据的性质属于知识产权赖以建立的权利客体，即智力成果。[2]

二、数据行为

作为数据法律关系的客体，数据行为是指数据处理行为。数据处理行为是指对数据或数据产品进行收集、存储、使用、加工、传输、提供、公开等活动，数据处理活动中各环节的行为都可以成为数据法律关系的客体。对于数据处理，相关法律条文的表述上稍有不同，但并无本质差异。欧盟《通用数据保护条例》第 4 条第 2 款规定，"处理"是指针对个人数据或个人数据集合的

---

〔1〕　冯哲. 知识产权视角下的数据信息保护［J］. 电信网技术，2017（1）：1-3.
〔2〕　杨立新. 中国民法总则研究［M］. 北京：中国人民大学出版社，2017：10.

任何一个或一系列操作，诸如收集、记录、组织、建构、存储、自适应或修改、检索、咨询、使用、披露、传播或其他的利用，排列、组合、限制、删除或销毁，无论此操作是否采用自动化的手段。《数据安全法》第 3 条规定，数据处理包括数据的收集、存储、使用、加工、传输、提供、公开等。我国地方法规《深圳经济特区数据条例》第 2 条第 6 项规定，数据处理是指数据的收集、存储、使用、加工、传输、提供、开放等活动。《个人信息保护法》第 4 条第 2 款规定，个人信息的处理包括个人信息的收集、存储、使用、加工、传输、提供、公开、删除等。

（一）数据收集

《信息安全技术 个人信息安全规范》（GB/T 35273—2020）第 3.5 条规定，收集是获得个人信息的控制权行为。而收集也可以分为直接收集和间接收集，直接收集是指个人信息主体主动提供或者在交互过程中自动采集，间接收集是指通过共享、转让、搜集等方式进行的个人信息收集。

有学者认为，数据控制者对数据的收集行为，按照收集的方式不同可以区分为如下两个类型：一是直接收集。直接收集是指数据控制者从数据源直接获取数据的行为，这个行为是数据控制者收集数据的最初源头。直接收集数据的行为有多种，包括对原始数据进行处理，从而将其网络化并成为大数据产业可以使用的数据，以及在移动互联网技术发展的基础上所形成的新数据等。例如企业根据人们对网络页面停留时间的长短来发现客户的偏好进而有针对性地为其提供产品广告。由这些客户活动而产生的数据被数据控制者留存了下来，从而产生了新的数据，完成了数据的直接收集。二是间接收集。间接收集是指数据控制者通过非直接收集而获得对数据控制的行为，与直接收集数据的关键区别在于，在间接收集中，数据控制者的前手并非数据源。例如数据控制者从其他数据控制者手中获得的数据以及数据控制者通过控制其他数据控制者，从而获得对数据控制的行为。现实中的例子如数据控制者通过大数据交易场所购买数据从而获取数据的行为，以及数据控制者收购其他数据控制者从而获取数据的行为。例如 Facebook 在收购美国社交网站 Instagram（照片墙）的过程中，不仅仅获得了 Instagram 公司的控制权，同时也获得了其所控制的数据，成为这些数据的控制者。[1]

---

[1] 参见黄震，蒋松成. 数据控制者的权利与限制 [J]. 陕西师范大学学报（哲学社会科学版），2019（6）：34-44.

本书认为，数据收集，又称为数据采集，是指获取原始数据的过程。广义的数据收集包括直接收集和间接收集，狭义的数据收集仅指直接收集。

（二）数据存储

数据的"收集—存储—归集"是实现数据控制权的一个短暂过程，也可以说，数据以某种格式记录在计算机内部或外部存储介质上，[1]进而实现数据的归集。另外，数据存储归集也是进行数据分析的前提。《上海市公共数据和一网通办管理办法》第 21 条规定了"数据归集"，是指公共管理和服务机构应当将本单位的公共数据向市、区电子政务云归集，实现公共数据资源的集中存储。而其他类型的数据也是一样的，都会存储在云中心。

李学龙等认为数据存储是指将收集的信息以适当的格式存放以待分析和价值提取的过程。[2]林子雨认为数据存储就是根据不同的应用环境通过采取合理、安全、有效的方式将数据保存到某些介质上并能保证有效的访问，总的来讲可以包含两个方面的含义：一方面，它是数据临时或长期驻留的物理媒介；另一方面，它是保证数据完整、安全存放的方式或行为。[3]

本书认为，数据存储是指对数据进行归集，以某种格式记录在电子化介质中。

（三）数据使用

欧盟《通用数据保护条例》第 4 条第 4 款规定的"数据画像"就是这种数据应用，是指对个人数据进行任何自动化处理，包括利用个人数据评估与自然人有关的特定方面，特别是针对与自然人的工作表现、经济状况、健康状况、个人偏好、兴趣、信誉、行为习惯、位置或行踪相关的分析和预测。《信息安全技术　个人信息安全规范》（GB/T 35273—2020）第 3.8 条对用户画像进行了定义，是指通过收集、汇聚、分析个人信息，对某特定自然人个人特征，如职业、经济、健康、教育、个人喜好、信用、行为等方面作出分析或预测，形成其个人特征模型的过程。而用户画像只是数据使用的一个场景，自动化决策、个性化展示等都大大提高了数据使用的效率和价值。零散的数据只有在使用起来后才能发挥巨大的价值作用，数字经济的快速发展、数字政府治理

---

〔1〕　参见百度百科关于数据存储的定义，https://baike.baidu.com/item/%E6%95%B0%E6%8D%AE%E5%AD%98%E5%82%A8/9827490?fr=aladdin，最后访问时间：2022 年 1 月 2 日。

〔2〕　参见李学龙，龚海刚.大数据系统综述［J］.中国科学（信息科学），2015（1）：1-44.

〔3〕　参见林子雨.大数据导论——数据思维、数据能力和数据伦理［M］.北京：高等教育出版社，2020：63.

建设更加高效等就是最好的证明。《深圳经济特区数据条例》第 51 条规定，市人民政府应当加快推进数字政府建设，深化数据在经济调节、市场监管、社会管理、公共服务、生态环境保护中的应用，建立和完善运用数据管理的制度规则，创新政府决策、监管及服务模式，实现主动、精准、整体式、智能化的公共管理和服务。

有学者从数据利用行为的角度，认为数据使用行为可以包括数据查询、数据调用、数据缓存、数据复制、数据交换、数据演算分析等方式。[1]有的学者认为数据使用是用数据完成某项现实任务，说明数据的有用性或数据具有使用价值。与数据再生产不同，数据使用不以生产新数据为目的，而以完成某项现实任务为目的，但如果是为了完成某项网络空间内的任务，那么数据使用将会使数据再生产，另外同样认为数据使用分为直接使用和间接使用，数据的直接使用是指数据使用者直接使用数据提供商提供的数据来完成某项现实任务，而数据的间接使用是指数据使用者使用数据提供商提供的数据进行数据分析和处理，然后使用数据分析的结果完成某项现实任务，二者的区别在于是否使用了数据技术对数据进行分析和处理。[2]

本书认为，广义的数据使用包括对数据或数据产品进行收集、存储、使用、加工、传输、提供、公开等所有的数据处理行为。这里的数据使用是狭义的数据使用，是指应用原始数据或数据产品进行分析或者预测的过程。

（四）数据加工

数据加工是指将原始数据按照特定需求处理成可机器读取数据的过程。这一点在个人信息领域表现得尤为明显，基于个人信息安全的考虑，个人信息的"收集→输出"方式并非简单的"A→A"，相反需要对个人信息进行匿名化或者去标识化，对个人关键信息进行隐藏。《信息安全技术　个人信息安全规范》（GB/T 35273—2020）第 3.14 条规定的匿名化和第 3.15 条规定的去标识化都是数据加工的常见形式。匿名化是指通过对个人信息的技术处理，使得个人信息主体无法被识别或者关联，且处理后的信息不能被复原的过程，即"A→B"的过程。去标识化是指通过对个人信息的技术处理，使其在不借助额外信息的情况下，无法识别或者关联个人信息主体的过程，即"A→a"的过程。

---

〔1〕 高富平. 数据流通理论——数据资源权利配置的基础 [J]. 中外法学, 2019 (6): 1405-1424.

〔2〕 朱扬勇, 熊赟. 数据的经济活动及其所需要的权利 [J]. 大数据, 2020 (6): 140-150.

有学者将数据加工（处理）行为区分为相互联系的两个过程或行为，"一种是将原始的数据加工处理成为数据分析的材料，这便是汇集性数据处理（本文也称为数据集的生产）；另一种是分析性处理，经过数据演算分析，为人们提供新知识、新判断，支撑人们的决定。分析性处理即通常所说的数据挖掘"。[1]有的学者认为数据加工行为是指"经过数据清理、数据可视化等技术手段"，"完成可应用改造"的过程。[2]

本书认为，数据加工是指对原始数据进行汇总、分类、分析并形成各类数据产品的过程，包括将原始数据简单加工形成可供进一步使用的材料即简单数据产品，也包括对数据进行复杂加工形成复杂数据产品的过程。数据加工与数据使用的不同之处在于目的不同，数据加工的目的是形成各类数据产品，数据使用的目的是利用各类数据产品进行分析或预测。

（五）数据传输

有学者从数据的物理层面进行分析，提出"所有的信息传输均是通过集成电路中的电信号以及对应的字节（0、1组合）组成的比特流来完成的"。[3]有的学者认为数据传输"本质上是计算机代码复制"，并将"传输"与"流动"和"转移"这两个概念通用。[4]也有学者将"数据流动"分为：（1）数字机器层次的数据流动，"这个层次的数据流动并不特别指向特定的应用逻辑，流动是有路径的，却是无'意图'的，因而具有标准化特征"。（2）应用系统层次的数据流动，"应用逻辑给定数据流动的规则。在领域知识的指导下，把最合适的数据流动到最合适的'位置'，或传递给最合适的信息'主体'（机器与人），同时又阻止不合适、不合法的数据流动"。（3）数据网络层次的数据流动，"数据流动建立在应用系统之间（比如数据交换）和应用系统与网络用户（比如数据开放）之间"。（4）信息空间层次的数据流动，"技术、系统和网络的组合使个体的、组织的或'地方的'数据通过采集设备被'比特化'——线下数据向线上集中——具有了在'全域'网络中流动（共享）的机会"，"数据流动开始引导着物质的流动"。[5]

---

〔1〕　高富平. 数据生产理论——数据资源权利配置的基础理论［J］. 交大法学, 2019 (4)：5-19.

〔2〕　武长海, 常铮. 论我国数据权法律制度的构建与完善［J］. 河北法学, 2018 (2)：37-46.

〔3〕　梅夏英. 数据的法律属性及其民法定位［J］. 中国社会科学, 2016 (9)：164-183+209.

〔4〕　史宇航. 主权的网络边界——以规制数据跨境传输的视角［J］. 情报杂志, 2018 (9)：160-166.

〔5〕　史宇航. 主权的网络边界——以规制数据跨境传输的视角［J］. 情报杂志, 2018 (9)：160-166.

本书认为，数据传输是指将数据从一个主体向另一个主体转移的过程。数据传输是数据提供的基础，可以分为境内传输和跨境传输。

（六）数据提供

《信息安全技术　个人信息安全规范》（GB/T 35273—2020）第3.12条规定，转让是指将个人信息控制权由一个控制者向另一个控制者转移的过程。与数据传输类似，当数据进行跨境传输，向境外提供时，也需要更加严格的审查。《数据出境安全评估办法》第2条规定，数据处理者向境外提供在中华人民共和国境内运营中收集和产生的重要数据和个人信息的安全评估，适用本办法。法律、行政法规另有规定的，依照其规定。

有学者提出数据提供行为是指"用户在从事各种网络交易、接受各种服务过程中还会主动提供有关个人的一些数据（通常是个人身份信息、联系方式、账户等）"。[1]有学者提出数据提供行为是指"信息主体为了从事某项活动或者接受某项服务而提供的个人相关信息，如身份、联系方式等"。[2]也有学者认为数据提供行为是指在原信息主体和法律规定授权的范围内将所掌握数据提供给其他信息主体。[3]

本书认为，数据提供是指将数据相关权利从一个主体向另一个主体转移的过程，包括有偿的方式和无偿的方式。有偿的数据提供实质上就是数据交易，无偿的数据提供包括数据开放、数据共享等情形。数据提供与数据传输的联系在于数据传输是数据提供的基础，区别在于数据传输不涉及数据相关权利的转移。

（七）数据公开

数据公开与数据共享、数据开放紧密相关。《信息安全技术　个人信息安全规范》（GB/T 35273—2020）第3.11条规定，公开披露是指向社会或不特定人群发布信息的行为。第3.13条规定，共享是指个人信息控制者向其他控制者提供个人信息，且双方分别对个人信息拥有独立控制权的过程。《深圳经济特区数据条例》第45条规定，公共数据开放，是指公共管理和服务机构通过公共数据开放平台向社会提供可机器读取的公共数据的活动。

学界当下尚未对"数据公开行为"的概念进行精确定义，但对企业数据

〔1〕　高富平. 数据生产理论——数据资源权利配置的基础理论［J］. 交大法学, 2019（4）: 5-19.

〔2〕　毛立琦. 数据产品保护路径探究——基于数据产品利益格局分析［J］. 财经法学, 2020
（2）: 94-109.

〔3〕　敬力嘉. 论企业信息权的刑法保护［J］. 北方法学, 2019（5）: 73-86.

公开或政府数据公开有所界定。有学者认为"数据公开行为"是指"问题的关键不仅仅在于数据本身是否被充分公开，还在于大数据从业者是否公开了分析数据的方法。在许多情况下，关于如何最初收集和准备数据没有足够的信息。了解数据的来源，以及它们是如何由管理者组织和操作的，这对于下游的重复使用是至关重要的，这也是数据重用的本质，而公开不充分的问题会威胁到大数据自身的进一步发展"。[1]"默认公开理念（Open by Default）：所有的政府信息都是默认公开的，除非是涉及敏感内容、隐私内容，或者根据城市数据开放政策（Citywide Data Classification Policy）定义为机密内容，或者是根据公开办公室法规（Public Officer Law）不属于公开范围，或者联邦和其他法律规定的不可公开的内容，都必须默认为是应公开的信息，纳入公开计划之中。"[2]牛津大学互联网研究所的维克托·迈克教授[3]认为，数据公开是指"在大数据时代，为了追求公正和公平，个人可以并应该为他们的非主观化行为负责。此外，数据的使用直接影响到个人，所以必须公开用来进行预测分析的决策数据"。有的学者认为，"在数据领域，根据不同的分类标准数据可以分为不同类型。聚焦于数据的公开性，可以将数据分为公开数据与非公开数据。非公开数据主要是商业秘密类数据，即不能为社会公众所获取的数据类型；而公开数据是指处于公开状态可以为公众所获取的数据，其中包含整体上缺少独创性的数据和具备独创性特征的数据"。[4]

　　本书认为，数据公开是指通过公开平台或其他方式向社会提供可读取的数据的活动，包括数据开放和数据共享。其中数据开放是指向社会或不特定人群发布数据的行为，数据共享则是向一定范围内的特定人群发布数据的行为。

---

〔1〕 朱真真. 大数据时代数据公开与知识产权保护的冲突与协调 [J]. 中国科技论坛，2019 (3)：117-123.

〔2〕 崔洪铭，白文琳. 纽约市数据公开计划的分析及对我国政府息公开工作的启示 [Z/OL]. 2019-02-03. http://www.nyc.gov/html/doitt/html/open/local_ law_ 11_ 2012. shtm.

〔3〕 康福柱，田孟龙. 数据公开：让算法守法 [J]. 新闻传播，2021 (3)：4-5.

〔4〕 高郦梅. 企业公开数据的法律保护：模式选择与实现路径 [J]. 中国政法大学学报，2021 (3)：140-152

第三节　数据法律关系的内容

一、数据主体的权利

（一）数据人身权

欧盟《通用数据保护条例》第三章主体数据权利部分规定，数据主体的权利包括知情权、访问权、更正权、删除权（被遗忘权）、限制处理权、数据可携带权、反对权。

1. 知情同意权

欧盟《通用数据保护条例》第12条规定了数据主体对于关涉自我的数据被收集、处理、存储或转移等相关操作的知情权，知情权"充分性"和"明确性"的两个特点在立法中也得到了充分的体现。第12条要求数据控制者应该以一种简洁、透明、易懂和容易获取的形式，以清晰明了的语言向数据主体提供其需要知悉的所有信息。对于根据数据主体知情的信息范围，规定了第13条和第14条的任何信息，以及第15条至第22条、第34条的数据主体处理过程的沟通信息。第13条通过列举的方式规定从数据主体处收集数据时数据主体的知情范围，即直接收集时数据主体的知情范围；第14条规定从非数据主体处收集数据时数据主体的知情范围，即间接收集时数据主体的知情范围。对于沟通信息，规定了第15条数据访问权，第16条更正权，第17条删除权，第18条限制处理权，第19条更正、删除或限制处理的告知义务，第20条数据可携带权，第21条反对权，第22条自动化决策，第34条将个人数据告知数据主体等过程中的沟通信息。

而我国《个人信息保护法》对"知情权"的规定更加全面具体，《个人信息保护法》第44条明确规定了"个人对其个人信息的处理享有知情权、决定权，有权限制或者拒绝他人对其个人信息进行处理"，第14条规定了"基于个人同意处理个人信息的，该同意应当由个人在充分知情的前提下自愿、明确作出。法律、行政法规规定处理个人信息应当取得个人单独同意或者书面同意的，从其规定"。在第二章"个人信息处理规则"部分，分别在第一节"一般规定"规定了处理个人信息应取得个人的同意，也规定了不需取得个人同意的例外情形，同时还规定了取得个人同意的形式包括书面形式和其他形式，第一章第二节规定了敏感个人信息的处理规则，另外第三章中也对个人信息跨境提供情形下的知情同意作出了规定。《信息安全技术　个人信息安全规范》（GB/T 35273—2020）第 5.4 条关于"收集个人信息时的授权同意"则明确了知情权的五种情形：第一，收集个人信息，应向个人信息主体告知收集、使用个人信息的目的、方式和范围等规则，并获得个人信息主体的授权同意。第二，收集个人敏感信息前，应征得个人信息主体的明示同意，并应确保个人信息主体的明示同意是其在完全知情的基础上自主给出的、具体的、清晰明确的意愿表示。第三，收集个人生物识别信息前，应单独向个人信息主体告知收集、使用个人生物识别信息的目的、方式和范围，以及存储时间等规则，并征得个人信息主体的明示同意。第四，收集年满 14 周岁未成年人的个人信息前，应征得未成年人或其监护人的明示同意；不满 14 周岁的，应征得其监护人的明示同意。第五，间接获取个人信息时，也要取得个人同意。

除特定的例外情况之外，数据处理者想要收集数据主体的个人信息，必须获得数据主体的同意，而关于"数据主体同意"的标准，应当满足"充分性"和"明确性"两方面的条件。[1]"充分性"是指数据控制者在获取数据主体的同意之前，数据主体有权获取相关的信息，包括但不限于数据控制者的相关信息、数据收集的目的和用途、数据收集的范围和种类、数据收集的方式和储存等，确保数据主体对其"同意"有充分的认知和认识；"明确性"是指数据主体作出的"同意"必须是确切的、明示的，以推定或模式等非明确方式获得的"数据主体同意"是无效的。

在学理上通常可以将知情权划分为狭义知情权和广义知情权。有学者认为广义的知情权是指公民、法人及其他组织依法所享有的，对国家机关、公共机构或者其他公民、法人、非法人组织要求公开信息的权利，以及在法律不禁止的范围内不受妨害地获得各类信息的自由。狭义的知情权是指公民、法人及其他组织依法对国家机关要求公开某些信息的权利，和不受妨害地获得国家机关公开的信息的自由。[2]而有的学者则认为，知情权从狭义上说，就是指政府有对重大的突发性公共安全事故向社会公众及时、准确、全面、客观公布的义务；公民有及时获得这些信息的权利。从广义上说，就是指行政（政务）公开和透明制度，将政府行政行为置于公众的监督之下，公民有知悉政府行为的权

---

〔1〕　王雪乔. 论欧盟 GDPR 中个人数据保护与"同意"细分 [J]. 政法论丛，2019（4）：136-146.

〔2〕　刘杰. 知情权与信息法公开法 [M]. 北京：清华大学出版社，2005：48+51.

利，包括行政作为和不作为的行为。[1]还有的学者认为，广义的知情权是指公民、法人或其他组织依法享有的、要求义务人公开一定信息的权利和在法律允许的范围内获取各类信息的自由，狭义的知情权是指公民、法人或其他组织对国家机关掌握的信息享有的知道的权利。[2]

对于知情同意原则的适用，学界基本上形成了一致意见，有学者认为"随着时代的发展，这一原则已经逐渐开始在个人信息保护领域适用，成为个人信息保护的基本原则"。[3]有学者认为"个人信息保护体系中的知情同意原则起源于前信息时代，强调同意必须基于个人对于其信息的收集利用的充分知情"。[4]但对于个人信息处理中信息主体的"同意"之性质认识存在差异。[5]有的学者认为本人同意为人格法益商业化的行权模式，并将"同意"界定为法律行为性的许可，认为许可的内容为具有排他性权能的债权性用益物权。[6]也有国外学者遵循信托法保护的路径，主张对个人和信息收集者与处理者分别施加信息信托权利与信息信义义务。[7]有的学者认为，"相比起传统的个人信息权利，信息信托权利常常需要结合场景与信息关系来确定权利的边界"，[8]此种关系中的个人信息主体之"同意"可被视为对信托之授权行为。还有国外学者主张，"同意"不同于合同中的"承诺"，"同意"应当被视为一种对信息主体的持续性代理行为（consent-as-ongoing-agency），且信息主体有随时撤回同意的权利，类似于撤回代理权限。有的学者认为鉴于"同意"的复杂性，不能完全从私法上获得理解；经过用户的同意，平台收集个人的信息既不能从私法上的交易来理解（其中没有有偿和对价因素），也不能从防御性的人格利益来理解，因为这种"同意"增加了人格遭到侵害的风险，更何况

---

[1] 温毅斌. 小议知情权的法律属性 [J]. 人权，2003（5）：56.

[2] 高景芳. 宪法视野中的公民知情权 [J]. 当代法学，2003（1）：8-9+16.

[3] 郭旨龙，李文慧. 数字化时代知情同意原则的适用困境与破局思路 [J]. 法治社会，2021（1）：26-36.

[4] 田野. 大数据时代知情同意原则的困境与出路——以生物资料库的个人信息保护为例 [J]. 法制与社会发展，2018（6）111-136.

[5] 万方. 个人信息处理中的"同意"与"同意撤回" [J]. 中国法学（文摘），2021（1）：167-188.

[6] 刘召成. 人格商业化利用权的教义学构造 [J]. 清华法学，2014（3）：118-136.

[7] See Jack M. Balkin, Information Fiduciaries and the First Amendment, UC Davis Law Review, Vol. 49（4），p. 1183（2016）.

[8] 丁晓东. 个人信息权利的反思与重塑——论个人信息保护的适用前提与法益基础 [J]. 中外法学，2020（2）：339-356.

现实中存在诸多无须用户同意即可收集的情形。[1]有的学者认为知情同意模式的成立基础建立在数据主体的充分知情之上，而知情的方式来源于两方面：一方面，数据控制者需要准确无误地通知数据主体，告知数据主体与其有关的数据处理信息，如搜集数据的手段、范围，数据的用途，数据处理的结果以及数据的储存时间等；另一方面，数据主体也需要充分地理解被告知的内容，能在内心形成充分的预判之后作出准确的判断。[2]还有的学者认为知情同意权可分为知情权和同意权。知情权是指数据主体有权知道与其数据将被处理的一切相关资讯，包括数据控制人的身份、拟处理数据的范围、处理依据、处理目的、处理类型、处理持续期间、后果影响、是否向他人或境外传输以及主体享有的各种权利，等等。"知情是同意的前提，同意是知情最重要的目的。同意的对象是一切形式的数据处理，包括数据收集、记录、组织、建构、存储、改编或改变、恢复、查阅、使用、泄露或传播、匹配或合并、限制、删除或破坏等。"[3]

本书认为，数据知情同意权是数据主体享有的获取与其个人数据处理相关的信息并同意进行处理的权利，包括但不限于数据处理者的相关信息、数据收集的目的和用途、数据收集的范围和种类、数据收集的方式和储存等。

2. 数据访问权

数据访问权的内涵就是数据主体有权就其数据是否正在被处理获取确认，若被确认其数据正在被处理，则数据主体有权获得个人数据的访问以及诸如处理目的、涉及个人数据种类、将被披露个人数据的第三方等信息。若数据主体有要求，控制者应当免费提供备份。即，数据访问权包括"查询权"与"复制权"两项具体权利。这一点在立法中也得到了回应，欧盟《通用数据保护条例》第 15 条"数据访问权"规定了数据主体应当有权从管理者处确认关于该主体的个人数据是否正在被处理，以及有权在该种情况下访问个人数据及相关信息，[4]同时控制者应提供正在处理的个人数据的副本。我国《个人信息保护法》第 45 条规定了个人有向个人信息处理者查阅、复制其个人信息的权

〔1〕 梅夏英. 在分享和控制之间数据保护的私法局限和公共秩序构建 [J]. 中外法学, 2019 (4): 845-870.

〔2〕 梅傲, 苏建维. 数据治理中"打包式"知情同意模式的再检视 [J]. 情报杂志, 2021 (2): 154-160.

〔3〕 叶名怡, 论个人信息权的基本范畴 [J]. 清华法学, 2018 (5): 143-158.

〔4〕 叶名怡. 论个人信息权的基本范畴 [J]. 清华法学, 2018 (5): 143-158.

利以及个人处理者有及时提供的义务。《信息安全技术　个人信息安全规范》（GB/T 35273—2020）则在第 8 条"个人信息主体的权利"中明确了个人信息主体有查询的权利和获取个人信息副本的权利。

有学者认为，数据访问权是指数据主体可以从数据控制者处确认其个人数据是否正被处理，并在此种情形下可以访问个人数据及获得相关信息的权利。[1]有的学者认为访问权是指数据主体有权访问其个人数据，了解数据处理目的、所涉数据类型、数据接收者身份及其类型、存储期、数据画像的逻辑设定、意义及其后续影响等，并有权获得相关副本（欧盟《通用数据保护条例》第 15条）。访问权是对知情权的深化和扩张，知情权是数据控制者负担数据收集前的主动告知义务，而访问权是数据主体主动提出数据浏览复制要求的积极权能，贯穿于整个数据处理过程中。[2]

本书认为，数据访问权是指数据主体查询、复制其被处理的数据以及与被处理个人数据情况相关信息的权利，包括处理目的、处理个人数据种类、个人数据的使用情况、存储情况等相关信息。

3. 更正权

更正权首先体现于欧盟《通用数据保护条例》中，其第 16 条"更正权"规定数据主体应当有权要求数据控制者及时更正其不准确的个人数据。考虑到处理的目的，数据主体应当有权使不完整的个人数据完整，包括通过提供补充声明的方式。我国《个人信息保护法》第 46 条规定，个人发现其个人信息不准确或者不完整的，有权请求个人信息处理者更正、补充。个人请求更正、补充其个人信息的，个人信息处理者应当对其个人信息予以核实，并及时更正、补充。《信息安全技术　个人信息安全规范》（GB/T 35273—2020）则在第 8条"个人信息主体的权利"中明确规定了个人信息主体有更正权。

有的学者认为个人信息的更正权，就是指信息主体有权请求信息处理主体对不正确、不全面的个人信息进行改正与补充的权利。[3]有的学者认为异议更正权的内容包括三个方面：错误信息的更正、遗漏信息的补充和过时信息的更新。又有学者认为信息更正权是指信息主体有权要求信息控制者及时更正其

---

〔1〕 郑曦. 超越阅卷：司法信息化背景下的刑事被告人数据访问权研究 [J]. 河南大学学报（社会科学版），2020（2）：59-65.

〔2〕 叶名怡. 论个人信息权的基本范畴 [J]. 清华法学，2018（5）：143-158.

〔3〕 黄薇. 中华人民共和国民法典人格权编解读 [M]. 北京：中国法制出版社，2020：223.

不正确、不准确或不完整的信息。[1]还有学者认为更正权，也称维护权、修改权，是指个人信息主体发现其个人信息存在错误、不精确、不完整或未及时更新的情况时，可以请求个人信息的管理者、控制者进行更正、补充等维护操作的权利。[2]更正权的行使是为了保证个人信息的质量，以利于维护个人信息主体的个人信息权及与之相关联的其他利益，避免因个人信息的错漏或过时而损害个人的相关利益。有学者认为数据修正权，是指数据源主体要求数据经营者依据客观情况及时补充、修改、完善其个体数据，以维护其个体数据真实性、完整性和全面性的权利。[3]另外，数据的脱敏处理以实现去个体化是为了数据的保密，不涉及对个体数据的修正，所以不在数据修正权的规制范围内。

本书认为，更正权，又称修正权，是指数据主体具有要求数据处理者对与其相关的不完整、不准确、不全面的数据进行更正、补充的权利，这项权利中不仅包含"改正"之意，也包含"补充"的含义。

4. 删除权（被遗忘权）

欧盟《通用数据保护条例》第17条规定数据主体有权要求控制者删除其个人数据，无论是非公开的数据还是公开的数据，数据控制者都有义务进行删除。同时，欧盟《通用数据保护条例》还规定了删除权不予适用的情形。有学者认为，欧盟《通用数据保护条例》第17条第1款将传统的删除权范围扩张，其将删除义务扩张到公开个人数据的控制者，以社交网络和搜索引擎为主要适用场景，这一权利是欧洲法院判例的成文化。当数据主体请求删除数据且控制者已公开数据时，负有删除义务的控制者应在考虑技术、实施成本的前提下采取合理步骤，通知正在处理数据的相关控制者。控制者在删除义务外还负有实现网络中被遗忘权的告知义务，从而扩张了传统意义上的删除权。[4]《个人信息保护法》第47条也规定了满足五项情形之一时，个人信息处理者应当主动删除个人信息；个人信息处理者未删除的，个人有权请求删除。《信息安全技术　个人信息安全规范》（GB/T 35273—2020）则在第8条"个人信息主

〔1〕　叶名怡. 论个人信息权的基本范畴［J］. 清华法学，2018（5）：143-158.

〔2〕　高志明. 个人信息权的属性与构成［J］. 青海师范大学学报（哲学社会科学版），2015（4）：20-29.

〔3〕　刘新宇. 大数据时代数据权属分析及其体系构建［J］. 上海大学学报（社会科学版）. 2019（6）：13-25.

〔4〕　金晶. 欧盟《一般数据保护条例》：演进、要点与疑义［J］. 欧洲研究，2018（5）：143-158.

体的权利"中明确规定了个人信息主体有删除权。

有学者认为信息删除权是信息主体在信息社会享有的针对信息控制者通过互联网收集或处理的方式掌握的与信息主体有关的特定信息，而请求其删除的权利，其本质上是私权，属于民事权利范畴。[1]有的学者认为删除权是指在特定条件下，信息主体有权要求信息控制者及时删除其个人信息，特定条件包括主体撤回同意或有充足理由反对处理、信息收集目的已实现或无法实现、信息被非法处理、控制者履行法定义务所必需等。[2]还有的学者认为被遗忘权与删除权并不一致，被遗忘权本身不是一个清晰的法律概念，认为被遗忘权的概念并不能反映该权利的本质，改为删除权更为妥当，因为被遗忘权的重点不在于遗忘，而在于删除，删除权更贴合权利实质。[3]

本书认为，删除权也被称为遗忘权，是指数据主体享有的要求数据处理者及时删除其个人数据的权利。

5. 限制处理权

欧盟《通用数据保护条例》第18条规定了数据主体有权限制控制者处理数据的情形：第一，数据主体对个人数据的准确性提出争议，且允许控制者在一定期间内核实个人数据的准确性；第二，该处理是非法的，并且数据主体反对删除该个人数据，而是要求限制使用该个人数据；第三，控制者基于该处理目的不再需要该个人数据，但数据主体为设立、行使或捍卫合法权利而需要该个人数据；第四，数据主体在核实控制者的法律依据是否优先于数据主体的法律依据之前已根据第21条第1款反对处理。而我国的《个人信息保护法》对限制处理权的规定则更加明确，该法第21条第1款规定，"个人信息处理者委托处理个人信息的，应当与受托人约定委托处理的目的、期限、处理方式、个人信息的种类、保护措施以及双方的权利和义务等，并对受托人的个人信息处理活动进行监督"。

有学者认为，"针对不当的信息处理，数据主体还享有限制或反对处理权，即信息主体在特定条件下有权要求数据控制人暂时或永久停止数据处理。限制权适用于：数据错误或保护不足，或数据系非法处理但不宜删除。反对处理权适用于：数据主体撤回同意或处理超范围，或数据处理所依据的正当事由

---

〔1〕 余筱兰. 民法典编纂视角下信息删除权建构 [J]. 政治与法律，2018 (4)：26-37.

〔2〕 叶名怡. 论个人信息权的基本范畴 [J]. 清华法学，2018 (5)：143-158.

〔3〕 郑志峰. 网络社会的被遗忘权研究 [J]. 法商研究，2015 (6)：50-60.

不成立"。[1]有学者将数据限制处理权界定为"当出现违法收集、使用或者对外提供以及数据失真（包括错误和不完全）等情形时，数据主体可以请求数据控制者采取如隔离、进行特殊标记等相应的技术措施和组织措施，暂时中止或者停止对数据的利用、对外提供等行为的权利"。[2]也有学者根据欧盟《通用数据保护条例》对限制处理权进行分析，当数据处理受到限制时，除存储之外不能再进行其他的处理行为，除非数据主体同意，或为设立、行使或捍卫合法权利，或为保护其他自然人或法人的权利，或为了维护联盟或成员方规定的重要公共利益而被处理。[3]

本书认为，限制处理权是指数据主体在特定条件下要求数据控制人暂时或永久停止数据处理的权利，即数据处理者只在个人授权允许的范围内对个人数据进行处理。

6. 数据可携带权

欧盟《通用数据保护条例》第 20 条对"数据可携带权"作出如下规定："数据主体有权存取他或她对信息控制者提供过的个人数据，并有权将这些数据转输至另一位数据控制者，这些数据是结构化的、常用的、机器可读的格式。"[4]数据可携带权首创于欧盟《通用数据保护条例》，作为一项制度创新，旨在平衡数据流动的自由和管制，使数据主体能以简明的方式迁移数据并更好地控制个人数据。可迁移能力是数据移动、复制或传输的能力，这一制度是促进服务提供商竞争、防止锁定效应的关键因素。我国《个人信息保护法》既规定了个人拥有数据可携带权，也规定了个人信息处理者有实现信息转移的义务。[5]

有学者认为，数据可携带权由两项相互独立的请求权构成，即数据主体获得个人数据的权利和要求数据控制者和处理者向其他主体提供个人数据的权利。前者是获取个人数据副本的权利，后者是将数据从某一控制者直接传输到另一控制者的权利。常见的适用场景如社交网络、员工离职、更换保险公司时

---

〔1〕　叶名怡. 论个人信息权的基本范畴［J］. 清华法学，2018（5）：143-158.

〔2〕　崔聪聪. 论我国数据限制处理权的创设及其制度设计［J］. 南京社会科学，2019（9）：91-96.

〔3〕　田广兰. 大数据时代的数据主体权利及其未决问题——以欧盟《一般数据保护条例》为分析对象［J］. 中国人民大学学报，2020（6）：131-141.

〔4〕　The general data protection regulation［Z］. European Parliament and of the Council，2016：Article20.

〔5〕　《个人信息保护法》第 45 条第 3 款规定，个人请求将个人信息转移至其指定的个人信息处理者，符合国家网信部门规定条件的，个人信息处理者应当提供转移的途径。

的数据携带。数据可携带权不适用于符合公共利益的执行职务行为或委托数据控制者行使公权力进行必要处理之情形。这意味着，基于公共利益或行使公权力情形下的数据处理行为会限制数据可携带权的行使。[1]同时，行使数据可携带权不应影响其他主体的权利和自由，涉及第三方个人数据时，数据主体行使可携带权应尊重第三方的基本权利和自由。

有学者认为数据可携带权是指"个人有意将其数据携带或传输到另一平台从而带来强制性的数据转移"。[2]有学者认为数据可携带权是指"数据主体随时可以登录、访问自己的数据，因此数据访问权是数据可携带权的存在前提。数据可携带权是数据访问权利的延伸与补充"。[3]也有学者认为数据可携带权是指"个人信息数据主体有权从网络数据平台处获得经过处理的、常用的且机器可读的个人专属数据，并有权要求平台将其个人专属数据传输给其他数据控制者"。[4]还有学者认为数据可携带权是指"数据主体有权获得其提供给控制者的个人数据或者有权将这类数据转移给另一个控制者。这一权利事实上包含两个权利：获得个人数据的权利和转移个人数据的权利"。[5]

本书认为，数据可携带权是指数据主体享有的将其个人数据转移给其指定主体的权利。

7. 反对权

反对权主要体现于欧盟《通用数据保护条例》第 21 条，其主要分为两个层面：一是，数据主体有权基于与其特定情况有关的理由，拒绝有关的个人数据被处理，包括根据这些数据进行概况分析。控制者不得再处理该个人数据，除非控制者证明其有关数据处理的强制性法律依据优先于数据主体的利益、权利和自由，或者为了设立、行使或捍卫其合法权利。二是，如果为了直接营销的目的而处理个人数据，数据主体有权在任何时候反对有关其的个人数据为进行此类营销而被处理，其中包括与此类直接营销相关的概况分析。如果数据主体反对以直接营销为目的的处理，则个人数据不得再为此目的而被处理。

---

〔1〕 闫玲玲. 规制与流动：智媒时代的个人信息保护——基于欧盟 GDPR 本土化的一项研究 [J]. 科技传播，2019（20）：131-133.

〔2〕 汪庆华. 数据可携带权的权利结构、法律效果与中国化 [J]. 中国法律评论，2021（3）：189-201.

〔3〕 李蕾. 数据可携带权：结构、归类与属性 [J]. 中国科技论坛，2018（6）：143-150.

〔4〕 杨垠红，章彤. 欧盟数据可携带权制度浅析 [J]. 中国社会科学报，2021（6）：1-2.

〔5〕 卓力雄. 数据携带权：基本概念、问题与中国应对 [J]. 行政法学研究，2019（6）：129-144.

而反对权在我国的立法规定中与个人的"知情同意权"密不可分,《个人信息保护法》第 27 条规定,个人信息处理者可以在合理的范围内处理个人自行公开或者其他已经合法公开的个人信息;个人明确拒绝的除外。个人信息处理者处理已公开的个人信息,对个人权益有重大影响的,应当依照本法规定取得个人同意。对于合法公开的信息以不需要取得个人的知情同意为原则,但给予个人拒绝的权利;而对于牵涉重大个人权益的个人信息,则以个人拒绝为原则,需要取得个人明确的同意。

有学者认为反对权是指"数据控制者或处理者在对个人数据进行某些特定处理时,该个人数据主体基于对自己个人数据的保护,可以随时提出反对的权利"。[1]有学者提出反对权是指"信息主体基于'选择退出'享有对信息处理行为的反对权利"。[2]有学者认为欧盟《通用数据保护条例》框架下的反对权是指"数据主体随时有权反对关乎其自身数据的处理,包括根据这些条款而进行的'用户画像'。当数据主体行使反对权时,控制者须立即停止针对这部分个人数据的处理行为,除非控制者证明,相比数据主体的利益、权利和自由,具有压倒性的正当理由需要进行处理"。[3]

本书认为,反对权是指数据主体享有的拒绝数据处理者对其个人数据进行处理的权利。

(二)数据财产权

对于数据财产权,学者们有着较为丰富的论述和研究。齐爱民等指出,数据财产权是权利人直接支配特定的数据财产并排除他人干涉的权利,它是大数据时代诞生的一种新类型的财产权形态,其权能包括数据财产权人对自己的数据财产享有的占有、使用、收益、处分的权利。[4]肖冬梅、文禹衡认为,数据财产权是统属于财产权的一种新型财产权,是与知识产权、物权、债权等并列的一项财产权。[5]郑佳宁认为,基于数据控制者对数据财产的实际控制,数

〔1〕 刁胜先,徐云燕.对欧盟 GDPR 反对权的本土主义反思与建议 [J]. 科技与法律(中英文),2021(5):45-54.

〔2〕 冯恺.个人信息"选择退出"机制的检视和反思 [J]. 环球法律评论,2020(4):148-165.

〔3〕 田广兰.大数据时代的数据主体权利及其未决问题——以欧盟《一般数据保护条例》为分析对象 [J]. 中国人民大学学报,2020(6):131-141.

〔4〕 参见齐爱民,盘佳.数据权、数据主权的确立与大数据保护的基本原则 [J]. 苏州大学学报(哲学社会科学版).2015(1):64-70+191.

〔5〕 参见肖冬梅,文禹衡.数据权谱系论纲 [J]. 湘潭大学学报(哲学社会科学版).2015(6):69-75.

据财产权与物权和知识产权在权利效力上相似，都是一种具有排他性效力的绝对权，具有依自身独立意志使用数据财产并排除他人干涉的效力。[1]钱子瑜将数据财产权的概念界定为"数据财产权是权利人对特定数据享有的直接支配和相对排他的权利，性质为一种财产权，取得方式为基于合法收集行为的原始取得"。[2]徐汉明等提出，新型数据财产权是指数据资源初始占有者、持有者、管控者，数据开发、利用及经营者在对其所掌控的数据进行收集、分析、整合以及加工的基础上而形成的一种持有、管控、分成归属及其收益的结构性权利。[3]龙卫球在莱斯格数据财产化理论的基础上提出当前数据新型财产权的合理化构建，数据新型财产权从体系上说，应该在区分个人信息和数据资产的基础上进行两个阶段的权利建构：首先对于用户，应在个人信息或者说初始数据的层面，同时配置人格权益和财产权益；其次对于数据经营者（企业），在数据资产化背景下，基于数据经营和利益驱动的机制需求，应分别配置数据经营权和数据资产权。这些权利近于物权设计，具有绝对性和排他性，其中数据资产权也与工业知识产权有一定的相似性。[4]许可将数据财产化的权利称为"数据权"，意指数据控制者对"数据集合"（collection of data）享有的占有、处理、处分的权利。[5]

也有学者从个人信息权利以及企业数据权利角度分别论述了"数据财产权"。刘德良认为，个人信息财产权是指个人对其个人信息中所蕴含的商业性使用价值而非人格利益的支配权，它能且只能存在于对个人信息的商业性利用环境之中。[6]项定宜指出，个人信息财产权是指自然人对其个人信息商业利用中享有的财产利益的支配权，并且该财产权受到信息处理者权利的限制，属于人格型财产权。[7]姬蕾蕾将个人信息财产权概括为信息主体对自身信息是否被收集、利用拥有谈判的权利，数据控制者如果想要收集处理该信息，必须

---

〔1〕 参见郑佳宁. 数字经济时代数据财产私法规制体系的构塑 [J]. 学术研究，2021（6）：70-79+177.

〔2〕 钱子瑜. 论数据财产权的构建 [J]. 法学家，2021（6）：75-91+193.

〔3〕 参见徐汉明，孙逸啸，吴云民. 数据财产权的法律保护研究 [J]. 经济社会体制比较，2020（4）：183-191.

〔4〕 参见龙卫球. 数据新型财产权构建及其体系研究 [J]. 政法论坛，2017（4）：63-77.

〔5〕 许可. 数据保护的三重进路——评新浪微博诉脉脉不正当竞争案 [J]. 上海大学学报（社会科学版），2017（6）：15-27.

〔6〕 刘德良. 个人信息的财产权保护 [J]. 法学研究，2007（3）：80-91.

〔7〕 项定宜. 论个人信息财产权的独立性 [J]. 重庆大学学报（社会科学版），2018（6）：169-180.

事先与信息主体谈判。[1]石丹将企业层面的数据财产权的内容定义为："数据财产权保护针对的是数据企业对于其开发的数据产品或者投入增值性劳动的数据资源享有的权利"，"数据财产权核心即是绝对的、排他的保护，有权拒绝他人对数据资源的访问，可以对抗第三方对于数据的窃取和盗用，可以对抗第三方对于数据真实性、完整性的破坏"。[2]程啸认为相较于自然人对个人数据非积极性的人格利益或财产利益，数据企业对合法收集的包括个人数据在内的全部数据享有支配的权利，性质上属于独立于人格权、物权、债权、知识产权的新型财产权。[3]张忆然也提出类似观点，认为"数据财产权作为一种财产权，权利主体只能是数据企业"。[4]

对于数据财产权益的具体规定和保护方式，有学者认为，既有的数据财产权保护主要有著作权保护和合同债权保护两种形式。前者的保护对象为具有独创性的数字化形式，即保护作者以数字化方式将作品制作一份或者多份的权利。后者指提供数据服务或者销售智能产品的企业可以通过签订合同的形式来保护其商业模式以及在数据收集等方面的投资，同时通过技术手段排除未经授权的第三方数据访问。[5]在数据财产权保护模式的选择上，理论上亦有不同观点。

1. 单一赋权模式：数据所有权一元结构

单一赋权模式是指将数据所有权赋予数据主体或者数据控制者。认为数据所有权应归数据主体的理由在于数据源自数据主体。认为数据所有权应归数据控制者的理由在于数据控制者在处理数据过程中的采集、加工等行为耗费了成本，理应享有相应的民事权利。[6]有学者认为应当考虑数据类型和主体差异进行赋权，以个人信息为核心的原始数据并非依靠数据控制者劳动而生成，因其具有人身属性而不可被剥夺，原始数据来源于数据主体，故其所有权应归数据主体所有，数据主体享有对原始数据的控制权；[7]出于对数据利用的经济

---

〔1〕 姬蕾蕾. 大数据时代个人信息财产权保护研究 [J]. 河南社会科学，2020 (11)：21-30.

〔2〕 石丹. 企业数据财产权利的法律保护与制度构建 [J]. 电子知识产权，2019 (6)：59-68.

〔3〕 程啸. 论大数据时代的个人数据权利 [J]. 中国社会科学，2018 (3)：102-122+207-208.

〔4〕 张忆然. 大数据时代"个人信息"的权利变迁与刑法保护的教义学限缩——以"数据财产权"与"信息自决权"的二分为视角 [J]. 政治与法律，2020 (6)：53-67.

〔5〕 See Max Planck Institute for Innovation and Competition. "Arguments Against Data Ownership: Ten Questions and Answers." August 2017. pp. 1-4

〔6〕 程啸. 论大数据时代的个人数据权利 [J]. 中国社会科学，2018 (3)：102-122+207-208.

〔7〕 文禹衡. 数据确权的范式嬗变、概念选择与归属主体 [J]. 东北师大学报（哲学社会科学版），2019 (5)：69-78.

需求的考虑，数据控制者对合法取得的原始数据进行加工处理后所得的衍生数据[1]、脱敏数据[2]和匿名化数据享有财产性的权利[3]，享有数据经营权和数据财产权[4]。

2. 数据所有权和数据用益权协同的二元结构

权利二元结构的原理为权利分割思想，持该观点的学者主张将数据财产权的权能分割为数据原发者（用户）的数据所有权和数据处理者（企业）的数据用益权。数据原发者仅对直接支配的数据享有所有权，其拥有数据财产所有权应当满足如下条件：相应的数据能在较长的时间存储；在财产上具有可分割性；该数据是基于数据原发者的身份、财产或者行为而产生。数据处理者通过采集、加工等方式取得数据用益权，其享有数据用益权应当满足如下条件：该数据源于真正的数据所有权人；取得数据所有权人的明示许可或满足法定事由；数据完成采集并形成具有财产价值的数据集。数据用益权包括数据控制权、数据开发权、数据许可权和数据转让权等积极权能，同时也包括停止侵害、排除妨碍等消极权能。[5]

3. 名义所有权和实质所有权分离的双重所有权架构

持该观点的学者认为数据虽然来源于数据主体，但数据价值的创造、升值完全有赖于数据控制者的管理和处分（如挖掘、匹配和交易），数据控制者对数据价值的创造具有不可或缺的核心作用。数据主体能够受到产权制度保护的原因在于其提供了元数据或原始信托财产。实质上由于数据储存在云端，且与特定的技术架构紧密结合，数据主体既无法决定数据用途和访问对象，亦不能将其修改删除，其早已丧失了对数据占有、支配的能力。而数据控制者则通过技术手段确保数据不被复制，从而独占数据；组建、分析数据库，向消费者发布掠夺性广告和定向推送；销售、与第三方共享数据，开发数据可交易价值；设置访问权限，自主决定数据的公开范围、内容和用途。数据控制者对数据的控制，涵盖对数据的占有、处分权能，从而成为一种实质的所有权。数据主体

〔1〕 石丹. 企业数据财产权利的法律保护与制度构建 [J]. 电子知识产权，2019 (6): 59-68.
〔2〕 王肃之. 大数据环境下法人信息权的法律保护——以脱敏数据权利为切入点 [J]. 当代经济管理，2018 (8): 82-88.
〔3〕 金松，张立彬. 图书馆大数据：权利界分、因应之道与风险破解 [J]. 情报理论与实践，2020 (3): 44-52.
〔4〕 王卫，张梦君，王晶. 数据交易与数据保护的均衡问题研究 [J]. 图书馆，2020 (2): 75-79.
〔5〕 申卫星. 论数据用益权 [J]. 中国社会科学，2020 (11): 110-131+207.

的所有权由于其对数据控制力的彻底丧失而沦为一种名义所有权。[1]

4. 信托模式

在承认委托人对数据享有财产权的前提下，有学者主张通过信托方式，以信义义务解决数据控制者与数据主体之间权利义务的不均衡配置。数据信托的实质是经过验证的、被各方主体所接受的框架协议。在数据信托法律关系中，数据主体既是委托人又是受益人，数据控制者为受托人。

数据信托与一般的数据共享平台在主体、交易方式上并无差别：主体包括数据资源供给方（数据控制人）以及数据需求方（信息企业），用户根据需要选择不同数据控制人提供的数据进行访问，并支付相关费用。

数据信托中的数据控制者与一般数据共享平台的差异主要体现在，数据控制者在数据信托中享有更大的权限并承担更严格的信义义务。数据控制者的权限包括访问控制、访问审核和匿名化数据处置。数据控制者可以为其访问设置附加条件，用户需满足条件（如付费）方能访问。数据控制者能够自动识别、审核那些访问数据的用户身份信息。此外，数据控制者也可根据需要对不同类型的数据进行不同程度的匿名化处理，以平衡数据主体隐私保护与数据可交易价值。与此同时，数据控制者作为信托受托人，应当履行对数据主体的信义义务，具体包括忠实义务和谨慎义务，不得损害数据主体的根本利益。如果发生数据泄露事件，数据控制者无法举证证明其履行高标准的信义义务，则应当为数据侵权事件承担连带责任。[2]

二、数据处理者的义务

（一）欧盟《通用数据保护条例》规定的数据控制者、处理者的义务

欧盟《通用数据保护条例》规定了数据控制者、处理者在数据收集、使用、存储、处理等各环节的义务，具体规定分布在欧盟《通用数据保护条例》的各章节中，来源于三个部分，第一部分是在第二章原则部分规定的义务，第二部分对应第三章数据主体权利部分的配合、协助义务，第三部分是在第四章控制者和处理者部分直接规定的具体义务。

---

〔1〕 冯果，薛亦飒. 从"权利规范模式"走向"行为控制模式"的数据信托——数据主体权利保护机制构建的另一种思路［J］. 法学评论，2020（3）：70-82.

〔2〕 冯果，薛亦飒. 从"权利规范模式"走向"行为控制模式"的数据信托——数据主体权利保护机制构建的另一种思路［J］. 法学评论，2020（3）：70-82.

第一部分即在第二章原则部分规定的义务，主要是第 6 条规定的处理的合法性义务。

第二部分即对应第三章数据主体权利部分的配合、协助义务，从第 12 条到第 21 条规定的数据主体的知情权、访问权、更正权、删除权（被遗忘权）、限制处理权、数据可携带权、反对权等权利，同时也相对应地规定了数据主体在行使这些权利时，数据控制者、处理者的配合、协助义务。

第三部分即在第四章控制者和处理者部分直接规定的具体义务。具体义务如下：（1）第 25 条规定通过数据即默认方式实现数据保护的义务；（2）第 25 条、第 26 条、第 28 条第 1 款规定与联合控制者、代理人、处理者相关的义务；（3）第 30 条规定全面记载处理活动的义务；（4）第 32 条规定确保数据处理过程安全性的义务；（5）第 33 条、第 34 条规定数据泄露时的通知义务，包括向监管机构的报告义务和与数据主体的交流义务；（6）第 35 条规定数据保护影响评估义务；（7）第 36 条规定事先协商义务；（8）第 37 条、第 38 条、第 39 条规定设置数据保护官的义务，具体包括数据保护官的任命、地位和任务；（9）第 28 条规定数据处理者的责任，包括增加其他处理者时的告知义务、与控制者签订合同明确自身权利义务、确保引入的其他数据处理者遵守条例的规定。[1]

（二）我国《数据安全法》规定的数据处理者的数据安全保护义务

我国《数据安全法》第四章数据安全保护义务主要从安全方面规定了数据处理者的数据安全保护义务，落实开展数据活动的组织、个人的主体责任，具体规定在第 27 条至第 36 条。

具体义务可概括为五个部分："一是，开展数据活动必须遵守法律法规，尊重社会公德和伦理，有利于促进经济社会发展，增进人民福祉，不得违法收集、使用数据，不得危害国家安全、公共利益，不得损害公民、组织的合法权益。二是，开展数据活动应当按照规定建立健全全流程数据安全管理制度，组织开展数据安全教育培训，采取相应的技术措施和其他必要措施，保障数据安全。三是，开展数据活动应当加强数据安全风险监测、定期开展风险评估，及时处置数据安全事件，并履行相应的报告义务。四是，对数据交易中介服务和在线数据处理服务等作出规范。五是，对公安机关和国家安全机关因依法履行

〔1〕 京东法律研究院. 欧盟数据宪章：《一般数据保护条例》GDRP 评述及实务指引［M］. 北京：法律出版社，2018：81-91.

职责需要调取数据以及境外执法机构调取境内数据时，有关组织和个人的相关义务作了规定。"[1]

三、数据监管者的职责和权力

（一）欧盟《通用数据保护条例》规定的监管机构的权限、任务和权力

欧盟《通用数据保护条例》第六章独立监管机构第一节规定了监管机构的独立地位，在第二节中具体规定了监管机构的权限、任务和权力。第55条规定了监管机构在本国境内行使权力，对法院的处理行为无权监管。第57条规定了监管机构的监管任务，行使职权的形式可采用电子形式和其他形式，通常情况下监管机构对数据主体和数据保护官是免费的。如数据主体提出的请求明显无根据或过分时，特别是重复提出请求时，监管机构可以根据管理成本收取合理的费用或者拒绝回应。但对于数据主体提出的请求明显无根据或过分，监管机构应承担举证责任。第58条规定了监管机构的权力，包括调查的权力，纠正的权力，获得授权和提出意见、建议的权力。同时还规定了监管机构行使权力应受到保障，监管机构将违反欧盟《通用数据保护条例》的情况提交司法程序的权力，获得各成员方法律授权的权力。同时，第59条还规定了监管机构应编写年度活动报告并提交国民议会和政府有关部门的任务。

另外，欧盟《通用数据保护条例》第七章合作和一致性部分规定了监管领导机构和各成员方监管机构之间的合作和一致性问题。第七章第一节规定了监管领导机构和各成员方监管机构之间的合作，各成员方监管机构之间的相互协助，以及监管机构的联合行动。第二节一致性部分规定了为了促进欧盟《通用数据保护条例》的一致适用，监管机构应当建立一致性合作机制，以及相关情况下与欧盟委员会的合作。

（二）我国《数据安全法》规定的监管机构的职责和权力

我国《数据安全法》也规定了数据安全工作职责，数据安全涉及各行业各领域，涉及多个部门的职责。"明确中央国家安全领导机构对数据安全工作的决策和统筹协调等职责，加强对数据安全工作的组织领导；同时对有关行业

---

[1]《关于〈中华人民共和国数据安全法（草案）〉的说明——2020年6月28日在第十三届全国人民代表大会常务委员会第二十次会议上》，全国人大常委会法制工作委员会副主任刘俊臣。

部门和有关主管部门的数据安全监管职责作了规定。"[1]

我国《数据安全法》在第六章法律责任部分第44条至第48条，规定了对于违反本法的行为进行行政处罚，主要包括发现数据处理活动存在较大安全风险的，开展数据处理活动的组织、个人不履行本法第27条、第29条、第30条规定的数据安全保护义务的，违反第31条规定向境外提供重要数据的，从事数据交易中介服务的机构未履行第33条规定的义务的，违反第35条规定拒不配合数据调取的，违反第36条规定未经主管机关批准向外国司法或者执法机构提供数据等行为。可以采取的行政处罚措施包括对有关组织、个人进行约谈，要求有关组织、个人采取措施进行整改、消除隐患，警告，罚款，责令暂停相关业务、停业整顿、吊销相关业务许可证或者吊销营业执照，对直接负责的主管人员和其他直接责任人员处以罚款。

---

[1]《关于〈中华人民共和国数据安全法（草案）〉的说明——2020年6月28日在第十三届全国人民代表大会常务委员会第二十次会议上》，全国人大常委会法制工作委员会副主任刘俊臣。

第六章
数据收集

第一节　数据收集的界定

在经济学研究中，通常将数据收集也称为"数据获取"或"数据采集"，是指根据系统自身的需求和用户的需要收集相关数据的行为。[1]这一定义虽然有同义反复之嫌，但是可以涵盖数据收集的多种分类方式，如直接与间接方式，主动与被动方式，手动与自动方式，因而也具有一定的科学性。在经济社会高度数字化、智能化的今天，数据收集行为已充斥现实与网络世界的各个角落，由此引发的法律关系也日益复杂。因此，在法学研究中界定数据收集，并对其加以规范以确保其合法性就显得尤为重要。随着计算机科学与信息技术的发展，自动采集数据日益成为数据收集的主要方式，因此也有必要专门介绍数据采集的方式。

一、数据收集的法律界定

（一）数据收集的客体

有学者认为，我国《民法典》第 111 条调整的是不可交易的个人信息，第 127 条规范的是可以商业化利用的数据，实则不然。一方面，作为第 111 条规范对象的个人信息，除了是防御权的客体，也可以是积极利用的对象。在侵害个人信息的情况下，除采用精神损害赔偿的方式外，也可以采用财产救济的方法。另一方面，第 127 条规范的可商业化利用的数据也可能涉及个人信息保

---

〔1〕　苏东水．产业经济学：第三版［M］．北京：高等教育出版社，2010：168.

护的问题。《信息安全技术　个人信息安全规范》（GB/T 35273—2020）特别指明个人信息控制者通过加工处理后形成的信息，如果能够识别到特定个人或者反映个人活动情况的，也属于个人信息，如用户画像或特征标签。衍生数据在对原始数据清洗、匿名化处理后产生，但这并不是说数据处理者在对数据加工过程中或者加工完成后就免除了其保护个人信息的义务。只有经过"去身份化"处理的信息确已不能识别到特定自然人，成为不体现个人身份的"大数据"之后，为了促进社会经济发展和方便人们生活，该类数据才能在无须再次征得个人同意的情况下流转和交易。[1]

我国《数据安全法》第 3 条将数据定义为"任何以电子或者其他形式对信息的记录"。而我国《个人信息保护法》第 4 条将个人信息定义为"以电子或者其他方式记录的已识别或者可识别的自然人有关的各种信息，不包括匿名化处理后的信息"。根据技术发展和应用程度，可以将数据分为单一数据层面的数据、统计层面的数据和大数据层面的数据。大多数有关个人信息保护的讨论中，所针对的其实是单一数据。[2]

信息是数据的内容，数据是信息的形式，在大数据时代，无法将数据与信息加以分离而抽象地讨论数据上的权利。就个人数据而言，其之所以具有经济利益或者涉及人格利益，就是因为包含着可以识别的个人信息。没有个人信息的数据不是个人数据，而只是以二进制代码表现出来的比特形式，对于收集与使用这些数据的人没有意义，法律上自然无须也无法对其加以规范调整。任何民事主体如果仅仅获取或复制二进制代码的数据而未能在"信息"的意义上加以呈现和利用，该行为既不会为获取者带来任何经济利益，也不会损害被复制者的经济利益或人格利益。只有数据被信息化呈现，关于数据归属的争议才会产生或者说资源的稀缺性才会出现，进而才有必要讨论数据应否被私人控制以及公共执法机构对该数据上的民事权利如何保护的问题。因此，讨论自然人对个人数据的民事权利，当然就是在讨论自然人对于数据形式呈现的个人信息的民事权利或者说包含了个人信息的数据的权利问题。简言之，大数据时代，个人信息的权利与个人数据的权利可以等同视之。如果明确了数据与信息的关系，或者更具体地说个人数据与个人信息是一个统一的不可分割的整体，那么

---

[1]　张新宝.《中华人民共和国民法总则》释义 [M]. 北京：中国人民大学出版社，2017：211.
[2]　方禹. 数据价值演变下的个人信息保护：反思与重构 [J]. 经贸法律评论，2020（6）：95-110.

个人数据的客体性与财产性都不会发生争议。[1]个人信息所涵盖的范围小于数据，可批量处理的数据中，除个人信息外还有其他类型的电子数据。由于个人信息与人格尊严密切相关，故法律对于个人信息收集的规定相较于数据收集而言更为严格。

（二）数据收集的法律界定

随着《数据安全法》2021年9月1日起正式施行，我国在网络与信息安全领域的法律法规体系得到了进一步的完善。按照总体国家安全观的要求，《数据安全法》明确了数据安全主管机构的监管职责，建立健全数据安全协同治理体系，提高数据安全保障能力，促进数据出境安全和自由流动，促进数据开发利用，保护个人、组织的合法权益，维护国家主权、安全和发展利益，让数据安全有法可依、有章可循，为数字经济的安全健康发展提供了有力支撑。

目前我国对于数据处理行为集中规定在《数据安全法》中，其中第3条对数据处理行为的具体种类进行了列举，认为数据处理"包括数据的收集、存储、使用、加工、传输、提供、公开等"。而我国《个人信息保护法》第4条第2款规定："个人信息的处理包括个人信息的收集、存储、使用、加工、传输、提供、公开、删除等。"两相比较，后者明确了"删除"也属于处理行为之一，但二者都未对数据收集行为进行单独定义。本书对于个人信息与数据这对概念的比较，参照相关规范中对"个人信息收集"的界定方法，对"数据收集"予以定义。

《信息安全技术 个人信息安全规范》（GB/T 35273—2020）第3.5条明确规定了个人信息收集的概念，即指"获得个人信息的控制权的行为"。具体包括由个人信息主体主动提供、通过与个人信息主体交互或记录个人信息主体行为等自动采集行为，以及通过共享、转让、搜集公开信息等间接获取个人信息等行为。如果产品或服务的提供者提供工具供个人信息主体使用，提供者不对个人信息进行访问的，则不属于该标准所称的收集。例如，离线导航软件在终端获取个人信息主体位置信息后，如果不回传至软件提供者，则不属于个人信息主体位置信息的收集。

因此，在法学中，可以将数据收集界定为获取原始数据的过程，是获得数据控制权的行为。一方面，这意味着数据收集行为并不等同于对所涉数据享有

---

〔1〕 参见程啸.论大数据时代的个人数据权利［J］.中国社会科学，2018（3）：102-122+207-208.

所有权，判断数据的归属需要考量更多的因素，数据收集的主要目的是获得对数据的控制权，在对数据建立控制的基础上，才可以进一步开展后续的数据处理行为。另一方面，对数据的控制来源于多种渠道，既有可能通过数据打包转让、共享等方式获得，也有可能通过传感器、网络爬虫等数据采集的技术手段获得。

二、数据收集的其他相关概念

（一）数据采集技术

在大数据时代，数据收集的最主要方式是数据采集技术。数据采集又称数字获取，是大数据生命周期中的第一个环节，是指通过传感器采集、日志文件采集、Web 爬虫采集、RFID 射频数据采集等方式获得各种类型数据的过程。数据采集技术是信息科学的重要组成部分，已广泛应用于国民经济国防建设的各个领域，并且随着科学技术的发展，尤其是计算机技术的发展与普及，数据采集技术将有广阔的发展前景。用于数据采集的成套设备称为数据采集系统，数据采集系统是计算机与外部世界联系的桥梁，是获取信息的重要途径。现代数据采集系统一般都由计算机控制使得数据采集的质量和效率等大为提高，也节省了硬件投资。[1]

采集目标包括结构化、半结构化及非结构化的海量数据。数据采集也是大数据应用的第一步，在进行数据采集的同时，一般而言要对目标数据进行其他相关的处理。现代意义上的数据采集一般指大数据采集，具体是指在确定目标用户的基础上，针对半结构化和非结构化的数据进行的采集，目标数据一般呈现体量大、种类繁多、来源广泛等特点。数据采集的技术分为大数据智能感知层相关技术和基础支撑层相关技术。

1. 智能感知层

智能感知层包括数据传感体系、网络通信体系、传感适配体系、智能识别体系及软硬件资源接入系统，实现对结构化、半结构化、非结构化的海量数据的智能化识别、定位、跟踪、接入、传输、信号转换、监控、初步处理和管理等，涉及针对大数据源的智能识别、感知、适配、传输、接入等技术。随着物联网技术、智能设备的发展，这种基于传感器的数据采集会越来越多，对于这

---

〔1〕 肖忠祥.数据采集原理［M］.西安：西北工业大学出版社，2001：1-2.

类技术的研究和应用也会越来越重要。

2. 基础支撑层

基础支撑层提供大数据服务平台所需的虚拟服务器，结构化、半结构化及非结构化数据的数据库及物联网资源等基础支撑环境。基础支撑层重点解决分布式虚拟存储技术，大数据获取、存储、组织、分析和决策操作的可视化接口技术，大数据的网络传输与压缩技术，大数据隐私保护技术等。大数据的分析从传统关注数据的因果关系转变为相关关系后，为了在后期分析的时候找到有价值的数据，在采集阶段应本着"全而细"的原则。"全"是指采集时全面采集各类数据，"细"则是指在采集阶段尽可能地采集到每一个数据。

根据采集数据的结构特点，可以将数据划分为结构化数据和非结构化数据。其中结构化数据包括生产报表、经营报表等具有关系特征的数据；非结构化数据包括互联网网页、格式文档、文本文件等文字性描述的资料。这些数据通过关系数据库和专用的数据挖掘软件进行数据的挖掘采集。特别是非结构化数据，综合运用定点采集、元搜索和主题搜索等搜索技术，对互联网和企业内网等数据源中符合要求的信息资料进行搜集整理，并保证有价值信息的发现和提供及时性及有效性。在数据采集模块中，针对不同的数据源，设计针对性的采集模块，分别进行采集工作，主要的采集模块有网络信息采集模块、关系数据库采集模块、文件系统资源采集模块、其他信息源数据的采集。[1]

数据采集的过程要充分考虑其产生主体的物理性质，同时又要兼顾数据应用的特点。由于数据采集的过程中可以使用的资源（如网络带宽、传感器终点能量、网站 token 等）有限，需要有效设计数据采集技术从而使得在有限的资源内实现有价值数据最大化，无价值数据最小化。同样由于资源的限制，数据采集过程不可能获取数据描述对象的全部信息，因此需要精心设计数据采集技术，使采集到的数据和现实对象的偏差最小化。由于有些应用对采集数据的数据质量和时效性有明确要求，例如在心脏病预警中，体感传感器采集数据的数据质量如果时效性或者准确性过低，则无法达到有效预警的效果。对于这样的应用，需要可靠、有时效性保证地采集高质量的数据。[2]

（二）数据预处理

现实世界直接获取的数据由于受数据采集设备异常、录入数据错误、数据

〔1〕　付雯. 大数据导论［M］. 北京：清华大学出版社，2018：41-42.
〔2〕　张尧学. 大数据导论［M］. 北京：机械工业出版社，2019：31.

传输异常、数据转换不一致及部分技术受限等众多因素的影响，在数据中普遍存在缺陷，主要表现在以下几个方面：缺少有价值的数据或者有价值的数据有缺损；数据中包含错误信息，或者存在着部分偏离期望值的孤立点；数据结构、标号和数据值存在不一致性。

数据预处理（Data Preprocessing）是指在进行主要的分析处理以前，对数据进行的一些前期处理，如数据清洗、数据集成、数据变换、数据归约等。[1]数据预处理的引入，将有助于提升数据质量，并使得后续数据处理、分析、可视化过程更加容易、有效，有利于获得更好的用户体验。从需求的角度来看，一些数据分析工具和技术对数据质量是有一定要求的，如果没有高质量的数据作为基础，数据分析挖掘结果往往不尽如人意，合理的决策更无从谈起。因此，通过数据预处理提高数据的质量是大数据处理技术的重要环节。

为了得到高质量的数据，数据预处理之前需要制定和明确统一的数据质量标准，数据预处理的过程需要满足以下四个基本要求：第一，检测并除去数据中所有明显的错误和噪声；第二，尽可能地减小人工干预和用户的编程工作量，并且容易扩展到其他数据源；第三，与数据转化相结合；第四，要有相应的描述语言来指定数据转化和数据清洗操作，所有这些操作应该在一个统一的框架下完成。

数据清理技术，包括数据不一致性检测技术、脏数据[2]识别技术、数据过滤技术、数据修正技术、数据噪声的识别与平滑技术等。

数据集成技术，把来自多个数据源的数据进行集成，缩短数据之间的物理距离，形成一个集中统一的（同构/异构）数据库、数据立方体、数据宽表与文件等。

数据归约技术，可以在不损害挖掘结果准确性的前提下，降低数据集的规模，得到简化的数据集。归约策略与技术包括维归约技术、数值归约技术、数据抽样技术等。

经过数据转换处理，数据被变换或同一。数据转换不仅简化处理与分析过程、提升时效性，也使得分析挖掘的模式更容易被理解。数据转换处理技术包

---

〔1〕 牟少敏．机器学习与大数据技术［M］．北京：中国工信出版集团、人民邮电出版社，2018：53-54.

〔2〕 脏数据是指数据不在给定的范围内或对于实际业务毫无意义，或是数据格式非法，以及在源系统中存在不规范的编码和含糊的业务逻辑的数据。

括基于规则或元数据的转换技术、基于模型和学习的转换技术等。[1]

(三) 数据挖掘

我们生活在一个信息化的数据爆炸时代，人们通过各种采集手段所采集到的数据达到了令人难以想象的庞大体量。这为我们的科学研究提供了诸多便利，但在实际应用中也存在着一些问题。例如，采集数据过量，难以有效地处理和消化；数据的真伪难以辨别；数据来源和安全性难以保证；数据形式不一致难以统一处理。这些问题的存在决定了我们难以直接对海量数据进行有效的使用。面对这些问题，数据挖掘和知识发现技术应运而生，并显示出强大的生命力。

数据挖掘 (Data Mining) 这一概念最早是 Fayyad 在 1995 年的知识发现会议上提出来的，他认为数据挖掘是一个自动或是半自动地从大量数据中发现有效、有意义、有潜在价值、易于理解的数据模式的复杂过程。[2]此定义的着眼点在于数据挖掘的工程特征，明确了数据挖掘是一种用于发现数据中潜在有价值的知识模式的学习机制。在此概念的基础上，许多学者对数据挖掘给出了不同的理解和定义。

目前，一种较为全面客观的定义是，数据挖掘是指从大量的、不完全的、有噪声的、模糊的、随机的实际应用数据中，提取隐含在其中的、人们事先不知道的，但又是潜在有用的信息和知识的过程。其中"知识"这个定义包括几层含义：数据源必须是真实的、大量的、含噪声的；发现的是用户感兴趣的知识；发现的知识要可接受、可理解、可运用；并不要求发现放之四海皆准的知识，仅支持特定的发现问题。

从技术的角度看，数据挖掘无疑是信息网络时代的技术热点。以电子商务网站为例，用户单击鼠标这个细微的动作就决定了这个潜在客户的商业动机和交易行为。网站服务商为了解和预测客户忠实度的变化，可以通过跟踪、记录和分析客户的网站历史购物信息和访问记录来推测客户的购物习惯和行为变化倾向，进而为客户推送优惠的商品信息，力图长时间挽留客户。然而，要做到这一点必须利用强大的数据挖掘和分析功能，让隐藏在数据背后的有用信息显现出来。

从上述定义不难看出，数据挖掘以解决实际问题为出发点，核心任务是对

[1] 何光威. 大数据可视化 [M]. 北京：中国工信出版集团、电子工业出版社，2018：104-105.

[2] See Usama M. Fayyad, Ramasamy Uthurusamy (Eds.)：Proceedings of the First International Conferenceon Knowledge [J]. Discovery and Data Mining (KDD-95), Montreal, Cnnada, August 20-21, 1995.

数据关系和特征进行探索。一般而言，需要探索的数据关系有两种情形，一种是有目标的，另一种是没有目标的。因此，数据挖掘也可以分为两大类，一类为有指导的学习或监督学习（Supervised learning），另一类为无指导的学习或非监督学习（Unsupervised learning）。监督学习是对目标需求的概念进行学习和建模，通过探索数据和建立模型来实现从观察变量到目标需求的有效解释。非监督学习没有明确的标识变量来表达目标概念，主要任务是提炼数据中隐藏的规则和模式。探索数据之间的内在联系和结构数据挖掘并不专属某一单独学科，而是一门多学科交叉的技术，涉及统计学、数据库、机器学习、模式识别、人工智能等。数据挖掘吸收了来自统计学的抽样、估计和假设检验，来自模式识别、机器学习和人工智能的搜索算法、学习方法和建模技术。数据挖掘技术同样需要数据库系统提供有效的存储、索引和查询支持。

此外，高性能并行计算技术和分布式计算技术在处理大数据方面往往是不可或缺的。从获取知识的过程来看，数据挖掘不是一蹴而就的，而是一个循环迭代的递进过程。先从问题的描述开始，到数据的收集，再进行数据的预处理，然后建立模型进行评估，最后才是解释模型得出结论。[1]

三、所收集数据的来源

数据生成的发展趋势可由数据产生速率来描述。随着技术的发展，数据产生的速率也不断增长。事实上，IBM 认为世界上 90%的数据是近几年产生的。[2]数据生成的历程可以划分为三个阶段：阶段一始于 20 世纪 90 年代，随着数字技术和数据库系统的广泛应用，许多企业组织的管理系统存储了大量数据，如银行交易事务、购物中心记录和政府部门归档等。这些数据是结构化的，并能够通过基于数据库的存储管理系统进行分析。阶段二则始于 Web 系统的日益流行，以搜索引擎和电子商务为代表的 Web1.0 系统在 20 世纪 90 年代末期产生了大量的半结构化和无结构的数据，包括网页数据和事务日志等。而自 2000 年以来，许多 Web2.0 应用从在线社交网络（如论坛、博客、社交网络和社交媒体网站等）中产生了大量的用户创造内容。阶段三则是因移动设备（如智能手机、平板电脑、传感器和基于传感器的互联网设备）的普及

---

〔1〕 付雯. 大数据导论［M］. 北京：清华大学出版社，2018：60-61.
〔2〕 See IBM. What is big data ［Z/OL］. 2020 - 01 - 10. http://www - 01. ibm. com/software/data/bigdata/.

而引发的数据的爆炸式增长。[1]

在下一代的工业革命中，无论是工业 4.0（国内称之为"中国制造 2025"）还是物联网（甚至是一个全新的协议与标准），随着数据科学与云计算能力（或是基于区块链的分布式计算技术）的发展，数据都将是所有系统的核心。万物互联、万物数据化之后，基于数据的个性化、智能化变革将是一次全新的革命，将超越 100 多年前开始的自动化生产线的工业 3.0，给人类社会整体的生产力提升带来一次根本性的突破，实现从 0 到 1 的巨大变化。正是在这个意义上，这是一场商业模式的范式革命。商业的未来、知识的未来、文明的未来，本质上就是人的未来。而基于数据智能的智能商业，就是未来的起点。大数据的第一要务就是对已有数据的收集。

人类历史上从未有哪个时代和今天一样产生了如此海量的数据。数据的产生已经完全不受时间、地点的限制，从应用数据库作为数据管理的主要方式开始，人类社会的数据产生方式大致经历了运营式系统阶段、用户原创内容阶段和感知式系统阶段。简单来说，数据产生经历了被动、主动和自动三个阶段。这些被动、主动和自动的数据，共同构成了大数据的数据来源。其中自动式的数据才是大数据产生的根本原因。[2]

从整体上来追溯数据的来源，普遍认为互联网及物联网是产生并承载大数据的基地。互联网公司是天然的大数据公司，在搜索、社交、媒体、交易等各自的核心业务领域，积累并持续产生海量数据，能够上网的智能手机和平板电脑越来越普遍，这些移动设备上的 App 都能够追踪和沟通无数事件，从 App 内的交易数据（如搜索产品的记录事件）到个人信息资料或状态报告事件（如地点变更，即报告一个新的地理编码）。非结构数据广泛存在于电子邮件、文档、图片、音频、视频以及通过博客、维基，尤其是社交媒体产生的数据流中，这些数据为使用文本分析功能进行分析提供了丰富的数据源泉，还包括电子商务购物数据、交易行为数据、Web 服务器记录的网页点击流数据日志。

物联网设备每时每刻都在采集数据，设备数量和数据量都在与日俱增，包括功能设备创建或生成的数据，例如智能电表、智能温度控制器、工厂机器和连接互联网的家用电器。这些设备可以配置为与互联网中的其他节点通信，还可以自动向中央服务器传输数据，这样就可以对数据进行分析。机器和传感器

〔1〕　李学龙，龚海刚. 大数据系统综述［J］. 中国科学（信息科学），2015（1）：1-44.
〔2〕　周鸣争，陶皖. 大数据导论［M］. 北京：中国铁道出版社，2018：2-3.

数据是来自物联网所产生数据的主要例子。

这两类数据资源作为大数据的"金矿"，正在不断产生各类应用。比如，来自物联网的数据可以用于构建分析模型，实现连续监测（如当传感器值表示有问题时进行识别）和预测（如警示技术人员在真正出问题之前检查设备）。国内外出现了这类数据资源应用的不少经典案例，例如美国"路易斯维尔哮喘数据创新计划"。[1] 还有一些企业，在业务中也积累了许多数据，如房地产交易、大宗商品价格、特定群体消费信息等，从严格意义上说，这些数据资源还算不上大数据；但对商业应用而言，却是最易获得和比较容易加工处理的数据资源，也是国内比较常见的应用资源。

对于某一个行业的大数据场景，一是要看这个应用场景是否真有数据支撑，数据资源是否可持续，来源渠道是否可控，数据安全和隐私保护方面是否有隐患；二是要看这个应用场景的数据资源质量如何，是"富矿"还是"贫矿"，能否保障这个应用场景的实效。对于来自自身要借助其他资源渠道有较好的可控性的数据，数据质量一般也有保证，但数据覆盖范围可能有限，需要借助其他资源渠道。对于从互联网抓取的数据，技术能力是关键，既要有能力获得足够大的量，又要有能力筛选出有用的内容；对于从第三方获取的数据，需要特别关注数据交易的稳定性。数据从哪里来是分析大数据应用的起点，如果一个应用没有可靠的数据来源，再好再高超的数据分析技术都是无本之木。[2]

第二节　数据采集的方式

数据采集是计算机在监测、管理和控制一个系统的过程中，取得原始数据的主要手段。[3] 在经济社会数智化转型的过程中，数据采集日益成为数据收

〔1〕 美国堪萨斯州的路易斯维尔地区在美国肺病协会 2012 年微尘污染最严重的城市中名列第九，大约有 10 万人饱受哮喘困扰。路易斯维尔市政府与 IBM 以及 Asthmapolis 合作，共同推出了"路易斯维尔哮喘数据创新计划"。该计划选取了 500 名哮喘病患者，让他们使用 Asthmapolis 的传感器。传感器被装在哮喘患者日常使用的呼吸器上，采集的数据可以被传到病人的医生那里，病人也可以得到个性化指导。通过研究呼吸机数据与空气质量、交通状况、污染情况等数据的相关性，城市管理者可以更好地进行城市规划以及公众健康保护。参见 IT 经理网. 用移动大数据抗击哮喘 [J]. 中国信息安全，2013，(9)：73.

〔2〕 杨正洪，郭良越，刘玮. 人工智能与大数据技术导论 [M]. 北京：清华大学出版社，2018：62-63.

〔3〕 肖忠祥. 数据采集原理 [M]. 西安：西北工业大学出版社，2001：1.

集的主要方式。就现实生活中的情况看，由于大数据技术的发展，数据信息的收集基本上是由计算机网络以及手机等智能应用程序"自动"实施，变得越来越方便和低成本。[1]在从真实世界对象中获得原始数据的过程之中，不准确的数据采集将影响后续的数据处理并最终得到无效的结果。因此数据采集的方式显得尤为重要，对于采集方式的选择不但要依赖于数据源的物理性质，还要考虑数据分析的目标。常用的数据采集方式包括传感器采集（针对物理世界信息）、系统日志采集（针对数字设备运行状态）、网络爬虫采集（针对互联网信息），[2]还有数据库采集等其他方式。

一、传感器采集

传感器常用于测量物理环境变量并将其转化为可读的数字信号以待处理，是采集物理世界信息的重要途径。传感器包括声音、振动、化学、电流、天气、压力、温度和距离等类型。传感器是物联网的重要组成部分，通过有线或无线网络，信息被传送到数据采集点。有线传感器网络通过网线收集传感器的信息，这种方式适用于传感器易于部署和管理的场景。例如视频监控系统通常使用非屏蔽双绞线连接摄像头，通过利用媒体压缩、机器学习、媒体过滤技术，面向各类应用进行集中采集，可以获得涉及城市交通、群体行为、公共安全等方面的大量信息，而这仅仅是光学监控领域一个很小的应用示例，在更广义的光学信息获取和处理系统中（例如对地观测、深空探测等），通过传感器可获得更大规模的数据。无线传感器网络利用无线网络作为信息传输的载体，并形成自组网传输采集的数据，适合于没有能量或通信的基础设施的场合。近年来，无线传感器网络得到了广泛的研究，并应用在多种场合，如环境、水质监控、土木工程、野生动物监控等。一个无线传感器通常由大量微小的传感器节点构成，微小传感器由电池供电或通过环境供电，被部署在应用指定的地点收集感知数据。当节点部署完成后，基站将发布网络配置管理或收集命令，来自不同节点的感知数据将被汇集并转发到基站以待处理。[3]

基于传感器的数据采集系统被认为是一个信息物理系统（cyber-physical system），实际上，在科学实验中许多用于收集实验数据的专用仪器（如磁分

---

〔1〕　侯水平．大数据时代数据信息收集的法律规制［J］．党政研究，2018（2）：22-28.
〔2〕　张尧学．大数据导论［M］．北京：机械工业出版社，2019：31.
〔3〕　张尧学．大数据导论［M］．北京：机械工业出版社，2019：31.

光计、射电望远镜等），都可以看作是特殊的传感器。从这个角度，实验数据采集系统同样是一个信息物理系统。

二、系统日志采集

系统日志采集是广泛使用的数据采集方法之一。系统日志是由系统运行产生，以特殊的文件格式记录系统的活动，包含了系统的行为、状态以及用户和系统的交互。对计算机软硬件系统运行状态的记录，金融应用的股票记账、网络监控的性能测量及流量管理、Web 服务器记录的用户行为等都属于系统日志。[1]

系统日志采集的主要目的是进行日志分析。系统日志中包含大量人们感兴趣的信息，例如，可以从日志记录中获取网站每个页面的页面访问量、访问用户的独立 IP 数；此外，还可以获取一些较为复杂的信息，例如，统计出关键词的检索频次排行榜、用户停留时间最长的页面，甚至可获取更复杂的信息，包括构建广告点击量模型、用户行为特征分析等。既然日志数据中蕴藏了如此大的价值，那么当然需要一些工具进行分析，例如 Awstats、Webalizer 都是专门用于对系统服务器日志进行统计分析的开源程序。另外还有一类产品，虽然不直接分析日志，但提供页面中嵌入 JS 代码的方式统计数据，典型的产品包括 Google Analytics、国内的 Cnzz、百度统计等。

系统日志在诊断系统错误、优化系统运行效率、发现用户行为偏好等方面有着广泛的应用。例如，Web 服务器通常要在访问日志文件中记录网站用户的点击、键盘输入、访问行为以及其他属性，根据这些行为可以有效发现用户的偏好，一方面基于用户行为可以优化网站布局，另外一方面可以做有效的用户画像，从而实现精准的信息推荐。设计系统日志的关键在于对用户/系统行为的认知，需要根据应用的要求选择日志需要包含的内容，并且根据其包含内容的形式和应用的方法设计有效的存取格式。例如，对于类似通话记录一类的需要频繁查询的海量日志仓库，可以选择数据库而不是文本文件来进行管理，以保证高效的查询处理。

系统日志采集系统所具有的基本特征是高可用性、高可靠性、可扩展性。几乎所有在数字设备上运行的应用中所使用的日志文件都非常有用，例如 Web 服务器通常要在访问日志文件中记录网站用户的点击、键盘输入、访问行为以

〔1〕 张尧学．大数据导论［M］．北京：机械工业出版社，2019：31．

及其他属性。有三种类型的 Web 服务器日志文件格式用于捕获用户在网站上的活动：通用日志文件格式（NCSA）、扩展日志文件格式（W3C）和 IIS 日志文件格式（Microsoft）。所有日志文件格式都是 ASCII 文本格式。数据库也可以用来替代文本文件存储日志信息，以提高海量日志仓库的查询效率。其他基于日志文件的数据采集包括金融应用的股票记账和网络监控的性能测量及流量管理。和物理传感器相比，日志文件可以看作是"软件传感器"，许多用户实现的数据采集软件就属于此类。[1]

三、网络爬虫采集

网络爬虫是指为搜索引擎下载并存储网页的程序。通俗来说，网络爬虫是一种自动化浏览网络的程序，或者说是一种网络机器人，它从制定的链接入口，按照某种策略，从互联网中自动获取有用信息。网络爬虫广泛应用于互联网搜索引擎或其他类似网站中，以获取或更新这些网站的网页内容和检索方式。它们可以自动采集所有能够访问到的页面内容，以供搜索引擎做进一步处理（分拣、整理、索引下载的页面），使得用户能更快地检索到他们需要的信息。[2] 根据不同的应用，爬虫系统在许多方面存在差异，按照网络爬虫的功能可以将其分为批量型爬虫、增量型爬虫和垂直型爬虫三类，具体的区别与联系见表 6-1。[3]

表 6-1 三类典型网络爬虫比较

网络爬虫类别	功能描述	适用场合
批量型爬虫	根据用户配置进行网络数据的爬取，此处的用户配置包括：（1）URL 或 URL 列表（往往也成了 URL 池）；（2）爬虫累计工作时间；（3）爬虫累计获取的数据量；（4）其他	（1）互联网数据获取的任何场合，往往用于评估算法是否可行以及审计目标 URL 数据是否可用；（2）批量型爬虫是另外两类爬虫的基础
增量型爬虫	根据用户配置持续进行网络数据的爬取，此处的用户配置包括：（1）URL 或 URL 列表（往往也成了 URL 池）；（2）单个	（准）实时获取互联网数据的任何应用场景（通用的商业搜索引擎爬虫基本都属此类）

〔1〕 李学龙，龚海刚. 大数据系统综述［J］. 中国科学（信息科学），2015（1）：1-44.
〔2〕 梅宏. 大数据导论［M］. 北京：高等教育出版社，2018：60.
〔3〕 梅宏. 大数据导论［M］. 北京：高等教育出版社，2018：61.

数据法学

续表

网络爬虫类别	功能描述	适用场合
	URL 数据爬取频度；（3）数据更新策略；（4）其他	
垂直型爬虫	根据用户配置持续进行制定网络数据的爬取，此处的用户配置包括：（1）URL 或 URL 列表（往往也成了 URL 池）；（2）敏感热词；（3）数据更新策略；（4）其他	（准）实时获取互联网中与指定内容（一般通过配置 URL 池或者热词的方式设定）相关的数据（垂直搜索网站或者垂直行业网站往往需要此种类型的爬虫）

从网络爬虫的定义可知，网络爬虫开始于一张被称作种子的统一资源地址列表（也称为 URL 池或 URL 队列），将其作为抓取的链接入口。当网络爬虫访问这些网页时，识别出页面上所有的所需网页链接，并将它们加入待爬队列中。此后从待爬队列中取出网页链接按照一套策略循环访问，这样一直循环，直到待爬队列为空时爬虫程序停止运行。

网络爬虫是网站应用（如搜索引擎和 Web 缓存）的主要数据采集方式。数据采集过程由选择策略、重访策略、礼貌策略以及并行策略决定。选择策略决定哪个网页将被访问；重访策略决定何时检查网页是否更新；礼貌策略防止过度访问网站；并行策略则用于协调分布的爬虫程序。传统的网络爬虫应用已较为成熟，提出了不少有效的方案。随着更丰富更先进的网络应用的出现，一些新的爬虫机制已被用于爬取富互联网（Rich Internet Application，RIA）应用的数据。[1]

四、其他采集方式

（1）众包采集。这种方式是将收集数据的任务外包给他人来完成，通过大量参与的用户来获取恰当数据。如果以普通用户的移动设备作为基本感知单元，通过网络信息，形成感知网络，从而实现感知任务分发与感知数据收集，完成大规模、复杂的社会感知任务，则称为群智感知。比如，要发现某市所有的水果店，可以通过众包平台，让大量的用户使用手机拍摄水果店并发送定位。[2]

（2）数据库采集。一些企业会使用传统的关系数据库 MySQL 和 Oracle 等

〔1〕 李学龙，龚海刚．大数据系统综述［J］．中国科学（信息科学），2015（1）：1-44.
〔2〕 张尧学．大数据导论［M］．北京：机械工业出版社，2019：31.

来存储数据。这些数据库中存储的海量数据，相对来说结构化更强，也是大数据的主要来源之一。其采集方法支持异构数据库之间的实时数据同步和复制，基于的理论是对各种数据库的 log 日志文件进行分析，然后进行复制。

（3）特定系统接口采集。在一些特定领域，比如对于企业生产经营数据或学科研究数据的保密性要求较高的数据，可以通过与企业或研究机构合作，使用特定系统接口等相关方式采集数据。[1]

第三节　数据收集的法律规制

一、数据收集的规制原则

2012 年 12 月通过的《全国人民代表大会常务委员会关于加强网络信息保护的决定》第 2 条规定，"网络服务提供者和其他企业事业单位在业务活动中收集、使用公民个人电子信息，应当遵循合法、正当、必要的原则，明示收集、使用信息的目的、方式和范围，并经被收集者同意，不得违反法律、法规的规定和双方的约定收集、使用信息"。其中首次提出了个人信息收集的"三性原则"，即合法性原则、正当性原则、必要性原则。2016 年 11 月公布的《网络安全法》第 41 条第 1 款重申了个人信息收集的"三性原则"："网络运营者收集、使用个人信息，应当遵循合法、正当、必要的原则，公开收集、使用规则，明示收集、使用信息的目的、方式和范围，并经被收集者同意。"

2021 年 6 月公布的《数据安全法》第 32 条规定，"任何组织、个人收集数据，应当采取合法、正当的方式，不得窃取或者以其他非法方式获取数据"。这是收集个人数据和非个人数据的一般性规定，强调的是合法性原则和正当性原则，没有强调必要性原则。实际上，对于采用传感器方式采集的物理世界数据等非个人数据，尽可能充分地予以收集才能满足科学研究等工作的需要，因此不必笼统地强调数据收集的必要性原则。当然，如果"法律、行政法规对收集、使用数据的目的、范围有规定的"，则应当"在法律、行政法规规定的目的和范围内收集、使用数据"。而对于个人数据的收集，则需要进一步强调必要性原则，甚至是最小必要原则。为此，2021 年 8 月公布的《个人信息保护法》第 6 条第 2 款规定："收集个人信息，应当限于实现处理目的的

---

〔1〕　付雯. 大数据导论［M］. 北京：清华大学出版社，2018：53.

最小范围，不得过度收集个人信息。"另外，上述立法都有维护数据安全的共同目的，都有强化数据安全保障义务以及相应法律责任的相关规定，数据处理者应当在数据处理的全流程中采取必要措施，确保数据处于有效保护和合法利用的状态，以及具备保障持续安全状态的能力。

因此，本书根据现行法律规定以及相关法律的立法目的，将数据收集规制的一般原则概括为合法性原则、正当性原则和安全性原则；而针对个人信息的收集，还需要遵循最小必要、知情同意等特殊原则。

（一）数据收集的一般原则

1. 合法性原则

合法性原则属于形式合法性范畴，主要是指数据收集应符合法律的明确规定。数据收集是数据处理活动的起点，数据处理活动首先需要通过合法的手段收集到合法的数据。合法性是数据收集的前提，是整个数据处理活动的底线，也是数据合规的基本要求。合法性的"法"应当理解为广义上的法律，包括全国人民代表大会及其常务委员会制定的法律，以及行政法规、地方性法规、部门规章、国家标准等。数据收集者收集数据时，要确保在收集范围、方式和程序上的合法性，严格遵守国家有关数据收集方式的法律法规及相关国家标准；在开始数据收集活动之前应当有法定授权或符合告知同意程序，尤其在收集个人数据的过程中，应当更加注意避免对个人信息权益和隐私的侵犯。即便是国家机关因履行法定职责需要收集、使用数据时，也应当在其履行法定职责的范围内依照法律、行政法规规定的条件和程序进行。[1]

合法性原则是所有数据收集行为都应当遵循的首要原则。《数据安全法》第32条对"任何组织、个人"的数据收集行为都提出了合法性的要求。合法性原则是指司法实践中需要判断具体处理行为是否符合法律的具体规定。就最宽泛的意义而言，法律对数据处理活动所施加的具体规则，都可以纳入合法原则的范畴内，即只要违背具体规则就意味着违背合法性原则。[2]针对个人信息的收集，其合法性原则在我国相关法律和规范性文件之中被多次强调。例如，《网络安全法》第22条第3款规定，"网络产品、服务具有收集用户信息功能

---

〔1〕《数据安全法》第38条规定，国家机关为履行法定职责的需要收集、使用数据，应当在其履行法定职责的范围内依照法律、行政法规规定的条件和程序进行；对在履行职责中知悉的个人隐私、个人信息、商业秘密、保密商务信息等数据应当依法予以保密，不得泄露或者非法向他人提供。

〔2〕龙卫球. 中华人民共和国数据安全法释义［M］. 北京：中国法制出版社，2021：107-108.

的，其提供者应当向用户明示并取得同意；涉及用户个人信息的，还应当遵守本法和有关法律、行政法规关于个人信息保护的规定"。这是《网络安全法》对网络运营者提供网络产品和服务的合法性作出的专门规定。《个人信息保护法》第5条规定："处理个人信息应当遵循合法、正当、必要和诚信原则，不得通过误导、欺诈、胁迫等方式处理个人信息。"此外，《全国人民代表大会常务委员会关于加强网络信息保护的决定》第2条〔1〕、《网络安全法》第41条、《民法典》第1035条〔2〕、《消费者权益保护法》第29条〔3〕，以及《互联网个人信息安全保护指南》第6.1条等都规定了数据收集等处理活动的"合法"要求。

在法律之中明确规定数据收集者的基本法律义务，是落实数据收集合法性原则的需要。《数据安全法》第8条规定，数据处理者在开展数据收集等数据处理活动过程中负有"遵守法律、法规，……不得危害国家安全、公共利益，不得损害个人、组织的合法权益"的基本法律义务。法律、行政法规是对全体社会成员具有普遍的强制约束力的行为规范。数据处理活动应当在法律、行政法规规定的范围内，保证数据处理活动的合法性。此处应当注意数据处理活动区别于一般的民事行为，一般民事行为以意思自治为主，同时根据《民法典》第8条，以"禁止违反法律"为民事活动的限制性原则，言外之意是法无禁止均为可行。而数据处理活动则正面规定"遵守法律、法规"的义务，意味着数据处理活动是受到法律、行政法规严格监管的活动领域，应当严格依

---

〔1〕《全国人民代表大会常务委员会关于加强网络信息保护的决定》第2条规定："网络服务提供者和其他企业事业单位在业务活动中收集、使用公民个人电子信息，应当遵循合法、正当、必要的原则，明示收集、使用信息的目的、方式和范围，并经被收集者同意，不得违反法律、法规的规定和双方的约定收集、使用信息。网络服务提供者和其他企业事业单位收集、使用公民个人电子信息，应当公开其收集、使用规则。"

〔2〕《民法典》第1035条规定："处理个人信息的，应当遵循合法、正当、必要原则，不得过度处理，并符合下列条件：（一）征得该自然人或者其监护人同意，但是法律、行政法规另有规定的除外；（二）公开处理信息的规则；（三）明示处理信息的目的、方式和范围；（四）不违反法律、行政法规的规定和双方的约定。个人信息的处理包括个人信息的收集、存储、使用、加工、传输、提供、公开等。"

〔3〕《消费者权益保护法（2013修正）》第29条规定："经营者收集、使用消费者个人信息，应当遵循合法、正当、必要的原则，明示收集、使用信息的目的、方式和范围，并经消费者同意。经营者收集、使用消费者个人信息，应当公开其收集、使用规则，不得违反法律、法规的规定和双方的约定收集、使用信息。经营者及其工作人员对收集的消费者个人信息必须严格保密，不得泄露、出售或者非法向他人提供。经营者应当采取技术措施和其他必要措施，确保信息安全，防止消费者个人信息泄露、丢失。在发生或者可能发生信息泄露、丢失的情况时，应当立即采取补救措施。经营者未经消费者同意或者请求，或者消费者明确表示拒绝的，不得向其发送商业性信息。"

照法律、法规的规定开展,甚至暗含数据处理活动"法无规定则不可行"的特点。本条最后规定的"不得危害国家安全、公共利益,不得损害个人、组织的合法权益"实际上属于"遵守法律、法规"的"限制性"同等表述,前者具体落实到了法律规范中的合法权利和利益的保护层面。[1]

2. 正当性原则

正当性原则属于实质合法性范畴。"正当"是一个伦理道德或价值判断意义上的词汇,通常而言合法的即正当的,例外情况是将伦理上不正当的行为评价为合法,而这种法通常会被认为是"恶法"。所以正当性原则可以理解为给合法性原则提供兜底,即对于一些行为与目的,法律没有给出明确的合法与否的评价,这时可以根据一般的伦理道德对其进行正当与否的评价。[2]数据收集的正当性原则包括收集目的特定、明确原则,目的合理原则以及手段正当原则。

第一,数据收集目的特定、明确原则,是指数据收集以及后续利用应当依据特定、明确的目的进行。如果数据收集目的过于宽泛、抽象,将无法有效指引后续的数据处理活动,无法有力限制数据处理尤其是个人信息处理的范围。对于政府而言,收集数据只能是出于维护公共利益的目的。但"公共利益"属于典型的不确定性法律概念,内涵与外延十分模糊,容易被滥用。政府在进行数据收集时,必须是为了实现特定、明确的具体公共利益,不能以抽象的"公共利益"为名,随意收集数据。对于私主体而言,数据处理目的,涉及为了自身利益、个人的利益、第三人利益、公共利益等多种利益。无论是出于维护公共利益的目的,还是实现其他合法利益的目的,数据收集者都应根据不同的情境,尽可能设置特定、明确的数据收集目的。

第二,数据收集的目的不仅应特定、明确,而且还必须合理。目的合理原则要求公私主体在收集以及后续处理数据时,应限制在维护公共利益和合法的私人利益的范围内。至于数据收集的哪些目的是合理的,法律对于常见情形可以作出列举,即明确规定合法利益的类型。如果法律没有规定,就需要运用"合理"标准,结合具体情形对数据收集的目的正当性进行实质判断。[3]

第三,数据收集不仅应当具备目的正当性,也应当具备手段正当性。数据是国家基础性战略资源,具有经济价值、营销价值、情报价值、预测价值等潜

〔1〕 龙卫球. 中华人民共和国数据安全法释义 [M]. 北京:中国法制出版社,2021:24.
〔2〕 龙卫球. 中华人民共和国数据安全法释义 [M]. 北京:中国法制出版社,2021:108.
〔3〕 刘权. 论个人信息处理的合法、正当、必要原则 [J]. 法学家,2021(5):1-15+191.

在价值，虽然其价值的实现主要取决于数据应用的技术能力，[1]但是数据应用以数据收集为前提，因此数据必然会成为争相收集的对象。如此一来，数据收集主体与公民个人、其他数据处理者之间会存在利益冲突。如果不对数据收集手段予以规范，会导致秩序的混乱。为此，《数据安全法》第 32 条规定，"不得窃取或者以其他非法方式获取数据"，即不得采取窃取、误导、欺诈、诱骗等非法手段收集数据；不得违背个人信息主体的意愿，强迫其提供个人信息；也不得以维护公共利益或实现其他合法利益的目的为由，不择手段地收集数据。尤其是对个人数据的收集而言，个人信息处理者不得采用捆绑服务、诱导授权、违规窃取等不正当方式获取个人信息，如工业和信息化部对于手机 App 违规调用通讯录、位置信息等问题多次进行处置，相关 App 的行为就是在手段上违反了正当性原则的典型行为。[2]

3. 安全性原则

安全性原则，是指数据收集者应当采取必要措施，确保数据收集过程处于安全状态。数据安全是《网络安全法》《数据安全法》《个人信息保护法》的共同立法目的之一，也是数据收集的底线原则。作为我国数据安全领域的基础性法律，《数据安全法》在第一章总则第 8 条中规定，数据处理者应当"履行数据安全保护义务"，并在第四章集中规定"数据安全保护义务"。尤其是在第 27 条中明确要求数据处理者建立健全全流程数据安全管理制度，从数据收集环节开始就注重保障数据安全，符合数据安全的维护规律。

数据采集是数据生命周期的第一个步骤，这个阶段的安全重要性不言而喻。例如，智能网联汽车能够采集海量高维数据，整车及零部件企业均具备数据采集能力，且智能网联汽车国产化率低、数据采集标准不健全，使得采集数据的去向不可控，导致其数据安全隐患比较突出。[3]具体说来，数据采集阶段主要的风险集中在采集源、采集终端、采集过程中，包括采集阶段面临的非授权采集、数据分类分级不清、敏感数据识别不清、采集时缺乏细粒度的访问控制、数据无法追本溯源、采集到敏感数据的泄密风险、采集终端的安全性以及采集过程的事后审计等。[4]

〔1〕 方禹 . 数据价值演变下的个人信息保护：反思与重构［J］. 经贸法律评论，2020（6）：95-110.

〔2〕 龙卫球 . 中华人民共和国数据安全法释义［M］. 北京：中国法制出版社，2021：22.

〔3〕 闫兆腾，朱红松 . 智能网联汽车数据采集安全风险研究［J］. 保密科学技术，2021（10）：41-43.

〔4〕 包英明 . 大数据平台数据安全防护技术［J］. 信息安全研究，2019（3）：242-247.

为了保障数据收集环节的安全，《数据安全法》第 27 条规定，应当"采取相应的技术措施和其他必要措施"，这就是所谓的"必要措施条款"。除此之外，"必要措施条款"在我国相关立法之中多次出现。例如，我国《信息安全技术　个人信息安全规范》（GB/T 35273—2020）提出，"建立适当的数据安全能力，落实必要的管理和技术措施"。《网络安全法》第 10 条、《电子商务法》第 30 条要求，"采取技术措施和其他必要措施"，保障网络安全、稳定运行；《全国人民代表大会常务委员会关于加强网络信息保护的决定》《电信和互联网用户个人信息保护规定》《消费者权益保护法》等都包含了类似的"必要措施"条款。《民法典》第 1038 条明确要求，"信息处理者应当采取技术措施和其他必要措施，确保其收集、存储的个人信息安全，防止信息泄露、篡改、丢失"。《个人信息保护法》第 9 条、第 38 条、第 59 条也要求采取"必要措施"保障个人信息安全。

为落实数据收集的安全性原则，需采取的"必要措施"应结合均衡性原则即狭义比例原则进行分析。[1]如果某项安全保障措施有效性很强但成本太高，对数据处理者造成的成本与对数据安全保障产生的收益不成比例，就不应当被采取。如今，数据采集已成为数据收集的主要方式，而且利用网络开展数据采集等数据处理活动也越来越多。为维护网络数据的完整性、保密性和可用性，《数据安全法》第 27 条专门规定，"利用互联网等信息网络开展数据处理活动，应当在网络安全等级保护制度的基础上，履行上述数据安全保护义务"。在法律上，除了网络安全等级保护制度，数据分类分级保护制度、全流程数据安全管理制度等都是落实数据收集的安全性原则的重要支撑。从技术角度，以下数据采集阶段的安全风险防范措施可供选择：第一，制定严格的访问控制策略，非授权的采集请求应通过技术手段直接拒绝，确保数据采集端与信息主体处于相互信任的情况；第二，在数据采集前后采取校验码等技术对数据完整性进行校验，如使用数字签名、Hash 算法校验等方式；第三，对数据采集接口与后端进行加密对接。

（二）个人信息收集的特殊原则

1. 最小必要原则

个人信息收集的最小必要原则，也称个人数据最小化原则、最少够用原则，

---

〔1〕 刘权. 均衡性原则的具体化 [J]. 法学家，2017（2）：17-30+177-178.

源自传统的比例原则。欧盟《通用数据保护条例》中规定了"目的受限"（Purpose Limitation）与"数据最小化"（Data Minimization）两项数据处理的基本原则。目的受限原则要求，数据处理者必须从开始就明确处理目的，并于文档中记录和公开处理目的，处理活动限于处理目的所描述的范围。数据最小化原则提出了数据的三项检查要素：充足性，足以正确实现指定的处理目的；相关性，与处理目的具有合理联系；必要性，不超过处理目的所必要的数据范围。欧盟《通用数据保护条例》中有关目的受限、数据最小化的实施标准，有助于正确把握和适用我国个人信息保护法的最小必要性原则。[1] 以"最小"对"必要原则"的内涵进行限定，意味着该原则必定包含"负面影响最小""最小侵害"等内容。数据收集的最小必要原则包括以下三个子原则。

其一，相关性原则，又称适当性原则。个人信息收集应当与特定目的的实现具有相关性，能够有助于特定目的的实现。按照《个人信息保护法》第 6 条第 1 款，这种相关性必须是直接相关性，即实现处理目的与个人信息处理之间具有必然的、紧密的联系。比如，为履行在平台内订立的买卖合同，收集、存储、使用消费者的位置信息均属于有直接相关性的处理活动，不宜将具有直接相关性的个人信息处理界定为直接导致处理目的实现的个人信息处理，否则便会割裂个人信息收集、存储、使用、加工等各环节之间的内在联系。[2]

其二，最小化原则。在收集个人数据的过程中，收集者应当在收集的类型、频率、数量上保持最小必要性，即应限制在为实现特定目的所必不可少的范围内，即离开某项数据的处理，就无法合理地通过其他手段实现目的。具体而言，其收集的数据类型应当与实现其产品或服务的业务功能直接关联；自动收集的频率应当是实现产品和服务的业务功能所需的最低频率；间接获取的个人数据数量应当是实现产品和服务的业务功能所需的最少数量。[3] 对《个人信息保护法》第 6 条中"对个人权益影响最小的方式""收集个人信息，应当

---

〔1〕　龙卫球. 中华人民共和国个人信息保护法释义［M］. 北京：中国法制出版社，2021：26.

〔2〕　武腾. 最小必要原则在平台处理个人信息实践中的适用［J］. 法学研究，2021（6）：71-89.

〔3〕《信息安全技术　个人信息安全规范》（GB/T 35273—2020）5.2 收集个人信息的最小化必要中规定："对个人信息控制者的要求包括：a）收集的个人信息的类型应与实现产品或服务的业务功能有直接关联；直接关联是指没有上述信息的参与，产品或服务的功能无法实现；b）自动采集个人信息的频率应是实现产品或服务的业务功能所必需的最低频率。c）间接获取个人信息的数量应是实现产品或服务的业务功能所必需的最少数量。"

限于实现处理目的的最小范围"进行解释，也可以得出最小化原则的具体要求，包括最少数量、最少类型、最短存储时间、最小共享范围、最低处理频率等。[1]而对于其他类型的数据收集也应当与相匹配的业务功能相符合，做到不过度收集。

其三，合比例性原则。从最小必要原则的渊源和比较法经验出发，可以推出合比例性这一子原则，即数据处理所带来的风险与特定目的实现所带来的利益相比须符合一定比例。在瑞典，一所学校因采用人脸识别技术记录学生的出勤情况而遭受处罚。执法机关认为该学校实施的个人数据处理行为虽然有助于实现记录目的，但不合比例。记录学生的出勤情况是一项特定目的，处理人脸信息等生物识别信息是手段，该手段固然有助于实现该目的，但并非实现该目的所必不可少的；更重要的是，上述生物识别信息是敏感度高的个人信息，一旦泄露或者被不当利用便可能给信息主体带来巨大危险或者严重损害，故这类个人信息的处理所带来的风险与实现该特定目的所带来的利益（提升记录效率）相比显著不合比例，该处理行为不满足最小化、合比例性这两个子原则的要求。[2]

2. 知情同意原则

知情同意原则是国际社会普遍认可的个人数据收集的合法性基础之一。《个人信息保护法》的一大亮点在于，其为个人信息处理者处理个人信息提供了多元的正当性途径。在《个人信息保护法》公布之前，许多法律、法规，如《网络安全法》第41条，均将征得被收集者同意作为收集个人信息的必要前提条件。《个人信息保护法》第13条[3]为个人信息处理者处理个人信息提供了七种合法途径，而"取得个人的同意"仅是其中之一。该规定较好地平

---

〔1〕 龙卫球. 中华人民共和国个人信息保护法释义［M］. 北京：中国法制出版社，2021：108.

〔2〕 武腾. 最小必要原则在平台处理个人信息实践中的适用［J］. 法学研究，2021（6）：71-89.

〔3〕《个人信息保护法》第13条规定："符合下列情形之一的，个人信息处理者方可处理个人信息：（一）取得个人的同意；（二）为订立、履行个人作为一方当事人的合同所必需，或者按照依法制定的劳动规章制度和依法签订的集体合同实施人力资源管理所必需；（三）为履行法定职责或者法定义务所必需；（四）为应对突发公共卫生事件，或者紧急情况下为保护自然人的生命健康和财产安全所必需；（五）为公共利益实施新闻报道、舆论监督等行为，在合理的范围内处理个人信息；（六）依照本法规定在合理的范围内处理个人自行公开或者其他已经合法公开的个人信息；（七）法律、行政法规规定的其他情形。依照本法其他有关规定，处理个人信息应当取得个人同意，但是有前款第二项至第七项规定情形的，不需取得个人同意。"

衡了保护个人信息与促进个人信息合法利用，以及维护公共利益之间的关系。[1]立法对个人信息处理主体采取了分类规制。个人信息处理主体可以区分为国家机关和国家机关以外的主体。前者因履行法定职责处理个人信息而具有特殊性，因而，在个人信息处理规则方面被特殊对待，如其原则上不适用征得个人同意的规则。[2]

　　知情同意原则起源于近代医学领域，经历了从"同意"到"告知同意"再到"知情同意"的演变过程，并最终形成了医学领域知情同意原则的基本模式，即"告知—知情—同意"模式。[3]知情同意原则型构了医患双方亦即信息强弱势双方的信任关系，也是为了让作为信息强势方的医生对作为信息弱势方的患者更好地履行安全保障义务和科技伦理义务，符合尊重个人主体地位、守护人类尊严和保障人权的世界潮流。在人类进入信息化、数字化社会以后，伦理学家们提出，医学领域的知情同意原则可以拓展到个人信息保护领域，在保护信息隐私方面发挥作用。[4]受经济社会发展形势与国际立法影响，我国也较早地确立了知情同意在个人信息保护立法中的基本原则地位，并经历了从唯一合法性依据向主要合法性基础的转变。[5]个人信息保护领域知情同意原则最先在《全国人民代表大会常务委员会关于加强网络信息保护的决定》第2条第1款中被提出，根据该条规定，网络服务提供者和其他企事业单位在业务活动中收集、使用公民个人电子信息，应当"明示收集、使用信息的目的、方式和范围，并经被收集者同意"。[6]遗憾的是，《全国人民代表大会常务委员会关于加强网络信息保护的决定》因欠缺配套措施，宣示意义远大于规范意义。[7]虽然知情同意原则曾经一度成为收集、使用个人信息的唯一合

〔1〕　龙卫球．中华人民共和国个人信息保护法释义［M］．北京：中国法制出版社，2021：4.

〔2〕　龙卫球．中华人民共和国个人信息保护法释义［M］．北京：中国法制出版社，2021：7.

〔3〕　郭旨龙，李文慧．数字化时代知情同意原则的适用困境与破局思路［J］．法治社会，2021（1）：26-36.

〔4〕　卡罗尔·C.古尔德．民主如何做到知情同意——以互联网和生物伦理为例［J］．黎春娴，译．哲学分析，2021（5）：96-113+198.

〔5〕　中国信息通信研究院互联网法律研究中心．个人信息保护立法研究［M］．北京：中国法制出版社，2021：174.

〔6〕　《全国人民代表大会常务委员会关于加强网络信息保护的决定》第2条第1款规定："网络服务提供者和其他企业事业单位在业务活动中收集、使用公民个人电子信息，应当遵循合法、正当、必要的原则，明示收集、使用信息的目的、方式和范围，并经被收集者同意，不得违反法律、法规的规定和双方的约定收集、使用信息。"

〔7〕　龙卫球．中华人民共和国个人信息保护法释义［M］．北京：中国法制出版社，2021：57.

法依据，后来又有《消费者权益保护法》《网络安全法》《民法典》等法律从不同角度对其予以强化规定，但其配套措施不完善的问题没有得到根本解决，因此其实际效果并不明显。例如，在网络语境中，为使用产品或服务，用户往往除点击同意之外并无其他选择。知情同意原则不仅无法起到保护用户的作用，反而成了企业转移责任的工具。[1]在总结前期立法经验的基础上，2021年8月公布的《个人信息保护法》在第14条再次明确规定了个人信息保护领域的知情同意原则，即个人信息处理者基于个人同意处理个人信息的，该同意应当由个人在充分知情的前提下自愿、明确作出。[2]据此，要遵守个人信息保护领域的知情同意原则，也应当采用"告知—知情—同意"模式，而且还要符合相关配套措施的要求。例如，为了满足个人"充分知情"的前提，个人信息处理者应当根据《个人信息保护法》第17条第1款的要求，"以显著方式、清晰易懂的语言真实、准确、完整地"向个人履行告知义务。[3]而且，个人的同意必须是在其充分知情的前提下，自愿、明确地作出的同意。例如，为了保障个人同意的自愿性，《个人信息保护法》第16条作出了禁止性规定，即除非是处理个人信息属于提供产品或者服务所必需的情形下，个人信息处理者不得以个人不同意处理其个人信息或者撤回同意为由，拒绝提供产品或者服务。[4]因此，应当注意的是，对于个人信息收集的法律规制而言，知情同意原则仍然是主要的合法性基础，而且知情同意原则已经不再是单一的宣示性规定，而是形成了一套较为完善的规范体系。在数据分类的基础之上，应当进一步分级，相应地数据收集以及后续处理、保护规则也有所区别。《个人信息保

〔1〕 中国信息通信研究院互联网法律研究中心. 个人信息保护立法研究〔M〕. 北京：中国法制出版社，2021：32.

〔2〕《个人信息保护法》第14条规定："基于个人同意处理个人信息的，该同意应当由个人在充分知情的前提下自愿、明确作出。法律、行政法规规定处理个人信息应当取得个人单独同意或者书面同意的，从其规定。个人信息的处理目的、处理方式和处理的个人信息种类发生变更的，应当重新取得个人同意。"

〔3〕《个人信息保护法》第17条规定："个人信息处理者在处理个人信息前，应当以显著方式、清晰易懂的语言真实、准确、完整地向个人告知下列事项：（一）个人信息处理者的名称或者姓名和联系方式；（二）个人信息的处理目的、处理方式，处理的个人信息种类、保存期限；（三）个人行使本法规定权利的方式和程序；（四）法律、行政法规规定应当告知的其他事项。前款规定事项发生变更的，应当将变更部分告知个人。个人信息处理者通过制定个人信息处理规则的方式告知第一款规定事项的，处理规则应当公开，并且便于查阅和保存。"

〔4〕《个人信息保护法》第16条规定："个人信息处理者不得以个人不同意处理其个人信息或者撤回同意为由，拒绝提供产品或者服务；处理个人信息属于提供产品或者服务所必需的除外。"

护法》将个人信息区分为一般个人信息与敏感个人信息，并对后者采取了更为严格的保护措施。只有在具有特定的目的和充分的必要性的情形下，方可处理敏感个人信息，并且应当取得个人的单独同意或者书面同意。[1]与《未成年人保护法》《儿童个人信息网络保护规定》等对不满 14 周岁的未成年人个人信息进行特别保护的规定相衔接，《个人信息保护法》规定应当取得未成年人的父母或者其他监护人的同意，并制定专门的个人信息处理规则。[2]

　　为实现《个人信息保护法》的立法目的，在"保护个人信息权益""规范个人信息处理活动"与"促进个人信息合理利用"三者之间保持动态平衡，我国不仅将知情同意原则作为个人信息收集等处理行为的主要合法性基础，还构建了同意之外的法定许可体系。根据《民法典》第 1035 条第 1 款第 1 项的但书规定[3]以及《个人信息保护法》第 13 条的兜底规定，[4]能够规定处理个人信息知情同意例外情形的，只有法律和行政法规。换言之，只有法律和行政法规才有资格成为法定许可体系之中的"法"，这有利于严格限缩法定许可的范围。同时，《个人信息保护法》在明确列举了五种法定许可情形之外，还规定了兜底条款，这有利于法定许可体系与时俱进地保持动态性和开放性。处理个人信息的法定许可（知情同意的例外）情形包括但不限于：（1）为订立、履行个人作为一方当事人的合同所必需，或者按照依法制定的劳动规章制度和依法签订的集体合同实施人力资源管理所必需；（2）为履行法定职责或者法定义务所必需；（3）为应对突发公共卫生事件，或者紧急情况下为保护自然人的生命健康和财产安全所必需；（4）为公共利益实施新闻报道、舆论监督

----

　　〔1〕　参见《个人信息保护法》第 28 条第 2 款规定："只有在具有特定的目的和充分的必要性，并采取严格保护措施的情形下，个人信息处理者方可处理敏感个人信息。"第 29 条规定："处理敏感个人信息应当取得个人的单独同意；法律、行政法规规定处理敏感个人信息应当取得书面同意的，从其规定。"第 30 条规定："个人信息处理者处理敏感个人信息的，除本法第十七条第一款规定的事项外，还应当向个人告知处理敏感个人信息的必要性以及对个人权益的影响；依照本法规定可以不向个人告知的除外。"

　　〔2〕　参见《个人信息保护法》第 31 条规定："个人信息处理者处理不满十四周岁未成年人个人信息的，应当取得未成年人的父母或者其他监护人的同意。个人信息处理者处理不满十四周岁未成年人个人信息的，应当制定专门的个人信息处理规则。"

　　〔3〕　《民法典》第 1035 条第 1 款第 1 项规定："处理个人信息的，应当遵循合法、正当、必要原则，不得过度处理，并符合下列条件：（一）征得该自然人或者其监护人同意，但是法律、行政法规另有规定的除外。"

　　〔4〕　《个人信息保护法》第 13 条规定："……（七）法律、行政法规规定的其他情形。依照本法其他有关规定，处理个人信息应当取得个人同意，但是有前款第二项至第七项规定情形的，不需取得个人同意。"

等行为，在合理的范围内处理个人信息；[1]（5）合理处理该自然人自行公开的或者其他已经合法公开的信息（但是该自然人明确拒绝或者处理该信息侵害其重大利益的除外）；（6）为维护公共利益或者该自然人合法权益，合理实施的其他行为。[2]

二、数据收集的合法性标准

数据收集的合法性问题是保护自然人和企业的数据合法权益的起点。企业的数据利益与经济利益相关，企业的数据利益通常表现为商业机密和对数据所享有的商业上的利益。对企业商业机密和数据利益的保护，是维护市场主体权益、保护市场竞争秩序的需要。对个人信息的保护则直接与个人的人身权利保护相关。人身权利与商业利益相比较，当然是前者优先。因此，就数据法律所保护的利益的重要性和迫切性来看，个人信息的保护更为迫切和重要，个人数据收集的合法性标准当然会更为严格。

（一）数据收集范围的合法性判断

要厘定数据收集的合法边界，需要从数据保护法律的本质出发进行探究。法律之所以对个人信息进行保护，主要是为了保护个人信息权益与隐私权，对个人信息权益与隐私权的保护，实质上是个人民事权利保护的一部分，对应到个人信息保护制度上，就是"可识别性标准"。

"可识别性"是判断数据收集范围合法性的首要标准。哪些个人信息可以不经数据主体同意而合法地被收集，哪些个人信息必须经数据主体同意才能被合法地收集，应遵循"可识别性"判断标准。如果经判断，某项数据收集者拟收集的个人信息已经实现了"去个人化"，无法识别到某特定的数据主体，那么对该种个人信息的收集行为将不会侵害数据主体的个人隐私，即便没有获取数据主体关于收集该项个人信息的同意，该数据收集行为仍然可以具备合法性，这就是数据收集范围上的"可识别性标准"。

这种判断标准在我国法律规定上也有所体现，根据我国《网络安全法》

---

[1]　参见《个人信息保护法》第13条。
[2]　《民法典》第1036条规定："处理个人信息，有下列情形之一的，行为人不承担民事责任：（一）在该自然人或者其监护人同意的范围内合理实施的行为；（二）合理处理该自然人自行公开的或者其他已经合法公开的信息，但是该自然人明确拒绝或者处理该信息侵害其重大利益的除外；（三）为维护公共利益或者该自然人合法权益，合理实施的其他行为。"

第42条第1款之规定，"网络运营者不得泄露、篡改、毁损其收集的个人信息；未经被收集者同意，不得向他人提供个人信息。但是，经过处理无法识别特定个人且不能复原的除外"。《民法典》第1038条第1款规定，"信息处理者不得泄露或者篡改其收集、存储的个人信息；未经自然人同意，不得向他人非法提供其个人信息，但是经过加工无法识别特定个人且不能复原的除外"。其中，在以"去个人化"作为非法提供个人信息的免责事由的规定上，可以看出涉及数据收集内容合法性问题时，我国秉持保护个人信息权益与隐私权保护观，以是否侵犯数据主体个人信息权益与隐私权，即"可识别性标准"作为判断数据收集范围的合法性标准。

此外，对于需要获得个人信息主体同意才能收集的个人信息，根据个人信息收集的特殊原则——知情同意原则，可以将"知情同意标准"作为个人信息收集范围的合法性标准之一。根据个人信息收集的特殊原则——最小必要原则，应当按照《个人信息保护法》第6条的要求，将"最小影响权益标准""最小收集范围标准"作为个人信息收集范围的合法性标准。我国《App违法违规收集使用个人信息行为认定方法》第4条还提出了六类"违反必要原则，收集与其提供的服务无关的个人信息"的行为，具体包括：第一，收集的个人信息类型或打开的可收集个人信息权限与现有业务功能无关；第二，因用户不同意收集非必要个人信息或打开非必要权限，拒绝提供业务功能；第三，App新增业务功能申请收集的个人信息超出用户原有同意范围，若用户不同意，则拒绝提供原有业务功能，新增业务功能取代原有业务功能的除外；第四，收集个人信息的频度等超出业务功能实际需要；第五，仅以改善服务质量、提升用户体验、定向推送信息、研发新产品等为由，强制要求用户同意收集个人信息；第六，要求用户一次性同意打开多个可收集个人信息的权限，用户不同意则无法使用。这些禁止性规定，有利于敦促和指引数据处理者遵守最小必要原则，为个人信息收集划定尽可能清晰的范围。

（二）数据收集方式的合法性判断

1. 以法律规定为主，以公序良俗为辅

《全国人民代表大会常务委员会关于加强网络信息保护的决定》《网络安全法》《数据安全法》《个人信息保护法》对数据收集、个人信息收集的合法方式都仅作了原则性规定。《全国人民代表大会常务委员会关于加强网络信息保护的决定》第2条规定，网络服务提供者和其他企业事业单位在业务活动中收集、使用公民个人电子信息，应当遵循合法、正当、必要的原则，明示收集、使用信息的目的、方式和范围，并经被收集者同意，不得违反法律、法规的规定和双方的约定收集、使用信息。网络服务提供者和其他企事业单位收集、使用公民个人电子信息，应当公开其收集、使用规则。《网络安全法》秉承了《全国人民代表大会常务委员会关于加强网络信息保护的决定》的这些原则性规定。《网络安全法》第41条规定，网络运营者收集、使用个人信息，应当遵循合法、正当、必要的原则，公开收集、使用规则，明示收集、使用信息的目的、方式和范围，并经被收集者同意。网络运营者不得收集与其提供的服务无关的个人信息，不得违反法律、行政法规的规定和双方的约定收集、使用个人信息，并应当依照法律、行政法规的规定和与用户的约定，处理其保存的个人信息。《数据安全法》第32条规定，任何组织、个人收集数据，应当采取合法、正当的方式，不得窃取或者以其他非法方式获取数据。法律、行政法规对收集、使用数据的目的、范围有规定的，应当在法律、行政法规规定的目的和范围内收集、使用数据。即便是《个人信息保护法》在"个人信息处理规则"一章中对有关数据收集方式的"合法性"标准作出了更为系统的规定，比如个人信息处理告知规则及其例外规则、不得拒绝交易规则、撤回同意规则、单独同意规则等，但仍然不可能列举所有合法的方式，也不可能列举所有非法的方式。

在法理上，任何一个法律体系都不可能采用列举的方式穷尽所有合法和非法的信息收集方式。《民法典》第8条规定，"民事主体从事民事活动，不得违反法律，不得违背公序良俗"；第10条规定，"处理民事纠纷，应当依照法律；法律没有规定的，可以适用习惯，但是不得违背公序良俗"。事实上，《数据安全法》第8条也有类似规定："开展数据处理活动，应当遵守法律、法规，尊重社会公德和伦理，遵守商业道德和职业道德，诚实守信，履行数据安全保护义务，承担社会责任，不得危害国家安全、公共利益，不得损害个人、组织的合法权益。"因此，对于数据收集方式的合法性判断标准，应当首先以法律法规为准，在判断过程中始终坚持公序良俗的判断标准；如果法律没有明文规定，可以依据公序良俗原则作为补充判断标准。即使在《网络安全法》《数据安全法》《个人信息保护法》等法律中反复出现的"必要""正当""合理"等规定，也需要进一步进行判断解释，而无法根据语句表述直接作出判断，因此也需要结合公序良俗的判断标准进行衡量。

2. 保障网络、数据和个人信息的安全

根据数据收集的安全性原则，应当将"保障网络、数据和个人信息的安全"作为数据收集方式的合法性判断标准，而且应当作为底线标准。《网络安全法》第 10 条规定："建设、运营网络或者通过网络提供服务，应当依照法律、行政法规的规定和国家标准的强制性要求，采取技术措施和其他必要措施，保障网络安全、稳定运行，有效应对网络安全事件，防范网络违法犯罪活动，维护网络数据的完整性、保密性和可用性。"这实际上是为数据收集尤其是网络数据采集方式的合法性划定的安全底线。

我国于 2021 年 11 月 14 日发布的《网络数据安全管理条例（征求意见稿）》对于数据的自动采集方式作出了明确规定。其中第 17 条规定："数据处理者在采用自动化工具访问、收集数据时，应当评估对网络服务的性能、功能带来的影响，不得干扰网络服务的正常功能。自动化工具访问、收集数据违反法律、行政法规或者行业自律公约、影响网络服务正常功能，或者侵犯他人知识产权等合法权益的，数据处理者应当停止访问、收集数据行为并采取相应补救措施。"这为使用自动化工具等自动采集数据方式划定了合法性底线，即不得违反法律、行政法规与行业自律公约，进行大量数据的爬取时不得干扰网络服务的正常功能，更不能无视他人合法享有的知识产权等权益。数据收集者存在上述条例所不允许的行为时，需要及时停止行为并采取补救措施。例如，该征求意见稿第 22 条规定，"数据处理者因使用自动化采集技术等，无法避免采集到的非必要个人信息或者未经个人同意的个人信息"后，应当在 15 个工作日内删除个人信息或者进行匿名化处理。网络空间不是非法之地，规范网络数据收集活动、坚持"保障网络、数据和个人信息的安全"这一底线标准，是保护个人或组织在网络空间合法权益、维护网络空间安全以及促进数字经济发展的重要保障。

三、个人数据收集的合法性基础

相较于一般数据而言，各国法律对于数据控制者收集个人数据的行为提出了更高的要求。欧盟《通用数据保护条例》对于个人数据处理的全流程制定了严格的规范，其中第 4 条将个人数据界定为一个被识别或者可被识别的自然人（或称为数据主体）的任何信息，其中可识别的自然人是指通过姓名、身份证号码等标识，或针对该自然人的一个或多个身体、生理、遗传等要素，能够直接或间接地被识别。

（一）欧盟《通用数据保护条例》中的相关规定

欧盟《通用数据保护条例》在第 6 条中规定了合法处理个人数据的六种

情况，具体包括数据主体的同意、合同履行所必需、履行法定义务所需、保护数据主体或其他自然人的重要利益所需、为执行公共利益领域的任务或行使控制者既定的公务职权之必要、处理是控制者或第三方为了追求合法利益之必要。这几种情况作为数据处理行为的合法性基础，要求数据处理者在处理个人数据时至少要满足其中一种情况才可以对个人数据进行处理，个人数据的收集作为处理个人数据的重要环节，理应将该条列举的六种情况作为合法性基础。

实践中，普遍存在的隐私政策、用户协议以及强制披露制度，都是同意原则的体现和落实。可以认为用户同意是目前个人数据处理合法性的最主要基础。同意原则一方面主要体现在个人数据的初始收集环节，必须经过用户同意方可收集其数据；另一方面用户的其他权利实际上也是同意权的衍生权利，知情权是同意权得以有效行使的基础，访问权、更正权、删除权（被遗忘权）、限制处理权、反对权等实际上是同意权在数据处理不同环节、场景下的具体体现。欧盟《通用数据保护条例》中也有多处规定了落实同意原则的具体保障措施，如第7条专门规定了同意的要件，关于同意的具体形式，在序言第32项亦有重要的指引。在第三章"数据主体权利"中，首先第12条就规定了透明度的要求，以确保数据主体的知情权，着笔可谓浓墨重彩。

欧盟《通用数据保护条例》第6条规定了不需要以同意为前提，但都需要遵循严格的条件。其中，"合同履行"考虑的是用户与数据处理者之间的合意，包括为缔约而做的必要准备，本质上依然是数据主体的同意。其他几种合法性基础体现了立法者在多种利益冲突之间的平衡观念。比如，"履行法定义务"和"公共利益"两个基础表明了个人数据保护的公共利益和法定例外，并且留由各成员方斟酌确定具体情形。对于这些例外情形，第2款和第3款亦规定了严格的限制条件，以确保第5条中规定的公平、透明、目的限制、存储时限等原则能够切实得到贯彻。[1]

此外，欧盟《通用数据保护条例》第13条还规定了数据控制者在收集个人数据时应遵循的透明性原则，要求控制者在收集个人数据时，以一种简单透明、清晰且容易获取的方式，通过清楚明确的语言，采取合适措施向数据主体提供数据被收集、使用、咨询或处理的事实、过程、目的、程度以及数据主体

---

〔1〕 京东法律研究院．欧盟数据宪章：《一般数据保护条例》GDPR评述及实务指引［M］．北京：法律出版社，2018：47.

所享有的权利。在收集个人数据时，应向数据主体提供以下几种信息：（1）控制者的身份和详细联系方式，代理人的身份和详细联系方式（适当情况下）；（2）数据保护官的详细联系方式（适当情况下）；（3）个人数据处理的目的以及处理的法律基础；（4）当处理过程是控制者或第三方为了追求合法利益之必要进行的，则应当说明控制者或者第三方追求的合法利益；（5）提供个人数据接收方或者接收方的种类（可能的情况下）；（6）控制者意图将个人数据向第三国或者国家组织进行传输的事实，所采取的保护个人信息的合理安全措施以及获取副本的方式（适当情况下）。[1]

（二）我国法律中的相关规定

我国相关法律文件倾向于采用"个人信息"一词指代个人数据。对于个人信息收集行为的规定多见于《个人信息保护法》，其中第 5 条明确规定收集、存储、使用等处理个人信息的行为应当遵循合法、正当、必要与诚信原则，不得通过误导、欺诈、胁迫等方式处理个人信息。

对于"收集个人信息应当遵循合法原则"的理解可以从两个维度展开。第一，收集个人信息需要满足法律、行政法规的规定。诚如有学者所言，合法性原则首先要求"使用者追求的利益合乎现行法律的规定，不得以非法目的展开个人信息收集"。[2]"合法"中的"法"应当理解为广义的法律，包括全国人民代表大会及其常务委员会制定的法律，以及行政法规、地方性法规、部门规章等。一方面，法律规范的事项受到《立法法》的必要约束。例如，《立法法》第 8 条第 8 项规定民事基本制度必须制定法律，因此，个人信息处理的部分制度设计如果属于民事基本制度，则必须由法律统一规定。另一方面，《个人信息保护法》具体规定了个人信息处理规则，这些规则可以视为对个人信息处理合法性原则的具体化，在收集个人信息的不同环节和领域，应当优先遵循具体规则，尤其是要注意"法律"的内涵不尽相同，需要遵循的法律层级亦有所不同。例如，对于个人信息处理的"告知—同意"规则，我国《个人信息保护法》第 18 条规定了"应当保密或者不需要告知"的事项可以不向个人告知，其依据仅包括法律和行政法规。再如，对于个人信息的保存期

---

〔1〕　京东法律研究院．欧盟数据宪章：《一般数据保护条例》GDPR 评述及实务指引［M］．北京：法律出版社，2018：59.

〔2〕　高富平．个人信息使用的合法性基础——数据上利益分析视角［J］．比较法研究，2019（2）：72-85.

限应当限制在实现处理目的所必要的最短时间（《个人信息保护法》第 19 条），但个人信息处理者同时需要遵循法律、行政法规对个人信息保存期限的特别规定。而在个人信息跨境提供规则中，个人信息处理者需要满足法律、行政法规或国家网信部门规定的其他条件（《个人信息保护法》第 38 条第 1 款第 4 项），即网信部门的部门规章也可以作为个人信息跨境提供的合法性依据。

第二，处理个人信息需要满足信息主体的知情同意。在《个人信息保护法》第 13 条确立的个人信息处理一般规则中，"取得个人同意""法律、行政法规规定的其他情形"或者"为履行法定职责或者法定义务所必需"等情形都是合法处理个人信息必须择一满足的要件。第 14 条第 1 款对于信息主体的"同意"作了进一步专门规定："基于个人同意处理个人信息的，该同意应当由个人在充分知情的前提下自愿、明确作出。法律、行政法规规定处理个人信息应当取得个人单独同意或者书面同意的，从其规定。"可以说，《个人信息保护法》将自然人的知情同意作为处理个人信息的一项重要的合法性前提，与《民法典》第 1035 条确定的个人信息处理原则的理解保持了一致。[1]但是，《个人信息保护法》作为个人信息保护的专门立法，既有效保障了信息主体在个人信息处理中的主导地位，又兼顾了灵活性，对于无需信息主体同意而依法处理个人信息的场景和领域进行了更为详细的规定。例如，《个人信息保护法》第 13 条明确规定，对于"为订立、履行个人作为一方当事人的合同所必需""按照依法制定的劳动规章制度和依法签订的集体合同实施人力资源管理所必需""为履行法定职责或者法定义务所必需"等情形下处理个人信息都无需取得个人同意。[2]

四、数据收集者的权利义务

数据收集者发起的数据收集活动是一切数据活动的前提，而数据收集者也可能在之后的数据活动中扮演"数据存储者""数据使用者""数据交易者"等角色，而这一切的前提往往都需要开始于被收集者的"同意"，因此收集者与被收集者之间相当于有一份数据处理"合同"，数据收集者有权利对数据进行处理活动，但其承担的义务更加重要。除法定授权等情形外，学界普遍认为

---

〔1〕 黄薇. 中华人民共和国民法典人格权编释义 ［M］. 北京：法律出版社，2020：199.
〔2〕 龙卫球. 中华人民共和国个人信息保护法释义 ［M］. 北京：中国法制出版社，2021：21.

数据被收集者同意是个人数据收集的正当性基础之一。此时，同意既可能构成合同等交易行为的给付内容，也可以是单纯表达对他人商业利用不法性的排除，两者分别体现了权利人对其个人信息的积极控制和消极控制。同意在法律性质上属于意思表示，因此对同意规则的规范构造可以从意思表示的方法（包括明示或默示等形式要求）和实质要求加以展开。[1]

（一）"同意"的形式要求

我国《个人信息保护法》《全国人民代表大会常务委员会关于加强网络信息保护的决定》《电信和互联网用户个人信息保护规定》等均未就同意的具体方式作出规定，但是《个人信息保护法》第 14 条第 1 款已经明确要求"该同意应当由个人在充分知情的前提下自愿、明确作出"。也就是说，无论何种具体方式，同意都应当满足由个人信息主体明确作出这一形式要求。所谓明确同意，就是要求个人信息主体是以清晰、明白而非含混的、模棱两可的方式表示同意。只要同意是以明确的方式作出的，至于是通过纸质、电子形式等书面方式，还是通过口头方式作出的，都无关紧要。[2]

在国家标准层面，《信息安全技术　公共及商用服务信息系统个人信息保护指南》（GB/Z 28828—2012）第 5.2.3 条中明确规定："处理个人信息前要征得个人信息主体的同意，包括默许同意或明示同意。收集个人一般信息时，可认为个人信息主体默许同意，如果个人信息主体明确反对，要停止收集或删除个人信息；收集个人敏感信息时，要得到个人信息主体的明示同意。"据此规定，个人敏感信息是指一旦遭到泄露或修改，会对标识的个人信息主体造成不良影响的个人信息。各行业个人敏感信息的具体内容根据接受服务的个人信息主体意愿和各自业务特点确定。个人一般信息是指除个人敏感信息以外的个人信息。默许同意是指在个人信息主体无明确反对的情况下，认为个人信息主体同意；明示同意是指个人信息主体明确授权同意，并保留证据。《信息安全技术　个人信息安全规范》（GB/T 35273—2020）丰富了个人敏感信息的内容，同时对同意的方法进行了改造。其规定，对于一般的个人信息收集仅在特殊情况下要求明示同意；而针对敏感信息必须得到明示同意。这种对一般信息和敏感信息的区分方式，似乎受到欧洲法的影响。不过，与中国法不同，欧盟

─────────────

〔1〕　陆青. 个人信息保护中"同意"规则的规范构造［J］. 武汉大学学报（哲学社会科学版），2019（5）. 119-129.

〔2〕　程啸. 个人信息保护法理解与适用［M］. 北京：中国法制出版社，2021：156.

《通用数据保护条例》在"鉴于条款"第 32 项提到，同意可以通过书面陈述（包括电子形式）或者口头声明。同意方式可以包括在浏览网页时在方框里打勾，对信息社会服务进行技术设置或者其他陈述或行为以清楚表示接受对其个人数据的处理。因此，沉默、默认勾选的对话框或者不作为不构成同意。可见，其中的"同意"必须以积极、主动的方式作出。

欧盟《通用数据保护条例》在数据主体同意的模式上所采取的严格明示同意标准，虽有利于切实保护数据主体的个人数据利益免遭非法侵犯，但是同时也降低了数据收集、处理等活动的效率，与大数据时代的发展趋势相违背，容易走向绝对安全主义的极端化路径，对于正常的数据活动也是一种损害。因此，我国不宜借鉴欧盟《通用数据保护条例》的同意模式。虽然我国现行法律法规中没有对其他数据收集活动中数据主体的同意模式作出明确规定，但是参照关于个人信息处理活动中的同意标准，以及"同意"作为一种意思表示的法律属性，应当认可明示同意和默示同意两种模式的同时存在。其一，对于默示同意模式，应当采取适当限制的立场，只有在涉及公共利益、集体利益、国家利益以及其他法律规定的特殊情况下才能适用默示同意规则。其二，需要进一步明确，对于涉及个人敏感信息等与数据主体个人人格尊严和隐私利益密切相关的数据收集活动，应当以获得数据主体的明示同意为前提，严禁采用默示同意规则，以表达尊重数据主体人格尊严的法律立场。

（二）"同意"的实质要求

对于数据收集活动中数据被收集者同意的实质要求，现行法并无直接阐释，而仅在原则层面强调"收集、使用个人信息，应当遵循合法、正当、必要的原则"，或者规定"任何组织、个人收集数据，应当采取合法、正当的方式，不得窃取或者以其他非法方式获取数据"。除此之外，本书认为还应当在考虑数据被收集者同意作为一种意思表示的基础之上，基于我国民法中关于意思表示的理论内容提出相应的实质性规范要求。

"根据传统民法，意思表示不仅须满足表示能力上的要求，还必须真实、自由。合同法上强调自愿原则，《民法典》在民事法律行为一章，就虚假表示、重大误解、欺诈、胁迫、显失公平的法律行为撤销和违反强制性规定与违背公序良俗、恶意串通的法律行为无效作了专门规定，目的在于保障当事人的意思自治。实际上，不仅法律行为本身不能有瑕疵，作为法律行为要素的意思表示同样不能有瑕疵。如果存在各种瑕疵，即使并未构成法律行为，相关意思表示也可适用或准用相关规范加以撤销。"[1]具体到数据收集活动领域，就不真实自由的同意意思表示，也应有前述规范的适用空间。

在判断同意的表达是否真实自由的问题上，比较法上可以提供一些经验。欧盟《通用数据保护条例》在对同意的定义中明确将"自由作出"作为第一实质要素，其第7条规定，当评估同意是不是自愿作出时，应尽最大限度地考虑合同的履行包括服务的提供是否以基于不必要的同意个人数据处理为条件；同时"鉴于条款"第43项中进一步说明："为确保同意是自愿作出的，在特定情形下，被收集者与收集者之间是不平等的，特别是当收集者是公权力一方且基于特定情形下予以考虑的所有条件认为同意不可能是自愿作出的，该同意并不能成为该特定情形个人数据处理的有效法律依据。如果不允许对不同的个人数据处理操作分别作出同意，尽管这对于个别案例来说是恰当的，或者尽管同意并不是合同履行的必要条件，若包括服务条款的合同履行是以同意为基础的，则同意被推定为并非自愿作出的。"

因此，当事人的地位是否平等，不提供个人信息是否会对数据主体带来实质上的不利益，同意是不是合同履行的条件甚至是对待给付的内容，这些都会影响对同意自愿性的判断。[2]"同意规则"既是数据被收集者的权利，也是数据收集者的义务，数据收集者应当始终遵守合法性原则，以合理合法的方式进行数据收集活动。

---

〔1〕　陆青. 个人信息保护中"同意"规则的规范构造［J］. 武汉大学学报（哲学社会科学版），2019（5）. 119-129.

〔2〕　陆青. 个人信息保护中"同意"规则的规范构造［J］. 武汉大学学报（哲学社会科学版），2019（5）. 119-129.

第七章
数据存储

　　2015 年 8 月 31 日，国务院印发《促进大数据发展行动纲要》，提出大数据是以容量大、类型多、存取速度快、应用价值高为主要特征的数据集合，正快速发展为对数量巨大、来源分散、格式多样的数据进行采集、存储和关联分析，从中发现新知识、创造新价值、提升新能力的新一代信息技术和服务业态。其中数据存储被首次提出，并得到高度重视。2018 年 3 月 17 日，国务院办公厅印发《科学数据管理办法》，提出法人单位应建立科学数据保存制度，配备数据存储、管理、服务和安全等必要设施，保障科学数据的完整性和安全性。从结绳记事到竹简纸张，从计算机存储到光盘刻录，人类从未停止追求更加高效便捷的信息存储方式，信息存储方式的变革很大程度上也塑造着获取信息和认知世界的方式。〔1〕随着大数据、人工智能、云计算等技术的发展，信息量呈现出指数式增长的趋势，越来越多的应用信息转变为数据进行存储和处理，海量存储和密集计算将成为常态化需求。〔2〕这使得作为底层基础产业的数据存储已成为战略性发展产业，大容量、高密度和安全可靠性是互联网时代对数据存储的基本要求。

第一节　概　述

　　数据存储技术到目前已经历了手工管理、文件管理和数据库管理三个阶段。随着基础科学技术的飞跃式发展，大数据已成为当下互联网时代的缩影，数字化、网络化和智能化深入发展。大数据时代的到来对数据的存储技术提出

---

〔1〕　沈慎. 数字存储打开想象空间［N］. 人民日报，2020-3-20 (5).
〔2〕　祁大伟. 大数据时代我国存储行业发展环境与战略分析［J］. 商业时代，2013 (4)：126-127.

了更高的要求，数据存储成为数据安全、数据流动、数据开放以及数据交易的前提条件。

一、数据存储的市场需求

数据存储，是现代信息产业架构中不可或缺的底层基座。经过百余年的发展，存储技术已经呈现出非常多的形态，且仍在不断完善和创新，以适应日益增长和不断变化的数据存储需求。2021年10月18日，中共中央政治局第三十四次集体学习时强调，要充分发挥海量数据和丰富应用场景优势，促进数字技术与实体经济深度融合，赋能传统产业转型升级，催生新产业、新业态、新模式，不断做强做优做大我国数字经济。数字经济时代，计算力已成为核心生产力，数据成为如能源、资本一般的新型生产要素，数据要素可加速全要素生产效率，发挥数字技术对经济发展的放大、叠加、倍增作用，承载数据要素的存储平台对数字信息基础设施建设至关重要。2019年10月，我国首次将数据作为生产要素，提出健全劳动、资本、土地、知识、技术、管理、数据等生产要素由市场评价贡献、按贡献决定报酬的机制。2020年10月，中央又进一步明确要"推进数据要素市场化改革，加快数字化发展"，并强调要推动超大规模分布式存储技术创新。智慧计算是未来IT发展的大趋势和方向。在智慧时代，算力、算法和数据是最核心的要素。在数字经济加速发展过程中，新基建将成为数字经济的基础，而数据作为一切新基建的基础，也将迎来前所未有的发展机遇。[1]国际数据公司（IDC）公布了2021年三季度中国软件定义存储（SDS）市场报告，报告显示，前三季度中国SDS市场获得高速增长，市场规模同比增长54%，成为中国存储市场的增长引擎。浪潮分布式存储销售额同比增长122%，达到SDS市场平均增速的两倍以上，增速中国第一。[2]

数据存储是多个科技领域的底层基础产业，大数据、云计算、数据中心、人工智能等都需要数据存储设备。在"互联网+"时代下，数据正在以超出人们想象的速度爆炸式增长。从移动互联网，到企业云数据平台，再到"感知

〔1〕 黄鑫. 数据存储市场迎来新机遇［N/OL］. 2021-11-02. https://baijiahao.baidu.com/s? id=1715300975588209605&wfr=spider&for=pc.

〔2〕 IDC：SDS推动中国存储市场增长浪潮分布式存储增速中国第一［N/OL］2022-01-20, https://baijiahao.baidu.com/s? id=1722459771083658261&wfr=spider&for=pc.

万物"的物联网,数据早已渗透到各行各业,成为重要的生产要素。[1]其中,电子产品如智能手机、智能笔记本和平板电脑使用的激增,以及物联网市场的增长、云计算的普及是驱动全球数据存储市场增长的关键因素。[2]一个互联网用户一天至少要生成 1GB 的数据,而一辆自动驾驶汽车的训练数据一天可达 64TB,《今日头条》由于拥有大量视频、影音类内容数据,一天要存储 50PB 的海量数据。[3]

海量数据带来数据存储市场需求的大规模增长,而且数据存储作为多个新兴战略产业的基础设施,下游任何一个产业的规模扩张都会带来对数据存储需求的增长。存储市场按照存储架构可以分为传统企业级存储(TESS)、软件定义存储(SDS)、超融合基础架构(HCI)。2020 年,中国存储市场中传统企业级存储(TESS)占比 59.2%,软件定义存储(SDS)占比 22.2%,超融合基础架构(HCI)占比 18.6%。[4]

存储市场按照存储介质可以分为全闪存储(AFA)、混闪存储(HFA)、全机械盘存储(HDD)。2020 年,中国存储市场中混闪存储占比 53.2%,全机械盘存储(HDD)占比 28.6%,全闪存储占比 18.2%。[5]根据国际数据公司(IDC)预测,全球数据将从 2018 年的 32ZB 增长至 2025 年的 175ZB,7 年 5 倍多的增幅,成长空间巨大且确定。其中,我国的数据增长将最为迅速,2018 年为 7.6ZB,预计到 2025 年将增至 48.6ZB,占全球 28% 的比例,年复合增速 30.4%,这样的增速已经超过云计算。[6]此外,全球第二大市场研究机构 MarketsandMarkets 发布的一份全球数据存储市场规模预测,2019 年数据存储市场规模为 568 亿美元,而到 2024 年全球数据存储市场将破千亿美元大关,达

〔1〕 李慧.专家研讨大数据存储行业发展趋势 [Z/OL].2017-03-03. http://www. gmw. cn. 2017-03-03.

〔2〕 未来五年全球数据存储市场将破千亿美元大关 [Z/OL].2020-04-08. http://www. qian-jia. com/html/2019-04/01_ 331579. html.

〔3〕 张福鹏.站在未来看现在:智能时代数据存储产业谈 [Z/OL].2020-04-08. http:// live. vhall. com/807951764.

〔4〕 阳芬.2020 中国存储产业发展现状、发展问题及发展趋势分析 [Z/OL].2021-07-06. https://www. chyxx. com/industry/202107/965133. html.

〔5〕 阳芬.2020 中国存储产业发展现状、发展问题及发展趋势分析 [Z/OL].2021-07-06. https://www. chyxx. com/industry/202107/965133. html.

〔6〕 韦顺.数据存储:光存储是行业趋势 [J].股市动态分析,2020 (6):50-51.

到 1022 亿美元，预测期间（2019—2024 年）复合年增长率高达 12.48%。[1]

二、数据存储行业的发展趋势

数据存储行业是指从事数据存储相关性质的产业服务的单位或者个体的组织结构体系的总称。[2]1928 年，可存储模拟信号的录音磁带问世，每段磁带随着音频信号电流的强弱不同而被不同程度的磁化，从而使得声音被记录到磁带上。1956 年，世界上第一个硬盘驱动器出现，应用在 IBM 的 RAMAC305 计算机中，该驱动器能存储 5M 的数据，传输速度为 10K/S，标志着磁盘存储时代的开始。1967 年，IBM 公司推出世界上第一张软盘。随后 30 年，软盘盛极一时，成为个人计算机中最早使用的移动存储介质。4 年后，可读写软盘诞生。1996 年，全球有多达 50 亿只软盘被使用。直到 CD-ROM、USB 存储设备出现后，软盘销量才开始下滑。

21 世纪以来，计算机存储技术飞速发展，如何快速高效地为计算机提供数据以辅助其完成运算成为存储技术新的突破口。人工智能、大数据、5G 等新技术发展使得数据量指数级增长，数据激增带来存储计算需求的飞速增长，为存储产业带来了新需求、新挑战和新机遇。新机遇、新挑战不仅驱动了存储技术革新，也推动了存储产业发展，为存储产业带来了翻天覆地的变化，[3]主要表现为以下三个方面。

（一）全闪存阵列成为企业级数据存储的标配

随着全球数据存储行业规模的扩大，全闪存应用也进入了企业用户的关键业务核心领域。如在银行、证券、能源等行业应用中，全闪存阵列的企业级特性明显增强，其性能表现突出，由此带来了这些重点行业关键领域的应用落地成功。现阶段，全球所有企业级数据存储厂商都已经推出了自己的全闪存阵列并获得了行业应用且成功落地。全闪存阵列对于数据存储厂商在 2021 年的销售收入上贡献巨大，全闪存市场增速也带动了整个企业级数据存储行业的发展。在全球企业数字化转型加速向前推进中，未来全闪存阵列发挥着前所未有

〔1〕　未来五年全球数据存储市场将破千亿美元大关［Z/OL］．2020-04-08. http：//www. qian-jia. com/html/2019-04/01_ 331579. html.

〔2〕　数据存储行业发展现状与宏观趋势［Z/OL］．2021-09-08. https：//www. jinchutou. com/p-99221759. html.

〔3〕　阳芬：2020 中国存储产业发展现状、发展问题及发展趋势分析［Z/OL］．2021-07-26. https：//www. chyxx. com/industry/202107/965133. html.

的作用，并成为企业级数据存储的标配。

（二）对象存储正在成为数据存储行业重要的新支柱

对象存储（Object Storage）在数据存储行业中，是一个存在已久且越发受到热议的名词。对象存储受到热议最关键的原因是大数据、人工智能、物联网等新技术应用落地带来的非结构化数据存储需求的增长，如来自图片、视频、音频等各种非结构化数据规模增长迅速。随着越来越多的企业用户开始接受结构化数据和非结构化数据分开存储的模式，绝大部分数据都是非结构化类型，海量数据存储的对象化将愈发明显。无论是基于开源平台发展起来的对象存储，还是基于传统存储平台发展起来的对象存储以及基于公有云存储服务发展起来的对象存储，在性能和伸缩性上都有了很大的进步，海量、安全、成本低、可靠性高，成为对象存储领域的代表。任何对象存储提供商都必须满足用户在公有云、私有云、混合云上的多样化交付，长远来看这必然会导致"对象化"的数据存储处理成为全球大趋势。

（三）智能化在数据存储领域中呈现更为广泛的应用和实践

随着基础科学和应用技术的不断更新以及市场对智能、高效、快捷的要求，企业用户对数据存储的智能化渴望也在逐年提高。智能化存储的出现，主要是针对数据存储阵列系统内硬盘故障、坏道，实现自动化诊断预警；针对存储系统管理实现自动化远程管理与运维；针对冷热数据实现不同存储介质的高效存储；针对存储系统相关软件特性实现更灵活的软件工具开发等事项进行。从数据存储硬盘到阵列再到数据中心，智能化促使数据存储带给企业用户更大的价值，包括提高存储利用率，降低故障可能带来的数据丢失风险，更快捷地实现数据存储与分析系统之间的对接，最终让数据产生更多的价值。未来，数据存储厂商将借助智能化工具与手段，进一步提升数据存储在性能优化、容量分配、应用负载与数据安全上的创新价值，并切实助力企业用户实现数据存储更多的应用价值体验，推动智能化在数据存储领域中呈现更为广泛的应用和实践。[1]

三、数据存储的方式

根据数据存储的技术要求以及数据存储的便利性特点，数据的存储主要有

---

〔1〕 预见 2020 年数据存储发展十一大趋势〔Z/OL〕. 2021 - 07 - 26. https://blog. csdn. net/qq_
41689867/article/details/104379220.

以下三种方式。

（一）直接附加存储方式

直接附加存储方式简称 DAS（Direct Attached Storage），与普通的 PC 存储架构一样，外部存储设备都是直接挂接在服务器内部总线上，数据存储设备是整个服务器结构的一部分。DAS 存储方式主要适用于以下环境。

（1）小型网络。因为网络规模较小，数据存储量小，且也不是很复杂，采用这种存储方式对服务器的影响不会很大，并且这种存储方式也十分经济，适合拥有小型网络的企业用户。

（2）地理位置分散的网络。虽然企业总体网络规模较大，但在地理分布上很分散，通过 SAN（Storage Area Network）或 NAS（Network Attached Storage）在它们之间进行互联非常困难，此时各分支机构的服务器也可采用 DAS 存储方式，这样可以降低成本。

（3）特殊应用服务器。在一些特殊应用服务器上，如 Microsoft 的集群服务器或某些数据库使用的原始分区，均要求存储设备直接连接到应用服务器。

（4）提高 DAS 存储性能。在服务器与存储的各种连接方式中，DAS 曾被认为是一种低效率的结构，而且也不方便进行数据保护。直连存储无法共享，因此经常出现的情况是某台服务器的存储空间不足，而其他一些服务器却有大量的存储空间处于闲置状态无法利用。如果存储不能共享，也就谈不上容量分配与使用需求之间的平衡。

DAS 结构下的数据保护流程相对复杂，如果做网络备份，那么每台服务器都必须单独进行备份，而且所有的数据流都要通过网络传输。如果不做网络备份，那么就要为每台服务器都配一套备份软件和磁带设备，备份流程的复杂度会大大增加。想要拥有高可用性的 DAS 存储，首先就要能够降低解决方案的成本，例如，LSI 的 12GB/S SAS，它有 DAS 直连存储，通过 DAS 能够很好地为大型数据中心提供支持。对于大型的数据中心、云计算、存储和大数据，所有这一切都对 DAS 存储性能提出了更高的要求，云和企业数据中心数据的爆炸性增长也推动了市场对于可支持更高速数据访问的高性能存储接口的需求，因而 LSI 12GB/S SAS 正好能够满足这种性能增长的要求，可以提供更高的 IOPS 和更高的吞吐能力，12GB/S SAS 提高了写入的性能，并且提高了 RAID 的整个综合性能。与直连存储架构相比，共享式的存储架构，比如 SAN 或者

NAS 都可以较好地解决以上问题。[1]

（二）网络附加存储方式

网络附加存储方式简称 NAS，这种数据存储方式全面改进了以前低效的 DAS 存储方式。它采用独立于服务器，单独为网络数据存储而开发的一种文件服务器来连接存储设备，自形成一个网络。这样数据存储就不再是服务器的附属，而是作为独立网络节点而存在于网络之中，可由所有的网络用户共享。NAS 的缺点是存储性能较低和可靠度不高。但 NAS 的优点有以下几点。

（1）真正的即插即用。NAS 是独立的存储节点，存在于网络之中，与用户的操作系统、平台无关。

（2）存储部署简单。NAS 不依赖通用的操作系统，而是采用一个面向用户设计的，专门用于数据存储的简化操作系统，内置了与网络连接所需要的协议，因此使整个系统的管理和设置较为简单。

（3）存储设备位置非常灵活，管理容易且成本低。NAS 数据存储方式是基于现有的企业 Ethernet 而设计的，按照 TCP/IP 协议进行通信，以文件的 I/O 方式进行数据传输。

（三）存储局域网

1991 年，IBM 公司在 S/390 服务器中推出了 ESCON（Enterprise System Connection）技术。它是基于光纤介质，最大传输速率达 17MB/S 的服务器访问存储器的一种连接方式。在此基础上，进一步推出了功能更强的 ESCON Director（FC Switch），构建了一套最原始的 SAN 系统，即存储局域网。SAN 存储方式创造了存储的网络化，存储网络化顺应了计算机服务器体系结构网络化的趋势。SAN 的支撑技术是光纤通道（Fiber Channel，FC）技术，它是 ANSI 为网络和通道 I/O 接口建立的一个标准集成。FC 技术支持 HIPPI、IPI、SCSI、IP、ATM 等多种高级协议，其最大特性是将网络和设备的通信协议与传输物理介质隔离开，这样多种协议可在同一个物理连接上同时传送。SAN 的硬件基础设施是光纤通道，用光纤通道构建的 SAN 由以下三个部分组成：一是存储和备份设备，包括磁带、磁盘和光盘库等；二是光纤通道网络连接部件，包括主机总线适配卡、驱动程序、光缆、集线器、交换机、光纤通道和 SCSI 间的桥接器；三是应用和管理软件，包括备份软件、存储资源管理软件和存储设备

---

〔1〕 数据存储百度百科［Z/OL］. 2021-07-26. https://baike. so. com/doc/525237-556018. html.

管理软件。SAN 的优势有以下几点。

（1）网络部署容易。

（2）高速存储性能。因为 SAN 采用了光纤通道技术，所以它具有更高的存储带宽，存储性能明显提高。SAN 的光纤通道使用全双工串行通信原理传输数据，传输速率高达 1062.5MB/S。

（3）良好的扩展能力。由于 SAN 采用了网络结构，扩展能力更强。光纤接口提供了 10KM 的连接距离，这可以实现物理上的分离，使不在本地机房的存储变得非常容易。[1]

存储应用最大的特点是没有标准的体系结构，这三种存储方式共存，互相补充，已经可以很好地满足企业信息化应用。从连接方式上对比，DAS 采用了存储设备直接连接应用服务器，具有一定的灵活性和限制性；NAS 通过网络（TCP/IP，ATM，FDDI）技术连接存储设备和应用服务器，存储设备位置灵活，随着万兆网的出现，传输速率有了很大的提高；SAN 则是通过光纤通道技术连接存储设备和应用服务器，具有很好的传输速率和扩展性能。三种存储方式各有优势，相互共存，占到了磁盘存储市场的 70% 以上。SAN 和 NAS 产品的价格仍然远远高于 DAS，许多用户出于价格因素考虑选择了低效率的直连存储而不是高效率的共享存储。客观地说，SAN 和 NAS 系统已经可以利用类似自动精简配置（Thin Provisioning）这样的技术来弥补早期存储分配不灵活的短板。然而，之前它们消耗了太多的时间来解决存储分配的问题，但也给 DAS 留有足够的时间在数据中心领域站稳脚跟。此外，SAN 和 NAS 依然问题多多，无法解决。[2]

四、数据存储的技术特征

存储就是根据不同的应用环境通过采取合理、安全、有效的方式将数据保存到某些介质上并能保证有效的访问，总的来讲包括两个方面的含义：一方面，是指数据临时或长期驻留的物理媒介；另一方面，是指保证数据完整安全存放的方式或行为。[3]

数据存储技术一直是数据技术领域的基础，最初的存储产品以打孔纸卡为

〔1〕　许捍卫，冯学智. 空间数据存储机制研究［J］. 计算机应用研究，2003（2）：39-40+74.

〔2〕　周傲英等. 基于关系的 XML 数据存储［J］. 计算机应用，2000（9）：9-12.

〔3〕　存储百度百科［Z/OL］. 2021-07-26. https://baike.so.com/doc/4223154-4424731.html.

代表，后来逐渐发展成为复式磁带、磁鼓、软磁盘、硬盘、光盘等，现如今云储存已成为数据存储的主流。无论什么样的存储媒介，安全问题都是首先需要考虑的。在几十年的数据存储技术发展过程中，无论是内部存储还是外部存储，均不能保证存储不会发生功能性或故障性损坏，要依赖于存储的备份与容灾功能来保证数据和业务的安全。

数据存储是数据流在加工过程中产生临时文件或加工过程中查找所需要的信息的过程，数据以某种格式记录在计算机内部或外部存储媒介上。数据存储的这种命名方式反映了信息特征的组成含义。数据流反映了系统中流动的数据，表现出动态数据的特征。数据存储反映系统中静止的数据，表现出静态数据的特征。[1]目前来看，数据存储具有如下特征。

首先，数据存储的对象是数据流在加工过程中产生的临时文件或加工过程中需要查找的信息，两者统称为数据。一般而言，数据可分为热数据、冷数据和温数据。热数据是指经常被访问的数据，冷数据则是指极少被访问的数据，温数据则介于二者之间。据统计，在已经存储的数据中，冷数据占比达到80%，所以直观看，未来对冷数据的存储会是需求最大的一块。此外，随着海量数据的出现，一系列形态结构各异的数据形式也会相继出现，各种结构化、半结构化以及非结构化的数据形态，使得原有的存储模式需要不断地更新、升级。[2]根据全球第二大市场研究机构 MarketsandMarkets 发布的全球数据存储市场规模预测报告来看，电子设备如智能手机和平板电脑都将以图像和视频的形式生成巨额数据；嵌入式设备、机器和物联网可从功能性应用程序（如广告和安全性）创建图像视频数据以及 PC 和服务器上的文件等数据；日志文件以及大量的元数据生成的增加，显著增加了数据存储对象的数量。[3]

其次，数据存储的模式包括中心化与去中心化两种模式。中心化存储是一个以数据的存储和管理为核心的云计算系统。简单来说，中心化存储就是将储存资源分享到一个固定的存储空间，使用者可以在任何时间和地点，通过任意可联网的装置访问该空间。我们日常使用的 Dropbox、iCloud、Google Drive 等就是中心化的存储，用户把照片等数据存在云服务上，实际上是将数据存储于这些中心的服务器上。传统中心化存储具有方便、快捷等优势，一方面，因为互

---

〔1〕 数据存储百度百科 ［Z/OL］. 2021-07-26. https://baike. so. com/doc/525237-556018. html.

〔2〕 韦顺. 数据存储：光存储是行业趋势 ［J］. 股市动态分析，2020（6）：50-51.

〔3〕 未来五年全球数据存储市场将破千亿美元大关 ［Z/OL］. 2021-07-26. http://www. qian-jia. com/html/2019-04/01_ 331579. html.

联网的普及，大量的多媒体信息造就了海量的非结构化数据；另一方面，许多公司的商业数据、个人的照片和音乐等，都需要存储于网络，以便能随时取用。但传统中心化存储本身的机制和存储方式依然存在隐私泄露、服务器安全性不高、任意终止运营等诸多风险和隐患。去中心化的分布式存储是通过把数据分布到多个网络节点，进行数据的加密和分发。这就意味着除数据所有者之外，没有任何一方可以访问数据。分布式云存储使成千上万的服务器设备密织成一个庞大的网络体系，塑造了终端强大的可用性，在降低数据存储成本的同时，价格也更加低廉，数据能够更加安全和透明地进行存储。其与中心化数据存储模式相比具有成本低、隐私性强以及速度更快的优势，[1]去中心化的模式已成为未来数据存储的发展方向。

最后，数据存储的介质主要包括移动硬盘、可记录光盘、磁带、闪存卡等。存储介质是数据存储首先需要解决的问题，它是数据存储的载体，也是数据存储的基础。但存储介质并不是越贵越好、越先进越好，而是要根据不同的应用环境，合理选择存储介质。数据存储组织方式因存储介质而异，在磁带上，数据仅按顺序文件方式存取；在磁盘上则可按使用要求采用顺序存取或直接存取方式。此外，数据存储方式与数据文件组织密切相关，其关键在于建立记录的逻辑与物理顺序间存在对应关系，确定存储地址，以提高数据存取速度。尽管数据的自身价值不同，其所处的生命周期的阶段也不一样，对存储介质的要求亦不同，但介质的耐久性、容量的适当性、成本的高低以及广泛的可接受性却是在任何情况下都必须考虑的。[2]

五、数据存储的技术条件

马克思指出："产品储存是一切社会所共有的，即使它不具有商品储备形式这种属于流通过程的产品储备形式，情况也是如此。"在任何社会形态中，对于不论什么原因形成停滞的物资，也不论是什么种类的物资，在没有进入生产、加工、消费、运输等活动之前，或在这些活动结束之后，总是要存放起来，这就是储存。这种储存不一定是在仓库中，也不一定是有储备的要素，而是在任何位置，也有可能永远进入不了再生产和消费领域。在一般情况下，储

---

〔1〕　数据存储之殇—中心化与去中心化之战［Z/OL］. 2021-07-26. https://www.cybtc.com/thread-59989-1-1. html.

〔2〕　数据存储介质百度百科［Z/OL］. 2021-07-26. https://baike.so.com/doc/26330720-27570541. html.

存、储备两个概念是不做区分的。

但当以数据作为存储内容时，就对存储媒介、存储方式、存储手段等有了一系列相对具体的要求，这些要求最初脱胎于数据天然的特殊性。从字面意思出发，数据是指对客观事件进行记录并可以鉴别的符号，是对客观事物的性质、状态以及相互关系等进行记载的物理符号或这些物理符号的组合。[1]但它的表达远不限于物理符号本身，还可以是具有一定意义的文字、字母、数字、符号的组合、图形、图像、视频、音频等，这也是客观事物的属性、数量、位置及其相互关系的抽象表示，因而数据经过加工后可以成为信息。当对数据进行更细致的定义时，就出现了各类分支，如在计算机科学中，数据是指所有能输入计算机并被计算机程序处理的符号的介质的总称，是用于输入电子计算机进行处理，具有一定意义的数字、字母、符号和模拟量等的通称。[2]

数据存储与保管、仓储的技术基础不同，仓储与保管主要是利用了仓库、场地、房屋对各类物资及其相关设施设备进行入库、储存、出库等保存、管理活动。数据存储由于其市场需求巨大，存储对象为临时数据文件和信息，具有非实体性、海量性的特征。在存储物理设备方面，主要为建立超大规模的储库与云存储和超高密度的存储服务器；在存储技术性能方面，主要为存储空间灵活，能够快速扩展，可实施自动化资源监测，且存储空间需具备更高的可靠性。

（一）储库与云存储的超大规模

数据存储库的定义目前较为多元，严格地说，数据库是"按照数据结构来组织、存储和管理数据的仓库"。[3]在经济管理的日常工作中，常常需要把某些相关的数据放进这样的"仓库"，并根据管理的需要进行相应的处理。在财务管理、仓库管理、生产管理中也需要建立众多这种"数据库"，使其可以利用计算机实现财务、仓库、生产的自动化管理。

云存储是在云计算概念上延伸和衍生发展出来的一个新的概念。云计算是分布式处理、并行处理和网格计算的发展，是通过网络将庞大的计算处理程序自动拆分成无数个较小的子程序，再交由多部服务器所组成的庞大系统，经计

---

[1] 数据百度百科［Z/OL］. 2021 − 07 − 26. https://baike. baidu. com/item/% E6%95% B0% E6%8D%AE/5947370.

[2] 王珊，萨师煊. 数据库系统概论：第5版［M］. 北京：高等教育出版社，2014：4.

[3] 数据存储库百度百科［Z/OL］. 2021−07−26. https://baike. baidu. com/item/% E6%95% B0% E6%8D%AE%E5%82%A8%E5%AD%98%E5%BA%93.

算分析之后将处理结果回传给用户。云存储是指通过集群应用、网格技术或分布式文件系统等功能，将网络中大量各种不同类型的存储设备通过应用软件集合起来协同工作，共同对外提供数据存储和业务访问功能的一个系统，保证数据的安全性，并节约存储空间。[1]简单来说，云存储就是将存储资源放到云上供人存取的一种新兴方案。使用者可以在任何时间、任何地点，通过任何可联网的装置联接到云上方便地存取数据。

以上两者的超大容量是数据存储的必要物理条件，没有这样的容量支持，就无法实现大数据的存储。现实中，绝大多数企业都建立了属于自己的数据库，Google 云计算已经拥有一百多万台服务器，Amazon、IBM、Microsoft 等的"云"均拥有几十万台服务器。

（二）存储服务器的超高密度

服务器是计算机的一种，它比普通计算机运行更快、负载更高、价格更贵。服务器在网络中为其他客户机（如 PC 机、智能手机、ATM 等终端甚至是火车系统等大型设备）提供计算或者应用服务。实现数据存储服务器的核心功能就在于存储和操纵数据，其查询迅速准确，且有多种表达与传输方式、数据结构化且统一管理、数据冗余度小、具有较高的数据独立性和共享性等特点，其被更多数据需求主体所选择。在当今万物皆数据的时代，需要存储的数据量受到需求的影响不断增大，这也使得其他客户机对服务器提供数据服务水平的要求不断提高。大量的数据流动、存储与提取必然需要具有高密度高负载能力的服务器，但是服务器与数据不同，其本身毕竟是客观存在的有形物，需要实体空间进行放置与保管，但实体空间难免具有有限性，所以在有限空间中放大存储服务器的数据存储能力就成了数据存储的必然要求，也就使存储服务器的超高密度成为数据存储的必然条件。

（三）存储空间灵活和快速扩展

存储空间即服务器必须具有一定的"可扩展性"，这既是数据存储空间的特性也是其优势。为了保持可扩展性，通常需要在服务器上具备一定的可扩展空间和冗余件（如磁盘阵列架位、PCI 和内存条插槽位等）。具体来讲就是要求在三个层面具有快速扩展性：一是支持多 CPU（相同类型）的水平扩展；

---

〔1〕　云存储百度百科［Z/OL］. 2021-07-26. https://baike. baidu. com/item/%E4%BA%91%E5%AD%98%E5%82%A8.

二是支持多个服务器的水平扩展；三是支持垂直扩展，服务器可以移植到功能更强的计算机上，不涉及处理数据的重新分布问题。

（四）实施自动化资源监测

对于数据存储来讲，数据库服务器、存储云和数据中心应是 24 小时无人值守、可远程管理的，这种管理涉及整个数据存储空间的自动化运营，它不仅要监测与修复设备的硬件故障，而且要实现从机房风火水电环境、服务器和存储系统等基础设施统一管理。具备这样运行标准的数据存储空间才能与以人力为主的文件式管理相区别，才可以保证对海量数据流转的适应以及对效率、便捷的数据价值的实现。

（五）存储空间的高可靠性

在信息技术领域，高可靠性指的是运行时间能够满足预计时间的一个系统或组件。数据储存系统的高可靠性依赖于避错技术和容错技术的保障：避错技术，其采用的方法主要是提高元器件的可靠性，来保证元器件的高质量。一是提高元器件的集成度，将原来由分立元件或小规模集成电路组成的电路，用专门的大规模集成电路代替。二是通过对服务器工作环境的防护，使元器件工作在正常的温度和湿度环境下。容错技术，其不仅可以克服因系统规模增大而造成的可靠性下降，同时能使系统的可靠性得到极大的提高。其具体包括三项技术：一是冗余技术；二是故障检测与诊断技术；三是系统重组与恢复技术。这些技术在实现数据存储时相互配合，互为协助，最终达到存储的高可靠性，这也是数据存储的必要技术条件。

六、数据存储与保管、仓储的联系和区别

（一）数据存储与保管、仓储的联系

《民法典》第 888 条规定，保管合同是保管人保管寄存人交付的保管物，并返还该物的合同。保管合同具有如下法律特征：保管合同原则上为实践性合同；可以为无偿合同，也可以为有偿合同；原则上为双务、不要式合同；以物品的保管为目的，以保管行为为标的；转移标的物的占有。[1]保管合同针对的是寄存人交付的保管物，保管物的范围包括寄存人所有之物和第三人所有之物，主要为原材料、半成品、在制品和制成品等实体物。《民法典》第 904 条

---

〔1〕 魏振瀛．民法［M］．北京：北京大学出版社、高等教育出版社，2000：526-528.

规定，仓储合同是保管人储存存货人交付的仓储物，存货人支付仓储费的合同。仓储合同具有如下法律特征：仓储合同的保管人须为有仓储设备并专门从事仓储保管业务的人；仓储物须为动产；为诺成性合同；为双务、有偿、不要式合同；存货人主张货物已交付或行使返还请求权以仓单为凭证。[1]仓储保管人应当是具有从事仓储业务资格，拥有仓储设备的人；仓储对象一般为动产，不动产不能成为仓储对象。基于数据存储的技术要求和数据存储行业的发展，数据存储行为还具备营利性的特征，数据存储的保管人应拥有数据存储的相关设备，存储物须为数据，数据存储具备诺成性合同，双务合同、有偿合同、不要式合同的特征。

总的来看，数据存储和保管、仓储的相同之处在于三者都是对存储对象的管理、保存。保管人保管寄存物，寄存人需要支付保管费，数据存储、保管合同、仓储合同均为有偿合同。三者均为双务合同、不要式合同，合同成立、生效、具体内容由寄存人和保管人自行约定。此外，数据存储和仓储均为诺成合同，均要求保管主体拥有存储所需的设施设备。

（二）数据存储与保管、仓储的区别

相较于数据存储与保管、仓储的相同之处，三者的区别更为明显，主要表现在存储对象、存储技术和存储方式三个方面。

1. 存储对象不同

保管和仓储是对有形物品进行保存，对其数量、质量进行管理控制。而数据存储是运用直接附加存储、网络附加存储和存储局域网等存储方式对动态或静态的数据予以保存，其存储对象是无形物，是各类数据，包括原始数据和数据产品。前者在空间、时间等对其价值实现存有障碍时产生存储需求，后者则是基于数据的电子形式或非实体性而自产生伊始即需以某种媒介进行搭载。此外，数据的存储过程中，数据本身的状态并不是一成不变，而是不断地进行计算分析。

2. 存储方式不同

保管和仓储将有形物品存放于保管场地，包括房屋、仓库，以及其他符合条件的场地。数据存储则可以将数据存储于有形的设备上，也可以存储于无形的网络中。根据不同场景需求采用直接附加存储、网络附加存储和存储局域网

---

〔1〕　魏振瀛. 民法［M］. 北京：北京大学出版社、高等教育出版社，2000：543-535.

等存储方式，三种存储方式互相补充，各有优点。直接附加存储方式适用于小型网络、地理位置分散的网络、特殊应用服务器、提高 DAS 存储性能等应用场景。网络附加存储方式作为独立网络节点存在于网络之中，由所有的网络用户共享，具有即插即用、存储部署简单、存储设备位置灵活以及管理成本低等优点。存储局域网将存储网络化，由存储和备份设备、光纤通道网络连接部件、应用和管理软件三部分组成，具有网络部署容易、高速存储性能、良好的扩展能力等优势。

3. 存储技术不同

保管、仓储对保管、管理的技术要求不高，而数据存储需要专业、高效的存储技术，才能满足庞大的数据使用需求和不断更新的海量数据存储对象。数据存储技术具有高技术性。数据存储技术具有超大规模的储库与云存储、超高密度存储服务器以及高可控性和高灵活性存储空间，且具有自动化资源监测。其中，超高水准储库和云储存是数据存储必需的物理条件。巨大的使用需求以及需求的灵活性要求放大存储服务器的数据存储能力和安排超高密度的存储服务器，具有高度"可扩展性"，这既是数据存储空间的特性也是其优势。数据存储的安全性要求数据存储技术具备高度可靠性，数据存储技术能够长时间运行，不出现存储服务器运行中断，不会泄露数据存储对象信息。

第二节　数据存储的法律规制

目前，数据存储方式发生了较大变化，数据存储从当地的存储器逐渐转变为全球数据库的远程存储，甚至有大量的数据存储在"云"上。[1]数字技术和互联网的大规模应用产生了海量数据，同时也产生了对数据存储技术的高需求。在寻求数据存储技术的同时，有关数据存储的法律问题，尤其是数据存储的合法性问题是数据存储的法律基础。无论是"中心化"的数据存储模式，抑或"去中心化"的数据存储模式，均需要在法律对数据存储的制度监管下进行，没有任何技术可以脱离法律的监管。在有关数据存储的合法性问题上，主要涉及四个方面的内容：存储地点、存储期限、存储内容、存储方式，其中我国和欧盟的模式比较具有代表性。

---

〔1〕 张晓君. 数据主权规则建设的模式与借鉴——兼论中国数据主权的规则构建 [J]. 现代法学，2020（6）：136-149.

一、数据存储地点

（一）我国立法相关规定

我国《网络安全法》明确规定了数据的存储地点，在境内运营收集和产生的个人信息和重要数据应当在境内存储。该法详细规定了数据的跨境传输程序，若因业务确需向境外传输数据的，应当严格履行安全评估程序。具体来看，《网络安全法》第37条规定，"关键信息基础设施的运营者在中华人民共和国境内运营中收集和产生的个人信息和重要数据应当在境内存储。因业务需要，确需向境外提供的，应当按照国家网信部门会同国务院有关部门制定的办法进行安全评估"。对违反《网络安全法》中数据存储地点规定的行为，应当承担相应的行政责任。针对关键信息基础设施的运营者在境外存储数据或向境外提供网络数据的行为采取"双罚制"，一方面规定对公司法人的行政责任，主要处罚措施包括责令改正、吊销营业执照、暂停相关业务、停业整顿、关闭网站以及罚款。另一方面对拒不改正或者导致危害网络安全等后果的，对直接负责的主管人员处1万元以上10万元以下罚款。

《数据安全法》从规范数据处理活动，保障数据安全角度出发，着重维护国家数据安全、公共利益以及公民、组织的合法权益，明确该法适用于在中华人民共和国境内开展的数据活动。《数据安全法》第3条规定，数据存储包含于数据处理中，属于数据处理的重要环节。《数据安全法》第31条规定，关键信息基础设施的运营者在中华人民共和国境内运营中收集和产生的重要数据的出境安全管理适用《网络安全法》的规定，即个人信息和重要数据应当在境内存储，确因业务需要，确需向境外提供的，应当履行出境安全评估手续。确定由各地区、各部门承担数据安全监管职责，负责收集本地区、本部门工作中的数据，对本部门、本地区的数据安全负责。此外，《数据安全法》第32条规定，任何组织、个人收集数据应当在法律、行政法规规定的目的和范围内收集、使用数据。因此，数据存储应当遵守数据处理规则，在规定的目的和范围内存储数据。

（二）欧盟《通用数据保护条例》相关规定

欧盟《通用数据保护条例》对数据存储地点作出明确规定，要求在可持续场地上进行有效、真实的数据存储活动。具体来看，欧盟《通用数据保护条例》对数据存储地点的规定可以从以下两个方面来理解。

从属地管辖来看，欧盟《通用数据保护条例》第 3 条第 1 款规定，本条例调整范围包括设立在欧盟境内的数据控制者或处理者。数据存储主体只要在欧盟境内设立或者在欧盟境内设有业务机构，不论其处理数据的行为或者数据储存地点是否实际发生在欧盟境内，均受到欧盟《通用数据保护条例》的规制。欧盟《通用数据保护条例》的适用范围标准也是数据存储活动中选择数据存储地点时需遵守的规定。

从属人管辖来看，欧盟《通用数据保护条例》第 3 条第 2 款针对未设立在欧盟境内的数据控制者和处理者（数据存储主体），只要其数据处理行为（数据存储行为）发生在向欧盟境内的数据主体提供商品或服务的过程中，则其应当适用欧盟《通用数据保护条例》。此外，非欧盟组织机构向欧盟境内个人提供数据存储服务的，也被视为是在欧盟境内提供商品或服务。总的来看，数据存储是数据处理过程的重要一环，某存储主体虽未在欧盟境内设立业务机构，但存储了欧盟境内数据主体的数据，且此类存储行为与向欧盟境内个人提供商品或服务相关的，应适用欧盟《通用数据保护条例》的规定。

此外，欧盟《通用数据保护条例》第 47 条对"有约束力的公司规则"作了明确法律规定，并对该规则获得认可的程序和内容作了详细解释。该规则允许跨国公司或者公司集团在公司内部进行数据跨境转移，跨国公司可以对其所储存的数据在不同的地区之间进行转移。

二、数据存储期限

（一）我国立法相关规定

我国《网络安全法》第 41 条明确提出，数据存储期限需遵循"必要原则"。网络运营者收集、使用个人信息，应当遵循合法、正当、必要的原则，公开收集、使用规则，明示收集、使用信息的目的、方式和范围，并经被收集者同意。不得收集与其提供的服务无关的个人信息，不得违反法律、行政法规的规定和双方约定收集、使用个人信息。数据存储是数据处理的重要环节，数据存储期限也应当遵守《网络安全法》关于数据处理的规定，即存储个人信息，需遵循合法、正当、必要的原则，明示数据存储的目的、方式和范围等。2018 年 5 月 1 日实施的《信息安全技术　个人信息安全规范》（GB/T 35273—2017）进一步将存储期限"必要原则"具体为数据存储"时间最小化"，即要求信息的保存时间应与使用目的在程度上保持一致。数据保存期限为实现数据使用目的所需要的最短时间，超过保存期限后，应对信息作删除或匿名化处理。此外，2019 年 5 月 28 日，国家互联网信息办公室发布的《数据安全管理办法（征求意见稿）》第 20 条也明确了对数据的保存期限，网络运营者保存个人信息不应超出收集使用规则中的保存期限。此外，《网络安全法》针对网络运营者防止网络数据泄露或者被窃取、篡改情况下产生的网络日志，规定应当留存不少于 6 个月。

（二）欧盟《通用数据保护条例》相关规定

欧盟《通用数据保护条例》第 5 条对数据存储期限作了明确规定，数据处理需遵守"数据最小化"原则，对个人数据存储应当具有正当化目的，采取必要、合理措施确保个人数据存储的准确性，数据存储也应当遵守个人数据存储目的最小化。对能够识别数据主体的个人数据，其存储的时间不能超过其处理目的所必需的最少时间。但欧盟《通用数据保护条例》规定，为了实现公共利益、科学或历史研究目的或统计目的的数据存储行为，在保障数据主体的权利和自由的情况下，数据储存时间可适当超过达到目的需要处理的最少时间。具体规定为欧盟《通用数据保护条例》第 5 条，其规定对于个人数据的处理应遵循以下规定：（1）对涉及数据主体的个人数据，应当以合法的、合理的和透明的方式来进行处理。（2）个人数据的收集应当具有具体的、清晰的和正当的目的，对个人数据的处理不应当违反初始目的，不符合初始目的的不得对数据进行进一步的处理。（3）个人数据的处理应当以实现数据处理目的为必要限度，遵循"数据最小化"原则。（4）个人数据应当是准确的。对个人数据需及时更新，采取合理措施更正错误的个人数据。（5）对于可识别数据主体的个人数据的储存时间，一般不得超过实现其处理目的所需最少时间，为了实现公共利益、科学或历史研究目的或统计目的以及为保障数据主体的权利和自由情况除外。（6）处理过程中应确保个人数据的安全，采取合理的技术手段、组织措施，避免数据遭到非法处理，防止数据毁损或灭失，保证数据的完整性与保密性。

三、数据存储内容

（一）我国立法相关规定

《数据安全法》《网络安全法》《个人信息保护法》是规定我国数据存储的三大上位法，数据存储内容由《数据安全法》《网络安全法》《个人信息保护法》确定，其对应的数据、网络数据、个人信息是我国数据存储的重要内容。《数据安全法》第 3 条规定，数据是指任何以电子或者其他方式对信息的记录。《网络安全法》第 76 条规定，网络数据为通过网络收集、存储、传输、处理和产生的各种电子数据。《个人信息保护法》第 4 条将个人信息定义为以电子或者其他方式记录的与已识别或者可识别的自然人有关的各种信息。

在数据存储内容种类划分上，2021 年 11 月 14 日发布的《网络数据安全管理条例（征求意见稿）》从存储主体建立的分类分级保护制度出发，按照数据对国家安全、公共利益和个人、组织合法权益的影响、重要程度，将数据分为一般数据、重要数据、核心数据。其中，核心数据和重要数据是我国数据存储内容的重要组成部分，《网络数据安全管理条例（征求意见稿）》第 73 条第 3 款将重要数据定义为，一旦遭到篡改、破坏、泄露或者非法获取、非法利用，可能危害国家安全、公共利益的数据。重要数据主要包括以下数据：（1）未公开的政务数据、工作秘密、情报数据和执法司法数据；（2）出口管制数据，出口管制物项涉及的核心技术、设计方案、生产工艺等相关的数据，密码、生物、电子信息、人工智能等领域对国家安全、经济竞争实力有直接影响的科学技术成果数据；（3）国家法律、行政法规、部门规章明确规定需要保护或者控制传播的国家经济运行数据、重要行业业务数据、统计数据等；（4）工业、电信、能源、交通、水利、金融、国防科技工业、海关、税务等重点行业和领域安全生产、运行的数据，关键系统组件、设备供应链数据；（5）达到国家有关部门规定的规模或者精度的基因、地理、矿产、气象等人口与健康、自然资源与环境国家基础数据；（6）国家基础设施、关键信息基础设施建设运行及其安全数据，国防设施、军事管理区、国防科研生产单位等重要敏感区域的地理位置、安保情况等数据；（7）其他可能影响国家政治、国土、军事、经济、文化、社会、科技、生态、资源、核设施、海外利益、生物、太空、极地、深海等安全的数据。《网络数据安全管理条例（征求意见稿）》第 73 条第 4 款将核心数据定义为关系国家安全、国民经济命脉、重要民生和重大公共利益等的数据。

（二）欧盟《通用数据保护条例》相关规定

欧盟《通用数据保护条例》规定数据存储内容较为广泛，数据存储的内容主要为发生在欧盟境内的数据流在加工过程中产生的临时文件或加工过程中需要查找的信息，包括热数据、冷数据和温数据三种。欧盟《通用数据保护条例》对数据存储内容的规定中，认定"欧盟境内"要素尤为重要，主要包括以下三点：一是能够被欧盟境内的数据主体所访问和使用的网站和手机软件；二是产品或服务使用的语言是英语或者特定的欧盟成员方语言；三是产品标识的价格为欧元。具体而言，不论是银行、保险、航空等传统行业，还是电子商务、社交网络等新兴领域，只要涉及向欧盟境内个人、组织提供服务，其所产生、采集、处理的个人数据，均构成欧盟《通用数据保护条例》的数据存储内容。从可识别性角度对个人信息进行分类，个人信息可以分为已识别的个人身份信息和可识别的个人特征信息。欧盟《通用数据保护条例》第4条将"个人数据"分为已识别或可识别的数据主体信息两大类，后者包括可直接和间接地识别数据主体，涵盖姓名、身份证号码、定位数据、在线身份识别等社会标识，也包括数据主体的物理、生理、遗传、心理、经济、文化或社会身份等要素，如基因数据、生物识别数据、有关健康的数据。从敏感性的角度对个人信息进行分类，个人信息可分为一般个人信息和敏感信息。欧盟《通用数据保护条例》规定，个人敏感数据是指涉及种族或民族出身、政治观点、宗教或哲学信仰、工会成员身份，涉及健康、性生活或性取向的数据、基因数据、经处理可识别特定个人的生物识别数据。一般个人信息包括姓名、身份证号、社保账号等。

四、数据存储方式

（一）我国立法相关规定

我国数据存储方式主要由《数据安全法》《网络安全法》规定，由网络安全登记保护制度和数据分类分级保护制度组成，根据数据重要程度、泄露危害程度等因素，将数据划分为不同种类，对应采取不同措施分级保护。《网络安全法》第21条明确规定，我国实行网络安全等级保护制度。网络运营者按照网络安全等级保护制度的要求，履行下列安全保护义务：（1）制定内部安全管理制度和操作规程，确定网络安全负责人，落实网络安全保护责任；（2）采取防范计算机病毒和网络攻击、网络侵入等危害网络安全行为的技术措施；（3）采取监测、记录网络运行状态、网络安全事件的技术措施，并按照规定留存相关的网络日志不少于6个月；（4）采取数据分类、重要数据备份和加密等措施；（5）法律、行政法规规定的其他义务。《数据安全法》第21条规定，国家建立数据分类分级保护制度，根据数据在经济社会发展中的重要程度，以及一旦遭到篡改、破坏、泄露或者非法获取、非法利用，对国家安全、公共利益或者个人、组织合法权益造成的危害程度，对数据实行分类分级保护。从纵向看，《数据安全法》要求对关系国家安全、国民经济命脉、重要民生、重大公共利益等国家核心数据，实行更加严格的管理制度。从横向看，各地区、各部门确定本地区、本部门以及相关行业、领域的重要数据具体目录，对列入目录的数据进行重点保护。此外，根据《网络数据安全管理条例（征求意见稿）》按照数据的重要程度对我国数据进行分级保护，将数据分为一般数据、重要数据、核心数据，不同级别的数据采取不同的保护措施。对个人信息和重要数据进行重点保护，对核心数据实行严格保护。同时，要求各地区、各部门对本地区、本部门以及相关行业、领域的数据进行分类分级管理，数据处理者对所处理的数据安全负责，履行数据安全保护义务，建立完善的数据安全管理制度和技术保护机制。

（二）欧盟《通用数据保护条例》相关规定

数据存储主体应当以合法、公正、透明的方式处理与数据主体有关的数据。欧盟《通用数据保护条例》第 4 条第 5 款规定，数据存储采取匿名化的方式。"匿名化"实质是对个人数据进行脱敏性处理，使个人数据在不使用额外辅助信息的情况下不会指向特定数据主体。个人数据"匿名化"处理要求将个人数据与其他额外信息分别存储，并且使个人数据无法指向一个可识别和已识别的自然人。欧盟《通用数据保护条例》对数据存储的处理突出了对处于弱势地位的数据主体的权利保护，通过对个人数据匿名化处理有利于维护对自然人的保护，提高数据使用的安全水平。

欧盟《通用数据保护条例》第 4 条第 6 款规定，数据存储采取整理汇集的方式，根据数据的特征进行结构性的组合。"整理汇集系统"是一种依照特定标准，按照集中、分散或功能分布或地域等基准存取个人数据，即将个人数据进行结构化集合。数据存储方式与数据安全性密切相关，对数据安全的防护措施反过来推动了数据存储方式的升级。欧盟《通用数据保护条例》第 32 条着眼于数据存储过程的安全性，引申出保护数据安全应采取的措施，包括定期测试、访问、评估等，重点强调数据系统拥有保持长时间的保密性、完整性、可用性以及弹性的能力，并在面对自然事故或技术事故突发的情况下，依然拥有保持存储有用信息以及及时获取个人信息的能力。

五、欧盟《通用数据保护条例》中数据存储的规范性分析

(一) 可携带权

数据携带权 (right to data portability) 是欧盟《通用数据保护条例》创设的个人数据权利。该条例对数据携带权有着明确的限定和适用条件，其中诸多规定具有创新性。数据携带权是在多次删改中最终确立的，其确立有着明确的目标指向，即增强个人对个人数据的控制，促进公平竞争和数据的自由流通与社会创新。[1] 可携带权作为一种权利类型，是指数据主体有权获得和要求移转与其相关的特定数据。可携带权是信息自决权的重要体现，就二者的关系，正如学者 Purtova 所言，"数据可携已经与信息自决相连接并被视为信息自决概念和对控制个人数据泄露进一步处理的默认授权的逻辑延伸"。

数据携带权，也称数据可携带权、数据可移植权等，是欧盟《通用数据保护条例》第 20 条新创的个人数据权利，该条对数据携带权作了较为具体的规定。为了使数据携带权更加清晰，更好地被理解和适用，第 20 条数据保护工作组 (以下简称 "数据保护工作组") 专门于 2016 年 12 月制定并于 2017 年 4 月修改通过的数据携带权指南 (Guidelines on the right to data portability) 对数据携带权问题作出全面的解读。欧盟《通用数据保护条例》第 20 条关于数据携带权的规定如下，当存在如下情形时，数据主体有权以结构化、常用和机器可读的格式获得其提供给控制者的有关他或她的个人数据，并有权无障碍地将此类数据从其提供给的控制者那里传输给另一个控制者。

(a) 处理是建立在第 6 (1) 条 (a) 点或第 9 (2) 条 (a) 点所规定的同意，或者第 6 (1) 条所规定的合同基础上；(b) 处理是通过自动化的方式进行。

在行使第 1 段所规定的数据携带权时，在技术上可行的情况下，数据主体有权将个人数据直接从一个控制者传输给另一个控制者。

行使第 1 段所规定的权利不得妨碍第 17 条的规定。对于控制者为了公共利益，或者为了行使其被授权的官方权威而进行的必要处理时，这一权利不适用。

第 1 段所规定的权利不能对他人的权利或自由产生不利影响。

根据条文规定，数据携带权是指数据主体有权以结构化、常用和机器可读

---

[1] 卓力雄. 数据携带权: 基本概念, 问题与中国应对 [J]. 行政法学研究, 2019 (6): 129-144.

的格式获得其提供给控制者的有关他或她的个人数据，或有权无障碍地将此类数据从其提供给的控制者那里传输给另一个控制者。简而言之，数据携带权是指数据主体有权获得其提供给控制者的个人数据或者有权将这类数据转移给另一个控制者。这一权利事实上包含两个权利：获得个人数据的权利和转移个人数据的权利。

欧盟《通用数据保护条例》中规定的可携带权包括数据的获得以及数据的传输两个方面，适用于与数据主体相关的、数据主体提供的、基于同意或履行合同的要求的数据，不适用于因法律授权而处理的个人数据，以及欧盟《通用数据保护条例》第 6 条第 1 款第（c）项至第（f）项中规定的为履行法定义务、保护数据主体的重要利益、执行法定任务或履行法定职责以及为了合法利益而实施的必要处理的数据。从权利行使方式上看，数据主体有权从控制者处获得结构化的、通用的、机器可读的、能共同操作的以格式形式提供的个人数据，并允许该数据传输给其他控制者。若技术可行，数据主体有权要求个人数据直接从一个控制者传输到另一个控制者。但是，该权利的行使不能侵害第三人的删除权或被遗忘权。

可携带权进一步增强了个人的信息控制权，但也有观点认为，该权利要求信息控制者按照个人的要求提供通用机读格式的信息。事实上，部分企业通过产品、技术和服务的优化与创新改变用户数据，实则是一种良性竞争形态。而数据可携带权除使企业运营成本增加之外，更大的隐患是各企业之间以此为工具实施不正当竞争行为。该规定将在何种程度上予以落实，如何避免和规制恶性数据竞争，还需要后续的实践进行检视。

除欧盟、美国之外，印度、日本、新加坡等法域也引入了数据可携带权，它已经成为各国民众普遍享有的一项个人信息权利。我国在具体的立法层面没有明确规定数据可携带权，但在规章和规范层面已经建构了数据可携带权的雏形，在携号转网中形成了数据可携带权的实践。我国应当明确个人数据携带权，以建立有实效的个人信息保护制度。[1]

（二）被遗忘权

被遗忘权是欧盟《通用数据保护条例》最引人注目的规定之一。被遗忘权的概念和立法源于欧洲。欧洲数据保护指令（Directive 95/46/EC）虽然没

---

[1] 王庆华. 数据可携带权的权利结构、法律效果与中国化 [J]. 中国法律评论，2021（3）：189-201.

有规定被遗忘权，但其中的目的性限制原则等条文，被认为是被遗忘权的源头。2014 年 5 月 13 日，欧洲法院在"被遗忘权第一案"Google Spain, SL, Google Inc. v. Agencia Española de Protecián eDatos（AEPD），Mario Costeja Gonzále 中认定，如果与个人信息有关的搜索结果是不准确（inaccurate）、不适当（inadequate）、（与目的）不相关（irrelevant）或者是超范围（excessive）的，会给数据主体造成偏见性影响，数据主体有权要求相关信息不再为公众知晓，不再列入搜索结果。被遗忘权来源于欧洲数据保护指令（Directive 95/46/EC）的删除权，却不等同于其删除权。欧洲数据保护指令（Directive 95/46/EC）删除权针对的是缺乏法律基础的信息，是指数据主体在数据错误或者无法约定而被处理时，要求控制者删除数据的权利。而被遗忘权所针对的则是在合法的基础上收集、使用、加工、传输的已过时、不相干、有害和不实信息，其体现了一种动态的利益平衡，即某数据在初期的披露、处理和价值可能较高，但随着时间的推移，此类数据的披露、处理和使用价值会减退，此时继续公开此种数据的价值要远远低于该数据可能对数据主体产生的营利影响，则此时应赋予数据主体要求将该数据予以删除的权利。

关于被遗忘权的含义，欧盟《通用数据保护条例》第 17 条规定了数据主体有权要求数据控制者删除其个人数据，具体情形在第 7 条规定，包括数据主体撤回同意或同意到期的、数据主体行使反对权的、个人数据被非法处理的、根据成员方法定义务必须删除的、根据欧盟《通用数据保护条例》第 8 条第 1 款所述的信息服务而收集的等情形。为加强线上环境的被遗忘权，删除的权利应当扩大到控制者应删除个人数据的任何链接、复印件或者复制品。控制者应当采取合理的措施，如考虑可用的科技和手段，包括技术性措施，向处理个人数据的控制者通知数据主体的请求。

《个人信息保护法》第 47 条第 1 款第 1 项规定了我国本土的被遗忘权。《个人信息保护法》第 47 条规定："有下列情形之一的，个人信息处理者应当主动删除个人信息；个人信息处理者未删除的，个人有权请求删除：（一）处理目的已实现、无法实现或者为实现处理目的不再必要；（二）个人信息处理者停止提供产品或者服务，或者保存期限已届满；（三）个人撤回同意；（四）个人信息处理者违反法律、行政法规或者违反约定处理个人信息；（五）法律、行政法规规定的其他情形。法律、行政法规规定的保存期限未届满，或者删除个人信息从技术上难以实现的，个人信息处理者应当停止除存储和采取必要的安全保护措施之外的处理。"

但被遗忘权的规定引起了学术界的广泛争议，有学者认为被遗忘权可能会增加企业运行成本，阻碍创新和产业发展。[1]为了平衡被遗忘权与其他权利的关系，欧盟《通用数据保护条例》对被遗忘权的行使范围进行了限制性规定，即为了行使言论和信息自由的权利，或根据控制者所应遵守的欧盟或成员方法律处理的法定义务，或为了公共利益，或在行使控制者被授予的官方任务时，为了公共卫生领域的公共利益，为了科学或历史研究目的，或统计目的，为了法定请求权的确立、行使和抗辩等，数据控制者可以不予删除数据。而且，在控制者对信息的处理、占有、使用具有法律基础的情况下，数据主体亦可行使被遗忘权，因此必须对被遗忘权与信息处理者、信息占有者的各项权利进行冲突检索，在被遗忘权与公众知情权、表达自由、科学研究自由等之间进行衡量。因此，各国对被遗忘权的适用仍然是审慎的，需要进行利益衡量。[2]

〔1〕 吴飞，傅政科. 大数据与"被遗忘权"［J］. 浙江大学学报（人文社会科学版），2015（2）：68-78.

〔2〕 沈丹娜. 大数据时代被遗忘权的合法性证成［J］. 华南理工大学学报（社会科学版），2021，23（1）：73-83.

第八章
数据开放与共享

第一节　概　述

数据开放与共享是发挥数据"资源"价值的关键因素，只有数据开放才能实现数据共享的可能，而数据共享能更有效地推进数据开放。数据的开放与共享在现实生活中主要通过无偿的方式进行，同时在开放与共享中要保障数据安全。如果涉及个人信息，在开放与共享的基础上还应采取必要的安全保障措施，防止出现个人信息的泄露等侵犯个人信息权益的情形。另外，数据共享并不等同于数据开放，二者的根本区别在于，数据共享是指在一定范围的、特定人的使用，数据开放则是面向不特定的社会公众的使用。发展历程中，数据开放与共享基本上历经了相同的发展历程，如今随着科技进步与革新和数据产业发展水平的提升，数据的开放与共享在理论上的界分日益明显，在实践中也各有侧重，差异更多地体现于监管方面。

一、数据开放与共享的发展历程

数据开放与共享在最初的发展阶段并非"泾渭分明"，相反，数据开放与共享的诉求首先指向了公共领域和公共数据，即政府采集、拥有的数据。[1] 数据开放与共享发展历程的第一个阶段是"政府信息公开"（Open Government Information）。这一概念早在 1968 年，美国加利福尼亚州的《公共记录法案》（Public Records Act）中已经成型，该法案要求加利福尼亚州内各个市政当局

---

〔1〕　曹磊. 全球开放数据运动简介 ［Z/OL］. 2022－01－20. http://www.istis.sh.cn/list/list.aspx？id＝9291.

向公众披露各类政府记录。随着 1996 年美国《信息自由法》修正案中提出政府信息公开这一概念，政府信息公开迅速成为美国学术界和商业界关注的话题。之后，世界上许多国家开始出台类似的法律法规，如英国 2000 年颁布了《信息公开法》，日本 1999 年颁布了《行政机关拥有信息公开法》，我国于 2007 年颁布了《政府信息公开条例》，均强调公民获取政府信息的权利和政府依法公开政府信息的义务。在第一阶段，各国立法更加强调的是"信息公开"，"信息"还未经集合整理成"数据"，其价值还未完全体现，在"公开"的表现形式上还比较"单一、粗糙"。

数据开放与共享发展历程的第二个阶段是"开放政府数据"（Open Government Data）。2009 年，时任美国总统奥巴马签署了《开放透明政府备忘录》，要求建立更加开放透明、参与、合作的政府，体现了美国政府对开放数据的重视。与此同时，美国数据门户网站 Data. gov 上线。同年，美国又发布了《开放政府指令》，明确指出开放政府的原则是透明、参与和协作。全球开放数据运动由此展开，自 2009 年 Data. gov 上线以来，开放数据运动在全球范围内迅速兴起。例如，英国政府于 2010 年正式开通了政府开放数据的"一站式"集成和共享网站 Data. gov. uk，将公众关心的政府开支、财务报告等数据整理汇总并发布在互联网上，供社会公众和企业自由使用。2011 年，美国、英国、巴西、印度尼西亚、墨西哥、挪威、菲律宾、南非等八个国家联合签署《开放数据声明》，成立开放政府合作伙伴（Open Government Partnership）。2013 年，八国集团首脑在北爱尔兰峰会上签署《开放数据宪章》，法国、美国、英国、德国、日本、意大利、加拿大和俄罗斯承诺，在 2013 年年底前，制订开放数据行动方案，最迟在 2015 年底按照宪章和技术附件要求来进一步向公众开放可机读的政府数据。从目前全球参与开放数据运动的国家来看，既包括美国、英国、法国、德国等发达国家，也包括印度、巴西、阿根廷、加纳、肯尼亚等发展中国家。与此同时，国际组织如联合国、欧盟、经济合作与发展组织（OECD）、世界银行也加入了开放数据运动，建设并发布了各自的数据开放门户网站。

然而，在政府数据正"如火如荼"地发展时，软件技术的发展将数据的范围不断扩大，并逐步进入第三个发展阶段——"数据共享开放"。1991 年，免费操作系统 Linux 横空出世，互联网的普及为软件自由运动的兴起发挥了重要作用。随着越来越多的公司和个人采取开放源代码的做法，"开源"（Open Source）一词被正名并获得全世界软件行业的认同，开放源代码促进会于 1998 年创建并宣扬开源的原则，开放源代码成为一种共识和现实。而源代码开放只涉及技术层面，数据开放与共享的范围还极其有限；随着大数据的兴起，数据的共享与发展成为大势所趋。此时，也就到了数据开放与共享发展的第三个阶段。

2012 年，奥巴马政府公布了《大数据研究和发展计划》（Big Data Research and Development Initiative），以增强联邦政府收集海量数据、分析萃取信息的能力，迎接新的挑战。同年，日本推出《面向 2020 年的 ICT 综合战略》，重点关注大数据应用，聚焦大数据应用所需的、社会化媒体等智能技术开发，以及在新医疗技术开发、缓解交通拥堵等公共领域的应用。2013 年，日本又发布了最新的 ICT 成长战略《创建最尖端 IT 国家宣言》，全面阐述了 2013—2020 年期间以发展开放公共数据和大数据为核心的日本新 IT 国家战略，将大数据和能源、交通、医疗、农业等传统行业紧密结合，把日本建设成为一个具有"世界最高水准的广泛运用信息产业技术的社会"。2014 年，欧盟发布了《数据驱动经济战略》，提出研究数据价值链战略计划和资助大数据及开放数据领域的研究和创新驱动。2015 年，我国国务院印发《促进大数据发展行动纲要》，纲要指出，我国将在 2018 年以前建成国家政府数据统一开放门户，推进政府和公共服务部门数据资源统一汇集和集中向社会开放，实现面向社会的政府数据资源"一站式"开放服务，方便社会各方面利用。同时，我国各省市的数据开放共享平台逐步建成，2016 年 12 月，云上贵州数据共享平台正式在贵州省推广使用，2018 年，甘肃省建成政务数据共享交换平台，2019 年 12 月，陕西省政务数据共享交换平台正式上线运行。

二、数据开放与共享的立法情况

（一）数据开放的立法情况

1. 国外立法模式

国外关于公共数据开放的立法模式主要有三种：第一种是制定政府数据开放专门法模式；第二种是修改信息公开法模式；第三种介于二者之间，即修改信息公开法和制定专门法相结合的立法模式。

（1）专门法模式：以美国纽约为代表。

制定公共数据开放专门法的立法模式以美国纽约为代表。纽约被认为制定了全球最好的数据开放专门立法[1]——《纽约开放数据法》（New York City Open Data Law）。该法于 2012 年 3 月 7 日发布实施，主要包括数据定义、公共数据的可获得性、开放数据门户的管理、开放数据法律声明、数据集线上发布的政策和技术标准、政府机构实施计划等六大部分。具体而言，一是对数据、数据集等术语进行了界定；二是规定了公共数据的可得性，包括机器可读格式、维护和更新、使用不受限制等；三是开放数据在线门户管理，包括带宽要求、在线论坛意见收集和反馈机制；四是开放数据法律声明方面的规定；五是网络数据集政策和技术标准；六是机构实施计划。纽约的数据开放立法在 2015 年到 2016 年期间，经历了多达七次的修改程序，这些修正案涉及的内容包括开放平台上的数据存档、多平台更新同步、公众数据请求回应、数据字典编制发布、地理编码格式统一、开放计划检查监督、数据开放申请答复评估审查等要求。

相较于其他立法模式，专门法模式优势明显，一是可以围绕数据开放主体、对象、方式、平台、质量和监督保障这些关键环节一并加以规定，实现对数据开放立法的全方位保护；二是保护力度强并兼顾全面，可以最大程度为数据开放活动提供法律保障。《纽约开放数据法》2012 年实施后，随着高质量数据集的开放以及自动更新的数据集数量增多，该市取得的成绩突出，不仅引领了全球各城市数据开放潮流，而且还带动了非公共机构的加入，拓展了数据开放的主体范围 。

但专门法模式同样存在弊端。对于纽约一个城市来说，立法速度不是问题，但是对于一个国家来说，立法速度慢、成本高是通病。同时，就全球而言，政府数据开放实践尚处于起步阶段，相关问题的处理机制并非清晰明了。如果仓促促立法容易导致立法过时、后续修改频繁、法律权威性不足等问题。纽约这部法律经过多达七次的频繁修改就是典型例证，反复修改就是因为立法在实施过程中暴露出了诸多事先难以预估的问题。根据有关机构 2013 年的一份调查发现：许多部门没有按期提交本部门的实施计划。即使提交了，也未按期开放所承诺开放的数据集；开放数据门户的可用性还不够，搜索功能差；开放数据门户开放的数据和公众的数据需求吻合度差；存在数据错误、元数据缺乏

---

　　[1]　New York City Open Data Law ［Z/OL］. 2022-01-20. https://opendata. cityofnewyork. us/open-data-law/；https://legistar. council. nyc. gov/LegislationDetail. aspx? ID=649911&GUID=E650813B-B1E9-4E56-81BA-58261487DA4A.

等数据质量问题。[1]

（2）修改信息公开法模式：以英国为代表。

修改信息公开法的立法模式以英国、加拿大和乌克兰等国家为代表。以英国为例，英国在数据开放方面虽然比美国起步晚，但大有赶超之势。英国主要通过修改信息公开法为数据开放实践提供法律支撑。2012 年，英国借助出台《保护自由法》（Protection of Freedoms Act）之机，对 2000 年颁布的信息公开法进行了相应修改。这种立法模式充分利用信息公开法的现有框架，为政府数据开放提供制度支撑。法律修改的切入点是信息提供形式的选择权，并借此对数据集、授权许可、收费、依申请公开向主动公开转换机制一并进行明确规范。同时考虑到单纯几条规定还不具有可操作性，所以要求国务大臣发布"行为守则"（Code of Practice）指导具体的数据开放实践。2013 年颁布的行为守则对数据集定义、可使用的电子形式、元数据编制、数据集再利用许可类型、收费、数据集的主动公开和申请人帮助义务等方面进行了具体规定。

和专门立法模式相比，对信息公开法的修补模式有两个优势，第一个优势是立法效率高、通过快，可以迅速弥补数据开放立法真空，为英国赶超美国数据开放提供及时的法律保障。英国借助出台《保护自由法》的时机，对信息公开法进行修改名正言顺。第二个优势是极具针对性，可以根据待决法律问题的轻重缓急，不断完善。英国针对制约数据开放的若干核心问题先行解决，而不是全面地进行制度革新。这些核心问题包括：第一，数据开放例外不清晰和缺省是制约数据开放的关键因素。英国意识到信息公开和数据开放立法框架具有高度的相似性，可以借助信息公开法为数据开放的保护范围先期提供法律保障。在信息公开法对例外事项已经提供了完善保护之后，重复立法显得没有太大必要。第二，开放对象缺少界定将导致数据开放无从下手。英国不过分拘泥于信息和数据的差别，反而注意到了两者间的密切关系，在明确信息内涵的基础上，对数据集进行更为具体的界定，并遵行信息公开法的总体框架对数据开放提供必要的制度支撑。第三，阻碍利用的公开与数据开放背道而驰。英国一方面从选择权入手，注意到数据开放的再利用环节，抓住便于利用的电子形式提供数据集这一核心，为数据开放的再利用扫除法律障碍；另一方面借助固有的依申请公开和主动公开信息转换机制，完成依申请公开数据集向公众开放的

---

[1]　See Grading the Progress of NYC's Open Data Law [Z/OL]. 2022 - 01 - 20. http://reinventalbany. org/grading-nycs-open-data-law-progress/.

数据集转换，提升数据集开放和公众需求间的吻合度。

这种立法模式的弊端在于，立法只能聚焦若干关键问题，随着数据开放实践的快速发展，信息公开法的原有规定无法完全适用于数据开放面临的所有问题。另外，信息公开法产生于大数据时代之前，有其特定的时代烙印。其中之一就是信息公开法大多强调依申请公开这种被动的公开方式，并将之作为一种义务予以规定，且申请无目的限制，并有答复期限，也可复议诉讼。一旦数据开放纳入信息公开制度框架进行规范，无论是数据提供方，还是数据使用方，付出的成本都非常高，时间也相对较长。即使数据使用方获取到了相关数据，大多是静态数据，而不是最具利用价值的动态数据。即使近年来信息公开法已经向强调主动公开进行转型，但和数据开放实践还存在诸多不协调之处，只进行修改无法完全解决，需要出台专门法予以补足。

（3）修改信息公开法和制定专门法相结合的立法模式：以美国国家层面立法为代表。

介于前两者之间的修改信息公开法和制定专门法相结合的立法模式，美国国家层面立法是典型例证。美国早期通过对 1966 年颁布的《信息公开法》的修订为日益呈现的大数据社会提供法律支撑。为顺应信息化发展需求以及占领信息时代全球制高点的需要，1996 年美国《信息公开法》进行了第五次修改。本次修订将公开客体扩展到以电子化形式制作保存的信息、创设了信息提供形式选择权、创设了依申请公开和主动公开信息间的联动机制。这对数据开放实践建构了基本的制度支撑。美国 2015 年启动的第八次信息公开法修改进一步将信息公开法和数据开放进行了紧密结合。具体表现在：第一，建立更有效的依申请公开和主动公开信息间的联动机制。修法明确要求将申请人申请超过三次的频繁申请自动转为主动公开并以电子化形式对外公开。第二，强调电子形式公开的重要性。要求政府部门以电子形式主动公开应当公开的政府信息。第三，要求设置在线申请统一入口。通过建立新网站，将向任何机构提出的信息公开申请整合集中。[1]

随着大数据时代的深入发展，美国已经不再满足于通过对原有信息公开法修修补补的方式推进数据开放。其中最为明显的一个举动就是 2019 年 1 月美国《开放政府数据法案》（Open Government Data Act）的通过。这意味着美国开始转向制定独立的数据开放法推进联邦范围内的公共数据开放给社会开发利

---

〔1〕 后向东. 美国 2016 年《信息自由法》改革法案述评 [J]. 电子政务，2016（10）：51-56.

用，以便发挥其潜在价值。该法案围绕义务主体、开放对象、开放范围、开放例外、开放方式、开放平台等内容进行了系统规定。具体来说，明确了数据的定义与类型，规定了开放数据的形式要求，直接援引信息公开法当中的例外规定了数据开放例外，规定了数据开放端口，规定了数据目录的编制和公开要求。

修改信息公开法和制定专门法相结合的立法模式注意到了数据开放专门法和信息公开法都是规范数据开放实践的根本性立法，二者共同构成了数据开放方面的重要法律支撑。另外，这种立法模式认为信息公开法侧重知情权保障的理念并不是一成不变的，兼顾再利用权也是知情权应当注重的。基于此，这种立法模式的核心特征是先通过修改信息公开法，先期为数据开放提供基本的制度支撑，包括电子形式公开、可供利用的信息提供形式的选择、依申请公开信息向主动公开信息转换等。甚至一次修改不彻底，还可经多次修改，在试错过程中逐步完善。最终在数据开放实践深入运行后，再通过专门立法，为数据开放提供全方面的制度保障。这种立法模式照顾到了专门立法和修改立法的优缺点，逐步完善数据开放方面的法律制度。

2. 我国的立法现状

我国目前仅有政府信息公开的专门立法，并无专门的政府数据开放立法，2007 年 4 月 5 日中华人民共和国国务院令第 492 号公布《政府信息公开条例》，并于 2019 年 4 月 3 日进行了修订。《政府信息公开条例》规定了公开的主体和范围、主动公开、依申请公开、监督和保障等内容。其中第 1 条规定，立法目的之一是"为了保障公民、法人和其他组织依法获取政府信息"，《政府信息公开条例》第 20 条则规定了行政机关应当主动公开的信息范围。但《政府信息公开条例》中的政府信息主动公开，与公共数据开放的意旨仍不尽相同。我国数据开放现状可谓是实践先行，立法滞后，文件治理，政策推动。[1]

随着对政务数据开放实践的深入，政务数据法律规制也有了进展。2015 年印发的《促进大数据发展行动纲要》要求推动政府数据开放共享，稳步推动公共数据资源开放，加快法规制度建设。2017 年中央网信办等部门联合印发的《公共信息资源开放试点工作方案》，确定在北京、上海、浙江、福建、贵州开展公共信息资源开放试点工作。将重点开放信用服务、医疗卫生、社保就业、公共安全、城建住房、交通运输、教育文化、科技创新、资源能源、生态环境等领域的公共信息资源。凡是不涉及国家秘密、商业秘密和个人隐私以及法律法规规定不得开放的公共信息资源，都应逐步纳入开放范围。2018年国务院办公厅印发《科学数据管理办法》，规范了科学数据的开放范围，科学数据应当按照开放为常态、不开放为例外的原则，科学数据开放共享责任主体、安全保障等内容。

法律层面对数据开放也有了新的突破。2021年我国公布了《数据安全法》，其中第37条至第43条提出了政务数据开放的一些基本原则和制度。主要包括：（1）明确了国家推动电子政务和政务数据的发展。第37条规定："国家大力推进电子政务建设，提高政务数据的科学性、准确性、时效性，提升运用数据服务经济社会发展的能力。"（2）明确了国家行政机关在政务数据的收集、使用、安全保障方面的职责。国家行政机关应该遵守法定程序，在法定范围内收集、使用数据，同时还要对个人隐私、个人信息、商业秘密、保密商务信息等保守秘密。《数据安全法》还规定了国家行政机关建立政务数据安全管理，维护政务数据系统安全的职责。（3）确立了政务数据公开的原则。第41条规定："国家机关应当遵循公正、公平、便民的原则，按照规定及时、准确地公开政务数据。依法不予公开的除外。"《数据安全法》是首部以法律的形式提出"政务数据开放"的立法文件，为数据开放立法起到引领性、指导性的作用，也将打开未来完善立法的新思路。

目前数据开放更多是通过地方立法予以规范，各地颁布了地方性法规和地方政府规章制度。地方性法规有：2016年《贵州省大数据发展应用促进条例》、2018年《天津市促进大数据发展应用条例》、2019年《海南省大数据开发应用条例》，2020年《山西省大数据发展应用促进条例》《沈阳市政务数据资源共享开放条例》《贵州省政府数据共享开放条例》《吉林省促进大数据发展应用条例》，2021年《安徽省大数据发展条例》《贵阳市政府数据共享开放条例》。地方政府规章有：《福建省政务数据管理办法》《浙江省公共数据开放与安全管理暂行办法》《上海市公共数据开放暂行办法》《贵阳市政府数据共享开放实施办法》《山西省政务数据管理与应用办法》等20余部。地方性立法对本省的数据开放作出专门立法或者专章规定，开展相关立法的省市数量较少。同时关于数据开放的立法名称呈现多样化，政府数据、政务数据、公共数据等不同概念对用于开放的数据内涵和外延界定不同，也从侧面反映了数据开放立法的不成熟。

（二）数据共享的立法情况

我国在 2015 年的《促进大数据发展行动纲要》中提出，加快政府数据开放共享，推动资源整合，提升治理能力，大力推动政府部门数据共享。除上述与数据开放并立的立法模式外，我国也推进数据共享专门的立法。2016 年国务院推出《政务信息资源共享管理暂行办法》，对政务数据共享进行了全面规定。随后地方立法纷纷跟进，其中具有代表性的有《上海市政务数据资源共享管理办法》《贵州省政府数据共享开放条例》《贵阳市政府数据共享开放条例》《沈阳市政务数据资源共享开放条例》等。2022 年 3 月 1 日实施的《浙江省公共数据条例》是全国首部以公共数据为主题的地方性法规，明确提出打造公共数据平台，建立公共数据共享机制。以《上海市政务数据资源共享管理办法》为例，该办法确定了网上政务大厅建设与推进工作领导小组作为领导机构、市经济和信息化委员会统筹规划和组织实施、各行政机构是政务数据资源共享的责任主体的责任体系，确立全面共享、安全可控、依法使用的共享原则，规定建立政务资源管理平台、数据资源目录、数据采集、共享使用等方面的制度。这些立法在不同程度上对政务数据共享的主管机关的职权职责、政务数据共享的基本原则、资源管理平台、数据资源的范围和目录编制、数据的采集、共享使用原则、共享使用方式、共享服务模式、使用限制、数据共享的安全保障、监督检查和法律责任等进行了具体的制度设定。

我国在立法中强调数据目录的制定。统一的目录管理是公共数据共享的基础，也能进一步提高数据共享的效果。《政务信息资源共享管理暂行办法》第 7 条规定了"国家发展改革委负责制定《政务信息资源目录编制指南》，明确政务信息资源的分类、责任方、格式、属性、更新时限、共享类型、共享方式、使用要求等内容"。《辽宁省政务数据资源共享管理办法》规定了要制定《政务数据资源目录编制指南》，[1]《贵州省政务数据资源管理暂行办法》规定了省大数据发展管理局负责制定贵州省政务数据资源目录编制工作指南等。公共服务机构在法律法规规定的范围内对公共数据内容进行整理、编排，按照"以共享为原则，不共享为例外"的原则进行数据共享，提高数据的使用效率和价值。

同时，我国对数据共享中的个人信息保护问题给予高度关注。《民法典》

---

〔1〕　参见《辽宁省政务数据资源共享管理办法》第 8 条。

出台之前，即有专家呼吁在我国正在制定的《民法典》中，有必要设置专门规则，规范数据共享行为，强化对个人信息权利的保护，[1]其原因主要在于：数据中包括了大量的个人信息。而《个人信息保护法》，也是我国第一部专门关注个人信息、个人数据安全的法律，本部法律的颁布意味着我国对个人信息安全的关注程度提升到了空前的高度。从世界范围来看，随着新技术的发展，云计算、移动消费、社交媒体上都不断产生海量数据，数据的采集、共享和优化的规模和速度都呈现出井喷式的发展。在这些以电子化方式存在的信息中，确实有一些是由公共部门或公共服务企业在履行职责、提供服务过程中采集、产生的公共数据，属于本来应当公开或者可以公开的信息。但在数据中，大量的内容包含了个人信息，即可以和某个特定的自然人相联系的信息。大量的数据涉及个人的信息和隐私，甚至涉及个人的敏感信息和核心隐私。例如，将个人病历资料开发成大数据，或者将个人的银行存款信息汇总开发成大数据。如果对这些数据资料还没有进行脱敏化处理，或者对脱敏化处理不完整，从相关的数据中仍然可以了解个人的相关信息和隐私，这就可能侵害个人的信息权利和隐私权。通过大数据技术的运用，一些机构可以从相关的数据中分析出个人的身份、财产、消费习惯等方面的信息。[2]即使这些信息经过了匿名化处理，阻断了信息数据与个人身份之间的关联性，但由于数据共享涉及个人信息权的再利用问题，因此，相关主体在收集、利用个人信息数据的同时，应当以保护当事人对个人信息的控制权和隐私权为前提，信息的收集者和利用者应当负有保护个人信息和隐私的责任。

第二节　数据开放

一、数据开放的概念

数据开放是指数据持有者面向社会不特定公众提供具备原始性、可机器读取、可供社会化再利用的数据集的服务，该服务既可以是无偿的，也可以是有偿的。一直以来，对于数据开放的定义从未停止。根据维基百科的定义，开放数据（Open Data）是指一种经过挑选与许可的数据，这些数据不受著作权、专利权以及其他管理机制所限制，可以被任何人自由免费地访问、获取、利用

---

〔1〕　王利明．数据共享与个人信息保护［J］．现代法学，2019（1）：45-57.
〔2〕　范为．大数据时代个人信息保护的路径重构［J］．环球法律评论，2016（5）：92-115.

和分享。[1]《开放数据宪章》（Open Data Charter）将开放数据定义为具备必要的技术和法律特性，从而能被任何人在任何时间和任何地点进行自由使用、再利用和分发的电子数据。[2]时任美国联邦通信委员会消费者和政府事务局局长乔尔·古林在《开放数据》一书中对开放数据进行了描述：开放数据是指公众、公司和机构可以接触到的，能用于确立新投资、寻找新合作伙伴、发现新趋势，作出基于数据处理的决策，并能解决复杂问题的数据。[3]在我国的实践中，虽未有国家层面的数据开放立法，但各地纷纷根据当地实际情况制定了相应的数据开放条例，在这些条例中，数据开放被表述为公共管理和服务机构在公共数据范围内，面向社会提供具备原始性、可机器读取、可供社会化再利用的数据集的公共服务。[4]

然而目前数据开放中的"数据"类别在名称和概念上尚未统一，实践中有"政府数据""政务数据""政务信息资源"和"公共数据"等各种提法。有的地方政府文件中使用了"政府数据"，如《贵阳市政府数据共享开放条例》第2条规定，政府数据是指市、区（市、县）人民政府及其工作部门和派出机构、乡（镇）人民政府（以下简称行政机关）在依法履行职责过程中制作或者获取的，以一定形式记录、保存的各类数据资源。《沈阳市政务数据资源共享开放条例》使用了政务数据资源这一概念，是指政务部门在履行职责过程中产生或者获取的，以一定形式记录、保存的文件、资料、图表、音视频等各类数据资源，包括政务部门直接或者通过第三方依法采集的、依法授权管理的和因履行职责需要依托政务信息系统形成的数据资源等。政务部门是指本市政府部门以及法律、法规授权具有行政职能的事业单位和社会组织。《政务信息资源共享管理暂行办法》中称为政务信息资源，是指政务部门在履行职责过程中制作或获取的，以一定形式记录、保存的文件、资料、图表和数据等各类信息资源，包括政务部门直接或通过第三方依法采集的、依法授权管理的和因履行职责需要依托政务信息系统形成的信息资源等。有的政府发布的数据开放文件中所用的表述为"公共数据"，如《上海市数据条例》第2条规定，公共数据是指本市国家机关、事业单位，经依法授权具有管理公共事务职

---

[1] http://zh.wikipedia.org/wiki/开放数据，2020年4月10日访问。

[2] 开放数据宪章（Open Data Charter）[Z/OL]. 2020-04-10. http://opendatacharter.net.

[3] 乔尔·古林：开放数据 [M]. 张尚轩，译. 北京：中信出版社，2015：5.

[4] 参见《上海市公共数据开放暂行办法》（沪府令21号）。

能的组织，以及供水、供电、供气、公共交通等提供公共服务的组织（以下统称公共管理和服务机构），在履行公共管理和服务职责过程中收集和产生的数据。可以看出以上几个概念的区别在于数据的产生主体，"政府数据"仅指政府这一主体，而"政务数据"和"公共数据"的产生主体既包括政府，也包括履行公共管理职能的事业单位、社会组织。本书倾向于采用"政务数据"或者"公共数据"的概念，原因在于其开放的数据范围更大，更符合数据开放实践的要求和趋势。

有学者将政府数据开放的实质内涵界定为：由政府部门统筹整合和分配，就政府自身所掌握的或与政府有关的数据以及其他与公共管理职能有关的社会组织所搜集的数据资源面向不特定公众，主动地、平等地履行开放义务。公众有权在合法情况下自由地、积极地对数据进行开发、利用和分享。从数据内容层面来讲，开放数据本身具备原始客观性、利用性与再利用性、公共价值性的特征。从开放方式层面来讲，开放数据应由政府部门对其进行技术化处理，保证数据的易获取性和可应用性，同时要注重调动公众获取数据的主观能动性，实现数据开放效果。政府数据开放的最终目的在于充分释放数据红利、实现数据增值，促进经济社会发展。[1]

有学者认为政府数据开放许可是规范政府数据开放后数据利用行为的制度设计，一般表现为政府数据提供者与使用者签订许可使用协议。"签订许可协议是通过规范和限制数据利用方行为，实现允许个人或组织再利用信息和资料的一种机制。"使用者只有遵守开放许可协议的使用义务，才有权使用政府数据。政府数据开放许可为政府数据开放确立了数据使用规则，既规范了用户的数据利用行为，也保障了政府数据资源的再利用与价值释放。[2]

有学者认为，公共数据通常包括公共机构在依法履行行政职权和公共管理职能，或提供公共服务过程中，采集、生成并以一定形式加以记录、存储的各类数据资源。就面向智慧社会的社会治理总体要求而言，不论是公权力机构履职需要，还是公共产品供给需求，都离不开由公共数据提供的数据资源的支撑。至少就现阶段的人工智能技术能力和技术趋势而言，除必要信息基础设施和软硬件环境支持以外，各个公共智能应用在落地实施时，都需要有可供利用的数据资源，以支持其相应的"智能化"功能。因此，在"数字政府"实践

---

[1] 薛智胜，艾意．政府数据开放的概念及其范围界定［J］．财经法学，2019（6）：13-23.

[2] 宋烁．政府数据开放许可使用进路［J］．江西社会科学，2021（9）：201-210.

中，公共数据可用性的治理，更多倾向于追求功能性的目标。其主要的表现即是，在公共数据处理过程中，对数据的采集、存储、传输等环节，提供全生命周期的技术性保障。但是，政务智能化系统性能层面上的效果，属于"数字政府"建设成效的一部分。公共数据开放提出的是不同于政务智能应用利用公共数据时的可用性要求。[1]

　　有学者认为政府数据是指政府使用纳税人资金，在履行公共服务过程中收集和产生的数据，这些数据不包括国家秘密、个人信息、商业秘密以及其他不能公开的企业信息。因此，政府数据不是个人数据，也不是企业数据。政府在履行公共服务过程中收集和产生这些数据，是由纳税人负担成本的，纳税人已经支付了代价，因此，有权免费使用它。政府数据开放不同于政府信息公开。其一，政府信息公开的理论基础是政府合法性理论，其基本叙事是"将透明的阳光照在政府的运作上"，据称其基本功能是防治腐败。而政府数据开放的理论基础是政府效力理论，开放数据的叙事与问责制无关，其基本功能是使政府更有效地解决社会问题，创造就业机会。这是一种21世纪的管理理念，大数据具有帮助解决社会问题的潜力。政府数据开放其实也是政府的一种职责。其二，政府信息公开立法与政府数据开放立法的进路有较大不同。"从本质上讲，信息自由法（政府信息公开）是一种法律制度，而开放数据是一组技术标准和实践。"政府信息公开的制度架构围绕公众知情权和政府公开义务这一组法律关系展开，公开范围以公开为原则，公开方式比较注重依申请公开，个人知情权受到损害可以通过诉讼方式获得救济，制度的基础和体系建立在个人主观请求权的确立、实现、救济之上。基于信息技术发展兴起的政府数据开放没有沿着公民知情权由信息向数据自然延伸的进路展开制度建构，而是离开了权利保障机制这一传统行政法治建构轨道，走向寻求更优数字治理效果的功能主义制度建构思路。政府数据开放是政府向社会提供的公共服务，显现出不同于传统行政法治的规范思路。开放数据政策要求政府主动在线上发布其数据集，以供公众重复使用，经申请而开放数据是很少见的。而政府信息公开虽非常注重事前公开，但信息更新较慢，且依申请公开的情形非常普遍。其三，尽管开放数据和信息自由法都处理信息共享，但是开放数据的规范本质是参与而不是诉讼。通过促进公众参与，开放数据将国家与公民之间的关系从监督关系转变为以使用信息共同解决问题为中心的协作关系。不过，政府信息公开的规

---

〔1〕　徐珉川. 论公共数据开放的可信治理 [J]. 比较法研究，2021（6）：143-156.

范本质是可诉讼的。[1]

二、数据开放的原则

我国《数据安全法》在第五章特别规定了"政务数据安全与开放",其中第 41 条明确规定了"国家机关应当遵循公正、公平、便民的原则,按照规定及时、准确地公开政务数据。依法不予公开的除外"。因此,从国家法律规制的角度来讲,数据开放与数据公开在本质上是一致的,二者没有区别,这一条款中也提出了数据开放应当遵循的基本原则是"公正、公平、便民"。

(一)公正原则

数据开放作为公共管理部门面向大众发挥公共职能的行政行为,应当具有合法正当性,即数据开放行为必须遵循行政法上的合法行政原则和程序正当原则。首先,关于合法行政原则,我国宪法明确要求国家行政机关应当按照宪法和法律行使行政职权,因此数据开放这一行为必须遵循现行有效的法律或者法律授权,即《数据安全法》要求的数据开放是行政机关进行这一行政行为的有效法律授权。另外,针对程序正当更加细致的要求是数据开放以公开为原则,不公开为例外,即除涉及国家秘密、商业秘密、个人隐私之外的数据,都应当按照合理正当的公开渠道对数据进行开放,保证数据开放的完整性,才符合行政公开原则的基本要求。同时,数据开放与每一个数据主体都息息相关,因此对于数据开放的范围、程度以及开放的方式都需要公众参与。按照公众参与原则的基本要求,当行政机关作出重要规定或者决定,应当听取公民、法人和其他组织的意见,特别是作出对公民、法人和其他组织不利的决定,要听取他们的陈述和申辩,对于涉及众多数据主体权益的数据开放而言,更应当提高数据主体的参与度。

(二)公平原则

数据开放中的公平原则是指,数据开放对于所有的行政相对人可以在不偏私、不歧视的状态下获得并使用。

数据开放过程中不能仅关注经济性、效率性和效益性,更需要关注个体公平,避免大数据时代的数字鸿沟造成新的"数据贫富差距"问题。社会中的任何一个人都拥有平等获取大数据的权利,真正实现开放的平等对待必须要取

---

[1] 邢会强.政府数据开放的法律责任与救济机制 [J].行政法学研究,2021 (4):41-54.

消获取数据的门槛，不享有任何数据特权。另外数据开放中的公平原则要求数据的非专属性，即数据格式不能独家控制，任何实体都不得排除他人使用数据的权利。也就是说在公平原则下，公众对于开放数据享有平等下载、使用、加工的权利，不因任何理由所影响；而这恰恰也是对行政部门提出的基本要求。

（三）便民原则

数据开放本身具有的服务性要求其必须遵循便民高效的原则。数据开放中的便民原则，第一是要求开放数据的原始性，是指从数据源头采集的原始数据，而不是被修改或加工过的数据。第二是要求数据开放的及时性，是指相关公共职能部门要在第一时间开放和更新数据。第三是强调开放数据的可获取性，即数据有高效方便的方式可被获取，并尽可能地扩大用户范围和利用种类。第四是要求数据的可机读性，即数据可被计算机自动抓取和处理，在数据开放的过程中对数据的格式、接口的开放均采用标准化的方式，提高数据开放的速率。第五是要求数据接收方对于开放的数据免于授权，即数据不受版权、专利、商标或贸易保密规则的约束或已得到授权使用，除非涉及国家安全、商业机密、个人隐私或特别限制，也就是数据平等对所有人开放，所有人均有权快速有效地获取开放的数据。

三、数据开放的法律规制

（一）数据开放的范围

数据开放主体一般是指各级行政机关以及履行公共管理和服务职能的事业单位等，此类单位在提供公共服务时所收集的各类数据构成了数据开放的基础。数据开放遵循"以开放为原则，不开放为例外"的基本原则，而制定开放数据资源目录，列出开放数据清单是数据开放的第一步。首先，与民生紧密相关、社会迫切需要、行业增值潜力显著和产业战略意义重大的公共数据，应当优先纳入公共数据开放重点。[1] 开放数据很重要的一个原因是发挥数据的经济价值，提升数据利用的效率，因此要将与经济发展密切联系的数据进行重点开放，确定重点范围。其次，对所有的公共数据进行分级分类整理，结合公共数据安全要求、个人信息保护要求和应用要求等因素，另外根据实际需求、行业、区域特点等，将数据分为无条件开放类、有条件开放类以及不开放类。

---

〔1〕　参见《上海市公共数据开放暂行办法》第10条。

不开放类数据主要是指涉及国家秘密、商业秘密、个人隐私以及法律法规特别规定的不可开放的数据类别。有条件开放类数据主要是指对数据安全和处理能力要求较高、时效性较强或者需要持续获取的公共数据。而其他不属于前两类的数据属于无条件开放类数据。此种分类手段、分类规则类似于负面清单，在以开放为原则的前提下，列出不开放和有条件开放的部分，其余数据即是可以开放的部分。此种分类有利于行政部门对数据进行分类，而对于公众而言，需要知悉的是确定的数据开放清单。因此，针对数据开放的范围，需要面向公众公开数据开放清单，依据开放重点和分级分类规则，制定数据开放清单，同时对数据开放清单的格式、文本、数据领域、数据摘要、数据项等问题进行明确，方便接口开放和对接，提高数据开放的效率。最后，建立数据审查机制，对开放数据清单进行动态调整，并适时作出调整。

我国立法中对数据开放的范围主要采取负面清单和分级分类两种开放模式。采用负面清单模式的立法有《科学数据管理办法》，该办法规定了科学数据以开放为常态、不开放为例外的原则，并通过负面清单制度对不开放的情形予以规定，即涉及国家秘密、国家安全、社会公共利益、商业秘密和个人隐私的科学数据，不得对外开放共享；确需对外开放的，要对利用目的、用户资质、保密条件等进行审查，并严格控制知悉范围。除此之外还有《贵阳市政府数据共享开放条例》，该条例也采用负面清单模式，规定涉及国家秘密、商业秘密、个人隐私、法律法规规定不得开放的其他政府数据不得开放。分级分类开放模式主要通过将公共数据分为无条件开放类、有条件开放类和不予开放类三类，大部分省市的地方立法都采取此模式。如《上海市公共数据开放暂行办法》规定了数据重点开放制度、分级分类制度、开放清单制度及动态调整制度。该办法第10条规定，市经济信息化部门应当根据本市经济社会发展需要，确定年度公共数据开放重点，自然人、法人和非法人组织可以通过开放平台对公共数据的开放范围提出需求和意见建议。第11条规定，数据开放主体应当按照分级分类规则，对涉及商业秘密、个人隐私，或者法律法规规定不得开放的公共数据，列入非开放类；对数据安全和处理能力要求较高、时效性较强或者需要持续获取的公共数据，列入有条件开放类；其他公共数据列入无条件开放类。第12条规定，数据开放主体应当按照年度开放重点和公共数据分级分类规则，在本市公共数据资源目录范围内，制定公共数据开放清单，列明可以向社会开放的公共数据。第13条规定及时更新公共数据开放清单，不断扩大公共数据的开放范围。

学界对于数据开放范围也进行了理论探讨。有学者认为，对于政府数据开放范围的界定，应坚持"以开放为常态，不开放为例外""以开放为优先，保密为置后"和"以惠民便民为最高标准，以法益保障为最低红线"的原则，综合考量地区发展的横向差异及纵向历史变化两个因素，从正面积极拓展政府数据开放的范围。运用负面清单方式，对不予开放的数据范围进行合理的分层界定，特别需要从法律上对国家秘密、商业秘密以及个人隐私等范围作出清晰的认定，使得公益发展与私益保护能够相得益彰。[1]有学者提出，开放许可的范围不限于具有独创性的政府数据知识产权，而是针对所有开放的政府数据资源的概括性使用权。同时，政府应放弃对政府数据主张知识产权保护，而将其置于公共领域，从而最大限度地促进数据开放利用。[2]

（二）数据开放的平台建设及基础设施

数据开放平台是数据开放主体与数据利用主体之间的渠道，但是这一媒介并非承担简单的传输工作，其定位更多地还包含着数据预处理、安全加密、日志记录等数据管理功能，数据查询、预览、获取、纠错的数据服务功能以及为适应需求，不断调整、技术升级、清单迭代、资源扩展的数据升级功能。首先，实现更多功能的集合，数据开放平台应该避免小而多的设置建设，应当整体统筹，实现数据资源的高度集中和集约化，做到数据资源的整合，避免分散设置。其次，数据平台大批量的数据传输、交换，在实现数据价值提升的同时，也面临着数据被盗取、篡改、丢失等风险，因此需要加强平台规范，明确数据开放主体与数据利用主体在平台上的权利义务，明晰行为规范和安全责任；另外也需要从技术手段上对可能存在的风险进行防范，比如建立平台使用日志记录、签署数据利用安全协议等，力求在数据平台上对数据开放的全过程建立透明化、可升级、可追溯的管理机制，做到在数据风险事件发生后可追责。最后，建立事后权益保障机制，当数据主体发现开放的数据侵害到其合法权益时，平台可以提供对方申诉、举报的途径，数据平台经过数据开放主体核实之后，及时采取对相关数据进行撤回、下架等措施，及时挽回数据主体的损失。

建设数据开放平台和基础设施建设也通过政策及立法形式予以规范。《促进大数据发展行动纲要》提出2018年底前建成国家政府数据统一开放平台，率先在信用、交通、医疗、卫生、就业、社保、地理、文化、教育、科技、资

〔1〕 薛智胜，艾意. 政府数据开放的概念及其范围界定［J］. 财经法学，2019（6）：13-23.
〔2〕 宋烁. 政府数据开放许可使用进路［J］. 江西社会科学，2021（9）：201-210.

源、农业、环境、安监、金融、质量、统计、气象、海洋、企业登记监管等重要领域实现公共数据资源合理适度向社会开放。《科学数据管理办法》规定，国务院相关部门、省级人民政府相关部门（以下统称主管部门）在科学数据管理方面的主要职责之一是统筹规划和建设本部门（本地区）科学数据中心，推动科学数据开放共享。科学数据中心是促进科学数据开放共享的重要载体，由主管部门委托有条件的法人单位建立，主要职责之一是保障科学数据安全，依法依规推动科学数据开放共享。《上海市数据条例》和《上海市公共数据开放暂行办法》规定要依托市大数据资源平台建设唯一的数据开放平台，平台具有制定规范、行为记录、数据纠错、权益保护等职能。《安徽省大数据发展条例》规定，建设"总平台、分平台、子平台"的平台体系，省人民政府数据资源主管部门建设和运行管理江淮大数据中心总平台；省有关部门、单位建设和运行管理江淮大数据中心分平台；设区的市人民政府数据资源主管部门统筹所辖县、市、区建设和运行管理江淮大数据中心子平台。

学界也就建设数据开放平台的路径予以理论探索。有学者认为政府数据开放的平台建设关系到数据向社会公众开放激起的社会效益与经济红利，加强政府数据开放的平台建设，要以组织管理为抓手，优化政府数据开放平台的发展模式和定位；以完善平台功能为基础，创新政府数据开放平台的服务形式；以加强数据治理为手段，夯实政府数据开放平台建设的数据基础；以平台数据安全为保障，有效防范政府数据开放平台的安全风险。[1]

（三）数据开放的方式

数据开放最重要的价值在于数据利用主体在接收数据之后进行数据加工、产品开发、科技研究、咨询服务等，其利用方式对于数据价值的提升才是最关键的。当然，对于数据的一系列利用、开发必须建立在合法正当、不损害合法权益的基础上。《上海市公共数据开放暂行办法》中提出了成果展示与合作应用、数据利用反馈与来源披露的数据利用方式。该办法规定，市经济信息化部门应当会同市大数据中心和数据开放主体通过开放平台，对社会价值或者市场价值显著的公共数据利用案例进行示范展示。本市鼓励数据利用主体与市经济信息化部门、市大数据中心以及数据开放主体开展合作，将利用公共数据形成的各类成果用于行政监管和公共服务，提升公共管理的科学性和有效性。这也

---

[1] 荣幸，高秦伟.政府数据开放平台建设途径研究［J］.理论探索，2021（4）：63-70.

为我们的数据利用方式提供了一定的思路，同时挖掘开放数据的经济价值，深层次开展数据利用仍然值得思考。

（四）数据开放的安全保障

数据开放是大势所趋，但是数据本身的开放性诉求给数据安全保护带来了新的挑战。[1] 我国数据开放工作起步较晚，数据安全保障体系建设还没有达到专业化的广度和深度。但是对数据开放过程中的安全保障探索不可或缺，数据平台直接承担数据安全保障责任。对于数据开放主体来讲，可能面临数据分类分级错误、开放清单设置错误等问题，导致不开放数据的泄露，损害相关主体的合法权益，因此数据平台在接入数据开放主体的数据时要起到实质审核作用，同时设置相应的管理制度，尽可能减少此类事件的发生。而对于数据利用主体来讲，则可能面临着数据盗取、篡改等风险，因此数据平台针对此类安全事件首先要建立风险预警机制，对风险节点做好把控，甚至是自动报警机制。其次数据开放主体加强利用监管，应当建立有效的监管制度，对有条件开放类公共数据的利用情况进行跟踪，判断数据利用行为是否合法正当。再次任何单位和个人可以对违法违规利用公共数据的行为向数据开放主体及有关部门举报；畅通公众监督渠道，全面保障数据安全。最后对于发现的违法犯罪活动及时报告有关部门，对该行为进行制止，甚至追究其违法犯罪的责任。

安全保障是数据开放的底线。《数据安全法》全面规范数据的收集、存储、使用、加工、传输、提供、公开过程中的安全规范，规定国家机关应当依照法律、行政法规的规定，建立健全数据安全管理制度，落实数据安全保护责任，保障政务数据安全。《科学数据管理办法》规定，涉及国家秘密、国家安全、社会公共利益、商业秘密和个人隐私的科学数据，不得对外开放共享；确需对外开放的，要对利用目的、用户资质、保密条件等进行审查，并严格控制知悉范围。要建立健全涉及国家秘密的科学数据管理与使用制度，对制作、审核、登记、拷贝、传输、销毁等环节进行严格管理。对外交往与合作中需要提供涉及国家秘密的科学数据的，法人单位应明确提出利用数据的类别、范围及用途，按照保密管理规定程序报主管部门批准。经主管部门批准后，法人单位按规定办理相关手续并与用户签订保密协议。主管部门和法人单位应加强科学数据全生命周期安全管理，制定科学数据安全保护措施；加强数据下载的认

─────────────────

〔1〕　王本刚，马海群．开放数据安全问题政策分析［J］．情报理论与实践，2016（9）：25-29.

证、授权等防护管理，防止数据被恶意使用。对于需对外公布的科学数据开放目录或需对外提供的科学数据，主管部门和法人单位应建立相应的安全保密审查制度。法人单位和科学数据中心应按照国家网络安全管理规定，建立网络安全保障体系，采用安全可靠的产品和服务，完善数据管控、属性管理、身份识别、行为追溯、黑名单等管理措施，健全防篡改、防泄露、防攻击、防病毒等安全防护体系。科学数据中心应建立应急管理和容灾备份机制，按照要求建立应急管理系统，对重要的科学数据进行异地备份。

第三节　数据共享

一、数据共享的概念

数据共享是在一定范围内、针对特定人，为实现数据资源的重复利用，降低数据收集成本，实现同类数据社会效益最大化的一种内部数据共用行为。王利明教授认为，数据共享一般不包括政府的数据公开行为，[1]有学者认为"数据共享"是在政府内部进行的，而"数据开放"则是政府面向外部社会进行的，[2]这也是数据共享与数据开放的区别。目前我国对于数据共享更多的还是强调公共数据的共享，对于社会数据的共享在法律法规政策方面的规制并无规定。

立法中对数据共享的概念主要是通过适用范围及定义予以明确。《政务信息资源共享管理暂行办法》规范政务部门间政务信息资源共享工作，包括因履行职责需要使用其他政务部门政务信息资源和为其他政务部门提供政务信息资源的行为。《上海市政务数据资源共享管理办法》规定了行政机构之间的各类政务数据资源共享行为及其相关管理活动。《贵阳市政府数据共享开放条例》和《贵州省政府数据共享开放条例》均规定，政府数据共享是指行政机关因履行职责需要使用其他行政机关政府数据和为其他行政机关提供政府数据的行为。

数据共享是数据资源在具有公共管理职能的政府部门、事业单位等进行内部的互联互通，资源共享。该行为既是一种数据财产的利用和使用行为，也是

[1]　王利明.数据共享与个人信息保护 [J].现代法学，2019（1）：45-57.
[2]　郑磊.开放不等于公开、共享和交易：政府数据开放与相近概念的界定与辨析 [J].南京社会科学，2018（9）：83-91.

一种数据开发与再利用行为，因此应当加强顶层设计和统筹规划，明确各部门数据共享的范围边界和使用方式，厘清各部门数据管理及共享的义务和权利，依托政府数据统一共享交换平台，加快各地区、各部门、各有关企事业单位及社会组织信用信息系统的互联互通和信息共享，丰富面向公众的信用信息服务，提高政府的服务和监管水平。[1]

二、数据共享的原则

(一) 全面共享原则

数据共享中的全面共享原则，是指数据资源以共享为原则，不共享为例外，该原则主要侧重于数据资源共享侧。按照这一原则，行政机构应当在职能范围内，提供各类政务数据资源共享服务。[2]也就是说，政务部门业务信息系统应尽快与数据共享交换平台对接，通过统一的共享平台实施信息共享；凡属于共享平台可以获取的信息，政务部门原则上不得要求自然人、法人或其他组织重复提交；共享信息提供部门要确保所提供信息与本部门所掌握信息的一致性；按照"谁经手，谁使用，谁管理，谁负责"的原则，共享信息使用部门应按照本部门职责合理使用，并加强共享信息使用全过程管理；同时，要建立异议、错误信息快速校核机制。《上海市政务数据资源共享管理办法》将数据资源共享按照属性分成普遍共享、按需共享、不共享三类：将具有基础性、基准性、标识性的政务数据资源，资源提供方明确可以无条件共享的政务数据资源，以及经领导小组核定应当无条件共享的政务数据资源列入普遍共享类数据。数据内容敏感，只能按特定条件提供给资源需求方的政务数据资源，应当按照相关保密管理规定，列入按需共享类数据。而列入不共享类的数据，则应当有法律法规、规章政策或其他依据。

(二) 依法使用原则

数据共享中的依法使用原则，是指数据资源利用以合法、合理为根本，该原则更加侧重于数据资源的利用侧。合法使用的前提是数据资源获得合法授权可以进行共享，因此第一应当对政务部门的数据资源进行梳理，确定数据资源共享目录，同时加强对数据资源共享目录的审核，对于不应当共享的目录及时

---

〔1〕　参见《促进大数据发展行动纲要》中关于加快政府数据开放共享，推动资源整合，提升治理能力，大力推动政府部门数据共享的部分表述。

〔2〕　参见《上海市政务数据资源共享管理办法》第5条。

作出禁止指令或者调整，另外按照实际工作对数据资源目录进行实时更新。同时按照特定的格式要求、技术标准等与数据共享平台进行对接，实现共享数据资源的有效对接。第二对于数据利用主体，必须通过数据共享平台，按照平台管理机制合法获得数据资源，在获取数据资源之后同样要进行合法合理使用，不得滥用共享数据，在数据资源的后续使用过程中不得泄露国家秘密、商业秘密、个人隐私，切实维护数据资源主体的合法权益。

（三）安全可控原则

数据共享中的安全可控原则，是指确保政务数据资源安全的原则。随着数据共享的不断发展，政务数据传输、交换愈加频繁，导致数据资源在共享过程中面临更大的风险，共享平台的使用、数据的交换传输、数据的利用迁移等都可能存在数据泄露、不可控的风险，因此还需要有关行政部门统筹建立政务信息资源共享管理机制和信息共享工作评价机制，保障数据资源在共享过程中的安全，各政务部门和共享平台管理单位应加强对共享信息采集、共享、使用全过程的身份鉴别、授权管理和安全保障，确保共享信息安全。对于可能存在的风险问题能够做到事前预防、事中预警、事后弥补的全流程安全保障体系，对风险预警事件可预见、可控制、可解决，最大化地减少数据安全问题带来的损失。

三、数据共享的法律规制

（一）数据共享的范围

与数据开放不同的是，通常情况下数据共享的双方具有一致性，即数据共享主体与数据利用主体均为行政机关和依法经授权行使行政职能的组织，均具有在依法履行职责的过程中采集和获取数据的职能；在大数据背景下行政机关承担着数据共享主体的角色，在各自职责范围内，做好本部门政务数据资源的采集获取、互联互通、目录编制、共享提供和更新维护工作；而只有当有数据资源的需求时，行政机关按照法律、法规和有关规定，合理使用获得的可共享的政务数据资源，这样便成为数据利用主体。

数据共享遵循"以共享为原则，不共享为例外"的基本原则，因此编制数据资源共享目录成为这项工作的基础。第一是根据对各级行政机关针对自己职责收集获取的数据进行梳理、分类，将数据分为普遍共享、按需共享和不共享三类；然后按照分类，形成三种不同的数据资源目录，重点针对普遍共享的数据种类，按照数据项、数据属性、功能等方式对数据进行标准化编制，以形成可共享数据资源目录，方便各级行政机关与数据共享平台进行对接。第二是各级行政机关对数据资源目录的管理，应当承担本单位资源目录编制、审核、发布、更新等管理工作，作为本单位数据资源目录的直接责任单位，同样也承担纠错、补充、调整、与平台对接、维护以及在安全风险事件发生后第一时间响应等责任。

对于政务数据共享的范围，2016年实施的《政务信息资源共享管理暂行办法》首先提出了政务信息资源共享的规则，分别为：（1）以共享为原则，不共享为例外。（2）需求导向，无偿使用。（3）统一标准，统筹建设。（4）建立机制，保障安全。其次要求政务部门按照《政务信息资源目录编制指南》编制、维护部门政务信息资源目录；而对于政务信息资源共享及目录编制则应遵循：（1）凡列入不予共享类的政务信息资源，必须有法律、行政法规或党中央、国务院的政策依据。（2）人口信息、法人单位信息、自然资源和空间地理信息、电子证照信息等基础信息资源的基础信息，必须依据整合共建原则，通过在各级共享平台上集中建设或通过接入共享平台实现基础数据统筹管理、及时更新。（3）围绕经济社会发展的同一主题领域，由多部门共建项目形成的主题信息资源，应通过各级共享平台予以共享。《上海市数据条例》规定公共数据应以共享为原则，不共享为例外；同时提出根据法定职责，各单位提出自己的数据需求清单，与此相对的是数据负面清单，共同构成了上海市公共数据共享机制的基础；此外，公共数据按照开放类型分为无条件开放、有条件开放和非开放三类，以此更有效地推动公共数据向社会开放。《贵阳市政府数据共享开放条例》将政府数据共享分为无条件共享、有条件共享。无条件共享的政府数据，应当提供给所有行政机关共享使用；有条件共享的政府数据，仅提供给相关行政机关或者部分行政机关共享使用。《交通运输政务信息资源共享管理办法》对交通数据的共享采用以共享为原则、不共享为例外。各类信息资源原则上均应共享，涉及国家秘密和安全的，按相关法律法规执行，编制交通政务信息资源目录。《海关大数据资源共享管理办法》规定，无条件内部共享的大数据资源是指共享前不设置审核条件，可直接供海关内部使用的海关大数据池内的各类大数据资源，共享前报风险司备案。有条件内部共享和有条件外部共享的大数据资源共享前应通过风险司和数据供给方的审核。

（二）数据共享的平台建设及基础设施

数据共享平台是各级行政机关数据资源共享的主要载体，也是行政机关之间进行数据资源共享、交换、传输的支撑,其功能主要分为两部分,一是标准化的数据资源目录管理,二是数据资源共享交换平台。对其功能定位而言,数据共享平台起着协同、统一的作用,以理顺机关之间上传与共享交换的关系。因此数据共享平台应当是一个全方位、跨领域、全面性的业务协同信息化系统,对于各级行政机关依法可共享的数据资源应接尽接;同时该平台应当承担起对共享数据资源目录的标准化规范设置工作,统一接口和规范,提升共享的效率。另外,针对各级行政机关的更新、纠错、补充等工作,数据共享平台应当实现互联互通、同步更新,提升平台内数据资源的准确性。目前我国一些地方已经建立起区域性的大数据交换平台,未来在国家层面同样需要全国性的一体化数据共享平台,国家与地方数据共享平台实现互联互通,推动数据资源跨地区、跨行业的共享流动。

《政务信息资源共享管理暂行办法》规定,政务信息化项目立项申请前应预编形成项目信息资源目录,作为项目审批要件。项目建成后应将项目信息资源目录纳入共享平台目录管理系统,作为项目验收要求。《上海市政务数据资源共享管理办法》规定,建设满足市级政务数据资源共享和业务协同需求的、统一的政务数据资源管理平台。该资源管理平台是政务数据资源共享的主要载体,为行政机构之间政务数据资源共享交换提供支撑。该资源管理平台包括目录管理系统和交换系统两部分。

(三) 数据共享的安全保障

数据共享所面临的安全风险分为外部风险和内部风险。外部风险主要包括黑客攻击、病毒侵扰、内部网络被入侵等,数据共享需要进行数据传输必然有网络的配置等,外部风险因难以预见,带来的安全风险有一定的未知性。而内部风险首先是来源于数据共享平台搭建所带来的风险,其自身系统的脆弱性和漏洞性,以及对后续数据共享过程的适应性决定了该平台可能天然带有安全风险。其次是各级行政机关的数据资源在平台上具有以下安全风险:一是政府对数据和业务系统控制能力减弱;二是共享交换平台服务安全责任难以界定;三是可能产生司法管辖权问题;四是数据所有权面临风险;五是数据残留风险;六是对共享交换平台服务商过度依赖。[1]因此,针对数据共享面临的安全风险,应当建立健全安全保障机制。

---

〔1〕 马晓芳. 政府建设政务数据共享交换平台存在的风险及安全措施探讨 [J]. 网络安全技术与应用, 2017 (12): 120-121.

我国立法中对数据共享的安全保障也有相关规定，《海关大数据资源共享管理办法》规定按照"谁经手，谁使用，谁管理，谁负责"的原则，数据使用方应根据履行职责需要依法依规使用共享数据，并加强共享数据使用全过程安全管理。《政务信息资源共享管理暂行办法》规定国家互联网信息办公室负责组织建立政务信息资源共享网络安全管理制度，指导督促政务信息资源采集、共享、使用全过程的网络安全保障工作，指导推进政务信息资源共享风险评估和安全审查。共享平台管理单位要加强共享平台安全防护，切实保障政务信息资源共享交换时的数据安全；提供部门和使用部门要加强政务信息资源采集、共享、使用时的安全保障工作，落实本部门对接系统的网络安全防护措施。共享信息涉及国家秘密的，提供部门和使用部门应当遵守有关保密法律法规的规定，在信息共享工作中分别承担相关保障责任。

第九章
数据交易

随着大数据技术与实体经济的深度融合，数据价值化进程加速推进，成为重要的企业资产和核心竞争力，也成为数字经济发展的关键生产要素。数据交易是数据要素市场供给的重要方式，数据要素通过交易流通成为生产要素，能释放更大的价值。2017 年 5 月，"数据交易"入选"大数据十大新名词"，数据交易作为大数据产业中不可或缺的一环，是实现数据价值的关键所在，也是连接数据流转各个主体的核心环节。

第一节　数据交易概况

一、数据交易的产生与发展

贵阳大数据交易所发布的《2015 年中国大数据交易白皮书》显示，随着对数据价值的认可，一些企业采用限额等量交换、定价出售数据的方式进行数据交易。从 2008 年开始，全球大数据交易市场开始形成，出现了一些"数据市场""数据银行""数据公约"。美国 Factual 公司成立于 2008 年，不仅向大公司提供数据，同时也面向规模较小的软件开发商提供数据，每一条信息都有17 条到 40 条的相关描述。按浮动价格向公司和独立软件开发商出售数据，小规模的数据提供是免费的，大规模的数据购买需要支付的费用则会达到成百上千万美元，包括 Facebook、CitySearch、AT&T 及其他一些公司都会使用 Factual来获取相关信息。2013 年 4 月，日本富士通公司也宣布建立自己的"大数据"交易市场"Data plaza"，并将交易中介服务培育为主力业务之一。随着数据技术的提升，全球数据量呈指数级增长，全球一些大型公司提供行业解决方案、计算分析服务、存储服务、数据库服务和大数据应用等数据服务，如美国的

IBM（国际商业机器公司）、Splunk、Dell、Opower、Teradata（天睿公司）、Oracle（甲骨文）、Microsoft、Amazon、Google、EMC（易安信）、德国的 SAP 公司。《2015 年中国大数据交易白皮书》显示，2014 年全球大数据市场规模达到约 285 亿美元，实现 53.23%的增长，2015 年，全球大数据总体加速发展的趋势不变，全球大数据市场规模将达到 421 亿美元，预计 2020 年全球大数据市场规模将达到 1263.21 亿美元，同比增 17.51%。

　　《2016 年中国大数据交易产业白皮书》显示，中国在大数据的研究方面起步较晚，但已呈现出发展迅猛的态势，2014 年中国大数据产业规模大约为 1038 亿元，2015 年产业整体规模达到 1692 亿元。预计 2016 年末，市场规模将达到 2485 亿元，而随着各项政策的配套落实及进到 2020 年，中国大数据产业规模或达 13 626 亿元的高点。工业和信息化部运行监测协调局发布的《2019 年软件和信息技术服务业统计年报》数据显示，2019 年我国以云计算、大数据技术为基础的平台类运营技术服务收入 2.2 万亿元，其中，典型云服务和大数据服务收入达 3284 亿元，提供服务的企业达 2977 家。当前中国大数据典型应用行业主要有政府公共服务、金融、电子商务、电信、医疗、物流、交通、教育、农业，应用相对成熟的行业主要是电子商务、电信和金融，这些行业的数据也成为当前及未来主要的交易数据。目前，我国的数据交易产业虽还处于初级阶段，但鉴于我国人口基数大，数据资源丰富，数据交易市场蕴藏巨大潜力，加之国家政策红利，我国大数据交易行业正在迎头攀升，与之相关的服务业也迎来飞速发展的黄金机遇期。

　　数据要素市场的培育，需要新的制度来提供适宜的土壤。[1]伴随着数据流通、交易的现实需求，国家逐步认可了数据作为数字经济发展、社会治理的重要资源，颁布系列政策文件提出要建立健全数据交易市场。2015 年国务院印发的《促进大数据发展行动纲要》明确提出要"引导培育大数据交易市场，开展面向应用的数据交易市场试点，探索开展大数据衍生产品交易，鼓励产业链各环节市场主体进行数据交换和交易，促进数据资源流通，建立健全数据交易机制和定价机制，规范交易行为"。2016 年《国家发展改革委办公厅关于组织实施促进大数据发展重大工程的通知》提出要建立数据交易平台，完善交易制度。2019 年《中共中央关于坚持和完善中国特色社会主义制度推进国家

---

　　〔1〕　司晓：数据要素市场呼唤数据治理新规则［Z］.2020-05-23, https://mp.weixin.qq.com/s/NHEncXYh5Xz8GSnoedXwkA.

治理体系和治理能力现代化若干重大问题的决定》首次将数据列为与劳动、资本、土地、知识、技术、管理同列的生产要素，由市场评价按贡献参与分配。2020 年 3 月，中共中央、国务院顺应数字经济的发展潮流，发布的《中共中央、国务院关于构建更加完善的要素市场化配置体制机制的意见》指出，要引导培育大数据交易市场，依法合规开展数据交易。该意见针对数据要素勾勒出清晰的政策路线图，旨在加快培育数据要素市场，全面提升数据要素价值。2020 年 5 月发布的《中共中央、国务院关于新时代加快完善社会主义市场经济体制的意见》提出，加快培育发展数据要素市场，建立数据资源清单管理机制，完善数据权属界定、开放共享、交易流通等标准和措施，发挥社会数据资源价值。这几份政策性文件为数据交易行业谋篇布局，构成数据交易发展的重要纲领。

二、数据交易的主要模式

大数据交易从交易形式角度可分为在线数据交易、离线数据交易、托管数据交易三种模式；从交易空间角度可以分为国内数据交易和数据跨境流动。本书所称数据交易仅指交易行为与主体均处在本国境内发生的商事交易，不包括国际贸易中涉及的数据跨境流动。根据服务类型不同、交易主体不同，数据交易活动可分为平台交易与非平台交易，其涉及的交易对象、具体交易模式不尽相同。本书交易环节中的数据既包括不涉及个人信息的原始数据，也包括基于原始数据通过加工所得的数据产品。

（一）平台交易

1. 数据交易平台建设情况

数据交易平台作为连接供需双方的通道，能够更好地汇聚融合数据资源，满足市场对数据的供给需求，从而成为数据交易的主要模式。自数据交易产业兴起，数据交易平台便登上舞台，全球范围内陆续涌现出 Infochimps、Factual、DataSift、Quandl、Qlik Data Market、Oracle BlueKai、Twitter、Gnip、Windows Azure Marketplace、Acxiom 等一系列知名数据服务商和数据交易平台。创立于 2008 年的 Factual 平台，对收集到的数据进行清洗、整理、分层，再提供给需要使用的开发者、企业和组织；2009 年发布的 Infochimps 平台是供免费下载或者以一定的价格销售数据集的数据集市；Fujitsu（富士通）是世界领先的日本信息通信技术（ICT）企业，2013 年开始建立"大数据"交易市场，并将交易中介服务培育为主力业务之一。从交易平台类型来看，国外数据交易平台多为第三方数据交易平台，如 Infochimps、Windows Azure Marketplace、Acxiom 等则为综合数据服务平台。[1]从交易平台的数据来源来看，国外与国内的交易平台来源基本相同，但国外交易平台还有数据社区提供的数据以及通过传统线下收集所获得的数据，如 Factual 的来源即包括数据社区提供的数据，Qlik Data Market 则包括传统线下收集的数据。从交易平台提供服务的方式来看，因国外的大数据交易平台多发挥第三方通道作用，提供交易的场所，因此其提供服务的方式多为线下数据包或者在线的 API 端口，如 Qlik Data Market 提供数据包服务，Windows Azure Marketplace 提供 API 和数据包两种服务，此外，Infochimps 还提供云服务，但提供云服务的平台相对较少。从交易数据涉及的范围来看，国外数据交易所涉及的领域也较为广泛，如经济、教育、医疗、交通、通信、地理、工业、人文等多个领域。其中 Factual 主要提供地理数据，Quandl 主要提供经济领域的数据，这些平台仅提供某一领域的数据，针对性比较强，也更加专业化和精细化。

中国自 2014 年起也开始建立数据交易平台，2014 年 4 月，贵阳大数据交易所正式挂牌运营，随后几年陆续形成了华东江苏大数据交易中心、武汉东湖大数据交易中心、陕西西咸新区大数据交易所、上海大数据交易中心、青岛大数据交易中心、粤港澳大湾区数据平台等十余个数据交易所，2021 年北京国际大数据交易所宣布挂牌成立并运营。《中共中央、国务院关于支持浦东新区高水平改革开放打造社会主义现代化建设引领区的意见》中提出要"建设国际数据港和数据交易所"，2021 年 11 月 25 日上海数据交易所揭牌成立，由上海市经济信息化委员会同浦东新区等单位筹建。[2]2022 年 1 月，国家发展和改革委员会新闻发布会宣布，深圳将建设数据交易场所，培育高频标准化交易产品和场景、制定数据交易制度规则和技术标准、构建完善的数据交易服务体系、探索国际数据合作。[3]同时大数据供应商开始搭建不同类型的交易平台进行数据交换，在探索大数据交易进程中取得了良好效果，出现了发源地、数据堂、京东万象、管理大数据、抓手数据等几十家提供数据交易及服务的公司

〔1〕　张敏翀 . 数据流通的模式与问题 [J]. 信息通信技术，2016（4）：5-10+57.

〔2〕　加快数据要素市场建设，上海数据交易所第二批数据产品挂牌 [Z/OL]. 2022-01-29. https://baijiahao. baidu. com/s? id=1723102308506564379&wfr=spider&for=pc.

〔3〕　深圳将建设数据交易场所，加快培育数据要素市场 [Z/OL]. 2022-01-29. https://www.sohu.com/a/519178834_ 100116740.

型交易平台，为用户提供了数据流通、共享的场所。交易所提供大数据交易以电子交易为主要形式，通过线上大数据交易系统，实现真正的实时线上交易。

2. 平台交易的主要交易方式

从交易平台的数据来源来看，一般包括以下几种：（1）政府公开数据；（2）企业内部数据；（3）网页爬虫数据，即企业利用一定的技术手段，在各个网页抓取的有效数据；（4）用户主动提供的数据，该类型数据一般由用户依据企业提供服务时的隐私条例或其他相关规则授予企业搜集及使用；（5）合作伙伴提供的数据。国内交易平台数据来源较多，如贵阳大数据交易所数据来源包括政府公开数据、企业内部数据以及网页爬虫数据；数据堂数据来源包括政府公开数据、企业内部数据、网页爬虫数据以及用户主动提供的数据；华中大数据交易所、上海大数据交易中心多为用户主动提供的数据。

从交易平台提供的产品类型和交易方式来看，主要包括应用程序接口（API）、数据包、云服务等，API 是提供应用程序接口的方式在线提供数据服务；数据包则是以离线的方式提供数据；云服务是基于互联网相关服务的增加、使用和交互，通过互联网提供实时的、动态的数据资源。如贵阳大数据交易所、陕西西咸新区大数据交易所提供 API、数据包服务。安徽大数据交易中心将数据交易分为：（1）在线数据交易，以数据调用接口的形式，由卖方向买方提供数据拷贝的数据交易形式；（2）离线数据交易，卖方将数据拷贝到交易中心，由交易中心转移给买方的交易形式；（3）托管数据交易，卖方将数据拷贝到交易中心，买方在交易中心提供的环境内使用数据，原始数据不发生转移的交易形式。华中大数据交易中心提供三种类型的数据交易模式：（1）数据包交易，卖方将数据上传或拷贝到交易平台，交易确认后由交易平台转移给买方或向买方提供下载地址的交易形式；（2）API 数据交易，以 API 数据调用接口的形式，由卖方向买方提供所需数据的交易形式；（3）托管数据交易，卖方将数据拷贝到交易平台，买方在交易平台提供的环境内使用数据，原始数据不发生转移的交易形式。浙江大数据交易中心通过将平台的数据商品划分为"数据包"和"API"两种类型来区分交易行为。[1]在国家标准《信息安全技术　数据交易服务安全要求》（GB/T 37932—2019）中，也列出了三种数据交易的类型，与安徽大数据交易中心对数据交易形式的划分类似：（1）在线数据交付，数据

---

〔1〕浙江大数据交易中心. 交易指南—数据分类〔EB/OL〕. 2020-12-07. http://www.zjdex.com/help.

供方通过网络向数据需方交付数据的模式；（2）离线数据交付，数据供需双方在达成数据交易协议后，由数据供方通过离线方式将数据从供方提供给需方的交易模式；（3）托管数据交易，数据供需双方在达成数据交易协议后，由供方将数据拷贝到数据交易服务机构指定的数据托管服务平台，需方在数据托管服务平台内使用数据，数据不发生转移的交付模式。综上，对目前主流的通过平台进行数据交易的模式做归纳可以发现，数据交易主要有通过数据平台直接传输、通过 API 在线调用、根据需求方的要求提供定制化交易的服务三类，有学者将其定义为"数据的静态交易""数据的动态交易"与"数据的定制交易"。[1] 其中，数据的静态交易以发送文件的方式传输数据，是数据交易最常见、最直接的方式；数据的动态交易，即以 API 接口提供数据的访问，与其他形式的数据交易存在明显的不同，也与法律意义上的交易不一致。法律意义上的交易，是指买卖，需要有出售及购买的行为，通常涉及所有权的转移，数据交易虽然并不直接进行所有权的转移，但是仍然会生成新的针对数据的所有权。而通过 API 接口提供数据的访问，并不涉及数据所有权的转移，也不会生成新的所有权。数据需求方通过 API 接口获得的是在一定期间内或条件下数据的使用权，这更像是一种租赁行为，因此，以 API 接口提供数据访问的数据利用形式也可以被称为数据租赁；数据的定制交易一般通过平台来完成，由数据需求方提出数据的具体需求，再由数据提供方根据需求匹配、提供数据，如为实现精准营销，定制某一类型人群的具体数据在各个交易平台，大多有数据定制的服务。

3. 平台的分类

从交易平台的类型来看，可以将数据交易平台分为第三方数据交易平台、综合数据交易平台两种不同类型的交易平台。第三方数据交易平台是指平台仅提供交易平台及场所，以中立第三方的身份为数据供需双方提供交易撮合服务，本身不参与数据交易法律关系，交易双方就数据价格、数量、质量、交付方式、使用权限等自行商议并形成数据交易法律关系，第三方数据交易平台则仅提供有关数据买卖双方需求以及数据出售、购买信息等服务，无特定的个性化服务，一般通过线上大数据交易系统，撮合客户进行交易，其多起通道性作用，类似于 P2P 借贷平台，为交易双方提供场所或平台，如贵阳大数据交易所在《贵阳大数据交易所 702 公约》中规定，交易所充当交易做市商，协助双方进行数据定价、交易结算等，大数据交易所在大数据供需双方充当一个百

---

〔1〕　史宇航. 数据交易法律问题研究 [D]. 上海交通大学博士学位论文，2017.

分百中立者的角色。〔1〕综合数据交易平台既作为数据供应商、服务商参与数据交易，又为其他供应商提供数据交易的中立场所，如武汉东湖大数据交易中心、天元数据、管理大数据，综合数据服务平台提供的服务较完善，既能发布数据交易中有关数据买卖双方需求信息以及数据的出售和购买信息，还具备专业的数据人才和数据处理能力，能够为客户提供特定的个性化服务。

同时数据交易所在推动大数据交易的规范化方面开始作出勇敢的尝试和探索，如《贵阳大数据交易所702公约》，中关村数海大数据交易联盟制定的《中关村数海大数据交易平台规则（征求意见稿）》《安徽大数据交易中心交易规则》《哈尔滨数据交易中心交易规则》《长江大数据交易有限公司交易规则》，上海大数据交易中心制定的《个人数据保护原则》《数据互联规则》《流通数据处理准则》《数据流通禁止清单》，数据堂制定的《数据堂数据用户服务协议》，青岛大数据交易中心的系列规则以及华东江苏大数据交易中心、武汉东湖大数据交易中心等平台制定的交易协议。当然，也还有部分大数据交易平台并无明文交易规则的设置，如陕西西咸新区大数据交易所。这些平台规则在不同程度上规定了数据交易双方的资格、权利义务、用于交易的数据类型和范围。但无论是哪一类交易平台，大数据交易所均始终以营利为目的、长期持续地进行经营性行为，其法律性质应确定为商事主体。〔2〕

表9-1　大数据交易平台部分规则内容对比

	《贵阳大数据交易所702公约》	《中关村数海大数据交易平台规则（征求意见稿）》	《安徽大数据交易中心交易规则》	《哈尔滨数据交易中心交易规则》	《长江大数据交易有限公司交易规则》
交易所地位	本大数据交易所是指依本公约规定条件设立的，为数据交易的集中和有组织的交易提供场所、设施，履行国家有关法律、	交易平台是服务于各行业数据流通交易的场所，由数据源登记系统、数据源评估系统、数据中转系统、数据检	当交易双方选择并确认使用交易中心支付服务后，将视为接受由交易中心提供的各类支付服务	无	交易有限公司以中介服务的模式为买方会员和卖方会员撮合数据交易

〔1〕　贵阳大数据交易所.贵阳大数据交易所702公约［EB/OL］.2020-05-28.http://www.gbdex.com/website/view/bigData.jsp.

〔2〕《贵阳大数据交易所702公约》第9条：交易所支付结算体系大数据买方可在交易系统储值、银联支付、微信支付、公司转账、第三方支付等。买家选择需要的数据支付金额，交易所扣除40%的佣金后余款进入卖家账户余额。卖家可以将金额放在交易所账户，也可以提取到公司银行。

续表

	《贵阳大数据交易所702公约》	《中关村数海大数据交易平台规则（征求意见稿）》	《安徽大数据交易中心交易规则》	《哈尔滨数据交易中心交易规则》	《长江大数据交易有限公司交易规则》
	法规、规章、政策规定的职责，实行自律性管理的法人	索系统、数据调用计费系统等组成			
交易所权利与义务	1. 大数据交易所的职能包括：(1) 提供数据交易的场所和设施；(2) 制定大数据交易所的业务规则；(3) 接受数据交易申请、安排不同数据品种的交易；(4) 组织、监督数据交易；(5) 对会员进行监管；(6) 对数据交易对象进行监管；(7) 设立数据交易登记结算机构；(8) 管理和公布市场信息；(9) 相关主管单位许可的其他职能。 2. 大数据交易所主要功能及职责：(1) 大数据交易对象的审核；(2) 大数据相关的金融工具设计；(3) 大数据相关指数发布；(4) 数据交易过程的监管。 3. 大数据交易所交易新的数据交易品种，应当报相关主管单位批准。 4. 大数据交易所的数据交易品种，应当报相关主管单位批准。	1. 交易平台对数据交易行为具有监督和审核的权利，有权按相关法律法规和本规则及时停止违规交易行为。 2. 交易平台接受联盟监督，交易平台应为数据交易提供稳定可靠的运行平台，保障数据的安全，并维护交易市场健康、稳定发展。交易平台有义务配合执法部门依法对涉嫌违法数据内容开展调查。 3. 交易平台未经授权委托不得将托管数据出售或非法提供给他人。 4. 交易平台应当采取技术措施和其他必要措施，妥善保管托管数据，防止第三人未经授权进行截取、搜集、检索、接入，避免发生托管数据泄露、毁损、丢失、篡改等安全事件。 5. 在发生或者可能发生托管数据泄露、毁损、丢失等隐患时，交易平台应当	1. 交易中心对数据交易行为具有监督和审核的权利，有权按相关法律法规和本规则及时停止违规交易行为。 2. 交易中心接受联盟监督，交易中心应为数据交易提供稳定可靠的运行中心，保障数据的安全，并维护交易市场健康、稳定发展。交易中心有义务配合执法部门依法对涉嫌违法数据内容开展调查。 3. 交易中心未经授权委托不得将托管数据出售或非法提供给他人。 4. 交易中心应当采取技术措施和其他必要措施，妥善保管托管数据，防止第三人未经授权进行截取、搜集、检索、接入，避免发生托管数据泄露、毁损、丢失、篡改等安全事件。 5. 在发生或者可能发生托管数据泄露、毁损、丢失等隐患时，交易中心应当立即采取补救措施。	交易中心有权回收未通过身份认证或虽通过身份认证但连续超过一年未登录的会员账号；交易中心有权关闭涉嫌欺诈等重度违规行为的会员账号，并有权删除该账号下所有相关信息；会员可通过交易中心客服主动申请关闭其账号	无

《贵阳大数据交易所702公约》	《中关村数海大数据交易平台规则（征求意见稿）》	《安徽大数据交易中心交易规则》	《哈尔滨数据交易中心交易规则》	《长江大数据交易有限公司交易规则》
5. 大数据交易所应当在其职能范围内制定和修改业务规则。大数据交易所制定和修改业务规则，由大数据交易所董事会通过，报相关主管单位批准。大数据交易所的业务规则包括交易规则、会员管理规则及其他与数据交易活动有关的规则	立即采取补救措施。6. 如因不可抗力、意外事件、非法入侵、法律修订、政策变动等造成交易平台无法提供交付服务，交易平台不承担责任	6. 如因不可抗力、意外事件、非法入侵、法律修订、政策变动等造成交易中心无法提供交付服务，交易中心不承担责任		

（二）非平台交易

除平台交易，以契约关系为基础，将数据（数据包）作为商品单独进行买卖的行为也十分普遍，因其与传统的买卖行为没有较大差异，且无需平台作为第三方介入，因此此类交易的商行为特点最为突出。最先兴起的是企业与企业之间买卖数据的 B2B 模式，往往是数据在数据从业者之间的流通与交易。对于该交易行为中各方的权利义务关系可以依照合同的性质来确定，一般而言，非平台类型的数据交易属于买卖合同，可以适用《民法典》中关于买卖合同的规则。

非平台数据交易实践中还存在着数据产品交易模式，该类主体一般自我定位为"人工智能数据服务提供商"。数据服务提供商是指为用户提供数据服务的主体，与第三方数据交易平台不同的是，这类主体在法律地位上是交易一方当事人，为自营数据业务建立起来的线上数据交易网站，如数据堂、聚合数据、中国数据商城等。以数据堂的交易模式为例，数据堂主要从事互联网基础数据交易和服务业务，建有数据在线交易网站，其业务模式不仅包括典型的"数据定制模式"的平台交易，还包括以数据产品作为商品的"合作模式"，即与其他数据拥有者合作，由其提供原始数据或数据包，对数据进行整合、编辑、清洗、脱敏，形成数据产品后再在市场上出售。[1]

---

〔1〕 庄金鑫. 三类大数据交易平台模式和优劣势分析 [J]. 中国工业评论, 2016（10）：109—111.

第二节　数据交易的法律分析

一、数据交易的界定

"交易"这一概念在不同学科中的含义不尽相同。在经济学的范畴中，康芒斯认为交易是一种合法的使所有权主体发生改变的方式，这里的交易体现人与人之间的关系，属于广义上的交易。康芒斯将交易分为三大类：买卖的交易、管理的交易、限额的交易。科斯认为交易是通过价格机制的调节，实现生产要素在不同的所有者之间流转，实现资源配置的过程。[1]在法学研究中，一般将"交易"定义为"任何双方为解决有争议的权利而达成的协议"。通俗地看，交易近似于"买卖行为"，买卖双方达成协议，一方通过出让某物以换取另一方支付的对价，各取所需，实现资源的流转。以上各概念之间虽存在差异，但蕴含了交易的本质，主要包括以下两方面：一是用于交易的事物都具有价值和使用价值，二是发生了物上所有权的转移。

有学者认为，数据交易以买卖、共享为特征，有学者认为数据交易是数据供方和需方之间以数据商品作为交易对象，进行的以货币或货币等价物交换数据商品的行为。[2]本书认为，数据交易是指转让方（供方）将原始数据或数据产品相关权利转让给数据受让方（需方），数据受让方支付对价的营利性商事活动。

二、数据交易的特征

"作为商事交易，大数据交易具有商事交易的交易双方地位平等、交易自由的基本特征，同时也因大数据交易平台的存在而具有主体复杂、权利义务不清晰的特殊性。"[3]数据交易无论是从交易标的、交易过程看，还是从交易结果等看，都不同于普通商品交易，其具有如下特征。

（一）营利性

数据交易是指将"数据"本身视作商品、对价有偿、以营利为目的的活

---

〔1〕　钱弘道．法律经济学的理论基础［J］．法学研究，2002（4）：3-17.

〔2〕　GB/T 37932-2019，信息安全技术—数据交易服务安全要求［S］.

〔3〕　张敏．交易安全视域下我国大数据交易的法律监管［J］．情报杂志，2017（2）：127-133.

动，本质上是商行为。[1]与数据开放和共享的非营利性不同，数据交易具有营利性的特征。数据交易是数字经济时代数据流转和生产要素价值实现的主要途径，数据的价值是通过数据流通实现的。大数据、云计算、人工智能等新兴技术的出现，改变了传统获取和利用数据的途径，数据流通的方式可以总结归类为数据开放、数据共享以及数据交易。数据开放是指任何人都可以出于任何目的自由地获取、利用、修改和共享数据的行为，[2]其通常指向政府行为，由政府部门统筹整合和分配，就政府自身所掌握的或与政府有关的数据以及其他与公共管理职能有关的社会组织所搜集的数据资源面向不特定公众，主动地、平等地履行开放义务。[3]数据共享指不同机构、平台之间的数据交换，是数据控制者将自己所收集的信息与他人进行分享，在数据控制者与分享者之间形成一种合同关系，[4]数据共享可以是有偿的也可以是无偿的。相较于数据开放和数据共享，数据交易是一种商事行为而非公共服务，数据交易中的数据是具有财产价值的商品而非公共物品，是对价有偿的营利性活动。

（二）主体多元性

数据交易过程中主要涉及数据转让方（供方）、数据受让方（需方）、数据交易平台这三方。与传统商事交易一般为买卖双方不同，由于数据的特殊性，数据交易平台从数据交易实践伊始，就作为一方主体参与到数据交易活动之中。在个别复杂的交易情景中平台可能会与数据供方或需方出现重叠，数据交易平台既是中介方又是数据转让方，或数据交易平台既是中介方又是数据受让方。此外，在数据交易的专业化、精细化发展道路上，与之相关的数据清洗脱敏机构、质量评估机构、服务代理机构等多方主体作为服务机构，也不断参与到数据交易行为中来。

（三）可多次转让

数据交易不同于一般货物的交易，数据的交易在交易完成后，出卖人并不会丧失对数据的掌控。数据可以由多人同时占有、使用、复制和传播，由此大

---

〔1〕 张敏. 交易安全视域下我国大数据交易的法律监管 [J]. 情报杂志，2017（2）：127-133.

〔2〕 See "The Open Definition – Open Definition – Defining Open in Open Data, Open Content and Open Knowledge", "Open means anyone can freely access, use, modify, and share for any purpose（subject, at most, to requirements that preserve provenance and openness）".

〔3〕 薛智胜，艾意. 政府数据开放的概念及其范围界定 [J]. 财经法学，2019（6）：13-23.

〔4〕 王利明. 数据共享与个人信息保护 [J]. 现代法学，2019（1）：45-57.

数据控制人可以同时与多个相对人交易，由多个相对人分享数据而不产生任何矛盾。[1]相较于有体物和知识产权，除创造性之外，数据与技术成果在无形性、商品属性、权利取得的路径方面的特征基本一致。在技术成果的商品化进程中，技术成果的转让主要通过技术转让和技术许可的方式进行。根据《民法典》合同编第二十章"技术合同"的相关规定，技术转让合同包括专利权转让、专利申请权转让、技术秘密转让等合同；技术许可合同包括专利实施许可、技术秘密使用许可等合同，能够较好地满足数据交易过程中所有权、使用权或者其他相关权利的转让，包括具有创造性的数据产品以及不具有创造性的原始数据或数据产品的许可或转让，这种许可或转让可以是数据全部权利的一次性转让或多次转让，也可以是数据部分权利的一次性全部转让和多次转让。

（四）标的是原始数据或者数据产品

明确数据交易的标的对数据交易开展有着重要意义，按照不同的标准，数据可分为不同的类别。例如有的学者归纳了实践中交易产品的类型：API、数据包、云服务、解决方案、数据定制服务以及数据产品。[2]有的学者从学理角度深入探讨了个人数据、企业数据和公共数据的可交易性。[3]本书认为，数据交易的标的可按照数据来源划分为原始数据和数据产品，既包括未经加工的电子或其他形式的原始数据，也包括对原始数据加工后形成的电子信息产品等数据产品。无论是原始数据还是数据产品，数据的特性使其无法完全按照物权或知识产权转让的方式予以规范。对于具有创造性的数据产品，若其具备新颖性、创造性、实用性，可以申请专利并纳入专利法的保护，对不具有创造性的原始数据和部分数据产品则可以参照技术转让的规制路径，即转让方将数据的相关权利让与受让方，并通过合同法契约自由原则，保护受让方对数据的相关权利，兼顾数据本质特征和数据要素供给目的。

（五）数据交易和数据服务紧密相关

数据交易作为数据要素市场供给的重要组成部分，数据资源的价值开发离

〔1〕 梅夏英. 数据的法律属性及其民法定位［J］. 中国社会科学, 2016（9）：164-183+209.
〔2〕 王卫, 张梦君, 王晶. 数据交易与数据保护的均衡问题研究［J］. 图书馆, 2020（2）：75-79.
〔3〕 苏成慧. 论可交易数据的限定［J］. 现代法学, 2020（5）：136-149.

不开数据的收集、存储、分析、传输、提供等数据处理活动，[1]因此数据交易与数据服务紧密相关。数据服务即数据交易辅助机构按照其与数据主体约定完成数据处理的行为。在数据收集阶段，需要对已形成的数据按照特定目的，收集汇聚、清洗整理、分类归集进行加工处理，形成可用的数据资源，使原生态的数据加工成为具有使用价值的产品性数据。[2]在数据存储阶段，需要将收集的信息以适当的格式存放以待分析和价值提取，[3]一般会通过云服务存储到一个云中心。在数据分析阶段，即是对数据价值的挖掘，经过数据演算分析，为人们提供新知识、新判断，支撑人们的决定。[4]此外，数据传输、数据提供、数据使用等都作为软件或硬件服务参与到数据交易活动过程中，是数据资源和市场经济融合必不可少的重要环节。

三、数据交易的本质

数据交易是数字经济时代数据流转和生产要素价值实现的主要途径。[5]数据虽然与传统民法上的物具有明显的差异，但数据交易在本质上说是商事交易的范畴，核心是数据相关权利的转让，包括数据相关权利的一次性全部转让和多次转让，以及数据部分权利的一次性全部转让和多次转让。根据数据交易的不同表现形式，数据供需双方之间可能存在数据买卖合同法律关系，类似于技术成果或者知识产权许可使用、转让等法律关系，也可能存在数据服务关系。数据交易本质上是数据供需双方存在金钱给付与商品服务交付的权利义务关系，交易双方均处于同等的法律地位，通过意思自治达成契约。

数据交易标的的特殊性使数据的交易有别于普通的商事交易，对于数据交易行为法律性质的理论研究，学者们也有不同的观点。有学者主张数据交易属于买卖合同，适用《民法典》合同编中关于买卖合同的规则；[6]有学者认为数据交易本质上是以数据为标的的商事交易，数据交易的本质是数据的买方获

〔1〕《数据安全法》第3条第2款规定："数据处理，是指数据的收集、存储、使用、加工、传输、提供、公开等。"

〔2〕高富平. 数据生产理论——数据资源权利配置的基础理论［J］. 交大法学，2019（4）：5-19.

〔3〕李学龙，龚海刚. 大数据系统综述［J］. 中国科学（信息科学），2015（1）：1-44.

〔4〕高富平. 数据生产理论——数据资源权利配置的基础理论［J］. 交大法学，2019（4）：5-19.

〔5〕贾东明. 经济法视角下数据交易的监管理念与制度安排［J］. 法大研究生，2019（1）：79-95.

〔6〕齐爱民，周伟萌. 论计算机信息交易的法律性质［J］. 法律科学（西北政法大学学报），2010（3）：118-126.

得利用数据的能力，买方支付价款，从而获得数据。数据交易的实践中产生了三种不同的契约模式，买卖合同占主流地位，此外还有服务合同和知识产权许可使用合同。

（一）买卖行为

将数据交易行为划归至"买卖合同"范畴，是实践中采用的主流形式。目前大多数的数据交易所，如贵阳大数据交易所，多采用数据买卖协议的方式进行交易，且其出台的《贵阳大数据交易所 702 公约》第 7 条明确认定数据交易系买卖行为，此外，中关村数海大数据交易平台出台的交易规则，也认可买卖行为：通过契约划分双方权利义务，数据卖方的主要义务是提供数据，数据买方的主要义务是支付对价。至于数据质量、数据清洗标准、履行方式等，则可通过合同具体约定。

我国早在 1999 年《合同法》第 130 条中规定，买卖合同是出卖人转移标的物的所有权于买受人，买受人支付价款的合同。买卖合同的本质是出卖"物"之所有权以换取对价。后随着电子信息产业的迅速扩张以及司法实践的发展，最高人民法院于 2012 年公布实施了《关于审理买卖合同纠纷案件适用法律问题的解释》，第 5 条中规定了标的物为无需以有形载体交付的电子信息产品，该交付方式的确定，将"物"的范围从有体物扩展到了无形的电子信息产品。

（二）服务行为

在实践中，还有的数据交易协议以数据服务协议的方式开展，如华东江苏大数据交易平台。这种协议模式下，通常数据提供方将数据以类似 SAAS 的方式提供，即为数据使用方提供访问数据的账户或其他登录方式，使得接收方可以接触及获得数据。[1]该种交易模式，不同于买卖合同项下由数据提供方以双方约定的方式交付数据，而是通过提供账号密码等外在的硬件设施服务来达成交易，方能够获取数据的特定目的，其间并不涉及数据的实际流转。这一类型的协议可以适用对技术合同的规制路径。虽然数据与技术成果在无形性、商品属性、权利取得路径方面的特征基本一致。在技术成果的商品化进程中，技术成果的转让体现为技术相关权利的转让，而此类数据交易本质上是数据相关权利的转让，包括数据相关权利的一次性全部转让和多次转让，以及数据部分权利的一次性全部转让和多次转让，但与技术成果相比，原始数据和部分数据

---

〔1〕　史宇航. 数据交易法律问题研究 ［D］. 上海交通大学博士学位论文，2017.

产品不具有创造性，无法完全按照技术转让合同的方式予以规范。[1]

（三）许可行为

基于有形物而构建的买卖规则因无法完全契合数据交易的需要，因此数据交易转由知识产权体系来解决，产生了另一类常见的协议，即许可使用协议。这种交易模式中，协议通常不会规定数据提供方必须将数据物理转移至接受方的物理载体。实际操作中，数据提供方可能只提供数据访问入口或接口，允许使用方能够获得及访问数据。[2]《安徽大数据交易中心交易规则》中规定数据交易是以货币换取数据的行为，该定义回避了所有权或使用权变更的问题，只是强调了货币与数据的对价。在数据交易中，卖方的交付实际上是对自己所占有数据进行复制并传输给买方的行为，在这个过程中，限于数据传输技术本身，买方无法确保卖方删除了交易的数据，所以数据交易的过程不存在所有权的转移，只能通过有偿的方式让买方获得新的权益。因此，会存在多份相同的权益共存的现象，上海数据交易中心的《流通数据处理准则》第4条第4款就规定，"持有合法正当来源的相同或类似数据的数据持有人享有相同的权利，互不排斥地行使各自的权利"。该原则也被称为"数据权利可共存原则"，该原则也是数据交易独有的特点。

四、数据交易中的各类主体

数据交易过程主要涉及数据供方、数据需方、数据交易平台这三方，在个别复杂的交易情景中平台可能会与数据供方、数据需方出现重叠的情况。民事主体适格性的标准主要表现为：主体独立性、主体经济性、意思能力与内部决策机制。[3]理论上，自然人、法人或非法人组织均满足以上标准，是适格的交易主体，可以参与数据交易。目前数据交易尚处于不断摸索的初级阶段，数据交易的各个阶段法律关系与责任尚不明晰，其行为构成与法律性质存在许多不确定性，因此实践中数据交易平台对交易主体通常要求其他特殊的条件。

（一）转让方和受让方

转让方和受让方又可以称为数据供方与数据需方，这两类主体是数据交易

---

〔1〕 王淼．数字经济发展的法律规制——研讨会专家观点综述［J].中国流通经济, 2020（12）: 114-124.

〔2〕 史宇航．数据交易法律问题研究［D].上海交通大学博士学位论文, 2017.

〔3〕 房绍坤, 张旭昕．我国民法典编纂中的主体类型［J].法学杂志, 2016（12）: 1-14.

行为中最基础的主体。综合我国各数据交易平台发布的交易规则和实践操作情况，目前企业与企业之间买卖数据的 B2B 模式较为常见，占主流地位，而个人与个人之间以及企业与个人之间买卖数据的情况并不常见甚或并不存在，这可能源于数据交易平台的交易规则中有相关的禁止性规定，造成自然人主体在数据交易中的缺位，例如《贵阳大数据交易所 702 公约》第 13 条就明确规定，在 2015 年，暂时不允许任何个人购买交易所的数据。当然，此处有关数据买方的资格确认，并未完全否定个人主体的参加，而是作了时间限制，不排除将来开放个人作为数据交易的主体参与交易活动。但在国外，有些国家以及交易平台并未禁止自然人参与数据交易，例如 2011 年美国 Car and Driver 网站向用户提供一款服务，用户只要提供汽车注册车主的汽车型号、车辆年限等信息，即可获得网站提供的各种现金优惠，此举也吸引了某些个人将自己的信息数据进行打包交易换取优惠。[1] 该类型交易中虽然没有交易平台的参与和监管，不属于当下典型的交易模式，但是符合交易的本质特点，即用户提供数据，网站支付对价。

（二）数据交易平台

有学者认为，大数据与大数据交易的特殊性选择了适合其需求的交易平台模式，同时大数据交易平台的特殊地位和职责也显示出大数据交易与普通交易的不同之处。现有的大数据交易平台对于自身法律地位及权利义务的界定基本有三种形式：第一种，明确将大数据交易所界定为自律性法人，明确大数据交易所的监管职责，如贵阳大数据交易所；第二种，没有明确界定大数据交易所自律性法人地位，但明确规定大数据交易所监督审核的权利，如中关村数海大数据交易平台、安徽大数据交易中心；第三种，既没有明确界定大数据交易所自律性法人地位，也没有明确规定大数据交易所监督审核的权利，会员自主登记注册即可成为会员，对于会员的资格，交易平台并不审核确认，如哈尔滨数据交易中心、华东江苏大数据交易中心。[2] 有学者将现有的大数据交易平台划分为两类：第一类是第三方数据交易平台，该类型平台仅仅是数据的供应方和数据需求方的中介，不涉及数据的采集、处理和存储；第二类是综合数据交易平台，该类型平台不仅可以进行数据的采集、处理和存储，为用户提供多种服务，比如解决方案、数据产品等，也可以作为中介，为数据供应方和数据需求方提供

---

〔1〕　丁道勤．数据交易相关法律问题研究［J］．信息安全与通信保密，2016（10）：54-60.

〔2〕　张敏．交易安全视域下我国大数据交易的法律监管［J］．情报杂志，2017（2）：127-133.

交易平台。前者如国内的中关村数海大数据交易平台，后者有贵阳大数据交易所、数据堂。[1]二者的本质区别在于，第三方数据交易平台仅提供中介服务，法律地位相当于居间商；综合数据交易平台除提供中介服务之外，还提供数据存储服务，甚至作为数据产品转让方参与交易活动，既是居间商又是转让方。

有学者认为，大数据交易应以交易安全和数据自由流通为原则，确立自律监管与行政监管并行的监管模式，由政府部门和大数据交易平台分别承担监管职责，并按照政府部门总体监管、大数据交易平台具体监管的原则各自监管。[2]大数据交易平台应当作为第三方自律性法人，对这一平台的监管应通过行政监管的方式，采用准入制度，设定准入条件并颁发相应的许可证。同时数据交易平台也应承担相应监管职责，提供交易规则，审核交易主体资格，监督交易行为。[3]

第三节　数据交易的法律规制

一、数据交易的相关立法

2016 年《国家发展改革委办公厅关于组织实施促进大数据发展重大工程的通知》提出，建立覆盖大数据交易主体、交易平台、交易模式等方面的规则制度，完善大数据交易的法律制度、技术保障、真实性认证等保障措施，规范大数据交易行为，确保交易数据的质量和安全，防范交易数据的滥用和不当使用行为，形成大数据交易的流通机制和规范程序。2020 年 3 月《中共中央、国务院关于构建更加完善的要素市场化配置体制机制的意见》提出，建立健全数据产权交易和行业自律机制。推进全流程电子化交易。鼓励要素交易平台与各类金融机构、中介机构合作，形成涵盖产权界定、价格评估、流转交易、担保、保险等业务的综合服务体系。

《数据安全法》第 19 条和第 33 条对数据交易作出了概括性的基本规定。《数据安全法》第 19 条规定，国家建立健全数据交易管理制度，规范数据交易行为，培育数据交易市场。第 33 条规定，从事数据交易中介服务的机构提供服务，应当要求数据提供方说明数据来源，审核交易双方的身份，并留存审

---

　〔1〕　王卫，张梦君，王晶．国内外大数据交易平台调研分析［J］．情报杂志，2019（2）：181-186+194.

　〔2〕　张敏．交易安全视域下我国大数据交易的法律监管［J］．情报杂志，2017（2）：127-133.

　〔3〕　张敏．大数据交易的双重监管［J］．法学杂志，2019（2）：36-42.

核、交易记录。全国信息安全标准化技术委员会也陆续发布了数据交易相关标准，如《信息安全技术　数据交易服务安全要求》《信息技术　数据交易服务平台　交易数据描述》《信息技术　数据交易服务平台　通用功能要求》等。

我国各地方在各种立法权限范围内对数据交易制度作出积极探索。《贵州省大数据发展应用促进条例》提出数据资源交易的原则、数据交易应当依法订立合同、推行数据交易合同示范文本，要求数据交易服务机构符合设立、人员、交易规则、备案登记等条件。《深圳经济特区数据条例》规定数据要素市场可采用自主交易、交易平台等多种合法方式开展数据交易活动，规定数据交易平台数据规则应当报市数据统筹部门批准后实施，赋予交易平台定价权。《海南省大数据开发应用条例》规定了数据交易的原则、订立交易合同，规定了大数据交易平台履行制定交易规则、信息披露规则、数据交易备案登记制度，营造安全、可控、可追溯的环境以保证数据交易安全可信，规定省大数据交易管理机构履行交易平台监管责任。另外，宁夏、吉林、山西、天津、安徽五个省份的数据条例也在数据交易原则、数据交易平台、数据交易市场作出不同程度的规定。天津市互联网信息办公室制定的《天津市数据交易管理暂行办法（征求意见稿）》对数据交易管理部门、交易主体条件、交易数据的范围、交易行为、交易平台规范、交易安全、监督管理和法律责任作出规定，具有体系完整、内容覆盖全面的优势。

表 9-2　数据交易相关法律

法律法规	数据交易相关条文
《数据安全法》	第19条　国家建立健全数据交易管理制度，规范数据交易行为，培育数据交易市场。 第33条　从事数据交易中介服务的机构提供服务，应当要求数据提供方说明数据来源，审核交易双方的身份，并留存审核、交易记录。
《贵州省大数据发展应用促进条例》	第18条　培育数据交易市场，规范交易行为。数据资源交易应当遵循自愿、公平和诚实信用原则，遵守法律法规，尊重社会公德，不得损害国家利益、社会公共利益和他人合法权益。数据交易应当依法订立合同，明确数据质量、交易价格、提交方式、数据用途等内容。推行数据交易合同示范文本。 第19条　鼓励和引导数据交易当事人在依法设立的数据交易服务机构进行数据交易。数据交易服务机构应当具备与开展数据交易服务相适应的条件，配备相关人员，制定数据交易规则、数据交易备案登记等管理制度，依法提供交易服务。

法律法规	数据交易相关条文
《宁夏回族自治区大数据产业发展促进条例（草案）》	第40条　自治区人民政府应当支持数据交易服务机构建设，建立健全数据资产知识产权保护和交易服务规则，培育和规范数据交易市场。鼓励和引导数据交易当事人在依法设立的数据交易服务机构进行数据交易。数据交易服务机构应当制定数据交易规则、数据交易备案登记等管理制度，依法提供交易服务。
《海南省大数据开发应用条例》	第40条　数据交易应当遵循自愿、公平和诚实信用原则，遵守法律法规，尊重社会公德，不得损害国家利益、公共利益和他人合法权益。 第41条　省大数据管理机构应当培育数据交易市场，规范交易行为，鼓励和引导数据交易主体在依法设立的大数据交易平台进行数据交易，加强对大数据交易平台的监管。 第42条　大数据交易平台建设单位应当制定和完善数据交易规则、信息披露规则、数据交易备案登记等管理制度。大数据交易平台建设单位应当建立安全可信、管理可控、全程可追溯的数据生产、共享、开放、交易和流转环境，保证数据交易安全可信。 第43条　数据交易应当依法订立合同，明确数据质量、交易价格、提交方式、数据用途等内容。省大数据管理机构、大数据交易平台建设单位应当推广使用数据交易合同示范文本。
《安徽省大数据发展条例》	第39条　大数据交易服务机构应当建立安全可信、管理可控、全程可追溯的数据交易环境，制定数据交易、信息披露、自律管理等规则，依法保护个人信息、隐私和商业秘密。鼓励和引导数据交易当事人在依法设立的大数据交易服务机构进行数据交易。
《深圳经济特区数据条例》	第56条　市人民政府应当统筹规划，加快培育数据要素市场，推动构建数据收集、加工、共享、开放、交易、应用等数据要素市场体系，促进数据资源有序、高效流动与利用。 第65条　市人民政府应当推动建立数据交易平台，引导市场主体通过数据交易平台进行数据交易。 市场主体可以通过依法设立的数据交易平台进行数据交易，也可以由交易双方依法自行交易。 第66条　数据交易平台应当建立安全、可信、可控、可追溯的数据交易环境，制定数据交易、信息披露、自律监管等规则，并采取有效措施保护个人数据、商业秘密和国家规定的重要数据。 第67条　市场主体合法处理数据形成的数据产品和服务，可以依法交易。但是，有下列情形之一的除外： （一）交易的数据产品和服务包含个人数据未依法获得授权的； （二）交易的数据产品和服务包含未经依法开放的公共数据的； （三）法律、法规规定禁止交易的其他情形。

法律法规	数据交易相关条文
《上海市数据条例》	第53条　本市支持数据交易服务机构有序发展，为数据交易提供数据资产、数据合规性、数据质量等第三方评估以及交易撮合、交易代理、专业咨询、数据经纪、数据交付等专业服务。本市建立健全数据交易服务机构管理制度，加强对服务机构的监管，规范服务人员的执业行为。 第54条　数据交易服务机构应当建立规范透明、安全可控、可追溯的数据交易服务环境，制定交易服务流程、内部管理制度，并采取有效措施保护数据安全，保护个人隐私、个人信息、商业秘密、保密商务信息。 第55条　本市鼓励数据交易活动，有下列情形之一的，不得交易： （一）危害国家安全、公共利益，侵害个人隐私的； （二）未经合法权利人授权同意的； （三）法律、法规规定禁止交易的其他情形。 第56条　市场主体可以通过依法设立的数据交易所进行数据交易，也可以依法自行交易。 第57条　从事数据交易活动的市场主体可以依法自主定价。 市相关主管部门应当组织相关行业协会等制订数据交易价格评估导则，构建交易价格评估指标。
《吉林省促进大数据发展应用条例》	第23条　县级以上人民政府应当鼓励、引导数据依法交易流通，培育数据交易市场、规范数据交易行为，加强数据交易管理。
《天津市促进大数据发展应用条例》	第45条　市和区人民政府及其有关部门应当采取措施培育数据交易市场，规范交易行为，鼓励、支持通过数据交易等方式依法开发利用政务数据和社会数据，鼓励产业链各环节市场主体进行数据交换和交易，促进数据资源流通。鼓励和引导数据交易当事人在依法设立的数据交易服务机构进行数据交易，促进大数据的开发应用。
《山西省大数据发展应用促进条例》	第11条　支持培育大数据交易市场，鼓励数据交易主体在依法设立的大数据交易平台进行数据交易。数据交易应当遵循自愿、公平和诚信原则，遵守法律法规，尊重社会公德，不得损害国家利益、公共利益和他人合法权益。依法获取的各类数据经过处理无法识别特定个人且不能复原的，或者经过特定数据提供者明确授权的，可以交易、交换或者以其他方式开发利用。
《上海市公共数据开放暂行办法》	第31条　【非公共数据交易】市经济信息化部门应当会同相关行业主管部门制定非公共数据交易流通标准，依托数据交易机构开展非公共数据交易流通的试点示范，推动建立合法合规、安全有序的数据交易体系。

法律法规	数据交易相关条文
《浙江省公共数据开放与安全管理暂行办法》	第25条第1款　县级以上人民政府应当探索建立多元化的行业数据合作交流机制，加强数据资源整合，鼓励公民、法人和其他组织依法开放自有数据，引导和培育大数据交易市场，促进数据融合创新，形成多元化的数据开放格局，提升社会数据资源价值。
《陕西省大数据条例》	第35条　省人民政府应当培育数据要素市场，规范数据交易行为，鼓励和引导市场主体在依法设立的数据交易平台进行数据交易。数据交易应当遵守法律、行政法规规定，不得损害国家利益、社会公共利益和他人合法权益。 第36条　市场主体合法处理数据形成的数据产品和服务，可以依法交易，有下列情形之一的除外： （一）交易的数据产品和服务包含未依法获得授权的数据； （二）交易的数据产品和服务包含未依法公开的数据； （三）法律、行政法规规定禁止交易的其他情形。

二、数据交易的规制内容

数据交易法律规制是通过立法构建完善的法律制度，以确定规制内容，建立完善的法律规范体系，对交易主体、交易对象、数据质量、交易价格、交易安全等核心内容进行规范。

（一）交易主体

数据交易法律关系中主要包括三类主体：数据供方、数据需方、数据交易平台（交易中介）。数据供方是提供数据或者数据源的主体；数据需方是为了购买或者使用数据的主体；数据交易平台是数据交易服务机构用来为供需双方提供数据交易的信息化平台。实践中数据主体的范围并不统一。例如，贵阳大数据交易所将买卖双方限制为法人，明确规定不支持个人购买数据的行为，并且对外资购买方的购买行为进行资格审查；长江大数据交易有限公司规定所有参与主体均为企事业单位法人；中关村数海大数据交易平台、安徽大数据交易中心规定参与主体包括法人或者自然人；哈尔滨数据交易中心对此未作规定，可推定法人、自然人均可以在此交易平台进行交易。有学者认为，数据交易平台应为自律性法人，[1]数据供方和需方的范围应限定为企业或其他经济组织，

---

[1]　张敏. 大数据交易的双重监管 [J]. 法学杂志，2019（2）：36-42.

个人不应成为数据交易的主体。[1]

（二）交易对象

2020 年 3 月 1 日实施的国家标准《信息安全技术 数据交易服务安全要求》（GB/T 37932—2019），在交易安全对象项下划定了禁止交易数据的清单。数据交易服务机构应根据我国相关法律法规，制定禁止交易的数据目录，目录至少应包括：（1）受法律保护的数据。（2）涉及个人信息的数据，除非获得全部个人数据主体或未成年人的监护人的明示同意；或者进行了必要的去标识化处理以达到无法识别出个体的程度。（3）涉及他人知识产权和商业秘密等权利的数据，除非取得权利人明确许可。（4）从非法或违规渠道获取的数据。（5）与原供方所签订的合约要求禁止转售或公开的数据。（6）其他法律法规明确禁止交易的数据。

（三）数据质量

数据交易中的数据质量标准主要包括：（1）合法性，即数据供方提供进入流通渠道之数据获取渠道合法、权利清晰无争议的声明；（2）真实性，即数据供方提供进入流通渠道的数据之真实性的声明；（3）准确性，即数据供方应明确进入流通渠道之数据的限定用途、使用范围、交易方式和使用期限；（4）安全性，数据供方应对进入流通渠道的数据进行风险评估，出具风险评估说明。数据服务机构应对交易数据的合法性、真实性、准确性、安全性进行审核。《信息安全技术 数据交易服务安全要求》（GB/T 37932—2019）明确数据交易服务机构应确保交易数据满足以下质量要求：（1）数据供方应向数据交易服务机构提供交易数据获取渠道合法，权利清晰无争议的承诺或证明材料。（2）数据供方应向数据交易服务机构提供拥有交易数据完整相关权益的明确声明。（3）数据供方应向数据交易服务机构提供数据真实性的明确声明。（4）数据供方应对交易数据进行分类，并对交易数据进行安全风险评估，出具安全风险评估报告。（5）数据供方应明确交易数据的限定用途、使用范围、交易方式和使用期限。（6）数据供方应按照 GB/T 36343—2018 的要求对交易数据进行准确描述，明确数据类别等内容，描述内容满足准确性、真实性要求。（7）数据交易服务机构应对交易数据描述和样本的准确性、真实性进行审核。（8）数据交易服务机构应对交易数据的安全风险评估报告进行审核，确

---

[1] 张敏. 交易安全视域下我国大数据交易的法律监管 [J]. 情报杂志，2017（2）：127-133.

保数据可交易。（9）数据交易服务机构应对交易数据分类结果进行审核。

（四）交易价格

　　商事交易中的契约自由原则，同样应当体现在作为商事交易的大数据交易之中，对于大数据交易中的交易价格，则应当完全适用契约自由原则，由买卖双方协商确定交易价格。就数据交易而言，不同的数据获取来源决定了不同的定价机制。大数据交易平台可根据不同种类数据的品种、时间跨度、数据深度、数据完整性、数据样本及数据实时性的特点，确定不同种类的数据价格机制。如贵阳大数据交易所的定价系统中，实时价格主要取决于数据的样本量和单一样本的数据指标项价值，而后通过交易系统自动定价，价格实时浮动。数据交易的最终价格，由交易所撮合数据买卖双方，由卖方与交易所最终确定。

第十章
数据的竞争与垄断

第一节　数据垄断的产生和发展

一、数据垄断的产生

随着全球互联网向社会经济生活的全面渗透，数字经济快速发展，正在迈入一个全新时代，以平台经济为主要代表的数字经济已经成为创新数字市场发展和数字产业升级的新形式。数字经济作为经济学概念，是指人类通过大数据（数字化的知识与信息）的识别—选择—过滤—存储—使用，引导和实现资源的快速优化配置与再生，实现经济高质量发展的经济形态。[1]数字经济，作为一个内涵比较宽泛的概念，凡是直接或间接利用数据来引导资源发挥作用，推动生产力发展的经济形态都可以纳入其范畴。数字经济在技术层面，包括大数据、云计算、物联网、区块链、人工智能、5G 通信等新兴技术。在应用层面，"新零售""新制造"等都是其典型代表。[2]由此形成的数据市场已经呈现平台、数据、算法的三维竞争结构，其中数字平台改变了市场竞争的外在形式和内在逻辑，其作为海量、多元、实时的数据集合体，通过数字技术和算法

---

〔1〕　陈世清．对称经济学术语表［Z/OL］．2019 – 08 – 28. https://baike. baidu. com/reference/
10227477/f200p76　lBdi17kmrJ0EEebVSdZnI5Xx7YEmRvD7a1R3wIKyza4ieV5wkG – RTHn8W3O0aOeLJFgjH
5mFsT_ 2HJFbTG7Q.

〔2〕　杜睿云，王宝义．新零售：研究述评及展望［J/OL］．2020-09-12. https://baike. baidu. com/
reference/10227477/4a19pLTk9OTH　08u4g7CD2IHF5NMr2mhNHjJO – e5CV8HFtzcZpdsmBRsAvy9UFsZg –
mA24NPsR6_ 9EuqJfFfNNOFPGf9CeAKm 4quFh3 – 5zDcJjhFGhaLu4wK4bl2uTxT3QAk6hAg9H5pFD2G6Kz
5hBAeXRFfABT97joJgVNvb7K4Gq50zZ8h_ K7SWBsC_ a2qtxmaBIXrevgTfylYkfIDjYGvb0mEO1xspd–PAyGQJ
9efCcysZdSqSx8pqfeW2X28fzIDaNog0widNQ H_ QfQarEJ9faxjP_ UU.

设计获得了一定的市场影响和优势地位。[1]并且数字平台作为数据流量入口，既需要依赖科技将数据要素最大限度地聚合、转化和利用，同时也要防止大型数字平台限制市场竞争。党的十九届五中全会提出建设数字中国的目标，提出坚持创新驱动数字化发展，打造具有国际竞争力的数字产业集群。数据化的生产要素成为数据资本，对经济增长产生直接影响和溢出效应。[2]从而衍生出的平台经济（Platform Economics）是一种基于数字技术，由数据驱动、平台支撑、网络协同的经济活动单元所构成的新经济系统，是由互联网协调组织资源配置的一种经济形态，是基于数字平台的各种经济关系的总称。[3]数字平台，是一种虚拟或真实的交易场所，在本质上就是市场的具化，其本身不生产产品，但可以促成双方或多方供求之间的交易，收取恰当的费用或赚取差价而获得收益，市场从"看不见的手"，变成了"有利益诉求的手"。[4]大批平台型企业从无到有、从小到大，成为经济生活中举足轻重的力量。

随着移动互联网快速普及和"互联网+"向垂直领域加速融合，总体上我国平台经济保持良好的发展态势，表现出头部平台崛起、中小平台快速成长以及平台引领的新特征，成为壮大数字经济发展的重要动能。相关研究表明，我国平台经济保持快速发展势头，特别是 2015 年至 2019 年，我国平台经济进入大规模发展的时期。根据中国信息通信研究院政策与经济研究所发布的《平台经济与竞争政策观察（2020）》显示，截至 2019 年年底，我国价值超 10 亿美元的数字平台企业达 193 家，比 2015 年新增了 126 家。从价值规模看，2015 年至 2019 年，我国数字平台总价值由 7957 亿美元增长到 2.35 万亿美元，年均复合增长率达 31.1%。一方面，中小型数字新平台在不断涌现。2019 年，市场价值在 10 亿美元以上 100 亿美元以下的平台数量比 2015 年增加了 108 家，数量增长了近 2 倍，市场价值增长了 151.9%。另一方面，中小型平台也在不断成长。与 2015 年相比，截至 2019 年，共有 18 家平台加入 100 亿美元以上的行列，数量增长 1.5 倍，市场价值增长了 204.3%。

[1] 杨东，臧俊恒．数字平台的反垄断规制 [J]．武汉大学学报（哲学社会科学版），2021（2）：160-171．

[2] 徐翔，赵墨．非数据资本与经济增长路径 [J]．经济研究，2020（10）：38-54．

[3] 赵昌文．高度重视平台经济健康发展 [Z/OL]．2019-08-14．https://baike.baidu.com/reference/10162398/eea96NEv4oinePLm5OuOQ8Eo2Trp9boHRHBKbB3DcvivtCsqfEVrgLIyLFxmMMXFmJLKk9Vd1ZUUWihkitarBAtnurBCuncxQ-C3590ERJWI2H8VqnebHIA_ 50GllriI3_ M．

[4] 徐晋．平台经济学：修订版 [M]．上海：上海交通大学出版社，2014：5-6．

数字平台的发展大致可分为三个阶段，从电商平台到行业平台再到平台经济。随着平台进入的产业领域变得越来越丰富，其对产业和产业组织变革的影响力越来越大，平台逐步由一种商业现象发展为一种经济形态。因此，现在所说的平台经济是指互联网平台发展到比较高级的阶段而形成的一种新型经济形态。[1]数字平台企业借助独特的数据优势，发展成为我国经济发展的新动能，其总体态势是好的、作用是积极的，但一些平台企业发展不规范、存在风险，平台经济发展不充分、存在短板，监管体制不适应的问题也较为突出。超大型互联网平台频现和市场集中度持续提升，出现了"二选一""大数据杀熟"等现象，妨碍了有序竞争，损害了消费者权益。中央政治局会议和中央经济工作会议均明确要求强化反垄断和防止资本无序扩张，这一要求得到社会各界的热烈反响和广泛支持，在平台经济领域，数据垄断成为亟待解决的议题。

二、数据垄断的发展

我国平台经济在总体上仍处于快速发展时期，在市场竞争状况越发激烈之时，不同领域平台经济发展状况以及相应的垄断和竞争状况存在明显差异，需要结合电子商务、社交网络、金融科技和数字媒体等细分市场或者具体场景进行分析。就作为分析平台经济领域的市场竞争和垄断状况逻辑起点的相关市场界定来说，通常就至少要分为电子商务、即时通信、本地生活服务、搜索引擎、移动出行、第三方移动支付、数字音乐和网络视频等不同的平台类型，每类平台都有各自的特点，相应的市场竞争和垄断状况也不尽相同，有的一家独大，有的双寡头，有的则是多寡头。[2]特别是 BAT（百度、阿里巴巴、腾讯）通过收购、控股、参股等方式将其业务范围向多个领域渗透，从而使平台应用巨头加持的业务具有非常明显的优势。总体来讲，数据垄断发展可分为三个阶段：一是互联网平台初创阶段。该阶段通过大量补贴、广告宣传、提供免费产品等方式在双边或多边市场吸引用户，集聚数据资源。初创阶段的互联网平台将重点放在聚集数据资源上。这一阶段易产生的争议多体现在新兴互联网平台为获取必要用户数据，使用爬虫或从其他大型平台抓取数据的过程中。与之相关的案例可参考 HiQ Labs 与 LinkedIn 领英的数据纠纷。这一阶段属于数据垄

---

〔1〕 王先林. 平台经济领域垄断和反垄断问题的法律思考 [J]. 浙江工商大学学报，2021（7）：34-45.

〔2〕 王先林. 平台经济领域垄断和反垄断问题的法律思考 [J]. 浙江工商大学学报，2021（7）：34-45.

断预备阶段。[1]二是互联网平台成长阶段。在该阶段，规模经济和网络外部性逐步凸显，数据开始转化为生产要素。数据量级的扩大使平台形成牢固的用户黏性，平台通过整合数据集群从而提供更加精准的服务，最终实现数据向生产要素的转变，初步具备形成数据垄断的能力。[2]三是互联网平台成熟阶段。在该阶段，平台利用数据优势开始提供跨界、综合性服务，形成产业链闭环，进而打造更复杂的平台生态系统，属于数据垄断地位巩固阶段。在成熟阶段，互联网平台往往改变单一经营业务范围，转而提供跨界、综合性服务，形成产业链闭环，巩固数据垄断地位。在实务中，各类数据垄断争议与案件多发生于这一阶段，比如 Facebook 数据垄断案以及欧盟 Google/DoubleClick 经营者集中案等。[3]

目前，数据垄断成为平台垄断中的重要问题。美国、德国、法国、英国、欧盟、经济合作与发展组织等国家和地区的报告与执法都将数据垄断问题纳入分析与调查范围，很多报告与执法分析都引入了新的分析框架，根据企业所涉及的平台类型、网络效应特征、多宿主等情况来对数据垄断进行类型化分析。经济合作与发展组织指出，数字市场与其他市场相比，其市场集中度较高且更容易出现垄断。[4]因为互联网平台发展的过程也是数据积累的过程。在这一过程中，少数互联网平台通过大数据分析准确地把握相关市场的运行规律、促进供需双方精准匹配、提供个性化服务，从而在大量竞争者中脱颖而出。不同平台的竞争主要围绕注意力或用户开展，取得成功的关键在于运营规模，双边市场下的规模经济和网络效应会创造相应的进入壁垒。所以，数据垄断的具体形成原因有以下方面，一是数字平台市场具有的规模经济特点，强大的规模经济提高了准入壁垒，从而有助于先进入数据市场的平台企业创造或维持市场力量。二是数字平台市场的网络外部性，通过直接的网络外部性或间接的网络外部性引发的网络效应可以激发不同平台对用户的激烈竞争，以拥有数据的持有

〔1〕 "数据"何以"垄断"——从蚂蚁金服被约谈出发 [Z/OL]. 2022-01-23. https://mp.weix-in.qq.com/s/ax1oSGaRN-Z9bY2QvlAGzA.

〔2〕 "数据"何以"垄断"——从蚂蚁金服被约谈出发 [Z/OL]. 2022-01-23. https://mp.weix-in.qq.com/s/ax1oSGaRN-Z9bY2QvlAGzA.

〔3〕 "数据"何以"垄断"——从蚂蚁金服被约谈出发 [Z/OL]. 2022-01-23. https://mp.weix-in.qq.com/s/ax1oSGaRN-Z9bY2QvlAGzA.

〔4〕 韩伟，李正. 日本《数据与竞争政策调研报告》要点与启示 [J]. 经济法论丛，2018（1）：443-483.

量。三是数字平台市场的依赖性。平台通过对用户数据进行分析、利用，从而改进用户服务，甚至令用户产生依赖性并且持续向其投放广告，这就会产生正反馈循环，即增加的广告收入可以用于进一步提高平台质量，进而吸引新用户。

总的来讲，数据驱动的网络效应可以通过"用户反馈回路"和"货币反馈回路"予以实现，[1]即拥有大量用户的企业能够收集更多的数据用以提高服务质量，从而又吸收更多新用户；也可以通过大量数据提高算法的精准度以及服务的货币化水平，获得更多的资金，从而又能提高企业的技术水平与收集更多数据，以此形成循环。[2]该企业将在数据储备量、技术水平、资金实力和市场地位等方面进一步拉开与其他企业间的距离，从而形成规模经济效应，进而形成数据垄断。[3]

第二节　数据垄断的概念和特征

一、数据垄断的概念

"垄断"即为排他性的独占，独占即会带来对同一行业内其他竞争者的不公平，从而导致对消费者的不公平以及市场秩序的混乱，最终导致资源配置效率的下降。按照经济发展规律，在农业时代，土地是最重要的资源，"反垄断"的主要目的在于抑制土地兼并和集中，使"耕者有其田"。经过工业革命的洗礼，为了反对工业寡头的合谋操纵，"反垄断"体现在市场和技术领域，此时出现了具有现代意义的反垄断法。到数字经济时代，最重要的资源就是数据，当技术垄断和数据资源结合在一起，数据垄断也随之产生。[4]数据垄断是指平台经济中少数平台企业长期维持"赢者通吃"地位，常见的"赢者通

〔1〕　贾晓燕，封延会．网络平台行为的垄断性研究——基于大数据的使用展开［J］．科技与法律，2018（4）：25-33.

〔2〕　OECD，Big Data. Bringing Competition Policy to the Digital Era［EB/OL］．2016-10-27. https://one.oecd.org/document/DAF/COMP（2016）14/en/pdf.

〔3〕　国瀚文．滥用市场支配地位隐私权保护研究——以完善数据要素市场为背景［J］．商业研究，2020（10）：147.

〔4〕　聂洪涛，韩欣悦．互联网平台数据垄断法律规制的困境与出路［J］．长白学刊，2021（4）：93-100.

吃"现象可能对良性市场竞争和消费者福利造成损害。[1]数字市场的垄断行为方式依然从工业时代延续至今，比如"大数据杀熟""二选一"算法合谋等，此时"反垄断"的目的在于抑制"数字寡头"的产生。由此可见，从自然垄断、行政垄断到技术垄断，垄断的形式虽在不断变化，但反垄断的目的从始至终均是维护消费者的利益和市场的竞争秩序。

二、数据垄断的特征

我国平台经济领域的数据竞争是很激烈的，不仅在同一平台内的不同主体（平台内经营者）之间存在内部竞争，而且在两个或者两个以上的平台（平台经营者）之间也存在外部竞争，一方面由于前述的网络效应、规模经济等固有特点使得平台经济领域容易存在"一家独大"和"赢者通吃"的现象，另一方面互联网领域的动态竞争等特点又使得这种市场领先者的地位处于不稳定的状态。所以平台经济领域的数据竞争是与数据垄断相伴而生的。[2]

（一）数据垄断依托的平台市场属于典型的（多）双边市场

数字经济最具代表性的商业模式是平台模式，而数字平台最主要的特征为双边市场，核心是让两个消费者群体（用户与广告商）均留在平台上，而两个市场的需求是正相关的，为了最大化其商业价值，平台需要将网络效应内部化，即交叉补贴，向市场中网络效应低的一边收取更多费用，而按同等数量降低向网络效应高的一边收取的费用，甚至免除平台使用费来影响总交易数量。[3]这种不对称的定价策略在实践中为线上广告模式和线上零售模式所采取。平台企业一侧面对消费者，一侧面对商家，这个平台上的众多参与者有着明确的分工，平台运营商负责聚集社会资源和合作伙伴，通过聚集交易，扩大用户规模，使参与各方受益，达到平台价值、客户价值和服务价值最大化。但是，平台企业也可能利用在双边市场中的优势地位，产生垄断定价、捆绑销售等行为。

（二）数据垄断依托的平台经济存在较强的规模经济性与网络效应性

如果某一平台企业率先进入一个领域，或者由于技术、营销优势占据这一

---

〔1〕 熊鸿儒. 我国数字经济发展中的平台垄断及其治理策略 [J]. 改革, 2019 (7)：52-61.

〔2〕 王先林. 平台经济领域垄断和反垄断问题的法律思考 [J]. 浙江工商大学学报, 2021 (7)：34-45.

〔3〕 See Thomas Hoppner. Defining Markets for Multi-sided Platforms：The Case of Search Engines [M]. World Competition Law and Economics Review, vol. 38, no. 3, 2015, pp. 349-366.

领域较大的市场份额时，由于交叉网络外部效应和锚定效应的存在，这家企业就会越来越大，出现强者愈强的局面。同时，市场集中度高有利于降低商家和消费者交易成本，平台企业往往具有较强的规模经济性。数字经济具有明显的网络效应，更早进入市场或因为通过颠覆性创新而获得更多资金、技术优势的数字平台，会因为先发优势而在竞争中占据更有利的位置，[1]不断出现"强者恒强，弱者恒弱"的马太效应。而且数字经济条件下锁定效应普遍存在，导致数字产品或服务更换的转移成本较高，[2]即通过路径依赖让用户习惯于一个经营者的产品和服务，在不付出高昂的转换成本的前提下，无法使用另一个经营者的相类似产品，基于此，数字经济领域相比传统行业更容易成为一个寡头垄断的市场。[3]在网络效应视角下，在位企业和后发企业持续地通过产品创新进行竞争，此时呈现的是"为市场竞争"（competition for the market）的产品最终出现时，成功企业"赢者通吃"。[4]这正是数字经济呈现出的特有竞争格局。

（三）数据垄断依托的平台经济模式是对数据以创新性技术进行资源配置的运行模式

平台企业之间的竞争越来越多地表现为数据资源与算力算法的竞争，各平台企业极为注重数据要素的积累与关联，以提升平台价值、赢得竞争优势。[5]平台竞争力主要表现为创新力，竞争强度主要由平台企业的创新能力决定。与传统的静态竞争理论着重于关注完全竞争市场模型下分配效率最优化不同，熊彼特的动态竞争理论最重要的就是破坏性创新或颠覆性创新在经济增长中的核心作用。熊彼特认为，相较于价格竞争，"来自新商品、新技术、新供应来源、新型组织的竞争……具有决定性的成本或质量优势的竞争以及打击到现存企业的根基和生命而非边际利润和产量的竞争"更能代表竞争的本质。[6]平台扼杀式并购和寡头竞争并存，"赢者通吃"是平台发展的规律性现象。

---

〔1〕　叶明. 互联网经济对反垄断法的挑战及对策［M］. 北京：法律出版社，2019：32.

〔2〕　张江莉. 反垄断法在互联网领域的实施［M］. 北京：中国法制出版社，2020：10.

〔3〕　See Daniel Rubinfeld. Antitrust Enforcement in Dynamic Network Industries［M］. The Antitrust Bulletin, Fall-Winter 1998, pp. 859-882.

〔4〕　See Gregory Sidak and David Teece［M］. Dynamic Competition in Antitrust Law. Journal of Competition Law & Economics, vol. 5, no. 4, 2009, pp. 581-631.

〔5〕　曾铮. 平台经济发展如何严监管补短板［N］. 经济日报，2021-8-26（10）.

〔6〕　See Joseph A. Schumpeter, Capitalism, Socialism and Democracy, London, Taylor & Francis Group［EB］. 2010, p. 74.

数据的竞争推动了数字经济的发展，但有竞争的地方必然存在垄断，这给数字市场（平台）中竞争秩序的维护和未来的发展带来了诸多严峻挑战。

第三节　数据反垄断

数据垄断可能会给市场竞争秩序、创新创业、消费者福利等带来影响。数据大量的聚集和融合虽然可以提高规模经济效益，使消费者获得更个性化、更为便捷的服务等。但是，当大型平台经营者通过数据大量积累拥有对该产业进行控制的威胁，并且在其具备基础设施的属性后，其基础设施的公共性与企业利益最大化的私利性之间的矛盾将可能产生实施滥用市场支配地位行为、威胁数字市场竞争秩序、损害消费者权益的影响。根据我国《反垄断法》第3条的规定，垄断行为一般指三种经济垄断，具体包括：（1）垄断协议；（2）滥用市场支配地位；（3）具有或者可能具有排除、限制竞争效果的经营者集中。2022年《反垄断法》第10条有关行政垄断的规定与经济垄断并列。数字经济领域的新型竞争给传统反垄断规则和分析工具带来了新型挑战，反垄断理论和实践需要及时作出回应和变革，以适应实际所需。

一、理念层面

数据垄断的形成可能是因为网络效应、双边市场效应等形成的效率优势，因此，对于平台的监管，不能仅按传统反垄断规则基于其市场份额对其进行认定，而是应该重点对其行为进行动态监管，核心是关注其是否有破坏竞争、损害消费者权益等方面的行为。而大型平台企业强化其垄断地位的一个重要措施是利用杠杆效应进行跨市场集成，从而将其垄断优势进行多轮强化。这种跨市场集成既可能是平台利用其数据优势、流量优势和技术优势进行业务纵向或横向扩张而形成的，也有可能是平台进行并购而形成的。这有可能导致平台企业间通过杠杆效应，实现垄断的自我强化，从而在新的市场中形成新的垄断力量。对于数据反垄断，目前学界存在不同的主张。第一，有学者认为数字市场之所以发展迅速，是因为其存在动态竞争，以及对于数字企业的创新激励，过度或不适当的干预会破坏数字市场的竞争秩序，并有可能对创新产生抑制作用。如大卫·埃文斯指出，"越成功的平台面临的挑战越大，虽然技术的发展会给互联网产业带来颠覆性的改变，但是动态竞争始终保持着新进入者进入相关市场的可能性"。[1]第二，有学者认为对于数字市场产生的反垄断行为需采取谨慎的态度进行干预。如有学者基于垄断行为的界定困难提出"慎提反垄断"，"鉴于此，'反垄断'既不应是政府规制平台疑似'垄断'行为的首要选择，更不应是唯一选择"。[2]第三，有学者认为大型平台企业因为拥有资本优势、数据优势和市场优势，容易形成较高的行业壁垒，使得初创企业进入市场的可能性大大降低，并且容易损害消费者权益。应该通过积极推进互联网平台领域反垄断立法，加大对互联网中小型、初创型平台企业的支持力度，积极推进对于数字平台的反垄断监管。界定数字垄断行为的市场范围较传统垄断行为存在困难，但数字经济领域反垄断措施的立法目的仍以传统反垄断法的基本制度、规制原则和分析框架为主，具体监管措施需要依据反垄断法价值对具体垄断行为依法进行专业的分析和审慎的处理。

（一）对数字平台的相关市场界定

传统反垄断规则并未考虑数字平台相关市场的多边性、动态性与数据驱动效应等特征。为准确进行相关市场界定，双边市场的相关市场界定可以区分"双边非交易市场"与"双边交易市场"为起点。双边非交易市场中平台的两边不直接交易，此时需要界定两个相互关联的市场。[3]而双边交易市场中平台的两边直接交易，此时仅需要界定一个包含两个消费者群体的相关市场。[4]平台经济领域相关商品市场界定的基本方法是替代性分析，可以根据平台一边的商品界定相关商品市场；也可以根据平台所涉及的多边商品，分别界定多个相关商品市场，并考虑各相关商品市场之间的相互关系和影响。当该平台存在的跨平台网络效应能够给平台经营者施加足够的竞争约束时，可以根据该平台整

---

〔1〕 陈兵. 因应超级平台对反垄断法规制的挑战 [J]. 法学，2020（2）：103-128.

〔2〕 黄金，李强治. 互联网平台"垄断"的本质与治理思路 [J]. 信息通信技术与政策，2019（3）：23-25.

〔3〕 孙晋. 数字平台的反垄断监管 [J]. 中国社会科学，2021（5）：101-127+206-207.

〔4〕 综合国内外竞争法学界近些年研讨的主题和发表的论著，参照各国（地区）竞争执法部门主要执法动向以及立（修）法趋势，包括我国2021年2月发布的《国务院反垄断委员会关于平台经济领域的反垄断指南》规范内容，不难发现，通过立（修）法对数字市场相关市场界定、平台市场支配地位认定及滥用行为判定、算法共谋及"扼杀式并购"等新问题进行必要回应，形成广泛共识。参见王晓晔. 我国《反垄断法》修订的几点思考 [J]. 法学评论，2020（2）：11-12；陈兵，马贤茹，胡珍. 从监管科技到科技监管与法治监管的统合——《数字经济下竞争法实施重点与难点》研讨会综述 [J]. 中国价格监管与反垄断，2020（11）：27-37.

体界定相关商品市场。上述学界观点最终为《国务院反垄断委员会关于平台经济领域的反垄断指南》所确认，这当然在一定程度上弥补了现行《反垄断法》的不足，但并未就基于价格下降的假定垄断者测试（SSNIP）、基于质量下降的假定垄断者测试（SSNDQ）等测试方法在数字平台的使用作出规定。随着数字平台质量竞争愈演愈烈，基于质量下降的假定垄断者测试（SSNDQ）测试方法极有可能成为世界各国竞争机构越来越重视的必要技术，即并不按照传统反垄断规则对数字产品价格进行认定，而是通过对消费者福利（质量）认定的方式进行"假定垄断者测试"，这需要通过反垄断规范予以确认。

（二）对平台必需设施的认定

基于平台竞争呈现高度动态竞争和跨界竞争的考虑，认定市场支配地位宜更加重视相关时间市场因素，平台及数据构成必需设施问题和适用基于质量下降的假定垄断者测试（SSNDQ）"直接认定市场支配地位"一样，也是平台反垄断规则建构的全球性话题。现实中，对于用户大数据的整合、归集、使用和分享，需要平衡平台对大数据整合归集的激励和其他竞争者对数据有序分享与使用的需要，不受限制的数据共享会导致搭便车行为，减少创新激励以及引发产品同质化。在《国务院反垄断委员会关于平台经济领域的反垄断指南》中，必需设施规则已被修改，数据构成必需设施的相关规定被删除，但是认定平台构成必需设施的规定仍被保留，同时规定认定相关平台是否构成必需设施，一般需要综合考虑该平台占有数据情况、其他平台的可替代性、交易相对人对该平台的依赖程度等因素。

（三）对平台经营者集中行为的认定

平台经营者集中主要涉及两个问题，即申报标准不完备和扼杀式并购无法控制。由于在平台领域纵向一体化以及混合合并多发，平台巨头往往同时参与多个市场，因此在考虑这些平台的经营者集中时，需要将其总体的营业额按照比例计算在内，以免低估该种混合型跨界平台的营业额和控制市场的能力。扼杀式并购在2022年《反垄断法》中并没有规定，但《国务院反垄断委员会关于平台经济领域的反垄断指南》第19条规定，反垄断法执法机构高度关注参与集中的一方经营者为初创企业或者新兴平台，并规定该类集中即使未达到申报标准，执法机构也可能依法调查处理。我国《反垄断法》宜在修法时以高位阶立法限制该类集中，以切实保护竞争，促进创新。

二、制度层面

数字经济领域的竞争规制，所涉及的法律法规大体可分为两个部分：一部分是与竞争秩序相关的，包括《反垄断法》《电子商务法》《反不正当竞争法》等；另一部分与个人权利保护相关，如《数据安全法》《个人信息保护法》等。世界各主要经济体均强化对数字经济领域的反垄断监管。[1] 欧盟发布了《数字服务法（草案）》和《数字市场法（草案）》，加强对大型数字企业市场行为的监管，重点解决市场封锁问题，明确保护用户的合法权益并确保市场秩序公平的实现。德国为加强数字市场中新型垄断的反垄断监管问题，通过并实施了德国《反限制竞争法》第十修正案。美国发布施行了《数字市场竞争调查报告》，建议对大型数字平台企业进行特殊规制，美国联邦贸易委员会以此为依据，提起对 Facebook 的反垄断诉讼。日本颁布《数字平台交易透明化法案》和《关于滥用相对交易优势地位的指南》，来平衡平台监管与消费者保护问题。

我国近年在强化反垄断监管执法中取得了积极成效。2019 年 6 月，国家市场监督管理总局制定公布《禁止垄断协议暂行规定》等三部重要的反垄断法配套规章，2020 年 10 月公布《经营者集中审查暂行规定》，还对部分规章不合时宜的内容进行修正。这些法律规章，既为反垄断执法实践提供了规则指引，又为反垄断法的修正提供了制度探索和经验积累。特别是 2021 年 2 月发布的《国务院反垄断委员会关于平台经济领域的反垄断指南》，为此次修法增加数字平台反垄断规则积累了经验。如 2022 年《反垄断法》规定"经营者不得利用数据和算法、技术、资本优势以及平台规则等从事本法禁止的垄断行为"，总结了反垄断执法实践，实现了反垄断制度建设的与时俱进。2021 年 9 月，最高人民法院公布了十件反垄断和反不正当竞争典型案例，这些案例覆盖面广，既涉及供水服务等民生领域，也涵盖标准必要专利等高新技术领域；既包括传统的侵害商业秘密、滥用市场支配地位等不正当竞争、垄断行为，也及时回应了网络刷单、视频屏蔽广告等新类型不正当竞争行为的认定问题。这些案例对于统一裁判标准、明晰裁判规则都将发挥重要的示范作用。2021 年发布的《最高人民法院关于加强新时代知识产权审判工作　为知识产权强国建

---

〔1〕 杨东，臧俊恒. 数字平台的反垄断规制 [J]. 武汉大学学报（哲学社会科学版），2021（2）：160–171.

设提供有力司法服务和保障的意见》，要求加强反垄断和反不正当竞争司法，依法妥善审理反垄断和反不正当竞争案件。出台反垄断民事纠纷司法解释和反不正当竞争司法解释，发布典型案例，发挥"红绿灯"作用，明确司法规则，规范市场主体行为。加强对平台企业垄断的司法规制，依法严惩平台强制"二选一""大数据杀熟"等破坏公平竞争、扰乱市场秩序行为，切实保护消费者合法权益和社会公共利益，维护和促进市场公平竞争。2021 年 10 月以来，相关部门更是密集发声，持续释放强化平台经济反垄断、深入推进公平竞争的信号。2021 年 10 月，商务部、中央网络安全和信息化委员会办公室、国家发展和改革委员会印发的《"十四五"电子商务发展规划》强调，细化反垄断和反不正当竞争规则，预防和制止平台经济领域垄断、不正当竞争等行为，引导平台经营者依法合规经营。商务部在例行新闻发布会上表示，《"十四五"电子商务发展规划》按照党中央、国务院关于发展数字经济、建设数字中国的总体部署，为"十四五"时期电子商务发展作出全面安排。"秉持促进发展和监管规范双管齐下，在强调创新驱动、鼓励新模式新业态蓬勃发展的同时，坚持底线思维，促进公平竞争，强化反垄断和防止资本无序扩张。"2022 年 6 月 24 日第十三届全国人民代表大会常务委员会第三十五次会议审议通过《反垄断法（修正草案）》，2022 年 8 月 1 日起施行。这是《反垄断法》时隔 13 年首次修改，为防止资本无序扩张提供制度保障，以下为近年来的反垄断竞争政策列表。

表 10-1　反垄断竞争政策

序号	名称	实施日期	主要内容	发布单位
1	《国务院反垄断委员会关于平台经济领域的反垄断指南》	2021 年 2 月 7 日	为了预防和制止平台经济领域垄断行为，保护市场公平竞争，促进平台经济规范有序创新健康发展，维护消费者利益和社会公共利益，根据《反垄断法》等法律规定，制定本指南	国务院反垄断委员会
2	《网络交易监督管理办法》	2021 年 5 月 1 日	为了规范网络交易活动，维护网络交易秩序，保障网络交易各方主体合法权益，促进数字经济持续健康发展，根据有关法律、行政法规，制定本办法	国家市场监督管理总局

续表

序号	名称	实施日期	主要内容	发布单位
3	《移动互联网应用程序个人信息保护管理暂行规定（征求意见稿）》	2021年4月26日	为深入贯彻落实党的十九届五中全会精神，加强移动互联网应用程序（以下简称APP）个人信息保护，规范APP个人信息处理活动，制定本规定	工业和信息化部
4	《公平竞争审查制度实施细则》	2021年6月29日	为全面落实公平竞争审查制度，健全公平竞争审查机制，规范有效开展审查工作，根据《反垄断法》《国务院关于在市场体系建设中建立公平竞争审查制度的意见》制定本细则	国家市场监督管理总局、国家发展和改革委员会、财政部、商务部、司法部
5	《禁止网络不正当竞争行为规定（公开征求意见稿）》	2021年8月7日	为了制止和预防网络不正当竞争行为，维护公平竞争的市场秩序，保护经营者和消费者的合法权益，促进数字经济规范持续健康发展，根据《反不正当竞争法》《电子商务法》《行政处罚法》等法律，国家市场监督管理总局起草了《禁止网络不正当竞争行为规定（公开征求意见稿）》	国家市场监督管理总局
6	《浙江省平台企业竞争合规指引》	2021年8月24日	为贯彻落实党中央关于强化反垄断和防止资本无序扩张、推动平台经济规范健康持续发展的重大决策部署，引导平台企业加强竞争合规管理，提高竞争合规意识，防范竞争合规风险，根据《中共浙江省委办公厅浙江省人民政府办公厅印发〈关于进一步加强监管促进平台经济规范健康发展的意见〉的通知》要求，省市场监管局依据《反垄断法》《反不正当竞争法》等法律法规规定，结合本省实际，制定了《浙江省平台企业竞争合规指引》	浙江省市场监督管理局

序号	名称	实施日期	主要内容	发布单位
7	《关于强化反垄断深入推进公平竞争政策实施的意见》	2021年8月30日	针对一些平台企业存在野蛮生长、无序扩张等突出问题，我们加大反垄断监管力度，依法查处有关平台企业垄断和不正当竞争行为，防止资本无序扩张初见成效，市场公平竞争秩序稳步向好	中央全面深化改革委员会
8	《关于加强互联网信息服务算法综合治理的指导意见》	2021年9月17日	为加强互联网信息服务算法综合治理，促进行业健康有序繁荣发展，国家互联网信息办公室、中央宣传部、教育部、科学技术部、工业和信息化部、公安部、文化和旅游部、国家市场监督管理总局、国家广播电视总局等九部委制定了《关于加强互联网信息服务算法综合治理的指导意见》	国家互联网信息办公室等九部门
9	《新一代人工智能伦理规范》	2021年9月25日	为深入贯彻《新一代人工智能发展规划》，细化落实《新一代人工智能治理原则》，增强全社会的人工智能伦理意识与行为自觉，积极引导负责任的人工智能研发与应用活动，促进人工智能健康发展，制定本规范	国家新一代人工智能治理专业委员会
10	《物联网新型基础设施建设三年行动计划》（2021—2023年）	2021年9月29日	行动计划明确到2023年底，在国内主要城市初步建成物联网新型基础设施，社会现代化治理、产业数字化转型和民生消费升级的基础更加稳固。突破一批制约物联网发展的关键共性技术，培育一批示范带动作用强的物联网建设主体和运营主体，催生一批可复制、可推广、可持续的运营服务模式，导出一批赋能作用显著、综合效益优良的行业应用，构建一套健全完善的物联网标准和安全保障体系	工业和信息化部等八部门

续表

序号	名称	实施日期	主要内容	发布单位
11	《关于贯彻落实〈法治政府建设实施纲要（2021—2025年）〉的实施意见》	2021年12月7日	网信法治政府建设要以习近平新时代中国特色社会主义思想为指导，全面贯彻习近平法治思想和习近平总书记关于网络强国的重要思想，深入推进网络空间法治建设，把法治政府建设摆在网信工作全局的重要位置，全面建设职能科学、权责法定、执法严明、公开公正、智能高效、廉洁诚信、人民满意的国家网信部门，为网络强国建设提供有力法治保障	国家互联网信息办公室
12	《"十四五"数字经济发展规划》	2021年12月12日	数字经济是继农业经济、工业经济之后的主要经济形态，是以数据资源为关键要素，以现代信息网络为主要载体，以信息通信技术融合应用、全要素数字化转型为重要推动力，促进公平与效率更加统一的新经济形态	国务院
13	《"十四五"国家信息化规划》	2021年12月	"十四五"时期，信息化进入加快数字化发展、建设数字中国的新阶段。加快数字化发展、建设数字中国，是顺应新发展阶段形势变化、抢抓信息革命机遇、构筑国家竞争新优势、加快建成社会主义现代化强国的内在要求，是贯彻新发展理念、推动高质量发展的战略举措，是推动构建新发展格局、建设现代化经济体系的必由之路，是培育新发展动能，激发新发展活力，弥合数字鸿沟，加快推进国家治理体系和治理能力现代化，促进人的全面发展和社会全面进步的必然选择	中央网络安全和信息化委员会办公室
14	《互联网信息服务算法推荐管理规定》	2022年3月1日	为了规范互联网信息服务算法推荐活动，弘扬社会主义核心价值观，维护国家安全和社会公共利益，保护公民、法人和其他组织的合法权益，促进互联网信息服务健康有序发展，根据《网络安全法》《数据安全法》《个人信息保护法》《互联网信息服务管理办法》等法律、行政法规，制定本规定	国家互联网信息办公室等四部门

序号	名称	实施日期	主要内容	发布单位
15	《深圳经济特区数据条例》	2022年1月1日	为了规范数据处理活动,保护自然人、法人和非法人组织的合法权益,根据有关法律、行政法规的基本原则,结合深圳经济特区实际,制定本条例	深圳市人民代表大会常务委员会
16	《海南自由贸易港公平竞争条例》	2022年1月1日	为了加快建设高水平海南自由贸易港,促进和保护公平竞争,保障经营者和消费者的合法权益,根据《海南自由贸易港法》《反不正当竞争法》《反垄断法》等法律法规,结合海南自由贸易港实际,制定本条例	海南省人民代表大会常务委员会
17	《网络安全审查办法》	2022年2月15日	本办法将网络平台运营者开展数据处理活动影响或者可能影响国家安全等情形纳入网络安全审查,并明确掌握超过100万用户个人信息的网络平台运营者赴国外上市必须向网络安全审查办公室申报网络安全审查。根据审查实际需要,增加证监会作为网络安全审查工作机制成员单位,同时完善了国家安全风险评估因素等内容	国家互联网信息办公室等十三部门
18	《移动互联网应用程序信息服务管理规定(征求意见稿)》	2022年1月5日	为了进一步规范移动互联网应用程序信息服务管理,促进行业健康有序发展,保障公民、法人和其他组织的合法权益,营造清朗网络空间,制定本规定	国家互联网信息办公室

三、反垄断措施

数字经济反垄断措施将极大地变更经济秩序,反垄断也越来越受到关注,欧盟、法国、德国、美国、韩国等国家援引反垄断法对垄断行为进行了多次处罚。2021年2月发布的《国务院反垄断委员会关于平台经济领域的反垄断指南》提出了中国数字经济领域强化反垄断执法的措施。这是中国政府依据《反垄断法》,为预防和制止垄断行为,促进中国平台经济领域依法有序健康发展的重要举措。该指南第3条第1项强调各类市场主体"一视同仁,平等对待""公平竞争""防止资本无序扩张"。数字企业在《反垄断法》面前没有特权，"审慎包容"不是《反垄断法》不干预数字经济的理由。该指南依照"依法科学高效监管"的原则，提出了平台经济领域竞争分析的框架和执法标准。这些规则虽然不具有法律效力，对法院没有约束力，但大大提高了执法透明度，不但有助于执法机关的执法活动，有助于企业特别是头部企业建立和完善其反垄断合规制度，强化竞争自律，而且也有助于进一步激活它们的创新和创造力。其中首次明确拟将"二选一"定义为滥用市场支配地位、构成限定交易行为，将"大数据杀熟"定义为滥用市场支配地位、实施差别待遇。该指南明确了平台经济领域相关市场的界定，强化了对垄断协议和滥用市场支配地位行为的事后规制，完善了对平台经济领域经营者集中的事先规制和事后主动调查机制，严格禁止行政机关和法律、法规授权的具有管理公共事务职能的组织在平台经济领域滥用行政权力排除、限制竞争，同时强调要在平台经济领域积极实施公平竞争审查制度。

根据平台经济发展状况、发展规律和自身特点，对平台经济领域的反垄断措施主要是针对垄断协议、滥用市场支配地位、经营者集中、滥用行政权力限制竞争等方面。

（一）垄断协议

垄断协议是指排除、限制竞争的协议、决定或者其他协同行为，即经营者之间通过合谋性协议，安排或者协同行动来相互约束各自的经济活动，在一定的交易领域内排除、限制竞争的行为。垄断协议分为纵向垄断协议和横向垄断协议，主要有价格协议、排除竞争协议、联合抵制协议等。在数字经济领域，垄断协议体现为算法合谋，也可将其称为轴辐协议，即组织帮助型垄断协议，它是区别于横向垄断协议和纵向垄断协议的混合型垄断协议，在我国法律实行横向垄断协议、纵向垄断协议二分法的背景下，如何应对这一混合型垄断协议，面临很大的挑战。[1]

实务中，算法收集以及处理大量的市场数据和竞争对手信息，可以更精确地判断竞争对手的价格变动，并对竞争对手的定价行为作出迅速反应，从而促进了企业之间的合谋。[2]正如 Mehra 所指出的，对价格变化信息获取精度的日益提高，对竞争对手定价的反应日益迅速，以及不合理价格折扣发生的可能性降低，都会使基于算法的商家成为技能更娴熟的寡头企业，并更便利了企业

---

〔1〕 孙晋．数字平台的反垄断监管［J］．中国社会科学，2021（5）：101-127+206-207.

〔2〕 唐要家，尹钰锋．算法合谋的反垄断规制及工具创新研究［J］．产经评论，2020（2）：5-16.

之间的合谋。[1]对于算法共谋的反垄断监管措施，目前国内外学界有三种观点：一是无责；二是经营者责任；三是承担与行业协会同样的责任。但是根据经济学原理和计算机原理，算法之间实现合谋非常困难，反垄断法意义上的算法共谋或许也是一种学界想象中的概念，对于"算法共谋"行为是否等同于垄断协议的反垄断措施有不同的观点。

（二）滥用市场支配地位

1. 数字平台相关市场界定

相关市场界定是传统反垄断执法的关键步骤，直接影响甚至决定着反垄断案件的处理结果。在数字市场中，传统反垄断法遵循的以替代性分析为主的传统定性分析方法对以"非价格竞争"为主的数据竞争无法适应。因为如搜索引擎、网络社交、电商平台等平台企业多是采取以向消费者提供"免费"服务的方式换取消费者的个人数据，并且依托的算法技术发展很快，相关市场具有极高的动态性，难以从销售产品（服务）的功能、价格、质量等传统维度对其服务进行分析。并且，使用传统的基于价格下降的假定垄断者测试（SSNIP）等测试方法难以对平台商品从价格、质量、功能等方面进行测定，这都加重了直接适用传统替代分析方法的困难程度。

2. 数字平台市场支配地位认定

滥用市场支配地位是我国《反垄断法》规制的三种垄断行为之一。按照《反垄断法》的规定，此行为的主体是具有市场支配地位的经营者，因此，判断某经营者是否具有市场支配地位，成为确定该经营者实施滥用市场支配地位行为的前提和基础。关于市场支配地位，我国《反垄断法》第22条明确规定："本法所称市场支配地位，是指经营者在相关市场内具有能够控制商品价格、数量或者其他交易条件，或者能够阻碍、影响其他经营者进入相关市场能力的市场地位。"第23条规定，判定经营者具有市场支配地位应当依据的因素包括：（1）该经营者在相关市场的市场份额，以及相关市场的竞争状况；（2）该经营者控制销售市场或者原材料采购市场的能力；（3）该经营者的财力和技术条件；（4）其他经营者对该经营者在交易上的依赖程度；（5）其他经营者进入相关市场的难易程度；（6）与认定该经营者市场支配地位有关的其他因素。分析上述认定经营者是否具有市场支配地位应当依据的因素可知，

---

[1] See Mehra, S. k.. Antitrust and the Robo-seller. Competition in the Time of Algorithms [M]. Minnesota Law Rebiew, 2015, 100: 1323-1375.

经营者的市场份额是关键因素之一。经营者的市场份额与该经营者对市场的影响力和控制力通常呈正相关关系，即市场份额越大的经营者对市场的影响力和控制力越强，当经营者的市场份额达到一定水准，该经营者在市场上就可能具有法律所规定的"能够控制商品价格、数量或者其他交易条件，或者能够阻碍、影响其他经营者进入相关市场"的能力，从而具有市场支配地位。而从国际相关立法上看，根据经营者的市场份额推定其是否具有市场支配地位也是普遍做法。如德国、日本等国家制定了根据经营者市场份额推定该经营者具有市场支配地位的反垄断法律制度，在美国司法实践中有根据经营者市场份额推定该经营者具有市场支配地位的判例，在欧盟竞争委员会反垄断指南中有根据经营者市场份额推定该经营者具有市场支配地位的条款。在我国学界及执法实践中，对于《反垄断法》第24条规定的认识存在两种观点：一种观点认为，这项规定是反垄断法关于推定共同市场支配地位经营者的规定，即对符合这两项规定情形的经营者可以推定其具有共同市场支配地位；另一种观点认为，这是关于推定多个具有市场支配地位经营者的规定，即对符合该项规定情形的经营者，可以推定其均具有市场支配地位。目前最高人民法院相关司法解释和国家市场监督管理总局相关行政规章均未明确该项规定的具体含义。鉴于经营者的市场份额与其控制市场能力之间存在密切的关系，同时在借鉴国际经验的基础上，我国《反垄断法》第24条规定了市场支配地位的推定制度，明确可以根据经营者的市场份额来推定其是否具有市场支配地位，一定程度上解决了《反垄断法》对市场支配地位界定较为原则、实践中不易操作的问题。

在数字市场中，拥有市场支配地位的企业的商业模式与分散的传统线下交易不同，互联网平台天然地伴随着规模效应。"规模效应"带来的是效率的提升与垄断的靠近。消费者数据最核心的商业价值，为它的"二次利用"，即了解用户的行为习惯和爱好，从而有针对性地进行服务。当用户基于"习惯性"选择，成为某些软件的固定用户时，企业往往会过多地收集数据，例如，通过步数计算、睡眠质量测算和体重管理等涉及健康的数据可以预测该消费者的人寿保险费率，甚至可以根据其个人偏好、家庭情况或者特定的经济状况等信息进行数据画像，或者对消费者进行广告定向投放等行为。在 Google 和 Double-Click 案件中，法德认为，待合并企业数据的储备程度也可能是市场支配地位形成的重要来源，特别是数据被作为进入市场的门槛时，拥有大量的数据是具有市场支配力的表现，而算法（数据控制驱动因素）决定了市场支配地位。此时，该企业收集数据的行为明显违反了数据保护法，且该收集行为是以其具有市场支配地位为前提，则隐私保护度的削弱可能涉及市场支配地位的滥用。[1]另外，美国政府在对全世界最大的网络广告公司之一的 Google、Facebook 进行反垄断调查时，发现以上公司为了提高广告点击率和精准度，以最大限度（重复）采集消费者个人隐私，从而匹配广告主的营销信息行为，作出"如果 Google 和 Facebook 等公司未来再次因为市场竞争需要处理用户的个人数据，美国政府将对它们进行处罚"的决定，认为如果重复违反个人信息保护法，则推定其具有滥用市场支配地位的主张。我国《电子商务法》第 35 条规定，电子商务平台经营者不得利用服务协议、交易规则以及技术等手段，对平台内经营者在平台内的交易、交易价格以及与其他经营者的交易等进行不合理限制或者附加不合理条件，或者向平台内经营者收取不合理费用。其实质上规制了平台企业滥用市场支配地位的行为。当平台经营者拥有规则制定权时，其实际上拥有相当的市场力量；当平台经营者的力量越来越强大时，就容易滥用此种地位，对平台内经营者课以不公平的义务。[2]因此，根据法律规定，经营者具有市场支配地位并不违法，但是在其合并过程中（为获取或巩固市场支配地位为目的），如果有实施控制数据、阻止竞争对手获取数据等排他性行为或者阻止用户数据可移植权利的实现等行为的"企图"，则属于滥用市场支配地位的排他性行为，应被认定为违法。[3]而数据企业间的并购往往无法适用现行规范规定的横向、纵向和混合并购分类，竞争执法机构在界定数据企业合并所形成的排他性垄断行为是否对消费者数据构成侵犯过程中，对现行的反垄断规则提出挑战，需要作出新型转化以适应数字市场的需要。

（三）经营者集中

对平台经营者集中审查的困难在于，[4]与市场支配力滥用和协议共谋的直接分析静态垄断行为和事后规制不同，事前的经营者集中审查，要求执法机构具备较强的经济预测能力。因为在事前审查时集中对市场竞争的影响尚未体现，而根据量化后的竞争格局得出的对未来市场状态和企业行为的预测若不够

〔1〕 韩伟，李正，沈罗怡. 法德《竞争法与数据》调研报告介评 [Z]. 韩伟. 数字市场竞争政策研究 [M]. 北京：法律出版社，2017：20.

〔2〕 电子商务法起草组全国人大财经委. 中华人民共和国电子商务法解读 [M]. 北京：中国法制出版社，2018.

〔3〕 EWING K. Competition Rules for the 21th Century. Principles from America's Experience [M]. Netherlands，Kluwer Law International，2003：46.

〔4〕 孙晋. 数字平台的反垄断监管 [J]. 中国社会科学，2021（5）：101-127+206-207.

准确，将直接导致假阳性错误或假阴性错误。预测的难度由于数字经济的动态性而大大增加。具体来说包括以下两个方面。

第一，由于企业合并而导致合并后的企业具有大数据集中和算法技术领先的可能，将会形成市场进入壁垒。在传统市场，市场进入壁垒与竞争限制因素是成正比的。而在数据市场，市场进入壁垒的高低与竞争限制的难易是无法判断的。为此形成不同的观点，怀疑论认为，不可能形成市场进入壁垒。由于数据具有非竞争性和非排他性、来源多种多样以及收集的成本通常较低的特征，导致即使是特定的运营商使用数据也不妨碍竞争对手（有可能）不间断地获取信息，所以限制有效的市场竞争的可能性薄弱。肯定论认为，有可能形成进入壁垒。虽然数据经常是非竞合性的，但是企业会以高成本进行技术维护，甚至会阻止竞争对手进行访问。产业组织学派的观点认为，市场进入壁垒通常来源于绝对的成本优势、规模经济性、资本成本等。并且因行业而异，进入壁垒基于网络效应可能会增加，最终形成的集中数据可能会导致胜者独食的局面出现。

例如，欧盟委员会在考察在线广告市场合并案时，将各个案件进行比对时发现，如果发起并购之广告企业在实现并购之前，并非具有市场支配地位的企业，但是与移动通信领域相关的三家运营商合并后，原数据与并购数据聚合后会成为大型数据载体，具有限制竞争的可能性；如果发起并购之广告企业原本就是大型数据载体，[1]进行并购之后，则会成为更加庞大的数据载体，存在限制竞争的必然性；如果发起并购之广告企业，与被联合企业在相关市场的份额原本就极小，联合以后市场份额也未形成规模，则不具有限制竞争的可能性。欧盟委员会基于以上案例的结论在其他案件中的判断可能会有所不同，具体取决于案例事实。但是其基本立场是，即使基于企业合并导致数据形成聚合，也不一定会形成市场进入壁垒，但也不会排除创造市场进入壁垒的可能性。

第二，竞争执法机构经常需要预测企业合并后的竞争效果，以此来判断合并后的企业是否会具有市场支配地位以及行使垄断性行为的能力。按照竞争规制，将会形成垄断的合并是非法的，即便公司承诺不行使市场势力（以合并后企业的服务质量保持在消费者期待的水平以下的方式行使市场势力）。例如，Facebook & What's App 合并后，能够赋予新实体大规模的数据。该公司向

---

〔1〕 See Google/DoubleClick（2008），Facebook/What's App（2014），Microsoft & LinkedIn（2017）.

竞争机关、消费者承诺不发布这些数据，或者承诺不将这些数据用于广告行为等，但如果合并提升了其市场势力，该企业就能够背弃自己的隐私承诺，而无需担心会受到竞争约束，因为合并之后的数据集中提升了的市场势力，可能引发排他性的垄断行为，同时该行为有潜力损害个人拥有的与隐私期待相关的内心平静和舒适。美国联邦最高法院认为，在决定是否构成垄断时，必要的考虑不在于是否已经提高了价格或者实际排除了竞争，而在于其如果想要提高价格或排斥竞争就能这么做的能力，即合并后的企业是否取得了市场支配地位并非认定垄断的必要条件，而是存在这样的势力就足够了。[1]因此，如果并购赋予企业可以使用的数据范围或者程度扩大，即认为该企业具有提高价格或降低消费者福利质量的能力，该企业就是非法的，即便该企业实际选择了进行合理定价。

总的来说，因为平台企业的滥用市场支配地位等数据垄断行为，将会妨碍竞争对手获取数据资源，或是通过经营者集中手段阻碍竞争对手进入市场等，破坏行业生态和市场竞争。并且基于数据垄断优势地位进行竞价排名、大数据杀熟、价格串通、数据服务搭售等行为方式谋取利益。由此引发的其他相关的各类垄断行为可能扼杀中小企业的发展，损害消费者合法权益。另外，数据垄断将会滋生数据产业中的灰色交易，如企业通过数据贩卖实现商业变现，侵害用户个人隐私，加大数据泄露风险等。

需要注意的是，我国《反垄断法》第1条规定"为了预防和制止垄断行为，保护市场公平竞争，鼓励创新，提高经济运行效率，维护消费者利益和社会公共利益，促进社会主义市场经济健康发展，制定本法"已点明立法目标。无论是平台经济领域还是其他领域的反垄断执法，一定要紧扣《反垄断法》第1条的立法目的，只有这样才能更精准地适用法律，达到更好的执法效果。[2]

---

〔1〕 See American Tobacco Co v United States， 328 US 781， 811， 66 S Ct 1125.

〔2〕 时建中. 反垄断法不是治理平台的唯一机制，无法"包治百病"［Z/OL］. 2022-01-06. https://view. inews. qq. com/a/20211220A0BH8V00.

第十一章
个人信息的侵权保护

法律保护是数据法学的逻辑闭环。《民法典》第 111 条规定，"自然人的个人信息受法律保护"。然而，大数据时代，数据经济对于个人信息的收集、储存与流通已经大大超出个体预期。[1]数据主体无从得知平台企业的数据收集处理模式，很难保护个人信息，遑论发挥其财产价值。

第一节　个人信息的新型侵权现象及其未解问题

数字经济的发展，既提出了对个人信息商业化利用的要求，也带来了对个人信息保护的担忧。大量新型个人信息侵权现象，倒逼司法实践和学术界重新思考个人信息的侵权救济。

一、个人信息法律属性模糊不清

尽管《民法典》对个人信息保护进行了宣示，但个人信息的法律属性仍然处于模糊不清的状态。个人信息是什么？其属性为"个人信息权"还是"个人信息利益"？围绕个人信息产生的侵权行为往往牵涉人身、财产等复数法益。普通公民对于个人信息内涵外延认识的偏差使得其缺乏对于个人信息保护意识和判别能力。在司法实践中，法院对于个人信息的界定也是模糊不清，未能统一。有将"个人信息"与"隐私"并称者，例如在"洑某人格权纠纷"一案中，法院即认为"网络服务提供者在刊载网络信息时，应特别注意对未成

---

〔1〕　丁晓东. 论个人信息法律保护的思想渊源与基本原理——基于"公平信息实践"的分析[J]. 现代法学，2019（3）：96-110.

年人个人隐私和个人信息的保护"。[1]有将"个人信息"与"肖像"并称者，例如在"陈某钧与北京某教育咨询有限公司成都分公司等肖像权纠纷"一案中，法院即作出"使用 DiySmart 品牌官网上诉人的肖像及个人信息的内容进行宣传，不构成侵权"这一判断。[2]由此观之，对公民个人信息的保护，需要以界定个人信息的法律属性为前提。

二、个人信息侵权因果关系认定复杂

由于专业知识的欠缺以及算法黑箱的存在，信息收集者与信息泄露行为之间是否存在因果关系，很难为用户所知。在 2018 年美团外卖数据泄露事件中，即便存在"大量美团用户个人信息被挂置在网上兜售贩卖"这一事实，[3]但由于无法证明该次事件与美团外卖信息管理不善之间存在因果关系，[4]因而无法对美团进行有效追责。在 2012 年日本逗子市政府案件中，逗子市政府在未核实对方真实身份的情况下将受害人个人信息透露给谎称是其丈夫的私家侦探，并导致受害人被杀。法院虽认定"逗子市政府向第三方提供住址违反保密义务"，但对于信息泄露与谋杀案之间的直接因果关系并未予以承认。[5]在"严某某与叶某某隐私权纠纷"一案中，[6]被告窃取原告包括身份证号、航班信息、交通银行储蓄卡号在内的种种个人信息，持续骚扰原告及其家人。被告究竟以何种方式窃取到原告的个人信息，这一点并没有受到原告与法院的重视。[7]本案中，考虑到原告泄露的信息数量之大、种类之多（包括身份信息、财产信息、行踪信息等），除了利用原告信息直接进行骚扰行为的被告，是否

---

[1] 参见北京市第一中级人民法院（2017）京 01 民终 6555 号民事判决书。

[2] 参见广东省广州市中级人民法院（2016）粤 01 民终 10798 号民事裁定书。

[3] 三重渠道泄露隐私数据，难道用户卸载美团才能自保？[Z/OL]. 2019-07-24. http://www.sohu.com/a/229216672_116553.

[4] 未确定信息泄露是由于平台内部安保措施缺陷，骑手私自售卖个人信息，抑或是客户保管个人小票不善而导致的。

[5] 闫洁. 泄露信息惹命案日本市政府被判赔百万日元 [Z/OL]. 2019-07-24, www.xinhuanet.com/asia/2018-01/17/c_129792295.htm. 类似案例还有，美国新罕布尔州一位居民 Liam Youens 以"保险公司核实工作地址"的借口，从信息销售商处获得被害人 Amy Boyer 的工作地址并将其杀害。See Remsburg v. Docusearch, Inc. , 816 A. 2d 1001（N. H. 2003）.

[6] 参见上海市长宁区人民法院（2016）沪 0105 民初 4593 号民事判决书。

[7] 判决书中提及"被告窃取原告的个人信息（身份证号、驾驶信息、交通银行储蓄卡号、航班信息、上海及日本东京的家庭住址、水电煤账单、保姆情况、原告外婆住院信息）"。被告是以何种渠道获得如此大量详尽的个人信息的，这一点未得到彻查。本案中信息泄露者的责任也没有得到应有的追究。

存在一个未尽安全义务的信息泄露者不得而知。信息上传、存储、收集、泄露等诸多环节所涉因果关系过于复杂，使得信息侵权案件中能受到追究的侵权人非常有限。

三、被侵权人所受损害程度难以判断

与传统侵犯他人人身/财产权益类案件不同，个人信息侵权案件中，准确判断被侵权者所受损害的程度并非易事。在当事人无法充分举证所受损害的情况下，法院往往依靠事实推定（有侵权行为即推定存在损害后果）认定个人信息侵权造成何种程度的损害。例如，同样是个人信息遭到公开，在"蔡某锡与厦门市某汽车销售有限公司隐私权纠纷"一案中，被告某汽车销售有限公司将蔡某锡的《民事起诉状》、身份信息（姓名、住址、身份证号码、电话等）等材料在广告版上公开展出。法院考虑到"公告张贴时间不长、范围较小且张贴数量较少"，因而作出"未对隐私权造成实质影响"的判断。[1]而在"蒋某冰与广州某物业管理有限公司佛山分公司隐私权纠纷"一案中，尽管被告辩称"涉案个人信息张贴持续时间短、无负面影响"，法院却并未考虑时间因素，而是从"将未遮隐余某等三人户籍信息、汪某身份证信息等的民事裁定书张贴于案涉小区的公共区域"这一事实中直接推断被告构成隐私权侵权。此类案件中，损害程度判断标准不一加大了信息主体获得损害赔偿救济的难度。这一现状对于个人信息的保护同样是不利的。

第二节　个人信息是记录于载体之上的具有可识别性的信息

前述问题的产生固然有技术发展水平层面的原因，但从根本上来说还是现行法对个人信息的法律定性不准确所致。"个人信息"在法律上的定位模糊不清，与传统法律概念尤其是"隐私"之间的关系含混不清。假使我们认为在大数据时代中，个人信息有别于以往的"存在"，负载着某一主体的利益，希望对其"确权"并以法律手段规制之，那么，我们首先应当确定的是个人信息究竟为何。

---

〔1〕　参见厦门市湖里区人民法院（2014）湖民初字第 1614 号民事判决书。

一、个人信息的界定

信息时代广阔的数据资源池中，来源各异的信息混杂在一起。以信息生产者（信息来源）的不同为标准，此类信息可分为"个人信息"与"非个人信息"。相比较而言，非个人信息的组成更具多样性，例如商事活动中的市场交易信息、科研机构的自然测绘信息等。根据欧盟《通用数据保护条例》的定义，个人数据指的是任何已识别或可识别的自然人（数据主体）相关的信息。而我国《电信和互联网用户个人信息保护规定》第 4 条则以"列举+概括的方式"提出，"用户个人信息"是指"能够单独或者与其他信息结合识别用户的信息以及用户使用服务的时间、地点等信息"。我国《网络安全法》第 76 条第 5 项亦有类似表述。《民法典》第 1034 条第 2 款规定："个人信息是以电子或者其他方式记录的能够单独或者与其他信息结合识别特定自然人的各种信息，包括自然人的姓名、出生日期、身份证件号码、生物识别信息、住址、电话号码、电子邮箱、健康信息、行踪信息等。"《个人信息保护法》第 4 条第 1 款规定："个人信息是以电子或者其他方式记录的与已识别或者可识别的自然人有关的各种信息，不包括匿名化处理后的信息。"由以上国内外立法可见，个人信息有别于其他种类的信息，关键在于其"可识别性"，即通过该类信息便可追溯至数据生产者个人，形成关于信息生产者的画像。"可识别性"包含两层含义，其一是"已识别"，即在特定的人群中，某个人可与该群组内的其他人区别开来；其二是"可识别"，即虽然某个人现在还未被识别，但有可能做到这一点。[1]

值得注意的是，由于"已识别"的信息可以直接关联到个人，因而理所当然地被归为"个人信息"一类；但是，"可识别"的信息是否能被一律划入"个人信息"的范畴，学界尚存争议。日常生活中我们所接触到的大量信息，其中一类本身即具有极高的可识别性，如人物肖像、家庭住址，或是指纹、虹膜之类的生物识别信息等，即便数据采集者只收集到该类信息中的某一条，也有极大可能性将其精准地归类到极少数人甚至某一个人头上。因此，此类信息被认定为个人信息似乎并无不当。然而对于另一类数据而言，其自身的可识别性非常微弱，如国籍、性别、生日、交易记录等，由于此类信息的适格主体过巨，即便数据采集者收集到其中的一条或零星的几条，也很难准确地追溯到某

---

〔1〕 齐爱民，张哲. 识别与再识别：个人信息的概念界定与立法选择 ［J］. 重庆大学学报（社会科学版），2018（2）：119-131.

一具体的群体或个人。那么，此类信息是否属于"可识别"信息呢？我们认为，虽然此类信息无法"直接识别"到个人，但是，如果该类信息与其他信息相结合之后，具有了识别到个人的高度可能性，则该类信息因能满足"间接识别"的需要，同样应当属于个人信息。事实上，只要某种信息是因人类活动而产生的，其便具有了或高或低的识别到信息主体的可能性。因而从某种意义上来说，不可识别信息具有相对性，所谓不可识别，可能也只是对一部分识别能力不强的主体而言；而且，今天不可识别的身份信息，或许随着技术进步，在将来就能转换成为可识别或者已识别的身份信息了。[1]例如，淘宝网上的一条匿名评价对于其他浏览网页的用户而言，几乎具有不可识别性，但对于电商平台而言，通过该评价追溯至个人则属轻而易举；指纹数据库建立前，很难想象可以通过指纹信息识别到个人，但如今指纹采集已成为刑侦活动中必不可少的一环。就当前情况来看，信息的"可识别性"判断标准依然具有其合理性与科学性，但具体到"个人信息"与"非个人信息"的判断问题，我们不能僵硬地适用该标准，而应该立足当前信息技术发展的背景与一般公众的识别能力，在信息侵权案件中进行个案认定，辅助司法裁判。

二、个人信息与隐私的区别：双阶体系

厘清个人信息与隐私的关系问题，对于解决个人信息的确权以及侵权行为发生后救济方式的选择等问题具有重要意义。当前学界对于"个人信息"与"隐私"关系问题的论断主要有二：一为"包含说"，一为"交叉说"。

（一）包含说

顾名思义，"包含说"主张将个人信息权纳入隐私权之内，通过隐私权救济的途径来保护个人信息权。例如，在处理个人信息和隐私的关系方面，美国即发展出了这样一套独特的"隐私权包含"模式。该模式下的"大隐私"概念范围极广，几乎相当于大陆法系国家所称的"一般人格权"。基于此种立法背景，将个人信息纳入"大隐私"的框架下进行概括保护，创设一个所谓的"信息隐私权"理论似无不当。我国作为大陆法系国家，具有完整的人格权体系，我国的具体人格权中同样包含"隐私权"的内容，如能以扩张解释"隐私"的方式将"个人信息"纳入其中，对于化解当下尚缺专门的个人数据立

---

[1]　岳林. 个人信息的身份识别标准 [J]. 上海大学学报（社会科学版），2017（6）：28-41.

法的窘境而言颇具诱惑力。因而"包含说"虽非学界主流，但不乏支持者。实际上，该学说的问题在于简单化运用比较法思维，不值赞同。其一，美国的"大隐私"概念有其公法基础，其与自治隐私权、物理隐私权一道构成美国的宪法隐私权；而我国不存在这样的制度背景，脱离了特定的公法土壤，信息隐私权能否独立存在值得怀疑。[1]其二，信息隐私权与我国的人格权体系不符，美国信息隐私权的范围非常宽泛，姓名权、肖像权、名誉权均被包括在内。[2]我国的隐私权作为具体人格权的一种为《民法典》第110条所规定，[3]其语义显然不能扩张到如此宽泛的地步。

（二）交叉说

持此观点者认为，个人隐私与个人信息呈交叉关系，有的个人隐私属于个人信息，而有的个人隐私则不属于个人信息；有的个人信息特别是涉及个人私生活的敏感信息属于个人隐私，但也有一些个人信息因高度公开而不属于隐私。[4]我们认为，该观点相比前者而言更具合理性，但是进一步思考便会发现，个人信息与隐私之间并不是简单的交叉关系，二者实为彼此独立的两个法律概念。

首先，根据《网络安全法》第76条，"个人信息"必须被"电子或者其他方式记录"。这意味着，脱离了载体，个人信息便不存在。但是，对隐私的保护需求来源于人类自然情感的羞耻本能。[5]隐私是伴随着个人的私生活而产生的，是人类社会活动的产物，可以被记录于载体之上，却不依附于载体而存在。随着科学技术的进步，不同的物质载体改变了隐私的呈现方式，但尚不足以改变个人隐私的性质。如若认为将隐私记录于日记本中是隐私，将隐私记录于计算机上便是信息，无疑是非常荒谬的。

其次，一些学者错误地理解了《信息安全技术　个人信息安全规范》（GB/T 35273—2020）第3.2条的规定，[6]认为"个人信息"中的"个人敏

〔1〕韩旭至.个人信息的法律界定及类型化研究［M］.北京：法律出版社，2018：88.
〔2〕韩旭至.个人信息的法律界定及类型化研究［M］.北京：法律出版社，2018：88.
〔3〕《民法典》第110条规定，自然人享有生命权、身体权、健康权、姓名权、肖像权、名誉权、荣誉权、隐私权、婚姻自主权等权利。法人、非法人组织享有名称权、名誉权和荣誉权。
〔4〕张新宝.从隐私到个人信息：利益再衡量的理论与制度安排［J］.中国法学，2015（3）：38-59.
〔5〕张新宝.从隐私到个人信息：利益再衡量的理论与制度安排［J］.中国法学，2015（3）：38-59.
〔6〕该条规定，个人敏感信息是指"一旦泄露、非法提供或滥用可能危害人身和财产安全，损害个人名誉和身心健康、导致歧视性待遇等的个人信息"。

感信息"即为个人隐私。[1]的确，两者在某种程度上都具有"反公开"的色彩。但隐私之所以反公开，是在于其"隐秘性"。王利明教授认为，隐私权特别注重"隐"，其含义包括两方面的内容：一方面，其是指独处的生活状态或私人事务；另一方面，其是指私生活秘密不受他人的非法披露。[2]因此，保护隐私不受非法公开，侧重的是维护个人的人格尊严。但是，个人敏感信息之所以反公开，是在于其"敏感性"，强调的是避免因该类信息的公开而给信息主体带来某种不利的后果，尤其是"信息主体的人身和财产安全"。隐私权作为具体人格权的一种，与自然人的人身须臾不可分离，其内涵与外延不会因主体年龄的不同而存在差异。例如"14 岁以下（含）儿童的个人信息"这一项并不是在指隐私。之所以将此类个人信息的保护工作予以突出强调，是因为 14 岁以下（含）儿童心智发育尚不成熟，自我保护能力弱，此类群体的个人信息一旦泄露，造成的后果较之成年人而言往往严重得多。因此对其予以重点关注。综上所述，个人信息与隐私的"反公开"要求，分别是基于"保护人格尊严"与"防止危害结果"两大角度提出的。这是两者不可混同的原因之一。

最后，就个人隐私权与个人信息权的层面加以界分。个人信息权是指个人对于自身信息资料的一种控制权，是一种主动性的权利，除被动防御第三人的侵害之外，还可以对其进行积极利用。[3]如在用户协议中，网络用户通过授权他人使用自己的个人信息换取网络平台的服务；一些当红明星授权他人使用自己的肖像从而获取广告收入等。但隐私权具有极高的私密性与人身依附性，且与私人生活空间的联系过于紧密，不可自由交易和公开。这是由其狭义的内涵和严格的人格定性决定的。[4]所以隐私权更偏向于一种消极的、防御性的权利，在该权利遭受侵害之前，个人无法积极主动地行使权利，而只能在遭受

---

〔1〕《信息安全技术　个人信息安全规范（草案）》第3.2条规定，个人敏感信息指一旦泄露、非法提供或滥用可能危害人身和财产安全，极易导致个人名誉、身心健康受到损害或歧视性待遇等的个人信息。

〔2〕 王利明.论个人信息权的法律保护——以个人信息权与隐私权的界分为中心 [J].现代法学，2013（4）：62-72.

〔3〕 王利明.论个人信息权的法律保护——以个人信息权与隐私权的界分为中心 [J].现代法学，2013（4）：66.

〔4〕 罗纳德·K.L.柯林斯，大卫·M.柯林斯.机器人的话语权 [M].王黎黎，王琳琳，译.上海：上海人民出版社，2019：7.

侵害的情况下请求他人排除妨害、赔偿损失等。[1]此外，侵犯个人隐私权所造成的危害结果与侵犯个人信息权造成的危害结果也有所不同。个人隐私权遭到侵犯后，权利主体更多遭受到的是精神上的损害。但个人信息权遭到侵犯后，权利主体所承受的除了人身上的损害，还可能产生财产上的损害。例如银行账号密码被盗后，银行存款被席卷一空等。

第三节　个人信息之上的利益结构分析及其权利属性

"个人信息"究竟是一种"法益"还是一种"权利"，学界对此认识不一，而对于该分歧的不同回应又将直接导致未来我们对于个人信息保护力度的差异。因此，不厘清这一问题，我们无从谈及后续个人信息侵权的救济规则。

一、个人信息之上负载的利益构造

利益是权利的本质与基石，因此不论是持"个人信息权利"观点者还是持"个人信息法益"观点者，都必须考虑"个人信息"之上负载的利益构成问题。个人信息所负载的利益主要分为两大部分：一为人身利益，二为财产利益。就人身利益而言，个人信息反映了自然人个体的生存状态，个人信息中所囊括的个人生物识别信息（如基因特征、面部特征等）、个人身份信息（如身份证、出入证）之类，反映了自然人于社会中的运动、变化、发展状况。此类信息要么与人身须臾不可分离，要么是自然人融入社会所必须。一旦遭到泄露或滥用，则会影响个人在社会中的生存发展，如身份信息被冒用后产生不良征信记录；[2]或是造成人格利益的贬损，如传播他人不雅照，造成他人社会评价降低等。[3]

就财产利益而言，学界大多承认个人信息具有财产价值。[4]作为一种兼具"人身"与"财产"属性的新型社会资源，对于个人信息的收集与利用不是简单的财富聚拢过程，而是协调用户私人利益与社会公共利益的平衡过程。

---

〔1〕 王利明．论个人信息权的法律保护——以个人信息权与隐私权的界分为中心［J］．现代法学，2013（4）：62-72.

〔2〕 参见江西省萍乡市中级人民法院（2018）赣03民终514号民事判决书。

〔3〕 参见上海市第二中级人民法院（2010）沪二中民一（民）终字第1593号民事判决书。

〔4〕 参见刘德良．个人信息的财产权保护［J］．法学研究，2007（3）：80-91. 龙卫球．数据新型财产权构建及其体系研究［J］．政法论坛，2017（4）：63-77.

因而理解个人信息的财产价值，需要将其安置于"用户"与"经营者"的双向互动中。

其一，对于用户而言，赋予"个人信息"以财产价值有利于更好地实现对于个人信息的保护。网络空间中，受信息不对称以及资金技术差异等因素的影响，相较于网络平台经营者，消费者事实上处于弱势地位。只要网络平台经营者不去触碰"隐私权"之类的具体人格权的红线，再辅之乏人阅读的"用户协议"，便可采集用户的个人信息。例如在"何某某与上海某信息科技发展有限公司网络侵权责任纠纷"一案中，何某某对自己的"姓名、手机号码"等申请个人信息权保护，但法院认为涉案信息系上海某信息科技发展有限公司从何某某使用该公司产品注册时主动提供而获得，因此具有合法性。[1]"个人信息"在用户的"点击—同意"过程中被无偿收集，其结果是商家不仅享有个人信息的使用价值，而且还几乎完全占有对个人信息的交换价值，而作为信息的真正所有者的个人，则基本上一无所获。[2]因此，为了平衡用户个人利益与信息产业的发展需要，如能承认个人信息具有财产价值，便是给予用户一定的议价能力（bargaining power），[3]使得用户在事前的议价协议中取得相对平等的谈判地位，在事后的损害赔偿中获得更多的法律救济。

其二，对于企业而言，虽然其自身以营利为目的，并基于此采集个人数据。但企业数据的产业应用，不仅在企业决策、定位广告等企业生产、管理和商业领域，也在社会公共管理甚至承担公共职能的领域不断发展，如交通管控、风险预测、医疗保健、预防恐怖主义等。[4]因此如果对个人信息进行过于严格的保护，不仅会影响到信息产业的正常发展，也会给社会管理、公共福祉等方面带来不利影响。

近年来，我国网络用户的数量呈现不断增长的趋势，网络空间充斥着大量不同种类的个人信息。在承认个人信息的人格权属性的同时，我们同样应当认可个人信息的财产价值，使其在"交易"中得以自由流转，在以个人数据促进大数据经济发展的同时，保证对数据主体的回馈，亦维护数据企业的生产积极性。

---

〔1〕　参见成都市中级人民法院（2018）川 01 民终 14654 号民事判决书。

〔2〕　参见刘德良. 个人信息的财产权保护［J］. 法学研究，2007（3）：80-91.

〔3〕　See Daniel D. Barnhizer, Propertization Metaphors for Bargaining Power and Control of the Self in the Information Age, 54 *Clev. St. L. Rev.* 113.（2006）.

〔4〕　龙卫球. 再论企业数据保护的财产权化路径［J］. 东方法学，2018（3）：55-56.

个人信息之上的财产利益分配，除应当考虑信息生产者（用户）的诉求外，也应当兼顾信息收集者（经营者）的生产活动需要。彭诚信教授正是基于信息利用的角度，主张应对隐私进行最为狭义的界定，除了经过狭义界定的隐私，没有不可转让的个人信息，从而促进个人信息的交易流转。在权利构造上，彭诚信教授认为，以经过处理的个人信息（数据）为客体，构建企业的数据权。[1]龙卫球教授亦提出了"企业数据财产权"的数据经营权和数据资产权两种赋权构想。[2]目前来看，司法实践中尚未明确承认企业的数据财产权，却已经提出对于企业数据财产利益保护的要求。如在被称为中国网络知识产权第一案的"阳光公司诉霸才公司"一案中，二审法院即认为"阳光公司对于该电子数据库的投资及由此而产生的正当利益应当受到法律保护"；[3]在"上海某电子商务股份有限公司与上海某钢铁电子商务有限公司不正当竞争纠纷"一案中，法院根据原告（上海某电子商务股份有限公司）"付出了大量投资并承担了投资风险""是原告长期经营与积累的结果"，涉案数据信息"能为原告带来较高的商业利益"等方面，判断原告对其数据信息享有合法权益；[4]而在著名的"大众点评诉百度"一案中，一审法院即认为"应当充分尊重竞争对手在信息的生产、搜集和使用过程中的辛勤付出"，二审法院则肯认"如果不加节制地允许市场主体任意地使用或利用他人通过巨大投入所获取的信息，将不利于鼓励商业投入、产业创新和诚实经营"。[5]尽管诸如此类的判决几乎都选择以《反不正当竞争法》第 2 条作为裁判依据，并在这一点上受到不少学者的诟病，但该类判决给我们传递了两个有力信号：一是，企业对收集到的个人信息加以分析，甚至开发数据库产品的行为，是一种成本的投入，并为原始信息添附了新的价值；二是，法律通过保护此类的劳动成果，鼓励信息产业的发展。

二、个人信息的确权

由前文的分析我们得知，用户的个人信息作为一种社会资源，应当认为其兼具人身利益与财产利益。那么，此类利益能否成为一种"新型权利"受到

---

〔1〕 罗纳德·K. L. 柯林斯，大卫·M. 斯科弗. 机器人的话语权 [M]. 王黎黎，王琳琳，译. 上海：上海人民出版社，2019：7-10.
〔2〕 龙卫球. 再论企业数据保护的财产权化路径 [J]. 东方法学，2018（3）：50-63.
〔3〕 参见北京市高级人民法院（1997）高知终字第 66 号民事判决书。
〔4〕 参见上海市第二中级人民法院（2012）沪二中民五（知）初字第 130 号民事判决书。
〔5〕 参见上海知识产权法院（2016）沪 73 民终 242 号民事判决书。

法律的保护呢？就我国的立法现状来看，《民法典》第 111 条明确提出了对于个人信息的保护。但是，此处所谓的"个人信息"究竟是一种权利抑或是一种利益，学界莫衷一是。反对者有之，如李宇先生认为，该条不称个人信息权，一方面是为了避免和隐私权之间的进一步混淆，另一方面是考虑到个人信息方面的消极权能和积极权能过强，将有损于信息自由流通。[1]支持者亦有之，如杨立新教授就认为，真正实现对个人信息的完善保护，就必须把《民法典》第 111 条规定的个人信息解读为个人信息权。[2]

承认个人信息权是顺应互联网时代经济发展的必然要求。一方面，个人信息权具有自身独立的权利内容。正如前文已就个人信息与隐私的区别进行的详细讨论，内涵与外延的区别决定了二者将作为不同的民事客体接受保护。另一方面，为个人信息赋权，将个人信息权保护的议题在法律上加以明确，宣示其权利属性，有利于使公民在面对个人信息侵权纠纷时有法可依。2021 年 8 月 20 日，十三届全国人大常委会第三十次会议表决通过《个人信息保护法》，自 2021 年 11 月 1 日起施行。

正如前文所分析的，目前较为理性的一种分析是，隐私权是一种民事权利，而个人信息权则是一种民事权益。关键问题是，这样一种兼具"人身利益"与"财产利益"的新型权利，究竟是一种新型具体人格权益，还是一种财产权？对保护个人信息上并存的商业价值和人格利益，总结起来有两种赋权模式：一是对这两种利益赋予人格权一种权利予以保护，以德国和我国的人格商品化理论为代表；二是对这两种利益赋予人格权和财产权双重权利予以保护，以美国的公开权理论为代表。[3]前者可称为"一元模式"，后者可称为"二元模式"。个人信息不是财产权，而是一种具体人格权。首先，《民法典》将第四编人格权的第六章命名为"隐私权与个人信息保护"，将个人信息与隐私权并列的做法实际上是认可了个人信息权的具体人格权地位。其次，将个人信息权认定为人格权，有利于在发生侵权责任竞合时，对隐私权、肖像权等具体人格权受损害的事实起到补充作用，从而使法律对于人格利益的保护更为周延。再次，将个人信息权认定为一种具体人格权并不等于是对其财产利益的否

〔1〕　参见李宇.民法总则要义：规范释论与判例集注［M］.北京：法律出版社，2017：341-346.

〔2〕　杨立新.个人信息：法益抑或民事权利——对《民法总则》第 111 条规定的"个人信息"之解读［J］.法学论坛，2018（1）：34-45.

〔3〕　刘金瑞.个人信息与权利配置：个人信息自决权的反思和出路［M］.北京：法律出版社，2017：177.

认，诸如明星的肖像即可被用于商业领域，但如将人格权视为一种财产权，立法者则会面临诸如物化人格、有损人类尊严等方面的指责。最后，假使我们将个人信息权认定为一种财产权，我们难以想象分散的用户有能力有效利用并保护自己的个人信息，甚至有造成信息资源浪费之虞，此举对于我国当下信息产业的发展显然是不利的。

第四节　个人信息权的侵权归责体系建构

一、二元归责原则的立法论建构

《民法典》第 1034 条第 3 款对隐私权和个人信息保护的关系作出了以下规定，私密信息既受到隐私权保护，也受到个人信息保护规则的保护。在算法为王的大数据时代，算法自动化决策的技术优势造成了争讼双方举证和诉讼能力上的差异。因此在立法例和理论上均有关于个人信息侵权归责原则的新探讨。进行个人信息侵权保护，即便是私密信息（优先适用），在归责原则上均为一般过错。但是，一般过错原则下网络用户负担的举证责任过重。对于经济、技术实力处于弱势地位的网络用户而言，证明网络服务提供者在侵权纠纷中存在过错难度较大。因此，探索建立"一般过错"与"过错推定"二元归责原则体系，应对个人信息侵权问题成为可能。

（一）个人信息侵权二元归责体系的立法例考察

欧盟《通用数据保护条例》第 5 条第 2 款规定，数据控制者应对其符合第 1 款之数据处理各项要求承担证明责任。即在发生数据侵权纠纷的场合，数据控制者应当证明自身在数据处理方面不存在过错。2018 年颁布的德国《数据法》第 23 条第 1 款规定，若控制人处理他人数据的行为违反本法或其他可用之法，并导致他人损害，则控制人或其权利行使者负有损害赔偿义务。在非自动化数据处理场合，若损害不可归因于控制人的过错，则赔偿义务取消。叶名怡教授认为，该条前半段，数据控制人违反"本法或其他可用之法"即应承担侵权责任，而不用考虑其是否存在过错。该条后半段可视为数据控制者的抗辩理由，即采取"过错推定"的方式，要求数据控制者来证明"过错"不可归因于其自身。[1]

---

〔1〕　叶名怡. 个人信息的侵权法保护［J］. 法学研究，2018（4）：83-102.

（二）个人信息侵权多元归责体系学理讨论

就学理讨论而言，有学者主张应区分主体、技术和场域，建立有梯度的归责原则体系——个人信息侵权三元归责体系。按这一理论，首先区分侵权发生的场域是否为网络空间，未利用网络而侵害他人个人信息的案件，适用侵权保护的一般路径。但就目前来看，围绕个人信息所产生的诸多新问题大抵是建立在"大数据时代"这一语境之上的。数据从来是作为系统要素而存在的，不能单独发挥作用，也不能直接产生经济利益。[1]换言之，脱离了算法分析，所谓的"大量数据"即使存在，也毫无利用价值。因此，若为网络空间侵害个人信息，则需进一步区分是否采用自动数据处理技术，若未采用，其信息侵权应适用一般过错原则。[2]若采用信息化处理技术，则进一步区分数据处理者是否为公务机关。公务机关以数据自动处理技术实施的信息侵权，应适用无过错责任。采用自动化处理系统的非公务机关，其信息侵权应适用过错推定责任。这一区分的理由是同样采用了大数据技术的非公务机关，由于缺少公权力行使的便利，其掌握的资源相对较少，其获取数据、分析处理数据的能力相对较低，故对其课以的注意义务标准也应相对调低。[3]

这一理论试图回应对个人信息侵权的时代挑战，但仍有需要修缮的地方。自动数据处理系统在这一建构中处于核心位置。对于未采用自动数据处理系统的侵权者而言，由于排除了算法技术对于举证的阻碍，诉争双方举证能力较为平等，因而可以采用过错原则，这一点值得赞同。但在同样采用自动数据处理系统的前提下，公务机关在数据资源拥有量与技术力量方面并非绝对强于非公务机关，一些互联网行业巨头拥有的用户资源与技术力量甚至可以达到世界领先的水平。虽然，我国台湾地区"个人资料保护法"第 28 条和第 29 条进行了区分处理，但对于采取大数据技术的侵权者，应当课以相同的注意义务。这样做的理由还在于，现有技术水平条件下适用无过错责任，会极大地增加网络运

---

〔1〕　梅夏英 . 数据的法律属性及其民法定位［J］. 中国社会科学，2016（9）. 164-183+209.

〔2〕　不过，鉴于实践中大数据运用的广泛性以及普通个体举证能力的欠缺，应推定数据控制人采用了自动数据处理系统。自动化处理是这一区分的关键，相关立法沿革，请参见库勒 . 欧洲数据保护法——公司遵守与管制：第二版［M］. 旷野，杨会永，译 . 北京：法律出版社，2008. 最新的论述，See Eric Tjong Tjin Tai, *Liability for（semi）Autonomous Systems：Robots and Algorithms*, in Research Handbook in Data Science and Law, Vanessa Mak、Eric Tjong Tjin Tai、Anna Berlee（ed.）, Edward Elgar Publishing 2018, pp. 55-83.

〔3〕　参见叶名怡 . 个人信息的侵权法保护［J］. 法学研究，2018（4）：83-102.

营商的营业成本，不利于互联网产业的发展。还应当看到，网络服务种类具有多样性，特别是针对云存储等信息存储服务提供商而言，对其课以过于严苛的注意义务将会与其自身的保密义务（包括安全保护义务、保密义务和隐私保护义务，不允许其接触用户存储的信息内容）等产生冲突。[1]

因而，对于采用数据处理技术的侵权人而言，采"过错推定"原则能够更好地平衡双方当事人的利益诉求，在减轻被侵权人举证责任的同时，要求网络服务提供者尽到最基本的注意义务。对于不是采用此类技术的侵权者，应采一般过错原则进行归责。不过，也有学者对此持反对意见。这种观点的基本理由是，目前的数据侵权多为采用算法的侵害，这种区分实际意义不大。[2]

（三）个人信息侵权多元归责体系相关立法

《个人信息保护法》第 69 条第 1 款规定，处理个人信息侵害个人信息权益造成损害，个人信息处理者不能证明自己没有过错的，应当承担损害赔偿等侵权责任。关键是如何处理与《民法典》的关系？《民法典》第 1165 条第 1 款规定行为人因过错侵害他人民事权益造成损害的，应当承担侵权责任。对此《个人信息保护法》第 72 条第 1 款规定，自然人因个人或者家庭事务处理个人信息的，不适用本法。适用《民法典》的过错责任。如果隐私权或个人信息保护落入《个人信息保护法》的调整范围，即适用《个人信息保护法》第 69 条予以调整。如此一来，则隐私权也适用过错推定。[3]

二、传统"因果关系"理论足以适用个人信息侵权

有学者认为，信息网络侵权案件中，对于因果关系判断应采"条件说"，即只要涉及本案的任何一个环节之主体，均可以作为侵权主体被追诉。[4]该观点回应了大数据时代下公民对于个人信息保护的期待，但在可行性上值得推敲。首先，信息侵权案件牵涉主体众多，包括信息收集者、信息处理者、网络服务运营商、代理商等。用户在面临信息侵权时，应当对各环节主体按照共同侵权责任提起诉讼，抑或是对各主体保留追诉权利，但只追责主体中的一人或多人（类似于连带侵权责任？）。其次，"条件说"，即"but for"标准无法解

---

〔1〕 参见北京知识产权法院（2017）京 73 民终 1194 号判决书。

〔2〕 参见程啸. 个人信息保护法理解与适用［M］. 北京：中国法制出版社，2021.

〔3〕 参见程啸. 个人信息保护法理解与适用［M］. 北京：中国法制出版社，2021.

〔4〕 徐明. 大数据时代的隐私危机及其侵权法应对［J］. 中国法学，2017（1）：130-149.

决"多因一果"问题且过于宽泛，需要配合相当因果关系进行适用。[1]最后，即便采取"条件说"，也同样需要考虑因果关系中断的问题，特别是在网络服务提供者收集用户信息的过程中，如果出现黑客攻击、高杀伤力的计算机病毒等不正常的介入因素，此时就需要对网站是否切实履行安全保障义务等进行评估，以确定数据泄露能在多大程度上归责于网站或黑客等。可以看出，信息侵权案件案型复杂，且伴随着技术水平条件的发展而呈现出新的特点。以"条件说"应对所有的信息侵权类型无疑是非常吃力的。

事实上，网络信息侵权行为因果关系认定的特殊性，更多源于虚拟社会的固有特点，如跨越空间的互动环境、高度流动的信息资源、不可解释的算法运行等。对于网络信息侵权行为而言，所谓的"因果关系认定困难"，往往只是因为赛博空间的侵权者藏匿较深、现有技术水平难以发觉，或是在"多因一果"的侵权纠纷案件中，个体认识能力有限，难以还原整个信息侵权产业链而已。一般而言，只要能锁定信息侵权者，基本不会存在因"因果关系"理论的缺陷而导致无法追责的情形。信息主体仅要求直接侵权人承担责任，也并非因为无追责其他侵权主体的法律依据，而是出于节约维权成本、提高诉讼效率等的考量。例如前文所述的"严某某与叶某某隐私权纠纷"一案[2]，比起追根溯源，起诉信息泄露者，原告严某某直接起诉利用其个人信息侵扰其隐私生活的叶某某显然能够更为及时地获得救济。综上所述，尽管"因果关系"对于确定侵权主体而言具有重要意义，但传统的"因果关系"理论完全可以满足追责的需要。认为网络信息侵权需要适用特殊的"因果关系"理论，或者试图针对该类案件构建新型"因果关系"理论的想法并无实际意义。

三、损害结果两分："财产性损害"与"非财产性损害"

作为传统民法侵权责任的承担方式，"赔偿损失"必须以"损害"的发生为前提。为了更加周延地保护信息主体的财产权益或人身权益，为被侵权人提供及时的法律救济，我们必须对个人信息侵权纠纷中不同种类的损害结果进行认定。

（一）财产性损害

有学者认为，个人信息控制权的人格权属性决定了个人信息损害赔偿的性

---

〔1〕　叶名怡. 个人信息的侵权法保护 [J]. 法学研究, 2018 (4)：83-102.
〔2〕　参见上海市长宁区人民法院 (2016) 沪 0105 民初 4593 号民事判决书。

质为精神损害赔偿。[1]但个人信息之上同样负载了信息主体的财产性利益，因而在个人信息侵权案件中，信息主体可能遭受财产性损害。个人信息作为信息的一种，具有公共产品的特征即非竞争性，即任何一方对信息的使用都不妨碍他人的使用。[2]因而尽管"个人信息"具有财产属性，但个人信息泄露本身并不意味着个人财产的流失。个人信息侵权造成的财产性损害主要包括两方面，一为直接损害，如银行账号密码遗失造成账户存款被提取一空，个人身份信息被盗用导致欠下巨额外债，冒用个人身份领取彩票等；二为间接损害，如2014年《最高人民法院关于审理利用信息网络侵害人身权益民事纠纷案件适用法律若干问题的规定》第 18 条第 1 款规定的"制止侵权所支付的合理开支""调查取证的合理费用""律师费用"等其他因维权而支出的额外成本。

（二）非财产损害

《民法典》将个人信息保护与隐私权并列于第四编人格权的第六章，似肯认了个人信息权作为一种新型具体人格权的法律地位。一般而言，个人信息权遭到侵犯或多或少都会损害到信息主体的人格利益，该种损害是否造成严重后果是信息主体能否申请到精神损害赔偿的标尺。

四、现行的损害赔偿金计算方法及反思

当信息主体遭受到的损害为财产性损害时，由于该种损害后果能够用金钱加以衡量，因而一般情况下损害赔偿的数额都可以通过计算得出。当前，我国确定财产损害数额的通说为"差额说"，即将受害人在损害发生之前的财产状况与损害发生之后的财产状况加以比较，如有差额则属于有损害。[3]但是，其解决的只是损害换成金钱数额（量）的问题，而不是损害是否应当得到赔偿（质）的问题。[4]尤其是在面对间接损害时，由于因果关系判断上的复杂性，"哪些损害"或"损害能够在何种程度上"被纳入赔偿范围，尚需思考。例如。2018 年陕西省米脂县恶性砍杀学生事件发生之后，《华商报》将案外人薛某的微信头像照片作为该起新闻的配图，并标注"嫌疑人照片"字样，导致其被无故辞退，失业在家。法院一方面认定《华商报》存在过错，另一方

〔1〕 崔聪聪. 个人信息损害赔偿问题研究 [J]. 北京邮电大学学报（社会科学版），2014 (6)：35-42.
〔2〕 纪海龙. 数据的私法定位与保护 [J]. 法学研究，2018：72-91.
〔3〕 程啸. 侵权责任法教程：第三版 [M]. 北京：中国人民大学出版社，2017：96.
〔4〕 王磊. 完全赔偿原则与侵权损害赔偿之反思及构筑 [J]. 法律科学，2019 (4)：120-129.

面也认为"原告薛某此前曾在网络聊天中的不当言论也是导致其照片及个人信息泄露的原因之一,故应适当减轻被告的侵权责任"。[1]

对于非财产性损害而言,考虑到人身权益的损害"没有一个可供参考的市场替代品",因此以金钱来衡量被侵权人的损失难度较大。[2]特别是在精神损害的场合,由于精神损害具有极强的主观性,且受个人精神承受能力等因素的影响,因而无法像财产损害那样被量化为精确的赔偿数额。除2001年《最高人民法院关于确定民事侵权精神损害赔偿责任若干问题的解释》第10条规定的六种衡量精神损害赔偿数额要素之外,[3]现行法上很难找到详细的精神损害评估标准或赔偿数额计算方法。一般而言,被侵权人只有在面临"严重精神损害"时,[4]才能向侵权人一方主张损害赔偿。"严重精神损害"的判断则往往依靠外化的损害事实如精神疾病等。此外,根据《最高人民法院关于审理利用信息网络侵害人身权益民事纠纷案件适用法律若干问题的规定》第18条第2款的规定:"被侵权人因人身权益受侵害造成的财产损失或者侵权人因此获得的利益无法确定的,人民法院可以根据具体案情在50万元以下的范围内确定赔偿数额。"借助该款,信息主体只要证明自己受到损失或侵权人获利的事实,即可向法院主张损害赔偿。但是,该款对于赔偿范围区间的划定却不尽合理。其一,该款确定了50万元的赔偿上限,却没有确定损害赔偿金额的下限。损害赔偿金下限无限趋近于零,使得人身权益损害轻微的场合,"赔偿损失"与"赔礼道歉"等责任承担方式界限模糊,不利于指导司法实践。其二,尽管50万的赔偿上限已经足以对普通公民的人身损害进行弥补,但对于拥有特殊社会地位的明星而言,可能略显不足。因而这一赔偿区间的划定似乎并不足以应对复杂的司法实践。

有关个人信息泄露是否可以适用惩罚性赔偿金的问题同样应当引起我们的重视。有学者认为,传统的补偿性损害赔偿难以满足大数据时代隐私保护的需

---

〔1〕 参见神木市人民法院(2018)陕0881民初5801号民事判决书。

〔2〕 罗伯特·考特,托马斯·尤伦.法和经济学[M].史晋川等,译.上海:格致出版社、上海三联书店、上海人民出版社,2012:243-244.

〔3〕 2001年《最高人民法院关于确定民事侵权精神损害赔偿责任若干问题的解释》第10条第1款规定,精神损害的赔偿数额根据以下因素确定:(1)侵权人的过错程度,法律另有规定的除外;(2)侵害的手段、场合、行为方式等具体情节;(3)侵权行为所造成的后果;(4)侵权人的获利情况;(5)侵权人承担责任的经济能力;(6)受诉法院所在地平均生活水平。

〔4〕 参见《民法典》第1183条。

要，因而应该引入惩罚性赔偿制度。[1]

就当前我国立法现状而言，惩罚性赔偿的适用范围皆为法定。一般认为，我国最早引进惩罚性赔偿制度的立法是 1994 年《消费者权益保护法》第 49 条，之后 2009 年《侵权责任法》第 47 条、《食品安全法》第 148 条第 2 款等法律条款也引进或修改了惩罚性赔偿制度。从上述立法中可以看出，我国惩罚性赔偿金主要适用于商业欺诈、产品责任、专利侵权等市场经济领域。其功能一方面在于使侵权人面临高额赔偿的压力，使其在追求利润的同时主动承担社会责任，遵守法律法规或行业规范，维护市场秩序；另一方面使被侵权人受到数倍于其损失的补偿，从而达到鼓励其积极维权的效果。但是，网络信息侵权纠纷具有其特殊性，在没有现行法依据的情况下，我们认为，没有必要引入所谓的"惩罚性赔偿"来保护公民的个人信息权，原因如下。

其一，针对个人信息侵权案件，"惩罚性赔偿金"能否对侵权者起到惩戒作用尚不可知。由于惩罚性赔偿金没有明确的计算方法，因此现行法一般将惩罚性赔偿金的金额确定为被侵权人所受损失的整数倍。[2]但是，在个人信息权遭到侵害的场合，被侵权人所受损害本来就难以计算（不论是财产损害还是精神损害）。当信息主体所受损害较为轻微时，考虑到诉讼引起的维权成本，仅仅数倍于所受损害的惩罚性赔偿金未必能够为信息主体提供充足的维权动力。即便信息主体能够对于自身所受损害进行充分举证，"惩罚性赔偿金"对于不同类型侵权人（"网络用户"与"网络服务提供商"）的惩戒效果也是大相径庭。网络用户作为单个自然人，资金财力较为有限，因而未必有缴纳高额惩罚性赔偿金的执行能力。相比之下，网络服务提供商大多拥有不俗的经济实力，其中甚至不乏行业巨头，对于此类侵权人而言，小额惩罚性赔偿金的惩罚力度明显不足。从法经济学角度来看，即使让违法者承担数倍于其赔偿受害人的损失，只要惩罚性赔偿的赔偿金数额小于实际损害乘以侵权者被惩罚的概率的倒数，对其就不具有惩罚功能。[3]但现行法似乎并无特殊理由单单针对

〔1〕 徐明.大数据时代的隐私危机及其侵权法应对[J].中国法学，2017（1）：130-149.

〔2〕 例如《食品安全法》第 148 条第 2 款："……消费者除要求赔偿损失外，还可以向生产者或者经营者要求支付价款十倍或者损失三倍的赔偿金……"；《消费者权益保护法》第 55 条："经营者提供商品或者服务有欺诈行为的，应当按照消费者的要求增加赔偿其受到的损失，增加赔偿的金额为消费者购买商品的价款或者接受服务的费用的三倍……"。

〔3〕 孙效敏，张炳.惩罚性赔偿制度质疑——兼评《侵权责任法》第 47 条[J].法学论坛，2015（2）：70-83.

信息侵权案件，设计一套有别于产品责任案件惩罚性赔偿金的计算方法。因此可以推知，即便我们将惩罚性赔偿金引入信息侵权案件中，也难以实现对于侵权人预期的惩罚效果。

其二，我国对于"惩罚性赔偿"的引入和应用是相当谨慎的。产品责任中适用惩罚性赔偿金，仅仅局限于"造成他人死亡或者健康严重损害"的情形。在个人信息侵权案件中，面临财产性损害的被侵权人几乎无主张惩罚性赔偿金的可能。既然个人信息权是一种具体人格权，那么，面临严重精神损害的被侵权人是否可以主张惩罚性损害赔偿呢？我们认为，就我国当前的立法背景而言，这一问题的答案同样是否定的。尽管从法理上来说，惩罚性赔偿重在惩罚侵权人的不法行为以实现一般预防，精神损害赔偿则是对受害人损失的补偿，二者得同时适用。但惩罚性赔偿一旦适用于精神损害的领域，就会与精神损害赔偿相混淆。"生命无价，健康无价。"一个人巨大的精神痛苦，是无法用金钱来计算的，也无法完全用金钱来补偿；甚至可以说在此类案件中，不论法院判令侵权人支付信息主体多少金额的损害赔偿，在性质上仍属于补偿性的。[1]对于面临严重精神损害的当事人，"惩罚性赔偿金"成为补偿精神损害的手段，这使得其在功能上与"精神损害赔偿"产生了重叠。对此，张新宝教授认为，精神损害赔偿制度在实现补偿功能的同时，也具有一定的制裁和遏制功能，对此加以完善即可。[2]既然精神损害赔偿既能够对遭受精神损害的信息主体进行赔偿与抚慰，又能够对侵权人起到制裁和遏制作用，那么我们再引入"惩罚性赔偿金"既无益又徒增困扰。

〔1〕 孙效敏，张炳.惩罚性赔偿制度质疑——兼评《侵权责任法》第47条 [J].法学论坛，2015（2）：70-83.

〔2〕 张新宝.侵权责任法立法的利益衡量 [J].中国法学，2009（4）：176-190.

第十二章
个人数据跨境流动监管及国际协调

商事交易的国际化使得个人数据跨境传输变得愈加频繁。个人数据的跨国传输不仅发生在企业集团内部，甚至发生在不同企业之间，以完成跨国交易。为了降低高昂的劳动成本、节约资源，一些企业还会把一部分工作外包给其他国家的企业，这也会引起个人数据的跨境流动。这种境外委托安排将工作拆分为数个能够有效管理的部分，使企业能够将有限的资源集中在核心领域，可以大大提升市场竞争力。但是数据接收国如果位于个人数据保护水平较差的地区，个人数据安全问题会愈加严峻。互联网等科技手段的广泛应用，又进一步促使跨境数据传输愈加便捷，但也增加了监管的难度。个人数据可能在 A 地收集、B 地处理、C 地储存、D 地利用，多个机构都有可能接入该数据，跨境因素使得个人数据保护问题变得更加错综复杂。截至 2021 年 5 月，虽然有超过 140 多个国家及地区都建立了个人数据保护法，其中大多数国家对个人数据跨境流动作了限制性规定，国际上个人数据保护标准不一致产生的冲突也在逐渐增加。

目前，对"个人数据跨境流动"这一概念在英文中并没有统一的、约定俗成的定义。1980 年，经济合作与发展组织（OECD）《关于隐私保护与个人数据跨境流动指南》首次提出这一概念，并将其定义为"在国际层面通过电子或其他方式进行的数据流动，包括通过人造卫星进行的数据流动"。联合国跨国公司中心（UNCTC）在《跨国公司与跨境数据流动》中将其定义为"跨越国界对他国机器可读的数据进行读取、存储、使用和加工等活动"。欧洲《有关个人数据自动化处理的个人保护公约》使用的是"个人数据跨境流动"，并将其定义为"个人数据无论通过哪种介质进行跨境传输并被自动处理"；1995 年欧盟《个人数据保护指令》第四章"个人数据传输至第三国"并未给出定义；亚太经济合作组织（APEC）框架内采用的是"跨境信息流动""跨境数据传输"等不同表述。通过对上述多个定义进行梳理，可以发现，"个人数据跨境流动"主要由三部分构成：一是"个人数据"，即可以直接或间接识别到自然人的数据。数据与信息存在一定差异，前者的范围更为广泛，是以电子或其他方式对信息的记录。二是数据需要突破国境，如果仅在一国境内传输、存储、处理，并不是后者涉及境外访问或数据的出境与入境，则不具有跨境属性。三是对数据要进行一定的处理，涵盖收集、存储、加工、使用、提供、传输、公开等。

第一节　个人数据跨境流动的监管模式

由于各国数字经济发展水平、发展理念、历史文化传统等方面存在诸多差异，在个人数据跨境领域的监管理念也有不同，主要形成欧盟模式、美国模式以及其他采取限制性数据跨境流动政策三种模式。

一、欧盟模式：严格的个人数据跨境流动限制

在欧盟，个人数据保护是一项基于尊严、人格和自决权的基本权利，个人数据跨境传输的规则设计亦是着重保护个人数据权益。欧盟在个人数据跨境传输领域明确了两大路径：一是"充分性保护"要求，即非欧盟国家及地区可以通过修改立法提升其个人数据保护标准以符合欧盟标准；二是采取适当保护措施，如标准合同条款（Standard Contractual Clauses，SCCs）、约束性公司规则（Binding Corporate Rules，BCRs）、行为准则（Codes of conduct）以及认证（Certification）等，以实现跨境数据传输目的。

（一）充分性保护原则的演进：从《个人数据保护指令》到《通用数据保护条例》

针对数据跨境流动，1995 年欧盟《个人数据保护指令》从国内和欧盟两个层面建立了相应的法律制度。一方面，该指令要求成员方数据保护机构依职权在信息共享、数据处理、调查、审计、制裁等方面开展合作；另一方面，在欧盟层面专门设立第 29 条工作组，由其负责对指令的统一适用提出建议，并由欧盟委员会监督指令的执行。欧盟《个人数据保护指令》第四章"向第三国传输个人数据"专门就跨境数据流动问题进行了规定，其中就有著名的"充分保护原则"。第 25 条，只有在第三国提供"充分保护"（an adequate level of protection) 时，正在处理或者将在传输后处理的个人数据才能向第三国进行传输。第三国所提供的保护水平的适当性应当根据与一次数据传输操作或一组数据传输操作相关的所有情况来评定。其中，要特别考量数据性质、将进行的数据处理操作的目的和持续时间、数据来源国及最终目的地国、第三国现行的一般性数据保护规定和部门性数据保护规定以及该国施行的专业规则和安全措施。如果查明第三国未能提供第 2 款要求的"充分保护"时，则成员方应当采取必要措施以阻止任何相同类型的数据向第三国传输。

2016 年出台、2018 年生效的欧盟《通用数据保护条例》全面取代了 1995 年《个人数据保护指令》，明确规定了其对在欧盟境外处理个人数据的行为也具有适用效力，即向欧盟公民提供服务或在欧盟市场内经营的公司，欧盟《通用数据保护条例》都有管辖权。尽管 1995 年欧盟《个人数据保护指令》也宣示其域外效力，但其从未明确说明拥有超欧盟区域的域外管辖效力。这次对指令的修改，再次强调欧盟不允许将其公民的个人数据转移至不能提供充分保护的地区或国家，充分表明了欧盟希望通过立法的不断完善以保障欧盟整体数据保护的水平。欧盟《通用数据保护条例》第 44 条规定了欧盟个人数据跨境传输的基本原则，明确数据控制者或处理者应当遵循欧盟《通用数据保护条例》列明的条件才可进行跨境传输，以确保个人数据保护水平不被减损。欧盟《通用数据保护条例》第 45 条重申了《个人数据保护指令》所确立的充分性保护原则，即只有数据接收方所在国家或地区能够确保充分的保护水平时，方可进行个人数据跨境传输。欧盟委员会评估保护水平的充分性时所考虑的因素，包括法律规则和基本人权保护程度，相关立法、执法和司法情况，是否有一个或多个独立的监管机构，是否履行与个人数据保护相关的国际条约义务等。一旦被认定为达到充分性保护要求，就意味着认可该国家或地区个人数据保护的法治程度。[1]

（二）标准合同条款

标准合同条款的拟定活动始于 1992 年 11 月 2 日，欧盟理事会、欧盟委员会和国际商会共同批准了国际数据流动的一组示范合同文本及其解释说明。但是该合同文本过于宏观，不能满足对数据转移传输的要求，未能得到欧盟委员

---

〔1〕 欧盟已经确认安道尔、阿根廷、加拿大［受《个人信息保护及电子文件法案》（PIPEDA）约束的商业企业］、法罗群岛、根西岛、以色列、马恩岛、日本、泽西岛、新西兰、瑞士和乌拉圭等国家及地区达到充分性保护要求。

会的正式批准。根据欧盟《通用数据保护条例》的规定，标准合同条款是指由欧盟委员会或者监管机构通过，企业与企业之间将欧盟个人数据传输至境外的合同模板。其优势在于，不论企业位于哪个国家，无论该国或该地区是否提供了充分性保护，只要输出个人信息方与输入个人信息方通过协议的签署，确保个人数据得以有效保障，就能无障碍地从欧盟输入该数据。一旦采纳标准合同条款，欧盟委员会有权据此认定其具备相当的数据保护水平。因此，标准合同条款成为在欧盟范围内进出口数据的途径之一，与其他合同文本需要与不同成员方的数据保护机构分别进行谈判协商相比较，采用标准合同条款可以大大节约资金及时间。

目前，欧盟共有四套标准合同条款可供选择和参考。当然，数据转移人和接收人可以自行选定合同内容，也可以采纳欧盟委员会制定的上述标准合同条款。虽然标准合同条款对于数据跨境流动特别是那些没有达到充分保护标准的国家及地区的企业提供了一条解决路径，但是上述标准合同条款要求数据接收者必须同意欧盟成员方对于个人数据的处理具有管辖权，甚至包括对于非欧盟的数据接收者进行核查的权力，这相当于增加了个人数据接收者的负担。这也成为标准合同条款广受诟病的主要原因，即欧盟打着保护个人数据保护的旗帜，对不具备充分保护要求的第三国的数据转移建立了难以逾越的屏障。

为了提升个人数据跨境流动的效率，欧盟《通用数据保护条例》对《个人数据保护指令》所确立的数据跨境流动规则进行了大幅优化，除了保留目前已经生效的四套标准合同条款，还增加了成员方数据监管机构可以指定其他标准合同条款的渠道，为企业提供更多、更符合实际需求的跨境数据流动合同条款选择。从内容上看，标准合同条款基本贯彻了欧盟《通用数据保护条例》关于个人数据保护的基本精神及原则，在执行机制上更是将数据主体、数据输出者及数据接收者的义务、责任、合同终止等内容结合起来确保合同的履行。

需要注意的是，欧盟各个成员方对于标准合同条款的监管要求也不完全相同。如在荷兰、葡萄牙、罗马尼亚、卢森堡、波兰、希腊、奥地利，在通过标准合同条款转移数据之前，必须通知其数据保护机构并获得授权；在比利时、西班牙、保加利亚、克罗地亚、丹麦、法国、爱沙尼亚、德国（有些州需要备案，有些州则不需要）、立陶宛、斯洛伐克、斯洛文尼亚等国则需要将标准合同条款向该国数据保护机构进行备案即可；而在捷克、芬兰、匈牙利、爱尔兰、意大利、拉脱维亚、挪威、瑞典、瑞士、英国则不需要向数据保护机构进行备案。大部分欧盟成员方都接受标准合同条款的副本，但有些国家如西班牙、斯洛伐克、匈牙利、德国、爱沙尼亚、保加利亚都要求标准合同条款副本必须经过公证。[1]

(三) 约束性公司规则

与相互独立的分属于不同国家及地区的公司跨境数据传输不同，约束性公司规则主要针对跨国集团内部的跨境数据传输。通过约束性公司规则，企业集团整体可被看作一个"安全港"，个人数据可以从集团内的成员如子公司，传输给位于数据保护立法不够充分的国家的另一成员。约束性公司规则大大降低了集团公司各机构之间签订成百上千份合同的麻烦，不仅有助于企业集团进行数据的跨境转移，而且能够大大促进企业集团尊重数据主体隐私及遵守数据保护立法之企业文化的形成。

欧盟第 29 条工作组发布了三份关于约束性公司规则的意见，详细说明了约束性公司规则的实质要求以及批准程序。[2]大部分批准内容都是由成员方数据保护机构决定，每个成员方数据保护机构都有自己的批准约束性公司规则的程序性规定。为了简化约束性公司规则在成员方申请批准的程序，第 29 条工作组发展了一套"运作程序"，包括确定申请人、向一个数据保护机构提出批准申请（该机构被称为"牵头数据保护机构"，该机构将组织其他个人数据输出国的数据保护机构商议批准问题）。

为了使约束性公司规则得到数据保护机构的批准，必须表明其在集团内部、对员工以及对外都具有法律约束力。为了确保约束性公司规则的对外约束力，在"责任"方面，位于欧盟境内的公司总部或被授权履行数据保护职责的公司集团成员必须对欧盟以外的公司集团其他成员违反数据保护规定的行为承担责任。对于数据主体而言，公司集团包括位于欧盟外的集团成员所造成损失的，公司集团要作出"适当的安排"支付赔偿金，如公司集团应提出证据证明其有充分的资产，足以负担违反约束性公司规则所产生的赔偿责任。内部约束力，则指约束性公司规则能够约束处理个人数据的公司集团内部员工及为集团成员所遵守。促进遵守的手段，包括对员工及分合同方进行有关约束性公

---

〔1〕 ChistopherKuner. 欧洲数据保护法 [M]. 旷野等，译. 北京：法律出版社，2008：516-519.

〔2〕 WP74, Working Document. Transfers of Personal Data to Third Coutries [Z]. Applying Acticle26 (2) of the EU Data Protection Directive to Binding Corporate Rules for International Data Transfers, 3 June 2003; WP107, Working Document. Setting Forth a Co-operation Procedure for Issuing Common Opinions on Adequate Safeguards Resulting from "Binding Corporate Rules" [Z]. 14 April 2005; WP102, Working Document. Establishing a Model Checklist Application for Approval of Binding Corporate Rules [Z]. 25 November 2004.

司规则的说明和培训，对违反规则员工给予惩戒制裁，有健全的内部投诉处理机制、全面的内部审计程序，等等。

对于集团公司而言，约束性公司规则确实提供了在其集团内部传输个人数据的路径，如前所述约束性公司规则只有得到成员方数据保护机构的批准才能开始进行。虽然牵头数据保护机构以公司名义开展协调工作，第 29 条工作组的协作程序也尽可能降低了公司与每个成员方逐一商谈的麻烦，但是约束性公司规则要想获得全体成员方的批准，可能会耗费几年时间，为批准程序所花费的成本十分高昂。

（四）例外情形

针对一些特殊情形，成员方可以向未能确保提供充分保护水平，或者缺少适当保障如标准合同条款，以及有约束性公司规则的第三国或国际组织进行一次或一组数据传输，只要符合以下情形之一：（1）数据主体在充分了解由于缺少充分性保护和适当保障情形下的传输对数据主体可能会导致风险时，明确同意传输；（2）数据传输是为了履行数据主体与数据控制者之间的合同，或者为了执行应数据主体要求而采取的先合同措施所必需；（3）数据传输是为了缔结或履行数据控制者与另一自然人或法人之间为了数据主体的利益而订立或者履行合同所必需；（4）数据传输是为了满足公共利益所必需；（5）数据传输对于法律请求权的确立、行使和抗辩所必需；（6）当数据主体客观上或者法律上无法作出同意时，数据传输是为了保护数据主体或者他人的关键性利益所必需；（7）数据传输是根据注册所必需，该注册是根据欧盟或者其成员方法律规定向公众提供信息且提供公共咨询或者能够证明其合法利益的个人提供咨询的注册机构，仅在特定情形下满足法律规定的特定咨询条件时进行的数据传输。

由此可见，欧盟《通用数据保护条例》所确立的数据跨境流动政策，以"充分性保护"为抓手，推行其严格甚至是近乎严苛的个人数据保护标准，在世界范围内积极推广欧盟数据保护理念。也就是说，如果想要获得来自欧盟市场的个人数据，只能选择接受其基本价值观和总体政治关系。受欧盟模式影响，埃及、巴西、马来西亚、新加坡、日本、韩国等国家在个人数据跨境传输政策上采用了与欧盟《通用数据保护条例》基本一致的规则，即个人数据接收方所在国家或国际组织提供的个人数据保护水平达到充分保护要求，或者提供适当的保障措施才可进行跨境传输。

与欧盟模式相近似，俄罗斯在个人数据跨境规则上亦采用"白名单"制度，根据俄罗斯《个人数据保护法》的规定，在转移个人数据的司法管辖区确保对个人数据充分保护时，向境外进行的个人数据传输不需要取得数据主体的额外同意。所有签署欧洲《有关个人数据自动化处理的个人保护公约》的国家及地区都视为对数据主体提供"充分保护"的管辖区。对于非公约签署方，俄罗斯建立了个人数据跨境传输的"白名单"制度，列入"白名单"的国家及地区则被视为提供了充分的保护。[1]除上述公约方以及列入"白名单"的国家及地区外，将个人数据传输至俄罗斯境外"未对数据提供充分保护"的国家及地区，需满足以下条件之一：（1）取得个人数据主体的书面同意；（2）俄罗斯联邦国际条约规定的允许数据跨境传输的情形；（3）基于保护俄罗斯联邦宪法体系，保护俄罗斯国防和国家安全，并保护运输体系的可持续和安全运行，保护个人、社会和国家免受非法干涉行为的侵害；（4）为履行个人数据主体所参与的合同；（5）为了保护个人数据主体的生命、健康以及其他重要利益，但不能取得个人数据主体的书面同意。

二、美国模式：个人数据跨境自由流动

与欧盟不同的是，美国法律以信息自由流动的原则为起点，并允许处理任何个人数据，除非有法律明确限制这种行为。在宪法层面，美国并未赋予消费者隐私权作为基本权利，也没有关于跨境数据流动与数据保护的整体框架，而是从隐私保护这一出发点，针对不同领域建立了以行业自律为主、制定法为辅的隐私保护制度，涉及消费者信用报告、电子通讯、联邦机构记录、教育记录、银行账户记录、有线网络订阅信息、录影带租借记录、机动车记录、医疗信息、通讯用户信息、儿童网上信息以及金融消费者信息等行业。与此同时，美国除了联邦一级，州立法对隐私治理也发挥着重要作用，如加利福尼亚州分别于 2018 年与 2020 年出台《加利福尼亚州消费者隐私权法案》（CCPA）、《加利福尼亚州隐私权法案》（CPRA）。事实上，美国将其隐私权法着眼于市场领域，市场话语及其逻辑居于主导地位。美国联邦贸易委员会的主要职责就是

---

〔1〕 列入"白名单"的国家包括秘鲁、南非、墨西哥、马里、摩洛哥、澳大利亚、安哥拉、阿根廷、新加坡、贝宁、加拿大、卡塔尔、新西兰、加蓬、以色列、马来西亚、佛得角、智利、哥斯达黎加、哈萨克斯坦、蒙古国、韩国和突尼斯等。中国并未被纳入其中。参见周念利、李金东．俄罗斯出台的与贸易相关的数据流动限制性措施研究——兼谈对中国的启示 [J]．国际商务研究，2020（3）：85-96.

"保护消费者，促进竞争"，防止"不公平或欺骗性的行为"。

在国内法层面，美国没有类似必须存储在本地或对个人数据跨境传输进行限制的明文规定。而其之所以选择宽松型隐私保护立法，以行业自律为主基调，对阻碍跨境数据传输的行为非常关注，就是因为美国的互联网、大数据等技术处于世界领先地位，是网络经济强国，而宽松的跨境数据传输政策有利于新兴数字经济的发展，继续维持其全球领先的行业优势。

但是，这并不意味着美国对个人数据的跨境传输毫无限制。在美国外资安全审查机制中，对于国外网络运营商通常会要求其与电信小组签署安全协定，要求其国内通信基础设施应位于美国境内。同时，美国对军用和民用相关技术数据的出境实施出口许可管理，即相关主体在上述数据出口时必须取得出口许可证。2018 年，美国颁布了《外国投资风险评估现代化法案》（FIRRMA），目的在于进一步扩张美国外国投资审查委员会（CFIUS）的审查权限，对外国投资者在美国的投资施以更严格的监督审查。具体到信息领域，对于涉及关键基础设置、关键技术以及敏感个人数据的美国企业的外国投资，美国外国投资审查委员会（CFIUS）都可以实施监管。

三、印度等亚洲国家：数据本地化措施

基于信息和隐私保护、国家安全等目的，印度、越南等国家及地区都采用了数据本地化措施，对跨境数据流动采取各种限制性措施，包括并不限于禁止数据出境，或者在出境之前应当获得数据主体同意，并要求在其国内进行数据备份，对数据出口征税等。应该说，虽然数据本地化措施能够在一定程度上保护国家数据安全，但其作为一种新的非关税壁垒行使也对信息技术的创新发展、数字贸易的全球化带来消极影响。

2019 年印度《个人数据保护法案》[1]对于个人数据跨境传输采用了分类分级方式，对于敏感个人数据和关键个人数据制定了与一般个人数据不同的跨境传输政策，即原则上禁止在印度境外处理敏感个人数据和关键个人数据，仅在符合特殊情形下才可进行上述两类数据的跨境传输。将敏感个人数据传输到印度境外处理，不仅需要征得数据主体明确同意，并且需符合以下要求：（1）数据传输是按照数据保护局批准的标准合同条款或集团内部方案进行；（2）中

---

〔1〕 该法案经印度议会联合委员会的审议，收到了多达 81 项修正案以及 12 项关于数字生态系统综合法律框架的建议。鉴于此，2022 年 8 月 3 日，印度政府从议会撤回了该法案。

央政府经与保护局协商后，考虑到个人数据受到充分保护，且数据传输不应妨碍具有适当管辖权的官方机构对相关法律的执行；（3）数据保护局已允许的基于特定目的传输敏感个人数据。即便符合上述条件，敏感个人数据应继续存储在印度境内。

对于关键数据，印度设定了更为严格的出境政策，原则上只能在印度境内进行处理，仅在两种情形下可以向境外传输：（1）数据传输到从事提供医疗服务或急救服务的个人或实体，且传输是基于法定迅速采取行动而必须进行的；（2）数据传输到中央政府允许进行数据传输的国家、地区或国际组织，且数据传输不会损害国家的安全和战略利益。[1]

2019年1月正式施行的越南《网络安全法》第26条第3款规定，越南电信网络、互联网和其他网络增值服务的国内外服务提供商（网络空间服务提供商）开展收集、使用、分析和处理个人信息、服务用户关系数据和越南服务用户产生的数据等活动时，必须在越南政府规定的特定期限内存储此类数据。其中，外国企业必须在越南设有分支机构或代表处。

总体而言，不论是以充分性保护设定严格限制措施，还是通过标准合同条款、取得数据主体同意等施加特殊保障措施要求，特别是对涉及医疗、通信、金融等关键领域的跨境数据传输限制，都表明各国立法者对于个人数据跨境流动的基本态度，即应当加以一定程度限制，防止个人数据的随意输入与输出，以保护国家安全、社会稳定和本国公民的个人数据安全。

第二节　个人数据跨境流动的双边与多边协定

一、美欧双边协定：从《安全港协定》到《隐私盾协议》

针对1995年欧盟《个人数据保护指令》限制个人数据的跨国传输，除部分国家修改立法提升其个人数据保护标准以符合欧盟要求外，还可以通过签订跨境数据传输的双边协定来排除传输限制，其中以美欧之间的双边协定最为典型。

（一）《安全港协定》

欧盟《个人数据保护指令》相较于美国隐私规范更加明确具体且保护力

---

〔1〕 张继红，姚约茜."一带一路"沿线国家数据保护与网络安全法律指南［M］.北京：知识产权出版社，2020：49.

度更高，对个人数据跨境传输进行了严格限制，使得美国将欧盟如此高水平的数据保护视为非关税壁垒。自新兴信息产业迅猛发展以来，美国利用信息优势在国际信息产业市场上占据着巨大的优势，然而欧盟对美国相对滞后的个人数据保护并不满意。欧盟坚持通过严苛立法对个人数据跨国流动进行保护，只有达到充分性保护要求，才能将个人数据转移至第三国。为了缩小两种不同数据保护模式的差异性，并提供美国企业可以符合欧盟数据保护指令简单又高效的方法，美国商务部与欧盟委员会共同提出所谓的"安全港隐私原则"（Safe Harbor Privacy Principles），于2000年11月1日达成了《安全港协定》。

《安全港协定》签订的初衷是确保自愿加入该协定的美国企业及其他机构能够达到欧盟法律对个人数据保护的标准，同时又能兼顾美国一直奉行的自律机制。"安全港"是指由美国商务部建立公共目录，在美国交通运输部和联邦贸易委员会管辖下的任何机构以自愿的形式加入。一旦选择加入，就意味着公开承诺完全接受"安全港隐私原则"的约束，每年还要向美国商务部提交公开隐私政策的书面报告，以此来证明自身确实遵循了这些原则。

《安全港协定》规定了七项隐私权保护原则，被奉为"国际安全港隐私原则"。[1]第一，通知原则（Notice）。即应当告知个人，他们的数据正在被收集以及数据将如何使用。同时，使用者应当提供给个人在发生质询和投诉时联系机构的方式。第二，选择原则（Choice）。如果公司计划将个人数据传输给其他公司，或者不同于原收集数据目的而利用该数据时，消费者有权选择退出（opt out of such transfer）。第三，向前转移原则（Onward Transfer）。即指数据收集机构仅能将数据转移给遵守这些原则的第三方。在进行传输前，公司应适用通知原则及选择原则的详细规定。对于遵守向前转移原则的公司，《安全港协定》设有合法保障措施。即，如果公司切实遵守而第三人滥用公司所传输的数据，除非公司明知会发生滥用，否则其原则上不承担责任。第四，安全原则（Security）。任何持有个人数据的组织应当以合理的注意防止数据流失、滥用及未经授权的接入获取等。该原则主要将重点集中在公司内部安全措施上。第五，数据完整性原则（Data Integrity）。收集数据应当与使用目的相关，

---

〔1〕 European Court of Justice 2000/520/EC. Commission Decision of 26 July 2000 pursuant to Directive 95/46/EC of the European Parliament and of the Council on the adequacy of the protection provided by the safe harbor privacy principles and related frequently asked questions issued by the US Department of Commerce (notified under document number C (2000) 2441) (Text with EEA relevance.) 25 August 2000, retrieved 30 October 2015.

并且确保收集数据的正确性。任何机构不得以不符合收集数据目的之方式进行数据处理。该原则可以大大降低个人数据被滥用的风险。第六，接入原则（Access）。数据收集机构应当允许个人能够得到其自身数据。如果数据有误，个人可以修改或删除数据。当然，如果接入成本相对于个人隐私所造成的风险显然不成比例，或者可能造成其他人权利受损害，则可不适用该原则。第七，执行原则（Enforcement）。应当存在确保上述"安全港隐私原则"成为数据收集机构所遵守的具体规则之主旨，例如个人向机构追索救济或法律对违规行为的惩罚。《安全港协定》授权一套双层执行机制，原则上进行行业自律；如有必要，再由政府执法机构执行。

《安全港协定》吸引美国企业积极加入的一个主要原因，就是安全港实施的有关争议由美国法律而非欧盟法律确定，欧盟个人数据保护机构对于美国企业在美国的行为并无管辖权。与"标准合同条款"相比，安全港隐私原则更加灵活和自由。安全港允许向数据控制者及处理者连续转移，而"标准合同条款"则是不确定的。

（二）《隐私盾协议》

1.《安全港协定》被宣告无效

2013年，美国国家安全局（NSA）前雇员爱德华·斯诺登曝光大量来自美国情报机构的机密文件，其中不乏对欧洲领导人的监控。在这当中，像Apple Inc.、Microsoft等这样的大型科技公司都有意或无意地参与了美国国家安全局（NSA）的监控行动，直接导致欧洲民众对数据安全的担忧与日俱增，美欧之间的合作关系开始出现了阴影、裂痕以及种种的不确定性。在此背景下，一名来自奥地利的公民Max Schrems向Facebook欧洲总部所在地爱尔兰数据保护专员投诉，指出Facebook向美国政府提供欧洲公民的相关数据，未能达到《安全港协定》规定的充分保护要求。爱尔兰数据保护专员认为，Facebook的数据传输是在"安全港"框架内，其本身并无推翻此项决定的审查权。随后，Max Schrems以爱尔兰数据保护专员为被告，将案件上诉至爱尔兰高等法院，启动司法审查程序。爱尔兰高等法院认为，Max Schrems在国内法及欧盟法下都有法律根据起诉。之后，爱尔兰高等法院将此案提交至欧洲法院（the Court of Justice of the European Union，CJEU），请求后者就Facebook参与美国国家安全局（NSA）监控计划的行为是否符合"安全港"框架以及"安全港"是否发挥应有的作用进行裁决。欧洲法院经调查认为，欧盟委员会在通过《安全港协定》时，对于欧洲个人数据传输至美国是否提供了充分保护未能履行应尽的调查职责；同时，按照欧盟人权宪章的规定，美国数据保护国内法并不充分，缺乏针对欧洲公民的司法救济措施。2015 年 10 月 6 日，欧洲法院最终裁定第 2000/520 号决定无效，宣告《安全港协定》失效。

2. 《隐私盾协议》主要内容

2016 年 2 月 2 日，欧盟委员会与美国宣布就跨太平洋数据流动达成一项新的框架协议，即欧美《隐私盾协议》（EU-US Privacy Shield）。[1] 欧盟委员会于 2016 年 7 月 12 日通过了该协议。新协议由美国商务部和欧洲委员会共同设计，为大西洋两岸的欧洲和美国企业从欧盟向美国传输个人数据过程中提供欧盟数据保护规定的合规机制，并支持跨大西洋商业合作的发展。

作为《安全港协定》的替代机制，《隐私盾协议》在内容上与《安全港协定》有着一定的相似性。鉴于美欧在个人数据保护方式、思路、宗旨等方面存在巨大差异，这两份协议从实质上看是美欧相互妥协、折中的产物。其中，《隐私盾协议》也要遵守与《安全港协定》相同的七项基本原则，美国企业也采取自愿加入的方式接受《隐私盾协议》。但更重要的是，《隐私盾协议》弥补了先前《安全港协定》存在的种种缺陷及弊端，对美国公司施加更重的个人数据保护义务，强化了监督和执行机制，并赋予欧盟公民救济权利等，在内容上有很多新的突破。《隐私盾协议》不仅包含美欧之间在数据传输方面的新承诺，还克服了原先《安全港协定》仅就个人数据跨境传输私人活动进行规制的局限性，将美欧之间以国家安全为目的的个人数据传输行为也纳入协议调整的范围。

《隐私盾协议》的主要内容包括基于欧盟《通用数据保护条例》对个人数据保护的新要求、欧盟公民个人的权利和法律救济、涉及国家安全和执法的数据访问的限制方面等。[2]

（1）《隐私盾协议》对入盾企业提出了新要求，以更充分地保护个人数据。一是必须通知数据主体个人处理数据活动。具体而言，加入企业必须在其隐私政策中公示入盾承诺及保证符合新协议，该承诺和保证可以依据美国法执行。当加入企业的隐私政策在线上提供时，必须包含连接至美国商务部网站的

---

〔1〕　See European Commission Press Release IP/16/216. EU Commission and United States Agree on a NewFramework for Transatlantic Data Flows. EU-US Privacy Shield 1 (Feb. 2, 2016).

〔2〕　European Commission Press Release IP/16/216. EU Commission and United States Agree on a New-Framework for Transatlantic Data Flows. EU-US Privacy Shield 1 (Feb. 2, 2016).

链接，以及供个人在相关独立救济机制上提交监察申请的网站链接。加入企业必须通知数据主体有权访问其个人数据，以及应公共当局要求披露个人数据的规定。执法部门对入盾企业的合规情况以及将数据向第三方进行转让都具有管辖权。不仅如此，入盾企业还要完成定期自证审查，并接受美国联邦机构的监督和调查。二是须保持数据的完整性，并贯彻目的限制原则。个人数据处理仅限于与收集数据最初目的相关之范围。三是加入企业须对转移至第三方的数据负责。当加入企业将数据转移至数据控制者或处理者等第三方时，其必须遵循通知数据主体并供数据主体选择退出机制。在获取数据主体同意的前提下，须与第三方订立合同约定仅能用于有限、明确、特定的目的，并且第三方将会提供与收集方同等程度的个人数据保护措施。当加入企业将数据转移至代理人之第三方时，加入企业必须基于有限、明确的目的转移数据；确保代理人遵循个人数据使用原则提供了同等程度的隐私保护；采取合理、适当的措施确保代理人以合乎转让方的方式有效处理个人数据。四是加入企业必须配合美国商务部行动，即及时回应商务部有关新协议框架下提出的质询或要求。五是与执法行动相关的透明度。若加入企业由于不合规而被美国商务部或法院勒令提交任何合规或评估报告，则其必须公开披露该等报告。六是在个人数据持有期间存续时，加入企业须确保按规定保护个人数据。在此基础上，加入企业嗣后退出新协议的，若其选择继续留存已经获取的个人数据，则其必须对留存的数据继续履行新协议之保护义务，或通过其他授权的方式为该等数据提供足够的保护。

（2）在权利救济上，《隐私盾协议》为欧盟境内数据主体提供了多种救济手段及措施。一是监察程序。欧盟公民个人有权直接对加入新协议的美国企业提起监察，该企业必须在45日之内回应该诉求。就欧盟公民提起的监察，入盾企业必须在不对个人造成费用负担等情况下建立独立的处置机制，保证每个欧盟公民的监察和争议都能够得到调查和快速处理。二是若欧盟公民将投诉提交至欧盟任一数据保护当局，则美国商务部需在90日内回复该数据保护当局，保证审查该纠纷，并尽最大努力促使投诉得以快速解决。美国联邦贸易委员会承诺将有力地执行新协议，包括优先处理来自欧盟成员方各数据保护当局、美国商务部、隐私自律监管机构和其他独立救济机制移交的请求。为更好地处理欧盟各数据保护当局移交的请求，美国联邦贸易委员会还承诺创设标准化的请求进程，为欧盟各数据保护当局指派联络员，美国联邦贸易委员会亦同样保证将与欧盟数据保护当局紧密合作，提供执法协助。执法协助在某些合适的案件中还可能包括依据美国《网络安全法案》实施的数据共享和调查协助。三是欧盟公民个人有权在美国州法院直接提起诉讼程序，包括误导性陈述等诉请。

（3）对于国家安全及执法的数据访问，美国政府明确作出了权力约束的保证。而这也是美国官方首次承诺对美国有关情报系统的情报活动进行实质性约束。具体而言，美国基于国家安全实施的任何数据访问，均须有明确的限制条件和监管。美国政府承诺不对从欧盟转移至美国境内的个人数据进行无差别、规模化的监控；批量收集的公民个人数据仅能用于反恐怖主义、防止核扩散、网络安全等六个特定目的，且前提是遵守《隐私盾协议》保护个人数据的有关原则和规则。另外，《隐私盾协议》还史无前例地为欧盟公民个人就信号情报活动的质询开通了一条特别通道——监察专员制度（Ombudsperson）。美国国务院建立全新的监察专员制度，监察专员独立于美国国家安全机关，专门负责处理欧盟公民的相关投诉。通过该制度，欧盟公民可以向该监察专员提交质询，并得到美国政府在遵守美国国家安全义务前提下给出的答复。美国时任副国务卿诺维利担任首任监察专员，直接对美国国务卿负责，不受任何来自情报系统的约束。

与《安全港协定》相比，《隐私盾协议》在内容及执行力上更加具体和完善。新协议为欧盟的数据主体提供了一系列强有力、可执行的保护措施，诸如企业披露如何使用个人数据的透明度要求、强有力的美国政府监管以及与欧盟数据保护机构更紧密的合作。更为重要的是，《隐私盾协议》还赋予欧盟数据保护机构对数据接收者的第三国的数据保护水平享有充分的调查权。这无疑使得欧盟对其境内的个人数据保护拥有更加稳定并具有延展性的监督权，也为欧盟数据主体的数据控制权多了一份保障和安全。

然而，仍然有很多人对《隐私盾协议》的规定是否能够得到贯彻执行，持怀疑态度。"棱镜门"事件的曝光者斯诺登就将《隐私盾协议》称为"说明性盾牌"，而起诉《安全港协定》无效案的原告 Max Schrems 更是认为美欧缔结的所谓《隐私盾协议》只是"新瓶装旧酒"，美国法律依旧缺少对来自欧洲数据的充分保护，这也为后续《隐私盾协议》的无效埋下了伏笔。

（三）《隐私盾协议》被宣告无效

Max Schrems 就 Facebook 将个人数据传输至美国的问题，向爱尔兰数据保护委员会提起投诉，认为这一行为违反了《欧洲联盟基本权利宪章》中规定的数据这一基本人权。该案件（又被称为 Schrems II）于 2018 年 4 月被移交至欧洲法院，后于 2020 年 7 月 16 日《隐私盾协议》被欧洲法院宣告无效。欧洲法院认为，对美国公权力下政府监控项目的评估结果显示，这些程序在实际操作中并未履行欧盟法律规定的严格必要性及与目的成比例性原则，并不符合《欧洲联盟基本权利宪章》第52条的规定。[1]事实上，美国《外国情报监控法》大规模授权政府机构收集和处理个人信息特别是外国个人信息的现状，[2]不足以使政府监控行为限制在"必要"和"比例"的范围内，这也导致欧盟公民无法在美国得到同等的数据权利保护。而且，针对美国政府机构的监控，欧盟数据主体缺乏相应的司法救济手段，无法行使《欧洲联盟基本权利宪章》规定的有效救济措施。

从《安全港协定》到《隐私盾协议》被宣告无效，一方面表明了欧盟在建立高水平个人数据保护标准上的决心，只要数据接收国个人数据保护水平低于欧盟标准，即便签订所谓"协议"亦会受到来自欧洲法院的持续性审查；另一方面也充分说明了针对美国大规模的政府监控政策，欧盟始终存在强烈的排斥和不安。

二、区域性多边协定

（一）《跨太平洋伙伴关系协定》

《跨太平洋伙伴关系协定》（TPP）以2005年8月文莱、智利、新西兰、新加坡四方发起的跨太平洋战略经济合作伙伴协议为基础，美国、智利、秘鲁、越南、新加坡、新西兰、文莱和澳大利亚等加入后拓展谈判，并于2016年2月4日签署。[3]作为美国数字贸易模板的拓展，《跨太平洋伙伴关系协定》"电子商务"内容涉及面广，涵盖国内电子交易框架、个人信息保护、计算设施位置、源代码、争端解决等条款。在推动跨境数据流动问题上，《跨太

---

〔1〕《欧洲联盟基本权利宪章》第52条规定，受保护权利的范围（1）对本宪章所承认的权利与自由的行使限制，应由法律规定，并尊重该权利与自由的本质。依据比例原则，此等限制仅在具有必要性，且确实符合欧盟成人的一般权利目的或保护他人自由权利的必要性时，方可进行。（2）基于欧洲共同体条约或欧盟条约为被本宪章确认的权利，应依欧洲共同体条约及欧盟条约规定的条件与范围行使。（3）就本宪章所保障而相应受到《欧洲保护人权与基本权利公约》保障的权利，权利的意义和范围应当与该公约规定相符。

〔2〕美国《外国情报监控法》第702条规定，出于收集外国情报的目的，美国情报机构无需经过法院发布的搜查令，即可向美国企业收集、查阅外国用户的电子通讯信息，提供上述信息的企业无需通知受影响的用户。

〔3〕美国于2017年1月20日宣布从12国的《跨太平洋伙伴关系协定》中退出。

平洋伙伴关系协定》明确了允许数据跨境流动以及"禁止本地化"的相关条款。[1]该协定第 14 章"电子商务"第 11 条规定，原则上所有成员允许数据通过电子化方式跨境转移，只要上述转移是为了特定个人进行的商业活动。第 13 条第 2 款规定，除非符合列明的例外情形，否则缔约方不得要求以设备本地化或数据本地化作为该企业在本国经营的条件。

需要注意的是，《跨太平洋伙伴关系协定》在第 14 章"电子商务"中多次强调，只有在"不构成任意的或者无端的歧视，或者变相的贸易限制"，且"不会施加超出该措施目的额外限制"的情况下，才允许采取限制数据流动或数据本地化措施。同时，为更好地促进跨境数据自由流动，该协定第 14 章第 17 条并不要求企业在数据流动中转让或获取软件源代码。但《跨太平洋伙伴关系协定》并未像世界贸易组织（WTO）那样提供一份公共政策目标清单，而只是简单提及"合法的公共政策目标"，这也意味着《跨太平洋伙伴关系协定》签署方拥有更多的监管自主权。

（二）《全面与进步跨太平洋伙伴关系协定》

2018 年，《跨太平洋伙伴关系协定》中的 11 个缔约方以《跨太平洋伙伴关系协定》为蓝本签署新的自由贸易协议，即《全面与进步跨太平洋伙伴关系协定》（CPTPP）。[2]新协议第 14 章"电子商务"认识到电子商务带来的经济增长和机遇，以及提升消费者信心方面的积极作用，允许为了商业目的以电子方式跨境转移数据（第 14 章第 11 条），禁止缔约方对电子传输征收关税（第 14 章第 3 条），禁止采取数据本地化措施（第 14 章第 13 条）等，大力推动与商业有关的数据传输和数字产品贸易活动。

该协议第 14 章第 11 条规定，缔约方应当允许通过电子方式进行数据包括个人数据的跨境传输。《全面与进步跨太平洋伙伴关系协定》在促进跨境数据自由传输的同时，承认并保留了成员方可以基于合法公共政策目标对跨境数据传输采取限制性措施，只要这些措施不构成任意或者不合理歧视或者对贸易构成变相限制，且不超过实现目标的所需限度。此外，允许各国依据本国国内法保护国家机密数据的安全。

---

〔1〕　需要说明的是，无论是《跨太平洋伙伴关系协定》还是后续的《全面与进步跨太平洋伙伴关系协定》，由于在金融数据跨境流动上分歧较大，有关电子商务章节中的"禁止本地化要求"并不包括金融服务。

〔2〕　2021 年 9 月 16 日，中国正式提出申请加入《全面与进步跨太平洋伙伴关系协定》。

应该说，上述限制给予缔约方根据自身情况适当调整跨境数据传输政策的空间，虽然有利于推进跨境数据传输活动，但也带来了适用上的不确定性。

(三)《区域全面经济伙伴关系协定》

2020年11月15日，文莱、柬埔寨、老挝、新加坡、泰国、越南6个东盟成员方和中国、日本、新西兰、澳大利亚4个非东盟成员方签署《区域全面经济伙伴关系协定》(RCEP)，并于2022年1月1日生效。《区域全面经济伙伴关系协定》对数据跨境流动以及限制数据本地化措施作出了相应规定，确立了较高标准的数据跨境流动规则，旨在尽可能减少跨境数据流动的障碍。其中，数据跨境流动的内容主要规定在第12章"电子商务"以及第8章"服务贸易"附件1"金融服务"与附件2"电信服务"中。

该协定第12章第14条规定了对数据本地化措施的禁止，即"缔约方不得将要求涵盖的人使用该缔约方领土内的计算设施或者将设施置于该缔约方领土之内，作为在该缔约方领土内进行商业行为的条件"。第12章第15条允许通过电子方式进行跨境数据传输，"缔约方不得阻止涵盖的人为进行商业行为而通过电子方式跨境传输信息"。

值得关注的是，对于金融信息、电信信息等敏感数据的跨境流动，《区域全面经济伙伴关系协定》也持一定的开放态度。其中第8章"服务贸易"的附件1"金融服务"明确了"金融信息转移和处理"领域的国民待遇原则。第8章第9条要求缔约方不得阻止其领土内的金融服务提供者从事日常运营所需的信息转移，包括通过电子或者其他方式进行数据转移等。附件2"电信服务"规定，缔约方的服务提供者可以使用公共电信网络和服务在其领土内或跨境传输信息。

也就是说，《区域全面经济伙伴关系协定》积极推进金融服务、电信以及电子商务领域的数据跨境流动。同时，考虑到上述信息对于国家安全、个人隐私及信息保护等的影响及可能产生较大风险，金融机构、公共实体、金融服务提供者等不适用第12章"电子商务"限制数据本地化规则，缔约方监管机构可以基于"监管或审慎原因、保护个人隐私以及账户机密性等原因"，要求其领土内的金融服务提供者遵守"与数据管理、存储和系统维护、保留在其领土内的记录副本相关法律和法规"。对于电信信息，缔约方则可基于"保证信息安全性和机密性"以及"保护公共电信网络或服务终端用户的个人信息"采取必要措施以限制电信信息的跨境传输。

鉴于各成员方之间经济情况差别较大，《区域全面经济伙伴关系协定》特别强调了跨境数据流动中的安全问题，将合法的公共政策目标和基本安全利益作为跨境数据流动的限制事由。第 17 章第 13 条规定的"安全例外"条款，不得解释为"要求任何缔约方提供其认为披露则违背其基本安全利益的任何信息"，"阻止任何缔约方采取其认为对保护基本安全利益所必需的任何行动"以及"阻止任何缔约方为履行其在《联合国宪章》项下维护国际和平与安全的义务而采取的任何行动"。同时，第 12 章第 14 条第 3 款与第 15 条第 3 款规定，在以下情形中不适用数据本地化禁止措施或跨境数据流动规则：（1）缔约方认为是为实现其合法的公共政策目标而采取的必要措施，[1]只要该措施不构成任意或者不合理的歧视或者变相贸易限制方式；或者（2）当缔约方因保护基本安全利益采取必要措施限制跨境数据自由流动时，其他缔约方不得对此措施提出异议。此外，《区域全面经济伙伴关系协定》为未来跨境数据流动政策可能发生的变化预留谈判空间。第 12 章第 16 条规定，缔约方应就数字产品待遇、源代码、金融服务中跨境数据流动和计算机设施的位置、线上争端解决和电子商务相关技能等问题与利益相关方进行对话。

可以看出，相较于其他区域性多边协定，《区域全面经济伙伴关系协定》在进一步推动电子商务、金融服务、电信服务领域进行日常运营所需数据跨境流动的同时，强调尊重各成员方对其数据管理的自主权，并出于国家基本安全利益的需要，对数据跨境流动进行限制。《区域全面经济伙伴关系协定》的上述要求既满足了商业机构正常运营之所需，又体现出对缔约方数据安全的关切，有助于推动区域内跨境数据的有序、自由流动，促进数字经济的健康发展。

三、国际组织跨境数据流动政策

囿于本国或地区利益等问题，双边及多边协定模式在个人数据跨境传输方面的协调作用还是捉襟见肘。为提高数据全球化流动下跨境数据传输保护，在尊重各国法律、政治、经济及文化背景多样性基础上，一些国际组织如经济合作与发展组织、亚太经济合作组织以及联合国在个人数据跨境流动

---

〔1〕　其中注释 12 和注释 14 进一步解释，"就本项而言，缔约方确认实施此类合法公共政策的必要性应当由实施的缔约方决定"，赋予缔约方对于什么才是"合法的"公共政策的决定和解释权，相比《跨太平洋伙伴关系协定》及《全面与进步跨太平洋伙伴关系协定》，更加尊重缔约方的自主权。

合作方面提出了基本的法律规则框架，但个人数据跨境传输规则仍然缺乏全球性协调。

（一）《联合国个人数据保护指南》

1990 年《联合国个人数据保护指南》第 9 条对于数据跨境流动作了原则性规定，当两个或两个以上国家的立法对个人数据保护提供了彼此相当的保护措施时，个人数据应在国家之间自由流动，同时还应注意避免对网络隐私权的保护阻碍个人数据的跨国自由流动，即在充分保护与自由流动之间达成一种平衡。虽然联合国对于跨境数据流动政策的制定也起到一定作用，但其影响力远远不如经济合作与发展组织和亚太经济合作组织。

（二）经济合作与发展组织的《关于隐私保护与个人数据跨境流动指南》

经济合作与发展组织（OECD）成立于 1961 年 9 月 30 日，其成员方以发达国家和工业化国家为主，经济发展水平普遍较高。早在 20 世纪 70 年代经济合作与发展组织就成立了关于跨境数据传输的专家组，研究有关个人数据跨境传输中的个人数据保护问题。1980 年 9 月 23 日，经济合作与发展组织理事会提出《关于隐私保护与个人数据跨境流动指南》，系首个关于隐私保护与跨境数据流动的国际性法律文件，给予成员方选择是否批准的空间，其本身不具有约束力，目的在于设定隐私保护与个人数据跨境流动的最低标准，尽可能消除成员方之间限制数据跨境流动的障碍。该指南明确指出，虽然各国的法律与政策有所不同，成员方在保护隐私和个人自由、调和隐私与信息自由流动这两种基本的但相互冲突的价值上具有共同利益；个人数据的自动化处理与跨境流动在国家之间产生了新形式的关系，并要求发展协调的规则和实践；个人数据的跨境流动有利于经济和社会发展；有关隐私保护与个人数据跨境流动的国内立法可能会妨碍此种跨境流动，决定促进信息在成员方之间的自由流动并避免对成员方之间的经济和社会关系发展产生不正当障碍。由此，《关于隐私保护与个人数据跨境流动指南》建议成员方努力消除或避免以隐私保护的名义为个人数据的跨境流动制造不正当的障碍。该指南第三部分专门针对国际适用的基本原则，即自由流动与合法限制原则（第 15 条至第 18 条）作了规定。

国际上对于个人数据保护立法应考虑以下四项原则：（1）成员方对于个人数据在国内的处理及其传送，应考虑到对其他成员方的影响；（2）成员方应当采取合理和适当的措施确保个人数据的国际流通，包括经由一个成员方的传输，是不受干扰的和具备安全性的；（3）成员方自己与其他成员方之间，应去除个人数据国际流动的限制，但其他成员方并未遵守本指南的各项原则或者上述数据所传送的国家并无个人数据保护规制之情形的除外。成员方本国的个人数据保护法制，如有特殊规定，而其他成员方并无此类规定的，则可以限制某特定个人数据的流通。（4）成员方应避免借保护个人数据及个人自由的理由，在超出保护的必要程度内，创设造成个人数据国际流通障碍的法律与政策。

此外，为推动该区域数据跨境执法合作，经济合作与发展组织于 2007 年 6 月通过"隐私保护及跨境合作执行之建议"（The Recommendation on Cross-border Co-operation in the Enforcement of Laws Protecting Privacy），建议成员方执行跨境合作隐私保护相关法律时，应采取以下适当措施：（1）改善国内隐私法规执行架构，以便于本国主管机关与外国相应机关的合作；（2）建构有利于执行跨国合作隐私保护法规的有效国际机制；（3）在执行上述法规时，应相互提供协助，包括通知、申诉、协助调查以及在适当安全保护措施基础上共享信息；（4）与利害相关方进行有利于上述法规执行的讨论及交流。

2013 年，经济合作与发展组织发布了新版指南文本《经济合作与发展组织隐私框架》（the OECD Privacy Framework），对《关于隐私保护与个人数据跨境流动指南》作了相应的调整或补充，基本内容维持不变。

（三）亚太经济合作组织的《跨境隐私规则体系》

亚太经济合作组织（APEC）是亚太地区影响力最广的经济合作官方论坛，如何协调统一跨境贸易中的数据传输规则是其重要议题。2004 年 10 月 29 日，亚太经济合作组织通过《亚太经济合作组织隐私框架》（the APEC Privacy Framework），在前言部分明确表示，本框架与 1980 年经济合作与发展组织《关于隐私保护与个人数据跨境流动指南》的核心理念保持一致。从内容上看，《亚太经济合作组织隐私框架》与经济合作与发展组织《关于隐私保护与个人数据跨境流动指南》的内容也有一定相似性，力图在个人数据保护与跨境数据自由流动之间保持平衡。

《跨境隐私规则体系》（Cross Border Privacy Rules System，CBPR）于 2012 年启动，向亚太经济合作组织经济体开放，目前已有美国、墨西哥、日本、加拿大、新加坡、韩国、澳大利亚、菲律宾等经济体加入。其中，仅有美国、日本、新加坡等国的 36 家企业通过了《跨境隐私规则体系》认证。《跨境隐私规则体系》旨在确保个人信息的跨境自由流通，同时也为个人信息隐私权和安全提供了有意义的保护。该框架提供了"一个以原则为基础的框架，作为一个重要的工具，鼓励发展适当的信息隐私保护以及确保在亚太地区的信息自由流通"，主要希望实现四个目的：（1）发展适当的个人信息隐私保护，特别是要防止对个人信息不必要的侵害以及个人信息滥用所造成的不利后果。（2）确保全球组织能够收集、取得、使用或者处理亚太经济合作组织经济体的数据，在组织内制定并实施统一方法，以便全球获取和使用个人信息。（3）协助执行机构履行保护信息隐私权的任务。（4）推动国际机制来促进和加强信息隐私权保护，并维持亚太经济合作组织经济体及其贸易伙伴之间信息流动的连续性。换言之，该框架的主要目的在于发展一个简单、透明的体系，可以用来对在亚太经济合作组织经济体之间流动的个人信息进行保护。

《跨境隐私规则体系》主要针对成员方经济体中处理个人信息的商业机构，并不对自愿加入的亚太经济合作组织成员方经济体设定义务。申请加入《跨境隐私规则体系》的信息处理机构由亚太经济合作组织认可的问责代理机构进行评估和认证，并应当按照《跨境隐私规则体系》的要求执行隐私政策和隐私操作规程，以实现区域内个人信息在得到保护的基础上无障碍流通。实践中，申请加入的企业先向问责代理机构申请认证，通过后在默认接受亚太经济合作组织框架约束下进行跨境贸易活动，如有违反隐私政策等行为，将被亚太经济合作组织经济体内适格的隐私执法机构强制执行。从内容上看，亚太经济合作组织制定的跨境隐私规则提供了最低水平的隐私保护，与经济合作与发展组织相比对消费者隐私权保护有所弱化，更关注贸易利益，事实上代表了美国在国际社会中对个人数据跨境流动的利益诉求。2009 年 11 月签署、2010 年7 月生效的《亚太经济合作组织跨境隐私执行合作安排》（CPEA）是《跨境隐私规则体系》实施机制的重要组成部分，为各经济体境内隐私执行机构提供了自愿共享跨境隐私执行信息以及相互协助的框架。

第三节　我国个人数据跨境流动立法

近年来，以电子商务为代表的数字经济发展十分迅猛，我国在数字贸易领域的市场规模和发展潜力巨大。数字贸易往来的内生需求，即跨境数据的流动和交换，如何构建合乎数字经济发展的跨境数据传输规则体系意义重大。我国个人信息保护法律体系初具规模，《消费者权益保护法》《网络安全法》《民法典》《刑法》等法律法规及相关司法解释和《信息安全技术　个人信息安全规范》（GB/T 35273—2020）中已经有了个人信息保护的行为规范和技术标准。2021 年 1 月 1 日生效的《民法典》人格权编第六章"隐私权和个人信息保护"，对个人信息处理的原则和条件、个人信息主体的权利、信息处理者的信息安全保障义务等内容作了框架性安排。《网络安全法》《数据安全法》对于个人信息和重要数据出境问题也作出了原则性规定。经过三次公开征求意见，《个人信息保护法》正式出台并于 2021 年 11 月 1 日生效实施，其中对个人信息出境问题作了相应规定。

一、《网络安全法》《数据安全法》等法律法规对于数据出境的相关规定

《网络安全法》对"重要数据"与"个人信息"作了区分，第 37 条规定要求，关键信息基础设施的运营者对于在中国境内运营中收集和产生的个人信息和重要数据应当在境内存储。也就是说，重要数据通常不包括国家秘密和个人信息，但基于海量个人信息形成的数据也有可能构成重要数据。因此，在《网络数据安全管理条例（征求意见稿）》以及《数据出境安全评估办法》中，处理大量个人信息（如处理个人信息达到 100 万人的个人信息处理者向境外提供个人信息，或者累计向境外提供超过 10 万人的个人信息或者 1 万人以上敏感个人信息）的数据处理者需遵守重要数据处理者的义务，并进行相应的出境安全评估。

表 12-1　相关法律法规有关个人信息及重要数据出境的主要规定

法律、行政法规、部门规章	个人信息及重要数据出境的主要规定	说明
《网络安全法》	第 37 条　关键信息基础设施的运营者在中华人民共和国境内运营中收集和产生的个人信息和重要数据应当在境内存储。因业务需要，确需向境外提供的，应当按照国家网信部门会同国务院有关部门制定的办法进行安全评估；法律、行政法规另有规定的，依照其规定	对于关键信息基础设施的运营者在中国境内收集以及产生的个人信息和重要数据要求"本地化存储"。同时，明确因业务需要的个人信息和重要数据出境，应当进行安全评估

法律、行政法规、部门规章	个人信息及重要数据出境的主要规定	说明
《数据安全法》	第31条　关键信息基础设施的运营者在中华人民共和国境内运营中收集和产生的重要数据的出境安全管理，适用《网络安全法》的规定；其他数据处理者在中华人民共和国境内运营中收集和产生的重要数据的出境安全管理办法，由国家网信部门会同国务院有关部门制定	在重要数据出境安全管理上，作了"关键信息基础设施的运营者"与其他数据处理者的区分，即前者适用《网络安全法》，与《网络安全法》第37条相衔接，后者适用《数据安全法》
《网络数据安全管理条例（征求意见稿）》	第13条　数据处理者开展以下活动，应当按照国家有关规定，申报网络安全审查：……（二）处理一百万人以上个人信息的数据处理者赴国外上市的；……。 第26条　数据处理者处理一百万人以上个人信息的，还应当遵守本条例第四章对重要数据的处理者作出的规定。 第35条　数据处理者因业务等需要，确需向中华人民共和国境外提供数据的，应当具备下列条件之一：（一）通过国家网信部门组织的数据出境安全评估；（二）数据处理者和数据接收方均通过国家网信部门认定的专业机构进行的个人信息保护认证；（三）按照国家网信部门制定的关于标准合同的规定与境外数据接收方订立合同，约定双方权利和义务；（四）法律、行政法规或者国家网信部门规定的其他条件。 数据处理者为订立、履行个人作为一方当事人的合同所必须向境外提供当事人个人信息的，或者为了保护个人生命健康和财产安全而必须向境外提供个人信息的除外。 第37条　数据处理者向境外提供在中华人民共和国境内收集和产生的数据，属于以下情形的，应当通过国家网信部门组织的数据出境安全评估：（一）出境数据中包含重要数据；（二）关键信息基础设施运营者和处理一百万人以上个人信息的数据处理者向境外提供个人信息；（三）国家网信部门规定的其他情形。 法律、行政法规和国家网信部门规定可以不进行安全评估的，从其规定	条例草案明确了数据处理者处理一百万人以上个人信息的，属于重要数据的处理者，需遵守相应的义务要求。同时，专设"数据跨境安全管理"章节，对数据出境的安全评估作了具体规定

法律、行政法规、部门规章	个人信息及重要数据出境的主要规定	说明
《数据出境安全评估办法》	第4条　数据处理者向境外提供数据，有下列情形之一的，应当通过所在地省级网信部门向国家网信部门申报数据出境安全评估：（一）数据处理者向境外提供重要数据；（二）关键信息基础设施运营者和处理100万人以上个人信息的数据处理者向境外提供个人信息；（三）自上年1月1日起累计向境外提供10万人个人信息或者1万人敏感个人信息的数据处理者向境外提供个人信息；（四）国家网信部门规定的其他需要申报数据出境安全评估的情形。 第5条　数据处理者在申报数据出境安全评估前，应当开展数据出境风险自评估，重点评估以下事项：（一）数据出境和境外接收方处理数据的目的、范围、方式等的合法性、正当性、必要性；（二）出境数据的规模、范围、种类、敏感程度，数据出境可能对国家安全、公共利益、个人或者组织合法权益带来的风险；（三）境外接收方承诺承担的责任义务，以及履行责任义务的管理和技术措施、能力等能否保障出境数据的安全；（四）数据出境中和出境后遭到篡改、破坏、泄露、丢失、转移或者被非法获取、非法利用等的风险，个人信息权益维护的渠道是否通畅等；（五）与境外接收方拟订立的数据出境相关合同或者其他具有法律效力的文件等（以下统称法律文件）是否充分约定了数据安全保护责任义务；（六）其他可能影响数据出境安全的事项	对于关键信息基础设施运营者、涉及重要数据、达到法定数量的个人信息的境外提供，需要向相关网信部门申报数据出境安全评估，同时应事先开展数据出境风险自评估

二、个人信息出境的相关规定

早在2013年2月1日起实施的《信息安全技术　公共及商用服务信息系统个人信息保护指南》（GB/Z 28828—2012）作为首个个人信息保护的国家标准就对跨境数据传输问题进行了规范。该指南第5.4.5条规定，"未经个人信息主体的明示同意，或法律法规明确规定，或未经主管部门同意，个人信息管理者不得将个人信息转移给境外个人信息获得者，包括位于境外的个人或境外注册的组织和机构"。个人信息跨境的前提条件有三：个人信息主体的明示同意，法律法规的规定，主管部门的同意。这里，不仅信息跨境的范围较窄，也未考虑到跨境信息传输的其他情形，规定过于粗糙和原则。

《个人信息保护法》第三章"个人信息跨境提供的规则"对个人信息出境的基本条件、个人信息处理者的义务、达到规定标准的个人信息本地化存储等问题都作了明确规定，为个人信息的跨境传输问题提供了法律依据。

《个人信息保护法》第38条规定，个人信息处理者因业务等需要，确需向境外提供个人信息的，应当具备下列条件之一：（1）依照本法规定通过国家网信部门组织的安全评估；（2）按照国家网信部门的规定经专业机构进行个人信息保护认证；（3）按照国家网信部门制定的标准合同与境外接收方订立合同，约定双方的权利和义务；[1]（4）法律、行政法规或者国家网信部门规定的其他条件。中华人民共和国缔结或者参加的国际条约、协定对向中华人民共和国境外提供个人信息的条件等有规定的，可以按照其规定执行。个人信息处理者应当采取必要措施，保障境外接收处理个人信息的活动达到本法规定的个人信息保护标准。

同时，在个人信息出境场景下，对个人信息处理者也提出了更高的义务要求，采用了"告知+单独同意"方式，即"应当向个人告知境外接收方的名称或者姓名、联系方式、处理目的、处理方式、个人信息的种类以及个人向境外接收方行使本法规定权利的方式和程序等事项，并取得个人的单独同意"。

需要注意的是，我国关于数据本地化的措施，仅限于"关键信息基础设施运营者和处理个人信息达到国家网信部门规定数量的个人信息处理者"，

---

[1] 2023年2月，国家网信办出台《个人信息出境标准合同办法》，其中第4条规定："个人信息处理者通过订立标准合同的方式向境外提供个人信息的，应当同时符合下列情形：（一）非关键信息基础设施运营者；（二）处理个人信息不满100万人的；（三）自上年1月1日起累计向境外提供个人信息不满10万人的；（四）自上年1月1日起累计向境外提供敏感个人信息不满1万人的。"同时还要求，"个人信息处理者不得采取数量拆分等手段，将依法应当通过出境安全评估的个人信息通过订立标准合同的方式向境外提供"。第5条规定："个人信息处理者向境外提供个人信息前，应当开展个人信息保护影响评估，重点评估以下内容：（一）个人信息处理者和境外接收方处理个人信息的目的、范围、方式等的合法性、正当性、必要性；（二）出境个人信息的规模、范围、种类、敏感程度，个人信息出境可能对个人信息权益带来的风险；（三）境外接收方承诺承担的义务，以及履行义务的管理和技术措施、能力等能否保障出境个人信息的安全；（四）个人信息出境后遭到篡改、破坏、泄露、丢失、非法利用等的风险，个人信息权益维护的渠道是否通畅等；（五）境外接收方所在国家或者地区的个人信息保护政策和法规对标准合同履行的影响；（六）其他可能影响个人信息出境安全的事项。"

《个人信息保护法》第 40 条要求"应当将在中华人民共和国境内收集和产生的个人信息存储在境内。确需向境外提供的，应当通过国家网信部门组织的安全评估；法律、行政法规和国家网信部门规定可以不进行安全评估的，从其规定"。

由此可见，相比欧盟《通用数据保护条例》的充分性保护标准，我国个人信息出境的条件相对宽松，采用同等保护的原则，即个人信息处理者只要保障境外接收方达到我国法律规定的保护标准即可出境。

除上述个人信息跨境流动的一般性规定外，在一些行业如金融、汽车等领域出台了相关的部门规章以及行业标准。以汽车行业为例，由国家互联网信息办公室、国家发展和改革委员会、工业和信息化部、公安部、交通运输部联合制定的《汽车数据安全管理若干规定（试行）》（2021 年 10 月 1 日施行），明确了汽车领域关于个人信息、敏感个人信息、重要数据、汽车数据等重要概念，将人脸信息、超过 10 万人的个人信息纳入重要数据范畴，对于重要数据重申了"本地存储"的要求，因业务需要确需向境外提供的，也需要通过国家网信部门会同国务院有关部门组织的安全评估。2020 年 2 月中国人民银行发布并实施《个人金融信息保护技术规范》，以行业标准的形式对个人金融信息的跨境流动问题设定了更为严格的出境标准。根据信息遭到未经授权的查看或未经授权的变更后所产生的影响和危害，将个人金融信息按敏感程度从高到低分为 C3、C2、C1 三个类别。该规范第 7.1.3 条规定，在中华人民共和国境内提供金融产品或服务过程中收集和产生的个人金融信息，应在境内存储、处理和分析。因业务需要，确需向境外机构（含总公司、母公司或分公司、子公司及其他为完成该业务所必需的关联机构）提供个人金融信息的，应符合以下要求：（1）应符合国家法律法规及行业主管部门有关规定；（2）应获得个人金融信息主体明示同意；（3）应依据国家、行业有关部门制定的办法与标准开展个人金融信息出境安全评估，确保境外机构数据安全保护能力达到国家、行业有关部门与金融业机构的安全要求；（4）应与境外机构通过签订协议、现场核查等方式，明确并监督境外机构有效履行个人金融信息保密、数据删除、案件协查等职责义务。

随着大数据时代的到来，个人数据的收集、存储、使用、传输等行为已经遍及全球，早就超越国家及地域界限，这也使得数据跨境流通问题已非一国或一个地区的内部力量就能彻底解决。即便区域性协定一定程度上排除了其成员方内部的数据流动障碍，但当个人数据传输至非成员方时，会因"数据禁运"而形成较高的贸易壁垒。只有通过更多国家参与全球多边性组织或达成多边协定框架建立个人数据跨境流通的一般性规则，才能真正实现促使数据跨境有序、自由流动的目标。现阶段，我国应充分考察其他国家和地区有关个人数据跨境流动的立法经验，并尊重我国本土的商业发展和监管环境，主动与"一带一路"沿线国家和地区开展数据跨境流动领域的双边及多边合作，就个人信息保护、技术标准、数据跨境流动、监管及执法合作等议题展开积极磋商和构建，构建既符合我国数据产业发展又能有效保护个人信息的数据跨境流动机制，进一步平衡及协调个人信息保护与数据利用之间的冲突。

附录 数据法学基本概念

● 数据

数据，是指任何以电子或者其他方式对信息的记录。（《数据安全法》第1条）

我国地方立法对政务数据、社会数据和公共数据进行了界定，如《天津市促进大数据发展应用条例》《浙江省公共数据条例》：

政务数据，指政务部门在履行职责过程中制作或者获取的，以一定形式记录、保存的文件、资料、图表和数据等各类信息资源。（《天津市促进大数据发展应用条例》第55条第2项）

社会数据，指政务部门以外的其他组织、单位或者个人开展活动产生、获取或者积累的各类信息资源。（《天津市促进大数据发展应用条例》第55条第3项）

公共数据，指本省国家机关、法律法规规章授权的具有管理公共事务职能的组织以及供水、供电、供气、公共交通等公共服务运营单位（以下统称公共管理和服务机构），在依法履行职责或者提供公共服务过程中收集、产生的数据。（《浙江省公共数据条例》第3条第1款）

（以上内容见第四章）

● 数据安全

数据安全，是指通过采取必要措施，确保数据处于有效保护和合法利用的状态，以及具备保障持续安全状态的能力。（《数据安全法》第3条第3款）

（以上内容见第一章）

● 数据的分类

（一）电子数据和非电子数据

根据数据的存在方式，可以将数据分为电子数据和非电子数据。

电子数据，是指以电子方式存在的数据，包括网络数据和其他电子数据。如《网络安全法》第76条第4项规定的网络数据，是指通过网络收集、存储、传输、处理和产生的各种电子数据。

非电子数据，是指以电子数据以外的其他方式存在的数据，如书面方式。

（二）原始数据和衍生数据

根据数据的来源和加工方式，可以将数据分为原始数据和衍生数据，或称之为基础数据和增值数据。

原始数据，是指未经加工的电子或其他形式的数据。

衍生数据，也被称为数据产品，是指对原始数据加工后形成的电子信息产品，包括对个人信息匿名化加工后形成的数据产品，对原始数据进行汇集、分类、分析、研究等加工后形成的数据产品。

（三）核心数据、重要数据和一般数据

按照数据的重要性标准，可将数据分为核心数据、重要数据和一般数据。

核心数据，是指关系国家安全、国民经济命脉、重要民生、重大公共利益等的数据。（《数据安全法》第21条第2款）

重要数据，是指一旦遭到篡改、破坏、泄露或者非法获取、非法利用等，可能危害国家安全、经济运行、社会稳定、公共健康和安全等的数据。（《数据出境安全评估办法》第19条）

一般数据，是指核心数据和重要数据之外的其他数据。

（四）人身性数据与财产性数据

按照数据权利的内容不同，可以将数据分为人身性数据和财产性数据。

人身性数据，是指数据主体在互联网或网络社交平台等数字环境下进行行为时所产生或生成的不可与人身相分离的非财产性数据，具有人身专有性。

财产性数据，是指数据主体在互联网或网络社交平台等数字环境下进行行为时所具有的直接体现为财产性利益的数据，一般不具有人身专有性。

（以上内容见第四章）

● 数据活动主体的分类

欧盟《通用数据保护条例》中规定的数据活动主体包括数据主体（data subject）、数据控制者（data controller）和数据处理者（data processor），也包括接收者（recipient）和第三方（third party）。欧盟《通用数据保护条例》中规定的数据主体是指个人数据所包含的信息所识别或者指向的自然人，个人数据实际上就是我国法律中规定的个人信息。数据控制者是能单独或联合决定数据的处理目的和方式的自然人、法人、公共机构、行政机关或其他非法人组织。数据处理者是指为控制者处理数据的自然人、法人、公共机构、行政机关或其他非法人组织。

本书以数据法律关系主体权利义务的不同为标准，将数据活动主体分为数据主体、数据处理主体、数据监管主体。数据主体即欧盟《通用数据保护条例》定义的个人数据所包含的信息所识别或者指向的自然人，数据处理主体包括欧盟《通用数据保护条例》中的数据控制者、数据处理者以及接收者和第三方，数据监管主体是指履行数据安全监管职责的有关主管部门。

（以上内容见第三章）

● 数据主体、数据处理主体、数据监管主体

数据主体，是指个人数据所包含的信息所识别或者指向的自然人。

数据处理主体，是指进行数据处理活动的各类主体，包括组织和个人。

数据监管主体，是指对数据活动进行监督管理的主体，是履行相应的监督管理职责的政府部门，包括行政机关和法律法规授权的组织。

（以上内容见第五章）

● 数据行为

数据处理，包括数据的收集、存储、使用、加工、传输、提供、公开等。（《数据安全法》第3条第2款）（以上内容见第三章）

数据收集，又称为数据采集，是指获取原始数据的过程。广义的数据收集包括直接收集和间接收集，狭义的数据收集仅指直接收集。

数据存储，是指对数据进行归集，以某种格式记录在电子化介质中。

数据使用，广义的数据使用包括对数据或数据产品进行收集、存储、使用、加工、传输、提供、公开等所有的数据处理行为。本书的数据使用是狭义

的数据使用，是指应用原始数据或数据产品进行分析或者预测的过程。

数据加工，是指对原始数据进行汇总、分类、分析并形成各类数据产品的过程，包括将原始数据简单加工形成可供进一步使用的材料即简单数据产品，也包括对数据进行复杂加工形成复杂数据产品的过程。数据加工与数据使用的不同在于目的不同，数据加工的目的是为了形成各类数据产品，数据使用的目的是利用各类数据产品进行分析或预测。

数据传输，是指将数据从一个主体向另一个主体转移的过程。数据传输是数据提供的基础，可以分为境内传输和跨境传输。

数据提供，是指将数据相关权利从一个主体向另一个主体转移的过程，包括有偿的方式和无偿的方式。有偿的数据提供实质上就是数据交易，无偿的数据提供包括数据开放、数据共享等情形。数据提供与数据传输的联系在于数据传输是数据提供的基础，区别在于数据传输不涉及数据相关权利的转移。

数据公开，是指通过公开平台或其他方式向社会提供可读取的数据的活动，包括数据开放和数据共享。其中数据开放是指向社会或不特定人群发布数据的行为，数据共享则是向一定范围内的特定人群发布数据的行为。

（以上内容见第五章）

• 对数据主体的权利界定

对数据主体的权利进行界定：知情同意权、访问权、更正权、删除权（被遗忘权）、限制处理权、可携带权、反对权。

数据知情同意权，是指数据主体享有的获取与其个人数据处理相关信息并同意进行处理的权利，包括但不限于数据处理者的相关信息、数据收集的目的和用途、数据收集的范围和种类、数据收集的方式和储存等。

数据访问权，是指数据主体查询、复制其被处理的数据以及与被处理个人数据情况等信息的权利，包括处理目的、处理个人数据种类、个人数据的使用情况、存储情况等相关信息。

更正权，又被称为修正权，是指数据主体要求数据处理者对与其相关的不完整、不准确、不全面的数据进行更正、补充的权利，这项权利不仅包含"改正"之意，也包含"补充"的含义。

删除权，也被称为被遗忘权，是指数据主体要求数据处理者及时删除其个人数据的权利。

限制处理权，是指数据主体在特定条件下要求数据控制人暂时或永久停止数据处理的权利，即数据处理者只在个人授权允许的范围内对个人数据进行处理。

数据可携带权，是指数据主体将其个人数据转移给其指定主体的权利。

反对权，是指数据主体拒绝数据处理者对其个人数据进行处理的权利。

（以上内容见第五章）